한중일이
함께 쓴
동아시아
근현대사

■1권 집필진

1장 박삼헌 | 건국대학교 일어교육과 교수, 일본근대사
    칼럼 〈동아시아 지역의 책봉−조공 관계〉 : 박삼헌
    칼럼 〈전근대의 류큐〉 : 오비나타 스미오
    칼럼 〈한·중·일 3국의 '만국공법' 인식〉 : 왕현종 | 연세대학교 역사문화학과 교수, 한국근대사

2장 오비나타 스미오 | 와세다대학 문학학술원 교수, 일본근대사
    칼럼 〈조약 체제와 치외법권〉 : 리시주
    칼럼 〈일본의 대륙 정책을 어떻게 볼 것인가〉 : 오비나타 스미오
    칼럼 〈청의 조선 정책〉 : 리시주

3장 리시주 | 중국사회과학원 근대사연구소 수석연구원, 청 말기~민국 초기 중국정치사, 사상문화사
    칼럼 〈국제정치와 한반도 중립화 구상〉 : 오비나타 스미오
    칼럼 〈아주화친회〉 : 왕현종

4장 김정인 | 춘천교육대학교 사회과교육과 교수, 한국근대사
    신주백 | 연세대학교 국학연구원 HK연구교수, 한국근현대사
    칼럼 〈몽골의 독립〉 : 하종문 | 한신대학교 일본지역학과 교수, 일본근현대사
    칼럼 〈3·1운동과 일본의 식민지 운영 방식 전환〉 : 신주백
    칼럼 〈워싱턴회의를 바라보는 한·중·일 3국의 시선〉 : 김정인

5장 룽웨이무 | 중국사회과학원 근대사연구소 〈항일전쟁연구〉 편집인, 항일전쟁사 및 중국공산당사
    진이린 | 중국사회과학원 근대사연구소 수석연구원, 중화민국사
    마샤오쥐안 | 중국사회과학원 근대사연구소 보조연구원, 중일관계사
    칼럼 〈전쟁에 대한 서로 다른 이름〉
    칼럼 〈중일전쟁의 '필연성과 우연성'〉
    칼럼 〈정율성〉
    칼럼 〈원폭 투하에 대한 엇갈린 시각〉

6장 김성보 | 연세대학교 사학과 교수, 한국현대사
    박진희 | 국사편찬위원회 편사연구관, 한국현대사
    칼럼 〈오키나와의 미군기지화〉 : 도베 히데아키 | 도쿄경제대학 경제학부 준교수, 일본현대사
    칼럼 〈한국전쟁을 바라보는 다양한 시각〉 : 김성보

7장 가사하라 도쿠시 | 쓰루문과대학 명예교수, 중국근현대사
    칼럼 〈중국 문화대혁명과 동아시아〉
    칼럼 〈동아시아에서 일어난 베트남전쟁 반대운동〉

8장 가사하라 도쿠시
    칼럼 〈분쟁에서 교역으로−중국·러시아 국경의 섬〉
    칼럼 〈도쿄·서울·베이징 올림픽의 시대〉
    칼럼 〈ASEAN 공동체 형성으로 가는 길〉

한중일이 함께 쓴 동아시아 근현대사

국제 관계의 변동으로 읽는 동아시아의 역사

한중일3국공동역사편찬위원회 지음

1

Humanist

침략과 전쟁, 갈등으로 뒤엉킨 20세기를 보내고, 화해와 평화의 세기를 맞이하리라는 기대를 안고 우리는 동아시아의 21세기를 맞이했다. 그러나 역사 인식과 역사 교과서를 둘러싼 갈등으로 그러한 기대는 일찌감치 어긋나고 말았다. 이에 우리는 자국 중심의 역사 교과서를 대신할 수 있는 공동의 역사책을 편집·발행하기로 했다. 과거의 역사에 대한 반성을 토대로 상호 이해를 심화하고 역사 인식을 공유하는 것이야말로 동아시아의 밝은 미래를 여는 길이라고 생각했기 때문이다.

2005년 5월, 우리는 한국·중국·일본이 공동 편집한 《미래를 여는 역사》(이하 《미래》)를 간행했다. 《미래》는 우리의 예상을 넘어 커다란 반향을 불러일으키며 한·중·일 3국에서 30만 부 이상 발행되었다. 일부 중·고등학교에서 부교재로 사용되었으며, 대학 교재로도 사용되었다. 한·중·일 3국뿐 아니라 미국과 유럽의 학계와 역사교육 관계자들도 관심을 보였다. 3국의 역사학자와 교사가 '공동의 역사 인식'을 토대로 '평화, 인권, 민주주의의 미래'를 함께 열어가고자 한 노력에 뜨겁게 반응한 것이다.

하지만 《미래》의 한계와 문제점도 지적되었다. '공동의 역사 인식'이 충분히 드러나지 않았다거나, 동아시아의 평화보다 일본의 잘못을 비판하는 데 치중했다는 의견이 있었다. 특히 '동아시아'의 관점에서 역사를 본다면서, 실제로는 한·중·일 3국의 근현대사를 병렬하는 데 그쳤다는 비판은 《미래》의 핵심적인 문제점을 지적한 것이었다.

《미래》의 간행 무렵부터 동아시아에서는 역사 인식을 둘러싼 분쟁을 해소하려는 다양한 움직임이 나타났다. 한국과 일본에서는 공동의 역사서가 여러 권 간행되어 이웃 나라 역사에 대한 관심을 높였다. 역사 갈등을 해소하고 역사 인식을 공유하기 위한 연구자 간 교류도 증가했다. 동아시아사를 주제로 세미나와 심포지엄도 여러 차례 열렸다. 한국에서는 '동아시아사'가 고등학교 정식

교과목으로 개설되어 교과서 개발을 마치고 2012년부터 사용되고 있다.

이렇듯 사회적 관심이 높아지고 역사 관련 교류가 늘어감에 따라 역사 인식의 공유를 지향하는 우리의 활동도 크게 고무되었다. 이러한 가운데 우리 또한《미래》의 취지를 이어 새로운 공동 역사 교재를 작성하기로 했다.

2006년 11월, 우리는 교토에서 열린 국제회의에서 새로운 역사서를 공동으로 편찬하는 데 합의 했다. 새로운 역사서(《한중일이 함께 쓴 동아시아 근현대사》(1·2))는 동아시아 근현대사에 대한 이해 를 심화하고 역사 인식을 공유할 수 있도록 작업 방식과 내용을 이전보다 더욱 진전시키고자 했 다. 그리고 궁극적으로는 한·중·일 3국의 공동 역사 인식의 기반이 될 체계적인 동아시아 근현대 통사를 집필하기 위해 이 책이 디딤돌이 될 수 있게 하자는 데 합의했다.

《미래》는 한·중·일 3국의 학생과 시민이 근현대의 역사적 사실을 정확히 이해하여, 잘못된 역 사 인식을 바로잡는 데 초점을 두었다. 그래서 3국 간 쟁점이 되는 토픽이나 사실을 중심으로 내용 을 구성했다. 이와 달리 이 책은 동아시아 근현대사의 변화를 세계사의 흐름과 관련지어 체계적으 로 이해하는 데 목표를 두었다. 이를 위해 각국 역사를 해당국 위원이 집필하는 방식을 버리고 장 별로 집필을 분담하고, 동아시아 근현대사의 구조적 변동에 초점을 맞추어 서술하기로 했다. 한· 중·일 3국의 국가 체제와 상호 관계의 구조적 변동을 동아시아의 국제 관계 속에서 바라보는 것, 동아시아뿐 아니라 동아시아를 둘러싼 국제 관계, 특히 서구와의 관계 속에서 파악하는 것에 유의 했다.

그러나 구조적 변동을 서술하다 보면 그 안에 살고 있는 민중의 구체적인 모습이 묻혀버릴 우려 가 있다. 또한 민중의 활동과 교류가 근현대사의 흐름과 어떻게 관련되는지 드러나지 않을 수도 있다. 그래서 우리는 세 나라 민중의 생활과 교류를 다루는 책을 함께 집필하기로 했다. 즉, 1권에 서는 한·중·일 3국 근현대사의 구조적 변동을 시대순으로 다루고, 2권에서는 3국 민중의 생활과 교류를 주제별로 집필하기로 했다.

이 책의 편찬을 위해 우리는 도쿄에서 3회, 베이징에서 6회, 서울에서 4회, 제주에서 1회 총 14

회의 국제회의를 거듭했다. 또한, 실무 차원의 협의를 위해 5회의 만남을 가졌다.

우리는 연구자 간의 교류와 구체적 연구 성과의 심화에 중점을 두는 통상적 공동 연구와 달리, 공동의 '작품'을 만들어내고자 했다. 단순히 개별 연구를 한데 모으는 것이 아니라 공동 작업의 성과를 사회적 공유 재산으로 만드는 데 목표를 두었다. 그것이 이 책의 출간 과정에 적지 않은 시간과 노력을 쏟게 된 이유이다. 이 작업을 지탱해온 것은 '동아시아에 평화공동체를 만든다'는 공통된 과제 의식이었으며, 이는 2002년 이래 우리를 이끌어온 원동력이었다.

처음으로 공동의 역사책 만들기 작업을 시작하던 때와 달리, 이제는 '동아시아 공동체'에 관한 논의가 3국에서도 활발해졌다. 우리는 이 책이 세 나라의 역사 갈등을 해소하고, 평화를 정착시키는 계기를 만드는 데 기여했으면 한다. 그것이 동아시아 사람들이 함께 교류하면서 문화를 나누고 생각을 주고받는 미래로 나아가는 길이기 때문이다.

많은 독자가 이 책을 읽고 우리가 제기한 문제에 대해 토론했으면 한다. 이 책이 동아시아의 역사를 올바로 이해하고, 자기 나라와 다른 나라 역사를 열린 눈으로 바라봄으로써 미래를 향한 역사의식을 기르는 데 도움을 주었으면 한다. 이런 마음을 담아서 《한중일이 함께 쓴 동아시아 근현대사》 두 권을 한·중·일 3국에서 함께 간행한다. 이를 계기로 동아시아의 역사 인식을 둘러싼 풍성한 대화와 교류의 물결이 일어나기를 기대한다.

2012년 5월
한중일3국공동역사편찬위원회

1권에서는 국제 관계의 변동을 중심으로 동아시아 근현대사를 분석했다. 동아시아 근현대사는 크게 세 시기로 나눌 수 있다. 첫째는 중국을 중심으로 한 전통적 국제질서가 무너지고 일본이 주도권을 장악하는 시기이다. 1~3장에서 이러한 변화를 다루었다. 특히 일본은 청일전쟁과 러일전쟁을 거친 후 우위를 점하면서 동아시아 국제질서를 강고히 해나갔다. 둘째 단계는 일본의 제국주의적 침략이 식민지 지배와 전쟁으로 이어지면서 한국과 중국에서 민족운동이 일어나고 국민국가를 건설하려 했던 시기이다. 4장과 5장이 이에 해당한다. 아시아·태평양전쟁은 근대에 형성된 일본 중심의 동아시아 질서를 무너뜨리고 새로운 국제 관계를 형성했다. 셋째 단계는 전쟁 이후의 현대사로, 동아시아에서 냉전 체제가 형성·변용·해체되어가는 과정이다. 6~8장에서는 냉전 체제를 중심으로 전후 동아시아의 변화에 관해 다루었다. 각 장에서 다룬 동아시아 근현대사의 구체적 변화는 다음과 같다.

1장에서는 중국을 중심으로 한 동아시아 전통질서의 성립과 구조를 개관한 다음, 이것이 19세기 중반 이후 서구 열강의 압력으로 어떻게 변화했는지 살펴보았다. 이어서 2장에서는 부국강병 노선을 추진하며 서구의 압력에 맞섰던 일본의 메이지 정부가 동아시아에 진출·침략함으로써 동아시아의 전통적 국제질서가 붕괴되고 결국 청일전쟁에 이르는 과정과 그 이후를 기술했다.

3장에서는 식민지·반식민지화의 위기에 직면할 수밖에 없었던 조선과 중국의 심각한 상황을 밝혔다. 이는 일본이 대두하여 열강과 패권 쟁탈을 벌이며 타이완을 식민지로 삼고, 중국 대륙의 분할 경쟁에 참여하며, 러시아와 전쟁을 불사하면서까지 조선을 식민지화하는 과정이기도 했다.

러일전쟁 후 동아시아의 국제 관계는 일본에 유리하게 재편되었고, 제1차 세계대전이라는 외적 조건에서 일본의 영향력은 더욱 확대되었다. 4장에서는 이러한 상황을 추적하는 동시에, 3·1운동, 5·4운동과 같은 동아시아의 민족·민중 운동이 미친 영향을 다루었다. 워싱턴회의와 중국의 북벌은 이러한 민중의 움직임과 동아시아 국제정세의 변화에 대한 국가 차원의 대응이었다.

5장에서는 중일전쟁에서 아시아·태평양전쟁으로 확대되고 격화된 전쟁의 시대를 다루었다. 일본은 군사력을 통해 기존의 국제질서를 돌파하고자 동아시아를 전쟁의 시대로 몰아넣었다. 전쟁을 일으킨 일본은 물론이고 중국과 조선의 사회와 민중도 전쟁의 영향을 크게 받았다. 전쟁은 일본 중심으로 재편된 근대 동아시아 질서를 바꾸어놓았다. 전쟁의 결과 중국은 항일전쟁에서 승리하고, 일본은 패배했으며, 한국은 식민지에서 벗어났다.

제2차 세계대전 이후 미국과 소련은 전 세계를 두 진영으로 갈라놓았다. 핵무기로 서로 위협하고 대립하는 한편, 그 긴장을 이용해 자국의 패권을 유지했다. 6장에서는 전후 동아시아 냉전 체제의 형성과 특징을 살펴보았다. 냉전 체제 아래 유럽보다 더 불안했던 동아시아에서는 한국전쟁이 일어났다. 한국전쟁 이후 동아시아에서 '공산 진영'과 '자유 진영' 간의 대립은 더욱 심화되었지만, 다른 한편으로 비동맹의 목소리가 커지고 반전 평화와 인권 옹호의 흐름이 확산되었다.

7장에서는 동아시아 냉전 체제의 성격과 그 변용을 밝혔다. 냉전 체제 아래 동아시아에서 일어난 특징적인 국제 관계, 특히 중·소 대립, 한·미·일 반공 체제와 베트남전쟁에서 볼 수 있는 냉전 체제의 첨예화와 데탕트로 완화되는 과정을 서술했다.

마지막 8장에서는 냉전 체제 붕괴 후 동아시아의 상황을 정리하고, 새로운 동아시아 공동체를 구축하기 위한 움직임을 살펴보았다. 그리고 그러한 움직임이 평화로운 동아시아 공동체의 미래에 어떤 영향을 미칠 것인지를 전망했다.

2권에서는 한·중·일 3국 민중의 생활과 교류를 8개의 주제로 나누어 살펴보았다. 동아시아의 전통질서가 붕괴되고 변용됨으로써 동아시아 민중의 생활 또한 변화했다. 서구 문물과 근대적 제도의 도입은 사람들의 생활에 직접적인 영향을 미쳤다. 세 나라 민중의 상호 교류도 크게 늘어 3국의 사회와 문화에 서로 영향을 주었다. 2권에서는 주제별로 근대의 제도와 문물이 3국 민중의 생활에 어떠한 영향을 미쳤는가를 비교사적으로 고찰하고, 또한 근대에 들어 크게 늘어난 3국 민중의 교류와 상호 작용을 분석했다.

1장에서는 헌법을 통해 국가가 어떠해야 하는가, 국가와 국민의 관계가 어떠해야 하는가를 탐색했다. 헌법은 국민과 정치의 관계, 권력의 편성 방식, 사람들의 권리 보장 등을 규정하는 나라의 근본법이며, 정치·법·경제·사회 양상과도 밀접하게 관련되어 있다. 헌법은 3국이 근대국가를 건설하면서 국민을 어떠한 존재로 자리매김하려 했는지에 대한 차이를 잘 보여준다.

근대는 도시화의 시대였다. 2장에서는 도시의 성장과 발전을 통한 3국의 근대화 과정을 상하이·요코하마·부산의 3개 도시를 사례로 살폈다. 세 도시는 근대에 도시로 급격히 변모한 대표적인 사례이다. 산업혁명 이후 인류의 생활양식은 크게 변화했다. 특히 교통의 변화가 두드러졌다. 이동 속도와 방식이 크게 변모하여 민중의 생활공간이 넓게 확장되었다. 3장에서는 그중에서도 철도에 초점을 맞추었다. 철도는 생활을 편리하게 하고, 산업을 발달시키는 동력이 되었다는 점에서 근대의 상징이다. 그렇지만 다른 한편으로 철도는 식민 지배의 첨병 역할을 했다. 이러한 철도의 양면성을 밝히는 것이 이 장의 주된 취지이다.

4장에서는 국경을 넘어 이동하는 사람들의 역사를 개관하면서 이러한 이동과 교류 덕분에 변화해온 과거와 현재의 모습을 정리했다. 동아시아에서는 개항을 전후해 사람들의 이동과 교류가 활발해졌다. 이주의 동기와 양식은 시기에 따라 다양했다. 좀 더 나은 생활을 위해 새로운 곳을 찾아 떠나거나, 일본의 전시 동원으로 만주와 일본으로 이주하는 사람도 있었다. 선진 문물을 배우기 위해 유학을 떠나는 사람도 있었다. 가정은 사람들이 나고 자라고 일하고 나이 들어 생을 마감하는 곳이다. 가정을 구성하는 가족은 사회의 기초단위이자 국가가 필요로 하는 국민을 육성하는 장이어서 국가는 가족에 주목해왔다. 5장에서는 유교 문화권에 속하는 3국 가족의 공통점과 함께 사회변동에 따른 차이점에 유의하면서 가족과 젠더의 역사를 살펴보았다.

3국의 근대 교육은 서양과의 접촉으로 시작되었다. 통치자와 지식인은 학교를 세우고 교육제도를 개편했다. 근대 교육은 모든 국민을 대상으로 일정한 교육 기간을 정해 초등교육을 의무화했다. 그렇다면 민중에게 교육이 의미하는 것은 무엇일까? 6장에서는 인간 형성의 기초가 되는 교육에 관해 초등교육을 중심으로 서술했다. 국가의 이념이나 정책이 교육에 어떻게 투영되었으며, 교육이 사람들의 생활이나 생각에 어떤 영향을 주었는지 살폈다. 교육과 아울러 정보는 사람들의 지식과 의식을 크게 좌우한다. 근대사회에서는 정보와 문화를 전하는 미디어의 역할이 매우 크다. 7장에서는 신문·라디오·텔레비전·영화에 주목하여 미디어의 역사와 대중문화의 추이를 살펴보았다. 신문은 근대화 과정에서 처음으로 탄생했다. 영화는 대중문화의 양상에 커다란 영향을 주었고, 라디오와 텔레비전은 민중 의식을 크게 좌우할 만큼 커다란 영향력을 발휘했다.

근대의 마지막 15년 동안, 동아시아에서는 일본에 의한 침략전쟁이 전개되었다. 총력전은 군인뿐 아니라 민중을 포함한 모든 사람을 전쟁터로 내몰았다. 전쟁은 민중의 행복을 앗아갔다. 전쟁에서 빼앗긴 생명은 다시는 돌아오지 않는다. 전쟁은 전승국과 패전국에 모두 치유하기 어려운 상흔을 남겼다. 현재를 살아가는 우리는 전쟁을 어떻게 상기하고 기억해야 할까? 8장에서는 동아시아의 미래를 위해 민중의 전쟁 체험과 기억 문제를 고찰했다.

9장은 현재에서 미래로 향하며 과거를 어떻게 극복해나갈지에 대해, 일본군 '위안부' 문제, 전후 보상 문제를 살펴보고, 국경을 넘는 역사 인식을 만들기 위한 활동은 어떻게 해나갈 것인지를 고민하고 과제를 제기했다.

■ **차례**

1

서양에 의한 충격과
동아시아 전통질서의 동요

● 이 시기 한·중·일 연표

고대 이래 동아시아에는 천자(天子)를 자처한 중국 황제가 주변국 수장을 국왕으로 임명하여 지배 영역을 인정하고 주변국 수장은 중국 황제에게 정기적으로 사신을 보내 공물을 바치는 책봉—조공 관계가 일종의 지역질서로 작용했다. 그러나 그 구체적 양상은 중국과 주변 국가 및 민족의 관계에 따라 시기적으로 반드시 동일하지는 않았다. 특히 17세기에 발생한 명·청 교체는 화(華)가 이(夷)에 의해 대체되는 사태로 받아들여지면서 그때까지의 동아시아 지역질서 인식에 큰 영향을 끼쳤다.

이후 동아시아 지역에서는 1840년 아편전쟁을 계기로 기존의 지역질서가 붕괴되고 새로운 국제질서가 성립되었다. 19세기에 동아시아 지역으로 밀려온 서구 열강 사이에는 '만국공법'(萬國公法, 국제법) 질서가 있었다. 이는 문명국 간의 대등한 교류를 지향한 서구 중심의 국제질서였다. 따라서 만국공법을 앞세운 서구 열강은 반(半)문명국에 대한 주권의 제한을 당연한 것으로 여겼고, 나아가 '주인 없는〔無主〕' 미개한 땅은 최초로 발견하고 개척한 자가 영유해도 무방하다고 생각했다. 이처럼 만국공법에는 세계에 대한 서구 열강의 지배와 종속을 합리화하는 논리가 내포되어 있었다.

동아시아 지역에서는 서구 열강에 문호를 개방한 일본이 일찌감치 만국공법의 양면적 속성을 배워 문명국으로 향하는 길을 본격적으로 추구했다. 일본은 자국의 문명화와 함께 인접한 조선과 중국에게 문명화의 논리로 지배와 종속을 강요하기에 이르렀다. 동아시아 지역질서의 붕괴를 초래한 것은 서구 열강만이 아니었던 것이다.

이 장에서는 동아시아 각국의 관계를 규제하던 지역질서가 어떤 내용이었는지, 이것이 서구 열강의 동시아시아 침략으로 어떤 변화를 거쳤으며, 그 과정에서 동아시아 각국이 어떻게 관계를 재편성하려 했는지 살펴보고자 한다.

1

17세기 동아시아의 정치변동과 지역질서

한·중·일 3국의 전쟁과 정치변동

15세기 동아시아 지역질서는 명과 각 지역 통일정권들의 책봉–조공 관계로 성립했다. 하지만 이러한 평화적 외교 관계와 상호 교류는 16세기 중반부터 중국인까지 가세한 왜구가 중국 동남 연안 지역에서 다시 밀무역을 전개하면서 흔들리기 시작해, 16세기 말에 일어난 일본의 조선 침략으로 결정적인 변화를 겪게 된다.

　100여 년의 전국시대를 마무리하고 일본을 통일한 도요토미 히데요시는 명을 정복하여 동아시아 세계에 군림하겠다는 야망을 다이묘(大名)●들에게 제시하며 1592년 조선을 침략했다(임진전쟁). 침략의 실제 목적은 다이묘들의 군사력을 제어하고, 16세기 중반 이후 중단된 명과의 감합(勘合, 도항하는 일본선의 증표로 일종의 무역 허가증) 무역을 부활시키는 것이었다.

　전국 통일 과정에서 축적된 풍부한 전투 경험과 서양 기술을 받아들여 제작된 위력적인 조총을 갖춘 일본군은 순식간에 한성(지금의 서울)을 함락하고 명의 국경까지 육박했다. 승승장구하던 일본군의 북상을 저지한 것은

●**다이묘**
고대 일본에서는 넓은 사유지를 차지한 지방 호족을 칭했으나, 전국시대에는 대토지를 영유한 무사 출신의 영주를 칭하게 되었다.

조선 수군과 의병이었다. 이순신이 이끄는 조선 수군이 북상한 일본군의 군수 보급을 차단하고, 각지에서 일어난 의병들이 게릴라 전술로 일본군을 괴롭히면서 전세가 반전되기 시작했다. 여기에 요동을 방어하기 위해 파견된 명군이 조선군과 연합하여 평양성을 탈환하면서 전세는 역전되었다. 그러나 그 여세를 몰아 남하하던 명군이 고양의 벽제관에서 일본군에 패하면서 전황은 다시 교착 상태에 빠졌다. 이후 명군은 조선의 의사와 상관없이 일본군과 강화를 시도했다.

명은 일본군의 철수를 전제로 도요토미 히데요시를 일본 국왕에 책봉하고 입공(入貢)을 허락한다는 강화 조건을 제시했다. 이에 대해 도요토미는 명의 황녀(皇女)를 일본 천황의 후궁으로 보낼 것, 조선 8도 중 4도를 할양할 것, 책봉 여부와는 상관없이 감합 무역을 재개할 것 등을 요구했다. 그렇지만 명은 일본을 책봉—조공 관계 속에 편입시키는 것만으로 강화가 성사될 것이라 생각하고 도요토미를 '일본 국왕'에 책봉했다(1596). 도요토미는 자신의 요구가 받아들여지지 않자 1597년에 다시 전쟁을 일으켰다(정유전쟁). 그러나 조선군과 명군의 반격으로 고전하던 일본군은 1598년 도요토미가 병으로 죽은 직후 총퇴각했다.

7년간 두 차례에 걸친 일본의 조선 침략은 동아시아 각 지역에 왕조 교

울산성의 일본군을 포위한 조선과 명 연합군 1597년 조선을 다시 침략한 일본군은 울산을 거점으로 성을 쌓아 전투에 대비했지만, 압도적인 규모의 조선과 명 연합군의 공격을 받아 간신히 전멸을 모면했다.

체 또는 정권 교체라는 정치적 변동을 초래했다.

일본에서는 도요토미 히데요시의 뒤를 이어 도쿠가와 이에야스가 에도(江戶, 지금의 도쿄) 바쿠후(幕府)를 열었다(1603). 도쿠가와는 전쟁으로 중단되었던 조선·명과의 관계를 정상화하기 위한 교섭을 시작했다.

바쿠후의 조선 정책은 시대에 따라 차이가 있었지만, 대체로 쓰시마번(對馬藩)을 매개로 한 교린 관계의 회복과 유지를 목적으로 했다. 쓰시마번도 임진·정유전쟁으로 조선과 일본의 국교가 단절되어 경제적 피해가 심각했기 때문에 비밀리에 양국의 국서(國書)까지 위조할 정도로 중계 역할을 적극적으로 수행했다. 그 결과 1607년 조선은 바쿠후와 강화를 맺고 회답겸쇄환사(回答兼刷還使)●를 파견했다. 1609년에는 쓰시마번에게도 부산에 설치된 왜관을 통한 무역을 허용했다. 조선이 일본과 관계를 회복한 배경에는 당시 동아시아 정세가 조선에게 불리하게 돌아간 탓도 있었다. 북쪽에서 점차 세력을 키워가는 건주여진(建州女眞, 남만주 일대의 여진족, 후에 만주족이라 함)의 위협에 대비하기 위해 조선도 일본과의 전쟁 상태를 공식적으로 종결시키고 교린 관계를 회복하여 남쪽의 대외적인 안정을 도모해야 했기 때문이다.

한편, 바쿠후는 명에 대해서는 류큐(琉球)왕국을 이용하여 관계를 회복하고자 했다. 1609년 사쓰마번(薩摩藩)은 도쿠가와 이에야스의 허가를 받아 류큐왕국을 군사적으로 제압해 주종 관계를 맺었다. 사쓰마번이 류큐왕국과 명이 맺어온 기존의 책봉—조공 관계에 간섭하지 않는다는 방침을 취했기 때문에, 류큐왕국은 명과 사쓰마번 양쪽에 속하는 독특한 상황에 놓이게 되었다. 하지만 명이 류큐왕국을 통한 바쿠후의 교섭을 거절하자, 바쿠후는 동남아시아 지역으로 파견한 주인선(朱印船)을 통해서 명과 간접 무역을 할 수밖에 없었다. 주인선은 바쿠후가 외국과의 교역활동을 공식적으로 허가한 무역 선박으로, 나가사키(長崎)를 중심으로 활동하다가 1635년에 중지되었다.

이후 바쿠후는 철저한 해금 정책을 실시하면서 한편으로는 나가사키에

회답겸쇄환사
임진·정유전쟁 직후 총 3회에 걸쳐 일본에 파견한 통신사의 명칭으로, 일본의 화친 요청에 '회답'하고 '포로를 되찾아오는' 사절단이라는 의미를 지녔다. 하지만 청과의 대립이 심화되는 가운데 조선은 병자전쟁이 발발하기 직전에 이 명칭을 두 나라가 서로 신의를 가지고 교류한다는 의미의 '통신사(通信使)'로 다시 바꿈으로써 일본과의 안정적인 관계를 도모했다.

서 네덜란드와 중국을 상대로 한 교역을 독점하고, 쓰시마번을 통한 조선과의 교역, 마쓰마에번(松前藩)을 통한 에조치(蝦夷地, 지금의 홋카이도北海道) 및 가라후토(樺太, 지금의 사할린)와의 교역, 류큐왕국을 매개로 한 사쓰마번의 중국 교역은 인정했다.

　조선·일본·명 3국이 전쟁을 치르는 동안 만주 지역에서는 여진족의 누르하치가 명에게 조선에 원군을 파견하겠다고 제의할 정도로 세력이 커졌다. 마침내 1616년 국호를 후금(後金)으로 정한 누르하치는 명에 선전포고를 하고 랴오둥(遼東) 지방의 푸순(撫順)을 점령했다(1618). 명은 후금 원정을 준비하는 한편, 임진·정유전쟁 때 도와줬던 것을 근거로 조선에 후금 정벌을 위한 지원군을 요청했다. 이에 대해 조선 국왕 광해군은 후금을 자극하지 않고 조선의 안전을 지키기 위해 명과 후금 사이에서 양면외교를 전개했다. 하지만 임진·정유전쟁 때 조선을 도와준 명에게 보답해야 한다는 조정 내부의 파병 여론과 명의 압박에 밀린 광해군은 1619년 후금 정벌에 나선 명에게 지원군을 보내는 한편, 조선군에게 적극적인 전투를 회피하고 후금에 투항하라는 밀명을 내렸다(사르후 전투). 이후 명의 추가 지원군 요구를 거부하고 후금과 화친하여 평화를 유지하려는 광해군과 명을 원조하려는 신료들의 대립이 격화되는 가운데, 1623년 인조가 광해군을 몰아내고 정권을 장악하는 쿠데타가 일어났다(인조반정).

　처음에 명은 인조의 쿠데타를 명과 조선이 맺어온 책봉–조공 관계의 근간을 흔드는 '찬탈'이라고 비판했다. 새 정권의 정통성을 인정받고 통치기반을 다지기 위해 명의 승인과 책봉이 필요했던 인조는 광해군이 후금과 연합하여 명을 배신했음을 강조하고, 명의 후금 공략에 적극 협조하겠다는 의지를 표명했다. 후금의 도전으로 위기에 처한 상황에서 조선의 원조가 절실했던 명은 인조를 책봉해주는 대가로 명을 위해 적극적으로 후금에 맞서야 한다는 조건을 제시했다. 명으로부터 조건부 책봉을 얻어낸 인조가 내걸었던 외교노선은 '친명배금(親明排金)'이었다. 하지만 그렇다고 해서 조선이 바로 '배금'을 실천할 수 있는 상황은 아니었다. 오히려 내부적으로 권력기반을 확실히 구축하지 못한 인조는 '친명'을 강조하면서도 후금을 자극하지 않고 현상태를 유지하려는 신중한 행보를 보였다.

이런 가운데 누르하치의 뒤를 이은 후금의 홍타이지(훗날 청 태종)가 1627년 조선을 공격했다(정묘전쟁). 전쟁 준비가 부족했던 조선은 조정을 강화도로 옮겨 장기전에 대비하는 한편, 후금이 제의한 형제 관계를 받아들여 강화를 맺었다. 그러나 그동안 여진족에 대해 우월한 지위를 유지해오던 조선의 입장에서는 여진족이 세운 후금과 대등한 형제 관계를 맺었다는 것 자체가 굴욕이었다. 더군다나 후금의 잦은 물자 요구로 경제적 부담이 가중되자 조선은 더욱 배금의 길을 걷게 되었다. 후금은 조선으로부터 경제적 이익을 취하면서도 날로 고조되는 조선의 배금 경향에 불안을 느꼈다.

1636년 홍타이지는 국호를 청으로 바꾸고 스스로 황제라 칭했다. 청은 명과 대립하면서 동시에 조선에게는 군신 관계를 요구했다. 이로 인해 조선에서는 청과 적극적으로 싸우자는 의견이 힘을 얻게 되면서 두 나라 관계는 더욱 악화되었고, 마침내 같은 해 12월 말 청이 조선을 공격했다(병자전쟁). 인조는 남한산성에서 45일간 항전한 끝에 결국 항복하고 말았다. 조선은 청과 군신 관계를 맺고 조공을 약속하는 한편, 명과 외교 관계를 단절하고 청이 명을 공격할 때 원병을 파견할 것을 약속했다. 이로써 조선이라는 후방의 위험을 제거한 청은 마침내 1644년 명을 멸망시키고 중국 대륙을 차지했다.

두 차례에 걸친 후금(청)의 조선 침략은 17세기 초 명·후금(청)·조선 3국의 복잡한 외교 관계에서 비롯된 전쟁이었다. 이 과정에서 일본의 바쿠후나 쓰시마번은 조선에게 무기를 제공하고 군사를 원조하겠다며 임진전쟁 이후 적대적이 된 조일 관계의 개선을 도모했다. 이에 대해 조선은 일본을 경계하면서도 청을 견제하기 위해 대일 유화책을 취했다.

16세기 말에서 17세기 초에 걸쳐 한·중·일 3국 사이에 한반도를 무대로 발생한 네 차례의 전쟁은 기존의 동아시아 지역질서를 새롭게 재편했다. 그중에서도 특히 명·청의 교체는 이(夷)로 간주되어온 청이 명이라는 화(華)를 대체한 것으로 인식되면서 당시의 질서 인식에 큰 영향을 끼쳤다.

동아시아로 밀려든 '대항해'의 물결

동아시아의 지역질서가 변동하고 있던 15세기 후반부터 '대항해'를 시작한
유럽 세력의 관심은 동남아시아를 지나 마침내 동아시아로 향했다. 16세기
중반 이후 포르투갈은 마카오에 근거지를 두고 중국과 일본의 무역을 독점
했다. 에스파냐도 마닐라에서 중국과 교역하면서 점차 왜구의 중계무역로
를 장악하기 시작했다. 그 뒤를 이어서 네덜란드는 동인도회사를 설립하고
일본과의 무역을 독점하는 등 동아시아 무역에서 우월한 지위를 차지했다.
이러한 과정에서 대량 유입된 유럽과 신대륙의 은은 기존의 일본산 은과
함께 동아시아 지역에 은 유통을 매개로 한 폭넓은 경제권을 형성했다.

　유럽 세력은 식민지 개발과 함께 교황에게 받은 '포교 보호권'을 통해 가
톨릭 포교에도 매진했다. 특히 마카오는 예수회를 중심으로 한 가톨릭 포
교의 전진기지였다.

　예수회의 동아시아 포교는 중국이 아닌 일본에서 본격화되었다. 1549년
에스파냐 선교사 사비에르가 규슈(九州)에 도착한 이후 여러 선교사가 일
본에 진출했다. 당시 일본
은 다이묘들이 경쟁적으로
강병을 추구하며 대립하고
있던 전국시대였다. 이들은
강력한 서양 대포 등에 관
심을 보였으며, 이들 중에
는 가톨릭으로 개종하는 자
들도 나타났다. 에도 바쿠
후도 초기에는 무역과 함께
가톨릭 포교를 인정했다.

16~17세기 세계 은의 유통 경로 일
본의 이와미(岩美) 은광에서는 당시
세계 은 생산량 중 3분의 1을 차지할
정도로 대량의 은이 생산되었으며,
멕시코 은과 함께 동아시아 유통망
형성에 큰 역할을 했다.

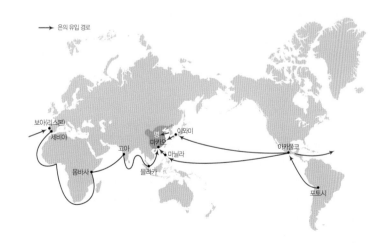

→ 은의 유입 경로

보아(리스본)
세비야
고아
몸바사
믈라카
명
마카오
이와미
마닐라
아카풀코
포토시

하지만 네덜란드인들이 포르투갈과 에스파냐가 일본 영토에 야심을 갖고 있다는 소문을 퍼뜨리면서 포교활동이 금지되었다. 이어서 1637년 규슈에서 가톨릭 신도들이 대규모로 난을 일으키자(시마바라島原의 난), 바쿠후는 가톨릭을 전면 금지시켰다. 그 결과 가톨릭 선교활동을 하던 포르투갈과 에스파냐의 무역은 금지되고, 프로테스탄트 국가인 네덜란드와의 무역만 허용되었다.

중국에서는 1583년 마테오 리치가 상륙한 이후부터 가톨릭 포교가 본격적으로 이루어졌다. 그는 공자와 제사로 대표되는 우상숭배를 인정하고, 리마더우(利瑪竇)라는 중국 이름을 쓰며 유학자와 같은 옷차림으로 선교활동을 했다. 이 같은 선교 방식은 가톨릭 내부에서 이단으로 비판받았다. 17세기 중반에 중국의 유교 관습을 어느 정도까지 받아들일지를 둘러싸고 일어났던 '전례논쟁(典禮論爭)'은 이후 100여 년간 이어졌다. 이 과정에서 교황청은 청에 사절과 칙서를 보내 중국의 전례가 미신적인 행위임을 지적했다. 하지만 이를 내정 간섭으로 단정한 청은 중국의 전례를 받드는 가톨릭 선교사의 포교만 인정하고 그 밖에는 전면 금지했다.

조선 연안에도 16세기 말부터 포르투갈, 영국, 네덜란드, 프랑스, 미국 선박이 출현했다. 서양 선박이 조선을 찾은 이유는 국가와 시기에 따라 달랐다. 처음에는 우연히 표류해오거나 식량, 물, 연료 등을 찾아 일시 상륙하는 경우가 대부분이었지만, 차츰 탐험, 측량, 통상 요구와 가톨릭 선교를 위한 밀입국 등으로 변화했다. 서양 선박에 대한 조선 측 대응도 경우에 따라 달랐다. 표류 선박의 경우에는 국적을 불문하고 표류인이 바라는 대로 송환했다. 송환은 조난자를 가두고 침식을 마련해 그들이 조선 주민과 접촉하지 못하게 한 뒤, 육로로 이동해 국경에서 가장 가까운 도시에서 이뤄졌다. 당시 조선도 해금 정책을 취하고 있었기 때문에 해로로 돌아가는 것은 금지되어 있었다. 악천후 때문에 우연히 표류해온 경우 이외에 서양 선박이 측량·통상·선교 등을 요구할 때는 예외 없이 거절하며 강경히 대응했다.

명·청 교체와 동아시아 지역질서의 변화

청은 1644년 베이징을 점령하고 명을 멸망시켰지만, 중국 각지에서 강력한 반청활동에 직면했다. 특히 1661년 네덜란드를 몰아내고 타이완(臺灣)을 근거지로 삼은 명의 유신(遺臣) 정씨(鄭氏)의 해상 세력은 커다란 위협이었다. 이에 청은 1656년에 처음으로 해금령을 반포하고, 1661년에는 연해 지역에 주민 이주령을 반포하여 해금을 한층 강화했다.

하지만 청은 1683년 타이완의 정씨 세력을 평정한 이후에는 해금 정책을 완화하여 청 상인의 해외 무역활동을 허용했다. 아울러 푸젠성(福建省)의 샤먼(廈門), 광둥성(廣東省)의 광저우(廣州), 저장성(浙江省)의 닝보(寧波), 장쑤성(江蘇省)의 상하이(上海) 등 네 곳에 해관(海關)을 설치하여 해외 교통과 무역을 관리하고, 출입 선박으로부터 세금을 징수했다. 즉, 관세 지불 등 일정한 조건만 갖추면 청 황제와 책봉−조공 관계를 맺지 않아도 무역을 할 수 있도록 허용한 것이다. 책봉 관계를 맺지 않고 통상 관계만 유지하는 것을 조공과 구별하여 '호시(互市)'라 한다. 이러한 통상 형태는 1757년 이후 광저우 한 곳에서만 무역을 허용한 이른바 '광둥 무역'에서도 유지되었다.

17세기 중엽 러시아는 헤이룽(黑龍, 아무르)강 지방에까지 진출하여 네르친스크와 알바진(雅克薩) 등지에 성을 구축하는 한편, 청과의 통상을 목적으로 수차례 베이징에 사절을 보냈으나 모두 실패했다. 청은 타이완의 정씨 세력을 끝으로 반청 세력을 완전히 진압한 뒤, 1685년 동북 국경 지역에 러시아 사냥꾼과 이주민이 늘어나는 것을 방지하기 위해 헤이룽 강변의 러시아 본거지인 알바진을 공격하여 함락시켰다(알바진 전투). 러시아는 일단 네르친스크로 물러났다가 다시 알바진으로의 진출을 시도했다. 이에 대한 청의 공격이 재개되었으나 도중에 휴전이 성립되었다. 이후 오랜 협상 끝에 1689년 러시아가 알바진을 포기하는 대신 청도 네르친스크 일대를 포기하는 국경조약을 맺었다(네르친스크조약). 그 결과 청은 종래 그들의 세력이 미치지 못했던 헤이룽강 분수령의 전 지역을 19세기 중엽까지 확보하게 되었고, 러시아는 베이징 무역을 지속하게 되었다. 이로써 청은 북만주의 경계를 획정했지만, 서쪽 끝인 몽골(蒙古)과 시베리아의 경계는 아직 획정하지 못한 탓에 교역과 관련된 분쟁이 점차 늘어났다. 이 문제를 해결하기 위해 1727년 양국은 당시 각지에서 임의로 행하던 교역을 캬흐타에서만 실시하도록 했다(캬흐타조약). 이때 획정된 국경이 현재 러시아와 몽골의 국경이 되었다.

청은 러시아를 상대로 국경을 획정하는 조약을 체결하면서 러시아를 동등한 국가로 인정했지만, 조선과 국경을 획정할 때에는 러시아의 경우와 달리 조약을 체결하지 않았다.

당시 청과 조선 양국 주민들은 압록강과 두만강을 사이에 두고 내왕하며 자주 충돌을 일으켰다. 1685년에는 백두산 부근을 답사하던 청 관원들이 압록강을 건너 산삼을 캐던 조선인에게 피살당한 사건이 발생해 외교 문제로까지 번졌다. 1690년, 1704년, 1710년에도 이와 유사한 충돌이 발생하자, 청은 조선과 국경 문제를 해결하고자 사신을 파견했다. 그 결과 1712년 "서쪽은 압록강, 동쪽은 토문강(土門江)●으로 경계를 삼는다"라는 내용의 백두산정계비가 세워졌다. 하지만 1880년대 들어 청과 조선 사이에 '토문강'의 해석을 둘러싼 영토 문제가 다시 제기되었다.

청의 대외 업무를 담당한 중앙 관청으로는 이번원(理藩院)과 예부(禮部)가 있었다. 이번원은 내몽골, 외몽골, 칭하이(靑海), 티베트, 신장(新疆) 등 번부(藩部) 관련 업무와 북쪽과 서쪽의 육로로 들어오는 러시아와 구르카, 코칸드 등 중앙아시아 국가와의 업무를 담당했다. 이에 비해 예부는 조선, 류큐왕국, 베트남, 미얀마, 시암(지금의 타이) 등 조공국, 그리고 남동 해안 지역으로 들어오는 일본, 네덜란드, 포르투갈, 영국 등 호시국(무역 상대국)과의 업무를 담당했다.

청의 대외 정책은 동아시아 각국과의 관계에도 반영되었다. 우선 중국과 국경을 접하고 있던 조선은 한때 청을 정벌하려는 계획을 준비하기도 했지

토문강
백두산 천지에서 발원하여 북으로 흐르는 쑹화강(松花江)의 한 지류를 일컫는다.

만, 청의 현실적 위압 속에서 결국 청이 주도하는 책봉—조공 관계를 유지할 수밖에 없었다. 하지만 임진·정유전쟁 당시 조선에 군대를 파견한 명의 신종을 기리는 대보단(大報壇)을 설치하는 등 여전히 명에 대한 의리를 지키려는 경향도 강하게 남아 있었다. 이러한 경향은 청을 중화로 인정하지 않고 명을 계승한 조선을 '중화'로 인식하는 '소중화사상'으로 이어졌다. 이렇듯 조선에서는 관념적인 차원에서 명에 대한 의리를 지키고, 이로써 청에 대한 정신적인 저항의 자세를 보이는 흐름이 18세기 후반까지 이어졌다. 한편, 청의 문물은 점차 기존의 중화문화에 서양의 문화까지 수용하며 전성기를 맞이했다. 18세기 중반 이후 이를 직접 보고 체험한 조선의 지식인 사이에서는 청의 문물을 적극적으로 수용해야 한다는 '북학론(北學論)'이 등장했다.

조선에 비해 상대적으로 청의 위협으로부터 자유로웠던 일본의 바쿠후는 청의 책봉을 받지 않고 나가사키를 통한 교역만 실시하여 청으로부터 호시국으로 분류되었다. 이렇듯 청 중심의 책봉—조공 관계와 거리를 두게 된 일본에서는 이후 조선·류큐왕국·네덜란드·아이누 등을 이적시하는 화이(華夷)의식이 등장했다.

명·청 교체라는 중국 대륙의 정치적 변동은 조선과 일본이 독자적인 중화사상을 형성하고 중국 중심의 중화사상으로부터 이탈하는 계기가 되었다. 이는 조선과 일본의 관계에도 많은 영향을 끼쳤다. 임진·정유전쟁 이후 조선은 청을 견제하고 일본의 재침을 방지하기 위해서 일본의 요청에 따라 통신사를 다시 파견했다. 바쿠후는 통신사가 오는 것을 대내적으로 쇼군(將軍)의 권위를 과시하는 기회로 활용했다. 하지만 17세기 후반 이후 청 중심의 동아시아 질서가 정착되면서 청과 조선 사이에 평화가 이루어지고, 바쿠후의 권위도 안정되어가자 통신사의 필요성은 점차 없어졌다. 1811년을 끝으로 통신사는 더 이상 파견되지 않았다.

이 시기 동아시아 지역은 기본적으로 동아시아 이외의 지역에 대해 해금정책을 고수했으나, 자급자족적인 경제 체제를 유지하는 데 큰 어려움을

18세기 광저우의 상관 16세기 중반 이후 유럽 각국이 빈번하게 내항하자 1757년 청은 광저우에서만 무역을 허용했다. 이후 광저우에는 영국 동인도회사의 선박을 중심으로 유럽 각국의 선박이 내항했다.

겪지도 않았다. 또한 유럽 국가의 무역선도 당시에는 극소수에 불과했고, 그나마 중국과의 교역에서 만성적인 적자를 기록하고 있었다. 그 결과, 이 시기의 동아시아 지역은 남북아메리카와는 달리 유럽과의 종속적인 분업 체제에 편입되지 않았다.

18세기 말부터는 영국이 중국과의 교역에서 다른 서양 국가들에 비해 절대적 우위를 차지하게 되었다. 하지만 중국 시장에서 영국의 상품은 별로 주목받지 못하고 오히려 중국 차의 수입이 급증하는 등 심각한 무역수지 불균형만 초래되었다. 이를 해소하기 위해 영국은 인도산 아편을 중국에 팔기 시작했다. 이후 동아시아는 자본주의에 기초한 유럽 중심의 분업 체제에 급속도로 편입되기 시작했다.

동아시아 지역의 책봉-조공 관계

전근대 동아시아에서는 중국 중심의 세계관인 화이관념(華夷觀念)이 있었다. 본래 화이관념은 중국 대륙 중원에 위치한 '화하(華夏)'와 그 주변 지역에 위치한 '이적(夷狄)' 사이의 문화적 차이를 강조한 것에 불과했으나, 이것은 점차 확대되어 중국과 주변 국가 사이의 정치적 관계를 지칭하게 되었다. 책봉-조공 관계는 그 구체적인 형태였다. 책봉-조공 관계는 진·한을 거쳐 수·당에 이르러 성격이 명확해졌으며, 1368년 한족 중심의 '중화 회복'을 기치로 내건 명이 건국되면서 체계화되었다.

그렇다면 명대의 책봉-조공 관계는 어떻게 구축되었을까? 우선 명과 조선의 관계를 살펴보자. 명은 1392년 조선이 건국되자 곧바로 이를 승인했지만, 한편으로는 신생국 조선을 길들이기 위해 정작 태조 이성계를 국왕에 책봉하지는 않았다. 조선 국왕에 대한 책봉은 명 태조가 사망한 직후 제위 계승을 둘러싸고 정난(靖難)의 변(1399)을 통해서였다. 이때 조선 태종은 군사력이 열세였던 건문제(2대 명 황제)에게 책봉을 받고 군마를 지원했다(1401). 하지만 건문제가 폐위당하자 조선 태종은 명의 정세 변화에 기민하게 대처해 새로 즉위한 영락제(3대 명 황제)에게 다시 책봉을 요청했다(1403). 조카를 몰아내고 제위를 찬탈한 영락제는 자신을 정당화하기 위해 건문제에 대한 군마 지원을 불문에 부치고 조선의 책봉 요청을 다시 받아들였다. 이후 조선은 명에 대해 사대 정책을 유지함으로써 정권의 안정을 도모하고 동시에 조공무역으로 경제적·문화적 이익을 취했다. 명 또한 조선이 위협을 가하지 않는 한 조선 내정에 간섭하지 않았다.

명과 일본의 책봉-조공 관계는 왜구 문제를 시발로 이루어졌다. 명 태조는 1370년 규슈 지방을 통치하고 있던 고다이고 천황의 아들 가네요시 친왕에게 중국 연안에 자주 출몰하는 왜구를 토벌할 것과 조공을 권하는 사자를 파견했다. 가네요시는 1371년 명에 조공하여 일본 국왕을 책봉받고, 이를 규슈 통치의 수단으로 활용했다. 이어 1392년 남북조 통일을 이뤄낸 무로마치(室町) 바쿠후 3대 쇼군 아시카가 요시미쓰도 규슈의 남조 세력과 왜구들을 진압한 뒤, 명과 공식적인 무역을 통해 바쿠후의 재정을 확충하고자 했다. 마침 명에서는 정난의 변이 일어나 조선의 경우와 마찬가지로 아시카가도 1401년 건문제, 1403년 영락제로부터 일본 국왕 책봉을 받고 감합을 얻어 조공무역을 시작했다. 명과 아시카가의 책봉-조공 관계는 그동안 책봉 없이 조공만 실시했던 것을 감안하면, 매우 획기적인 일이었다.

조선과 일본의 관계도 명 중심의 책봉-조공 관계 안에서 정립되었다. 1404년

아시카가가 스스로 일본 국왕이라 칭하며 조선 국왕에게 서계(書契)를 보내온 이후, 조선 국왕은 바쿠후 쇼군에게 통신사를, 바쿠후 쇼군은 조선 국왕에게 일본국왕사(日本國王使)를 보냈다. 통신사는 중국으로부터 책봉을 받은 제후국이 서로 대등하게 신의를 나눈다는 의미에서 보낸 외교사절단이었다.

하지만 이것은 어디까지나 조선과 바쿠후의 관계에만 해당하는 것으로, 조선과 쓰시마의 관계는 달랐다. 건국 초 왜구를 토벌하기 위해 쓰시마에 출병했던 조선은 1443년 쓰시마와 조공 횟수와 시기 및 선박 수를 규제한 계해약조(癸亥約條, 일본에서는 嘉吉條約)를 맺었다. 이렇듯 조선과 일본의 관계는 명 중심의 책봉-조공 관계를 전제로 한 조선 국왕과 무로마치 바쿠후 쇼군 사이의 대등 관계와, 조선 국왕과 쓰시마 도주(島主) 사이의 상하 관계라는 이중 구조를 취하고 있었다.

이처럼 동아시아 지역의 책봉-조공 관계는 15세기 들어 명을 중심으로 체계화되었는데, 이는 각 지역에 성립한 새로운 통일정권 간에 상호 승인이 필요했기 때문에 가능했다.

전근대의 류큐

14세기 오키나와(沖繩)에는 호쿠잔(北山)·주잔(中山)·난잔(南山) 세 세력이 있었는데, 1429년 주잔 세력이 통일왕조를 수립하여 류큐왕국이 탄생했다. 류큐 국왕은 명의 책봉을 받아 중국과의 외교와 무역을 적극적으로 전개했을 뿐만 아니라, 조선·일본·동남아시아를 상대로 중계무역을 활발히 펼쳤다. 류큐왕국은 명에 류큐산 말·황마·마도석(磨刀石)·직물을 비롯해, 일본의 도검·무기·병풍·부채, 동남아시아산 후추·소목·상아 등을 공물로 바치고, 중국에서는 철제 기구·직물·도기 등을 매입했다. 명에 진공한다는 명목으로 시암·수마트라·자바·베트남 등 동남아시아를 왕래했으며, 나하(那覇)항에는 동남아시아 배들이 빈번히 드나들었다. 류큐왕국의 배는 일본 효고(兵庫)항에 기항해 동남아시아의 소목·후추와 명의 동전 등을 가져왔다. 1469년의 쿠데타로 새로운 왕조로 정권이 바뀌었지만 아시아 여러 나라와의 외교와 무역은 계속 활발했다. 나하항은 하카다(博多)·사카이(堺) 등 일본 상인과 그밖의 외국 상인이 내항하여 번화했다. 그러나 16세기 중반 포르투갈과 에스파냐가 진출하고, 중국과 일본 상인의 해외활동이 활발해지자 류큐왕국의 무역은 쇠퇴하고, 지위 또한 저하되었다.

1609년 일본의 사쓰마번은 류큐왕국을 침략해 지배하면서, 명에 대한 류큐왕국의 진공무역을 관할했다. 1644년 중국에서는 명을 대신해 청이 들어선 후, 1654년 청도 류큐왕국의 책봉을 결정했다. 1663년 류큐왕국에 처음으로 책봉사를 파견한 청은 이후 류큐의 국왕이 교체될 때마다 책봉사를 파견했다. 류큐왕국에서는 2년에 한 번 진공사를 베이징에 파견해 청 황제를 배알(拜謁)하고 국서와 특산물을 봉정(捧呈)했다. 진공사는 귀국 후 류큐 국왕에게 보고서를 제출하고, 이어 사쓰마번에도 파견되어 중국 정세를 보고했다. 진공사의 파견은 1870년까지 계속되었다. 한편, 류큐왕국은 바쿠후에도 사절을 파견했다. 류큐 사절은 1634년에 교토에서 쇼군을 배알했으며, 이어 1644년부터는 에도를 방문했다. 류큐 사절에는 쇼군이 바뀔 때마다 취임을 축하하기 위해 파견된 경하사(慶賀使)와 류큐 국왕이 바뀔 때마다 쇼군에게 취임을 감사하기 위해 파견된 사은사(謝恩使)가 있었다. 이렇게 류큐왕국은 중국 황제와 일본 쇼군 쌍방에 사절을 보냈다. 전근대 시기 류큐왕국은 정치·외교 면에서도 경제·무역 면에서도 동아시아를 연결하는 위치에 있었다.

2

서구 열강의 동아시아 침략

아편전쟁과 난징조약

해금 정책을 유지하는 청의 유일한 해외 무역 창구였던 광둥(廣東) 지역에서는 독점적인 상인조합인 공행(公行)이 관세를 자의적으로 부과하고 외국 상인의 무역과 행동을 감시하고 제한했다. 그로 인해 무역 확대에 차질을 빚은 영국은 이를 타파하기 위해 청에 여러 차례 사절을 파견하여 무역 제한 철폐와 대등한 외교 교섭권을 요구했다. 그러나 청의 태도는 변하지 않았다.

이러한 상황에서 1784년 영국에서 차세(茶稅)가 인하되면서 중국 차의 소비가 급증했다. 영국은 차의 수입에 필요한 은을 마련하기 위해 주요 수출품인 면직물을 대신할 상품을 찾아야만 했다. 그것이 바로 아편이었다. 영국은 인도에 면직물을 비싸게 수출하여 이익을 남기고, 인도산 아편을 중국에 밀수출하여 확보한 은으로 자국 시장에 팔 차나 도자기 등을 대량 구입하여 막대한 이윤을 챙겼다. 영국에서 인도, 인도에서 중국, 그리고 중국에서 영국으로 이어지는 이른바 '삼각무역'의 루트를 만들어낸 것이다.

이후 청은 1820년대 중반부터 아편 밀수가 급증하면서 수입이 수출을 초과하는 상황에 처하게 되었다. 그 결과 은화의 해외 유출은 해가 갈수록 격증했다.

한편, 거듭되는 아편 금지령에도 불구하고 1830년대 후반 청에서는 적어도 200만 명 이상이 아편에 중독되었다. 청 내부에서는 아편 흡연을 엄격하게 금지하자는 의견과 현실에 맞게 합법화하여 통제하자는 의견으로 갈려 격론이 벌어졌는데, 엄금론 쪽으로 의견이 모아졌다. 이런 가운데 1839년 엄금론자 린쩌쉬가 흠차대신(欽差大臣)*으로 광저우에 파견되어 영국의 아편무역을 엄중하게 단속하기 시작했다. 린쩌쉬는 영국인 선원이 중국인을 살해한 사건을 계기로 마카오를 봉쇄하고, 영국의 아편 2만 291상자(1284톤)를 몰수하여 불태웠다. 그러자 이를 빌미로 영국은 1840년에 전쟁을 개시했다(제1차 아편전쟁). 이 전쟁은 서구 열강이 동아시아 지역에 본격적으로 진출하는 계기가 되었다. 영국 의회는 야당인 보수당의 아편무역 탄핵론을 물리치고 전쟁 비용을 지출하기로 결정했다. 제한적인 광둥무역의 철폐를 요구하며 자유무역론을 주장한 신흥 산업자본가의 주장이 받아들여진 것이다. 이후 최신 군비를 갖춘 영국군은 양쯔강 하류 지역의 도시들을 점령하고 난징(南京)에까지 이르렀다. 결국 청이 굴복함으로써 1842년 8월 난징조약이 체결되었다.

전문 13조로 이루어진 난징조약은 '홍콩을 영국에 할양한다. 광저우, 샤먼, 푸저우(福州), 닝보, 상하이 등 다섯 항구를 개항한다. 개항장에 영국인 가족의 거주를 허가하고 영사(領事)를 설치한다. 영국에 2,100만 냥을 배상한다. 이 중 600만 냥은 소각한 아편의 배상금이고, 1,200만 냥은 영국 군비의 배상금이며, 300만 냥은 영국 상인의 채무 반환금이다. 공행과 같은 독점 상인을 폐지한다. 수출입 상품에 대한 관세율은 양국이 협의하여 결정한다'라는 내용을 담았다. 그 뒤 청은 영국과 1843년 후먼(虎門)에서 5구통상(五口通商) 및 세관규칙에 관한 추가 조약(후먼조약)을 체결하고, 이어서 1844년에 미국과 왕샤(望下)조약, 프랑스와 황푸(黃浦)조약을 체결

흠차대신
특정의 중요 사건을 처리하기 위하여 설치한 청의 관직. 아편전쟁 이후 광저우에 온 서양 각국과의 교섭을 주요 임무로 하다가 1861년에 남양대신(南洋大臣)이라는 관직에 흡수되었다.

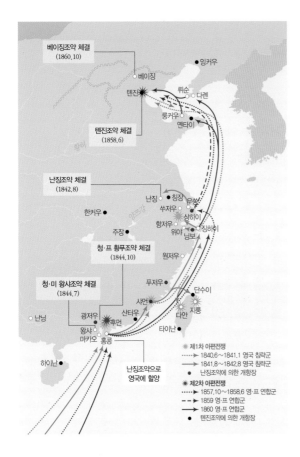

베이징조약 체결
(1860.10)

잉커우

뤼순 ●다롄

롱커우

옌타이

텐진조약 체결
(1858.6)

난징조약 체결
(1842.8)

난징 ● 칭장 유쑹
쑤저우
한커우 항저우 ● 상하이 징하이
주장 위야 ● 닝보
원저우

청·프 황푸조약 체결
(1844.10)

푸저우

청·미 왕샤조약 체결
(1844.7)

단수이

지룽
샤먼
다안
산터우
타이난
광저우
왕샤
후먼
마카오 홍콩

난닝

난징조약으로
영국에 할양

하이난

제1차 아편전쟁
★ 제1차 아편전쟁
┄┄ 1840.6~1841.1 영국 침략군
─→ 1841.8~1842.8 영국 침략군
● 난징조약에 의한 개항장
제2차 아편전쟁
✶ 제2차 아편전쟁
┈┈ 1857.10~1858.6 영·프 연합군
╌╌ 1859 영·프 연합군
─→ 1860 영·프 연합군
● 텐진조약에 의한 개항장

제1·2차 아편전쟁의 진행 경로

하여 협정관세권, 영사재판권, 최혜국 조항, 개항장의 군함 정박권 등도 인정했다. 이들 조약은 모두 서구 열강이 중국에게 일방적으로 강요한 불평등 조약이었다.

난징조약에 따라 광저우, 샤먼, 푸저우, 닝보, 상하이가 1843년부터 1844년에 걸쳐 개방되었다. 하지만 청에게 서구 열강과의 조약은 당면한 위기를 회피하기 위한 일시적인 방편에 불과할 뿐 기존의 조공무역 방식을 근본적으로 바꾼 것은 아니었다. 따라서 면직물을 중국에 본격적으로 수출하려던 영국을 비롯한 서구 열강의 의도는 쉽게 실현되지 않았다. 더군다나 중국의 사회·경제 구조는 여전히 자급자족적 성격이 강하여 수입 제품을 꺼렸을 뿐만 아니라, 아편전쟁 이후 광둥을 중심으로 서양에 대한 반감도 확산되어갔다.

이러한 상황에서 1856년 상선 애로호의 승무원이 해적 혐의로 청의 관원에게 체포되고, 영국 국기가 바다에 내던져지는 사건이 일어났다(애로호 사건). 이를 계기로 영국은 광시(廣西)에서 발생한 선교사 피살 사건에 대해 청과 교섭 중이던 프랑스를 끌어들여 1858년에 공동 출병을 강행했다(제2차 아편전쟁). 영·프 연합군은 광저우를 점령한 다음 북상하여 톈진(天津)에서 조약 개정을 요구했다. 마침내 청은 1858년 영국·프랑스와 톈진조약을 체결했고, 이어서 미국과 러시아와도 동일한 내용으로 조약을 맺었다. 영국과 맺은 조약 내용은 ① 외교사절의 베이징 상주, ② 내지 여행과 양쯔강 통상 승인, ③ 새로운 무역 규칙과 관세율 협정(아편무역의 합법화), ④ 개항장의 추가 개방, ⑤ 크리스트교 공인 등이었다.

텐진조약에는 조인 후 1년 내에 비준서를 베이징에서 교환하는 것으로 규정되어 있었다. 그러나 영·프 연합군이 물러가자 청 내부에서는 텐진조약 폐기론이 제기되었다. 이에 대해 1860년 다시 영·프 연합군 2만 명이 베이징의 위안밍위안(圓明園)까지 진출하여 베이징조약을 강제로 체결했다. 러시아도 영·프 대표가 베이징을 떠난 직후 청과 베이징조약을 맺었다. 러시아와의 조약에는 헤이룽강 이북 지역을 러시아 영토로 인정한다는 1858년 아이훈조약(愛琿條約)의 내용과 함께, 우수리(烏蘇里)강 동쪽도 러시아 영토로 인정한다는 내용이 포함되었다. 이로써 러시아는 연해주(沿海州)로 진출하는 계기를 마련했다.

이리하여 청이 조공무역에 입각하여 서양 각국에 제한적으로 허용했던 광둥 무역 체제는 완전히 소멸되었으며, 향후 1세기 동안 불평등한 조약 관계가 성립되었다.

페리 함대와 일본의 개국

19세기 들어 인도에서 중국으로 시장을 확대하고 있던 영국 선박이 네덜란드의 속령●과 상권을 빼앗을 목적으로 일본 근해에 나타나기 시작했다. 1808년에는 영국 군함 페이튼호가 네덜란드 상선을 포획하기 위해 나가사키항으로 침입하여 네덜란드 상관의 직원을 인질로 삼아 물과 식량 등을 얻은 후 철수했다(페이튼호 사건). 1816년에는 류큐왕국에 무역을 요구했으며, 1817년, 1818년, 1822년에는 우라가(浦賀)에 내항하여 바쿠후에게 무역을 요구했다. 이러한 영국의 도발행위를 경계한 바쿠후는 1825년 해안에 접근하는 외국 선박은 무조건 격퇴하도록 전국에 명령을 내렸다.

하지만 바쿠후의 이러한 정책은 아편전쟁을 계기로 바뀌었다. 아편전쟁이 청의 패배로 끝났다는 정보를 네덜란드로부터 전해 들은 바쿠후는 외국과의 무력분쟁을 피하기 위해 연료·물·식량 등 희망하는 물품을 외국 선박에게 건네주고 퇴거시키라는 명령을 내렸다(신수급여령薪水給與令). 또한

네덜란드의 속령
현재 인도네시아에 해당하는 지역으로, 1949년까지 네덜란드의 식민 지배가 이어졌다.

영국의 침략을 대비하기 위해 각 번들에게 에도만(江戶灣)을 중심으로 방위 태세를 취하도록 명했다.

아편전쟁의 여파는 제일 먼저 류큐왕국에 미쳤다. 이미 류큐 연안을 측량하여 그 전략적 가치를 간파하고 있던 영국은 1843년에 통상을 요구했다. 류큐왕국은 회답을 회피하면서 청과 바쿠후에 도움을 요청했다. 청은 이에 대해 아무런 대응도 하지 않았다. 반면, 바쿠후는 곧바로 조사단을 파견하고 대책을 세웠다. 이때 바쿠후는 절교·화친·전쟁의 세 가지 경우를 가정하고 대책을 마련했는데, 그 주된 목적은 부득이한 상황이 오면 류큐왕국을 개항함으로써 일본에 미치게 될 통상과 개항 압력을 차단하는 것이었다.

1844년 청과 왕샤조약을 맺고 중국 무역에 박차를 가하던 미국도 1846년 해군 제독 비들을 파견해 바쿠후와의 통상 교섭을 시도했다. 충분한 계획이나 준비 없이 군함 두 척을 이끌고 에도만에 나타난 비들은 아무 성과 없이 돌아갔다. 그러나 1853년 7월에 나타난 미국의 해군 제독 페리의 경우는 달랐다. 그는 우라가 앞바다에서 무력시위를 벌이며 개국을 요구했으며, 그 결과 이듬해 미일화친조약(가나가와神奈川조약)을 체결했다. 이로써 바쿠후가 200년 이상 견지해온 해금 정책도 종지부를 찍었다. 이 조약은 시모다(下田)와 하코다테(函館)를 개방하여 미국 선박의 기항을 허용하고, 식량과 연료를 제공한다는 내용이었다. 미국은 청과 맺은 왕샤조약과 같은 폭넓은 통상조약을 일본에 희망했다. 하지만 최혜국 대우 조항을 빼고는 만족할 만한 내용이 없었던 미국은 개국에 반대하는 일본의 국내 사정을 고려하여 일단 물러난 뒤 다시 교섭하기로 했다.

이후 바쿠후는 이와 동일한 내용으로 1854년 영국, 1855년 러시아, 1856년 네덜란드와 각각 조약을 맺었다. 그리고 1858년에는 미일수호통상조약을 조인했다. 이 조약에서는 요코하마(橫濱)·나가사키·니가타(新潟)·효고의 개항, 에도·오사카(大坂)●의 개시(開市), 협정관세권, 영사재판권, 거류지 설치, 최혜국 대우 조항 등이 규정되었다. 바쿠후는 이어서 네덜란

오사카
메이지유신 이후 오사카의 사카(坂)는 모반(反)의 땅(土)을 의미한다 하여 동일한 음의 사카(阪)로 바뀌었다.

드·러시아·영국·프랑스와도 동일한 내용의 수호통상조약을 맺었다(안세이安政5개국조약). 이러한 조약은 서구 열강에 유리한 불평등 조약이었지만, 같은 해 청이 서구 열강과 체결한 톈진조약과 비교하면 일본은 상대적으로 유리한 내용의 조약을 체결한 셈이었다. 톈진조약에는 크리스트교 보호, 아편무역 공인, 외국인의 국내 자유통상권 규정 등도 포함되어 있었다. 이러한 차이는 청의 톈진조약이 제2차 아편전쟁에 패배한 결과 체결된 것인 데 비해 일본의 경우는 교섭을 통해 체결되었기 때문이다. 그리고 더 나아가 거시적으로 보면 청의 태평천국 봉기나 인도의 세포이 봉기 등과 같은 아시아 민중의 저항이 영국을 비롯한 서구 열강의 대일 정책에

영향을 미친 결과라고도 할 수 있다. 바쿠후는 이와 같은 새로운 조약 체제에 대응하기 위해 독립된 외교기관인 외국봉행(外國奉行)을 설치했다.

바쿠후와 조약 체결에 임한 미국 측의 조약 초안에는 류큐왕국의 나하항도 개항 예정지 중 하나로 거론되었다. 바쿠후는 류큐왕국이 멀리 떨어져 있어서 자국이 다룰 수 없는 나라라면서 이를 거부했지만, 이를 계기로 류큐왕국의 '소속'을 어떻게 설명해야 할 것인지가 중요한 외교적 문제임을 인식하게 되었다. 1854년 미일화친조약 체결에 성공한 페리는 류큐왕국과도 교섭을 진행하여 같은 해에 통상조약을 맺었다. 이후 류큐왕국은 1855년에 프랑스, 1859년에 네덜란드와도 통상조약을 체결하여 서구 열강과의

페리의 내항 미국 해군 페리 제독은 함대를 끌고 와 쇄국을 하고 있던 일본을 개항시켰다. 그림은 《일러스트레이티드 런던 뉴스(Illustrated London News)》에 실린 페리의 일본 원정을 보도한 기사이다.

조약 관계에 편입되었다. 이로써 조약 관계를 매개로 한 서구 열강의 동아시아 침략은 조선만 남겨두게 되었다.

서구 열강의 조선 침략

두 번의 아편전쟁에서 패한 청이 서구 열강과 조약을 맺고, 일본과 류큐왕국도 서구 열강과 조약을 맺기 시작하던 시기에 조선에서는 왕실의 특정한 외척과 관료 세력이 권력을 독점하는 세도정치(1800~63년)가 실시되고 있었다. 이 시기 조선은 여전히 해금 정책을 실시하고 있었기 때문에 공식적인 대외 관계는 청과의 책봉–조공 관계와 바쿠후와의 통신사 관계(1811년 중단)에 한정되어 있었다.

서구 열강 가운데 조선에 처음 통상을 요구한 나라는 영국이었다. 1832년 동인도회사 소속의 무장 상선 로드 암허스트호가 황해도 몽금포(夢金浦) 앞바다에 나타나 통상을 요청한 것이다. 1845년에도 군함을 파견하여 무단으로 제주도와 서남 해안을 측량하고 통상을 요구했다. 이에 대해 조선은 영국과 거리가 멀어 교역이 어렵고, 청 황제의 허락 없이 사사로이 교역할 수 없다는 이유를 들어 통상을 거부했다. 서양의 통상 요구를 거부하기 위해 청과의 책봉–조공 관계를 자기방어의 논리로 제시한 것이다.

프랑스는 1846년에 군함 3척을 충청도 외연도(外煙島)에 정박하고, 7년 전 조선이 프랑스 선교사를 포함한 가톨릭 신도 200여 명을 처형한 것에 대한 항의 서한을 조선 국왕에게 전달했다. 이듬해에는 그 해답을 받으러 온 프랑스 군함 2척이 전라도 고군산(古群山) 열도에서 좌초되었다. 이때도 조선은 책봉–조공 관계를 근거로 삼아 청을 통해서 프랑스에게 답신을 전달했다. 이것이 조선과 서양 사이의 첫 외교 문서이다.

러시아는 제2차 아편전쟁 이후 청으로부터 연해주를 할양받아 두만강을 사이에 두고 조선과 국경을 접하게 되었다. 이때 두만강 하구의 조선 영토이던 녹둔도(鹿屯島)를 점령하기도 했다. 하지만 연해주는 혹독한 추위 때문에 배가 다닐 수 있는 기간이 연평균 고작 140여 일 정도였다. 러시아로서는 태평양으로 진출하기 위해 한반도나 그 주변에 부동항을 확보하는 것이 가장 시급한 과제였다. 우선 1854년 러시아는 일본에게 자국령 쿠릴 열도와 일본의 남부 사할린의 교환을 제안했다가 거부당했다. 이에 러시아는 쓰시마를 점령하여 남쪽 교두보를 확보하려 했지만, 일본의 요청을 받은 영국의 개입으로 6개월 만에 철수했다. 영국은 쓰시마를 러시아가 점령하면 일본과 조선은 물론 태평양 진출의 교두보가 된다고 판단하고 적극 저지했다. 이후 러시아는 한반도에서 부동항을 찾기 위해 동해안 일대에 군함을 파견하여 측량하는 한편, 조선에 통상과 교섭을 요구했다. 그러나 조선은 회답서조차 보내지 않고 러시아 측과 접촉

서구 열강의 조선 진출

한 조선 측 관련자들을 처벌하여 서구 열강에 대한 해금 정책을 유지했다.

　이러한 가운데 1864년 1월 고종이 즉위했다. 고종의 나이가 어렸기 때문에 아버지 흥선대원군이 정치의 실권을 잡았다. 흥선대원군은 대내적으로는 세도정치의 폐해를 청산하여 왕실의 권위를 회복하고, 대외적으로는 서양 선박을 경계하고 통상을 금지했다. 특히 서구 열강과 국교를 맺은 일본과 통상을 단절하고 일본의 침략에 대비하여 부산 동래성 일대의 방비를 강화했다.

　이 시기부터 서구 열강의 조선 침략도 본격화되었다. 1866년 8월에 미국 상선 제너럴 셔먼호가 통상을 요구하다 거절당하자 횡포를 부렸는데, 이에 대한 관민들의 저항으로 배가 소각되고 선원들은 처형되었다. 두 달 후 10월에는 프랑스 군함 7척이 흥선대원군의 가톨릭 박해(병인박해)를 구

실 삼아 강화도를 점령하고 책임자 처벌과 통상조약 체결을 요구했다. 프랑스군은 조선군의 강경한 저항에 부딪혀 고전하다 1개월 만에 물러났다(병인양요).

1868년에는 독일 상인 오페르트가 흥선대원군의 아버지 묘를 도굴하려다 실패했다(오페르트 도굴 사건). 이 사건은 흥선대원군의 통상 수교 거부 정책에 결정적인 영향을 미쳤다. 1871년 미국은 제너럴 셔먼호 사건의 관계자 처벌을 요구하고 무력으로라도 통상조약을 체결할 목적으로 군함 5척을 조선에 파견했다. 미군은 일시적으로 강화도를 점령하기도 했지만, 조선군의 강경한 저항에 부딪혀 결국 통상 수교를 이루지도 못하고 한 달여 만에 물러났다(신미양요). 이 기간 동안 한반도 남쪽 지방의 물자를 한성으로 수송하는 강화 수로를 봉쇄한 미국 군함 때문에 한성에서 식량난이 발생하고 물가도 올라갔다. 그로 인해 서양에 대한 민중의 거부감이 더욱 높아졌다. 물론 조선 사회 일각에서도 개항불가피론이 서서히 제기되고 있었지만, 서구 열강의 침략이 본격화되면서 흥선대원군의 통상 수교 거부 정책은 더욱 강화되었다.

3

서양에 대한 동아시아의 대응

총리각국사무아문과 양무운동

제1·2차 아편전쟁 이후 점차 조약체계가 형성되면서 중국에 새로운 변화가 일어났다. 1861년 함풍제는 양무(洋務) 사업과 서양 각국과의 외교 관련 업무를 담당하는 전문기구로 총리각국사무아문(총리아문) 설치를 승인했다. 이후 한인 관료들을 중심으로 한 양무운동이 시작되었다. 양무파 관료들은 우선 군사 방면에서 서구의 선진기술을 받아들였다. 그 과정에서 철도·항만 등 기반시설 건설에 착수하는 한편, 군수산업부터 민간산업으로 투자 영역을 차츰 확대해나갔다. 또한 이들은 베이징조약에 따라 각국 외교관의 베이징 상주와 공사관의 개설을 인정하고 베이징의 문호인 톈진을 개방하는 등 서구 열강과의 관계 조정에 노력했다.

여기에서 중요한 점은 새롭게 조약 관계를 맺은 서양 각국과의 업무는 총리아문이 담당하지만, 동아시아 각국과의 업무는 종래대로 예부가 담당하고 있었다는 점이다. 조약 관계는 어디까지나 서양 각국, 즉 동아시아 지역이 아닌 동아시아 외부와의 관계에 한정되어 있었다.

1863년 청 주재 미국 공사관의 중국어 통역관이자 선교사였던 마틴은 국제법 이론가 휘튼의 《국제법 원리(Elements of International Law)》를 한역한 《만국공법》 초본을 들고 미국 공사 벌린게임과 함께 총리아문을 방문했다. 애초 총리아문은 이 책의 간행에 소극적인 태도를 취하고 있었는데, 마침 1864년에 프로이센과 덴마크의 분쟁이 중국 영해로까지 비화되면서 프로이센 군함이 다구(大沽)항에서 덴마크의 상선 3척을 나포하는 사건이 발생했다. 이에 총리아문은 마틴의 번역 원고를 인용하며 중국 연안에서 외국군이 타국의 선박을 나포하는 것은 청 주권의 침해라고 프로이센 공사에게 그 책임을 물었다. 결국 프로이센 공사는 덴마크 선박 3척을 방면하고 청에게 배상금 1,500달러를 지불했다. 이 사건을 계기로 총리아문은 500냥을 들여 마틴이 번역한 《만국공법》을 간행하고, 초판 300부를 지방관들에게 나누어주었다. 이렇듯 총리아문의 외교 정책이 성과를 올리자 양무파 정관잉은 '만국공법'을 이용하여 청의 권익을 충분히 보장할 수 있다고 주장했다. 이것은 일부 양무파가 기존의 화이사상에 기초한 세계관을 부정하고, 기독교적 문명론에 입각한 '만국공법'적 세계관을 받아들이기 시작했음을 의미한다.

이 같은 상황 속에서 톈진조약의 개정 시기가 다가옴에 따라, 1868년 총리아문은 조약 협상을 위해 공식 외교사절을 서구 열강에 최초로 파견했다. 전(前) 미국 공사 벌린게임을 대표로 삼아 청의 관리들과 함께 미국과 유럽을 공식 방문한 것이다. 벌린게임 사절단은 각국 원수를 예방하고, 미국에서는 비교적 평등한 입장에서 양국 간 수정 조약을 체결하는 등 상당한 성과를 거두었다. 하지만 선교권과 통상권, 철도와 전신 건설, 아편 판매 감독, 중국 영토 내 외국인의 법적 지위, 그리고 내륙 수로의 항해 등과 관련된 어려운 문제가 여전히 산재해 있었다. 1870년 영국 하원에서 중국과의 조약 개정 협상안이 부결되었다. 또한 같은 해 중국에서는 치외법권의 비호 아래 각종 횡포를 부리던 일부 선교사들에게 반감을 품은 중국 민중이 가톨릭 성당을 습격하여 관계자를 살해한 톈진교안(天津敎案) 사건

난징의 진링기기국 태평천국의 난을 진압하는 과정에서 서양식 총포류의 성능을 경험한 청은 전쟁에 필요한 각종 화약과 총포류, 총탄을 직접 생산하고자 했다. 1865년 리훙장은 난징에 군수공장 진링기기국(金陵機器局)을 설립했다.

이 발생하면서 서구 열강의 외교적 공세가 다시 강화되었다. 이후 청의 대외 정책은 톈진교안의 처리 교섭을 원활히 마무리한 즈리(直隷) 총독 리훙장이 주도해나갔다.

존왕양이운동과 메이지유신

일본에서는 바쿠후가 천황의 허가 없이 미일수호통상조약을 조인한 탓에 천황을 공경하고 서양 세력을 배격할 것을 내건 존왕양이(尊王攘夷)운동이 고조되었다. 이에 대해 바쿠후가 안세이의 대옥(大獄)●으로 존왕양이운동을 탄압하자 오히려 운동이 격화되어 반(反)바쿠후 경향이 한층 강해졌다.

조슈번(長州藩, 지금의 야마구치현山口縣 지역)에서는 존왕양이파가 번의 주도권을 쥐고 교토의 구게(公家, 헤이안平安시대 이후의 전통적인 귀족)와 손잡고 바쿠후에게 양이를 실행하도록 압박했다. 이에 대해 바쿠후는 1863년 6월 25일을 양이 실행의 날로 삼을 것을 조정에 약속했다. 조슈번은 6월 25일이 되자 시모노세키(下關) 해협을 통과하는 외국선을 향해 포격을 가

안세이의 대옥
바쿠후의 실권자인 다이로(大老) 이이 나오스케가 1858년부터 1년간 자신의 반대파를 체포하고 100여 명의 존왕양이파 인사를 대거 숙청한 사건을 일컫는다.

이와쿠라 사절단의 주요 인물 왼쪽부터 기도 다카요시, 야마구치 마스카, 이와쿠라 도모미, 이토 히로부미, 오쿠보 도시미치이다.

했다. 그러자 조정 내 반대파 구게와 사쓰마·아이즈(會津)번 등은 이러한 움직임에 반격을 하기 위해 교토에서 존왕양이파 구게와 조슈번 지사(志士) 등을 추방했다. 조슈번은 이에 저항하기 위해 교토로 출병했지만, 오히려 조슈번을 공격하라는 천황의 명령으로 결국 진압되었다. 또한 영국·프랑스·미국·네덜란드 연합함대는 외국선 포격에 대한 보복으로 조슈번을 공격했다. 이런 가운데 조슈번은 존왕양이파를 처벌하고 바쿠후에 사죄하며 사태를 수습했다. 이후 조슈번의 존왕양이파는 양이 노선이 현실적으로는 불가능하다고 판단하고 개국(開國)과 바쿠후 타도로 방침을 전환했다.

한편, 1863년 영국 함대는 사쓰마번의 번사(藩士)가 영국인을 살상한 일을 문제 삼아 가고시마(鹿兒島)를 공격했다. 이 전쟁을 계기로 사쓰마번에서도 번의 방침을 바쿠후 타도로 전환해갔다. 그 결과 1866년 3월에 사쓰마번과 조슈번의 동맹이 결성되었다. 이후의 정치적 대립은 바쿠후가 천황 및 조정을 옹위하고 정국을 주도할 것인지, 그렇지 않으면 바쿠후를 타도하고 천황을 중심으로 한 새로운 정권을 수립할 것인지를 둘러싸고 전개되었다. 그 결과 1868년 1월 바쿠후 반대파는 왕정복고 쿠데타로 권력을 쥐고 신정부를 수립했다.

신정부는 1869년 6월까지 이어진 바쿠후 세력과의 전쟁에서 승리했다. 신정부는 바쿠후 타도의 명분이었던 양이가 아닌 개국을 적극적으로 추진하는 한편, '만국대치(萬國對峙)'의 국제질서 속에서 천황의 친정(親政)으로 국위를 번성시키겠노라고 선언했다. 이는 천황 중심의 근대적 국가 체제의 수립을 의미했다. 바쿠후의 지배 체제를 해체하고 근대국가를 확립하기 위해 이루어진 정치·사회 개혁을 메이지유신(明治維新)이라 한다.

신정부의 대외적 과제는 바쿠후가 체결한 불평등 조약을 개정하는 것이었다. 서구 열강과 맺은 조약의 개정 기한은 1872년 5월이었다. 이에 일본 정부는 1871년 11월에 이와쿠라 도모미를 대표로 하는 대규모 사절단을 미국과 유럽으로 파견했다. 오쿠보 도시미치, 기도 다카요시 등 당시 정부 실력자들을 포함한 사절단 인원 46명에 유학생과 수행원 약 60명을 포함해 100명이 넘는 규모였다. 사절단의 목적은 첫째 조약 체결국 원수에게 국서 전달, 둘째 조약 개정을 위한 예비교섭, 셋째 서양 각국의 제도·문물 조사였다. 이 가운데 조약 개정을 위한 예비교섭은 첫 번째 교섭국이었던 미국에서부터 실패했다. 하지만 사절단은 2년여 동안 미국과 유럽 각지를 순회하며 근대화 정책의 방향을 시찰하고 귀국했다.

이 같은 상황에서 서양을 소개하는 다양한 서적이 출판되었다. 그중 후쿠자와 유키치의 《서양사정(西洋事情)》(1866)은 초판이 15만 부 이상 판매될 정도로 대단한 인기를 끌었다. 《서양사정》이 경이적인 판매 부수를 기록한 것은 근대 일본의 역사 인식이 일본을 중심으로 한 기존의 화이질서적 관점에서 서양을 중심으로 하는 '문명'의 진보와 발전이라는 관점으로 크게 전환되기 시작했음을 말해준다. 이후 후쿠자와는 세계가 '혼돈'에서 야만과 '미개'를 거쳐 '문명'으로 나아간다는 문명발전사관을 보다 명확히 제시했다. 이러한 역사 인식의 전환은 메이지 정부가 '문명개화'를 주요 정책으로 추진하면서 더욱 가속화되었다.

고종 친정과 대외 정책의 변화

서구 열강의 조선 침략으로 흥선대원군의 통상 수교 거부 정책이 강화되기 시작하던 1868년 12월, 천황을 중심으로 새로운 정권을 수립한 일본이 조선에 왕정복고를 알리고 국교 수립을 요청했다. 그런데 일본이 보낸 공식 문서 '서계'에는 천황과 관련된 '황(皇)', '칙(勅)' 등과 같은 문자가 포함되어 있었다. 조선은 예전부터 내려오던 문서의 격식과 다르다는 이유를 들어 이를 받아들이지 않았다. 조선의 입장에서 이와 같은 격식의 서계를 받

정한론 정변 정한론 정변을 각 세력 간의 대립으로 표현한 다색판화(니시키에). 일본에서는 신문이 본격적으로 보급되기 이전에는 다색판화가 주요 사건을 전달하는 미디어 역할을 담당했다.

아들이는 것은 종래의 대등 관계가 상하 관계로 변경되는 것을 의미했기 때문이다. 조선의 거듭된 서계 변경 요구에도 불구하고 일본은 기존의 입장을 고수했다. 일본의 입장은, 조선 국왕이 에도 바쿠후의 역대 쇼군과 대등 관계에 있었고, 바쿠후의 쇼군은 천황의 신하이기 때문에 조선 국왕도 일본 천황에게 신하의 예를 갖춰야 한다는 것이었다. 이처럼 조선과의 국교 교섭에 난항이 거듭되자, 1869년 12월 일본은 외무성 관원 사다 하쿠보 등을 조선에 파견했다. 하지만 모든 국교 교섭에 실패하고, 이듬해 3월에 귀국한 사다는 일본의 입장대로 조선과 국교를 수립하는 것은 불가능하다고 주장하며 조선을 정벌해야 한다는 '정한론(征韓論)'을 정부에 건의했다. 이후 정부 수뇌부 사이에서 조선에 대한 출병 문제가 논의된 결과, 조선에 사절을 다시 파견하여 교섭하되 국교 수립 요구를 받아들이지 않으면 병력을 보내 전쟁으로 해결하겠다는 방침이 정해졌다. 아직 이와쿠라 사절단 일행이 귀국하지 않은 1873년 8월에는 사이고 다카모리 등에 의해서 조선에 대한 사절 파견도 결정되었다. 하지만 같은 해 10월, 이와쿠라 사절단으로 서양을 시찰하고 돌아온 이와쿠라 도모미·오쿠보 도시미치·기도 다카요시 등이 이미 결정된 사절 파견을 강제로 번복하게 만들었고, 이에 반발한 사이고 등 정한파는 정부를 떠났다(정한론 정변). 하지만 이와쿠라 등이 출병 자체를 반대했던 것은 아니다. 이는 정한론 정변 직후에 발생한 타이완 침공과 강화도 사건이 말해준다.

일본에서 정한론 정변이 발생한 지 얼마 되지 않아 조선에서도 집권 세력이 교체되는 정치적 변동이 있었다. 섭정을 하던 흥선대원군이 물러나고 고종이 친정을 하기 시작한 것이다.

고종은 왕권을 안정시키기 위해 흥선대원군이 실시해온 정책들을 수정했다. 이 과정에서 '왜양일체(倭洋一體)'라는 명분으로 일본의 서계를 거부하던 기존의 대일 정책에도 변화가 생겼다. 여기에는 고종의 대외 인식이 크게 작용했다.

고종은 흥선대원군의 문호 개방 거부가 강력히 실시되는 가운데에서도 청에 파견한 사신들을 통해서 동아시아를 둘러싼 국제 정세의 변화에 대해 보고를 받았다. 서양 국가와 청의 관계가 책봉-조공 관계가 아니고, 일본도 청과 대등한 관계를 맺었다는 보고를 받는 과정에서 동아시아 지역질서의 변화를 감지했다. 또한 조선을 제외한 주변국들이 서양과 통교하면서 양무운동과 메이지유신으로 부국강병을 도모하고 있는 데 비해 조선만 고립되어 있는 상황을 우려했다.

이러한 대외 인식을 토대로 고종은 친정 직후 박정양을 동래부로 파견하여 그동안의 대일 외교교섭 과정을 조사하도록 했다. 박정양은 대일 외교를 담당하던 경상도관찰사와 동래부 대일 외교 담당 관리 등을 전원 교체하거나 처형하는 한편, 부산에 설치되어 있던 왜관 주재 일본 관리와 접촉했다. 또한 1875년 2월에 고종은 의정부 회의를 직접 주재한 자리에서 일본의 외교 문서를 접수해 적극적으로 대일 외교를 풀어나갈 것을 주장했다. 이러한 고종의 주장은 신료들의 반대로 실현되지 않았지만, 친정 이후 대일 정책에 변화가 생겼음을 말해준다. 일본은 이러한 조선의 대일 정책 변화를 감지하면서도, 보다 유리한 조건의 교섭을 위해 서구 열강이 동아시아 각지에서 보여줬던 함포외교 방식을 조선에 적용했다. 1875년 9월 일본 군함 운요호(雲陽號)의 무력시위가 그것이다.

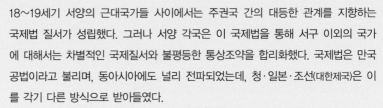

한·중·일 3국의 '만국공법' 인식

18~19세기 서양의 근대국가들 사이에서는 주권국 간의 대등한 관계를 지향하는 국제법 질서가 성립했다. 그러나 서양 각국은 이 국제법을 통해 서구 이외의 국가에 대해서는 차별적인 국제질서와 불평등한 통상조약을 합리화했다. 국제법은 만국공법이라고 불리며, 동아시아에도 널리 전파되었는데, 청·일본·조선(대한제국)은 이를 각기 다른 방식으로 받아들였다.

청은 1860년 영·프 연합군에 의한 베이징 함락 이후, 서양과의 교섭을 위해 《만국공법》을 적극 활용하기 시작했다. 청 정부는 1864년 미국 선교사 마틴이 미국 국제법 관련 책자를 한역한 《만국공법》을 정부 출자로 출간했다. 그러나 청 정부는 만국공법을 그대로 도입한 것은 아니었다. 서양과의 평등한 국제 관계를 만들기 위한 전제로 영사재판권, 협정관세권, 편무적 최혜국 조항 등 불평등 조약을 개정하지 않은 채, 기존의 화이질서를 여전히 유지하면서 공법에 규정된 조항만 준수함으로써 서양 각국의 침략에 빌미를 주지 않으려고 했다.

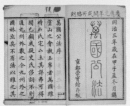

일본은 중국에서 《만국공법》이 번역되자마자 수입해 간행했다. 또한 네덜란드학(난학蘭學)을 배운 니시 아마네도 별도로 《만국공법》(1868)을 간행했다. 메이지 정부는 만국공법을 국제적인 보편적 규범으로 받아들여 개국을 정당화하고, 서양과의 조약을 대등한 조건으로 개정하는 데 근거로 활용했다. 또 메이지 정부는 1876년 조선과의 개항 교섭에서 청의 영향력을 배제하기 위해 《만국공법》을 근거로 조선이 자주국임을 강조했다. 이 때문에 여전히 조선이 청의 속방이라고 주장하는 청 정부와 논란을 벌였다.

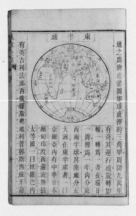

《만국공법》 개항기에 한·중·일 3국에 유입된 《만국공법》은 '근대'를 배울 수 있는 요긴한 교과서가 되었다. 권리, 국가, 주권 등 오늘날 사용되고 있는 용어가 대부분 《만국공법》에서 나왔다.

조선 정부는 1882년 이후 미국, 영국 등 서구 열강과 통상조약을 맺으면서 《만국공법》에 규정된 주권과 열강 간의 상호 보장이라는 조항을 활용해 국권을 유지하고자 했다. 그러나 1885년 영국의 거문도 점령과 청의 내정 개입으로 조선의 주권이 침해당하자 만국공법의 실효성에 회의를 갖기 시작했다. 한편, 1897년 대한제국은 블룬칠리의 《공법회통》 조항을 적극 활용해 황제권 강화와 대외 독립의 근거로 삼았다.

이렇듯 중국은 화이질서를 유지하는 가운데 서구 열강에게 침략의 빌미를 주지 않기 위해, 일본은 동아시아에서 주도권을 잡고 여러 나라를 침략하기 위해 만국공법을 활용했다. 한편, 조선은 만국공법을 이용하여 자주독립국으로 인정받으려 했으나 별다른 실효를 거두지 못했다.

4

동요하는 동아시아 내부 질서

동아시아의 내부 질서가 변화를 맞이한 것은 1871년에 체결되고 1873년에 비준된 청일수호조규에 의해서였다. 동아시아 지역에서 처음으로 책봉–조공 관계와는 다른 외교 관계가 맺어진 것이다.

1870년 일본 외무성은 그동안 조선 외교를 담당했던 쓰시마번의 외교권을 몰수하는 한편, 외무대승(外務大丞) 야나기하라 사키미쓰를 톈진에 파견해 청에게 대등한 관계의 조약 체결을 요청했다. 일본은 이러한 조치를 통해 조선과의 외교를 자국에 유리하게 처리하려 했다. 이에 대해 청 내부에서는 톈진교안 등으로 대외 관계가 어려움에 처한 틈을 타 일본이 책동을 벌이는 것이므로 받아들여서는 안 된다는 주장이 제기되었다. 그러나 즈리 총독 리훙장과 량장(兩江) 총독 쩡궈판 등은 일본이 현재는 조공국이 아니므로 조약 체결 요청을 무조건 거부하는 것은 옳지 않다고 주장했다. 특히 리훙장은 서구 열강과 이미 조약을 맺은 상태에서 일본의 요청을 거부하여 적으로 만드는 것보다 긍정적으로 대처하여 서구 열강에 공동 대응

하는 방법을 모색하자고 강력히 주장했다. 결국 총리아문이 리훙장의 주장을 받아들임으로써 일본과의 조약 체결이 추진되었다.

교섭이 시작되자 일본은 청에게 일방적인 영사재판권과 최혜국 대우를 규정하는 불평등한 내용의 초안을 제시했다. 서구 열강에 버금가는 특권을 얻고자 예비교섭 단계에서 제시했던 대등 조약안을 변경한 것이다. 이에 리훙장은 일본의 초안을 거부하고 독자적인 초안을 마련하여 일본에 제시했다. 그리하여 1871년 6월부터 흠차전권대신(欽差全權大臣)으로 청에 파견된 다테 무네나리와 리훙장 사이의 수석대표 회담에서는 주로 청 측의 초안에 의거하여 협상이 진행되었다. 그해 9월 청일수호조규와 통상장정(通商章程)이 조인되었다. 그 내용은 영토 보전과 상호 원조를 규정하고 서구 열강에게 강요당했던 영사재판권과 협정관세권을 서로 인정하는 등 일종의 변칙적인 대등 조약이었다. 일본은 최혜국 대우와 내지 자유통상권을 획득해 중국에 대한 우위권을 확보하려 했지만, 그 의도를 충분히 관철시키지 못했다. 이에 일본은 비준을 연기하고 청에게 청일수호조규의 개정을 요구했지만, 거절당했다. 양국은 1873년 4월 톈진에서 내용 수정 없이 비준서를 교환했다. 청일수호조규 체결은 청의 방침, 즉 조약 관계는 서양 각국과의 관계에 한정한다는 자세가 전환된 것을 의미하고, 이는 동아시아 지역질서가 변화하기 시작했음을 말해준다.

청일수호조규가 일본에게 이익이 없었던 것은 아니다. 청과 대등한 관계를 맺음으로써, 일본은 청을 중심으로 한 책봉-조공 관계라는 동아시아 전통질서에서 실질적으로 벗어나 청을 종주국으로 하는 조선보다 우위에 있다는 명분을 얻게 되었다. 아울러 동아시아 지역질서에서 청에 대항하는 세력으로 등장하는 계기가 되었다. 1874년 5월 타이완 침공은 그 출발점이었다.

일본의 타이완 침공과 류큐 병합

일본의 타이완 침공은 1871년 말 류큐왕국 미야코섬(宮古島)의 표류민 54명이 타이완 원주민들에게 살해된 사건이 발단이 되었다. 일본은 1872년 류큐왕국을 폐지하고 류큐번(琉球藩)을 설치하여 복속시켰다. 이것은 종래에 청·일 양국과 모두 조공 관계를 맺어오던 류큐왕국을 일본 영토로 편입하는 조치였다. 일본은 이를 근거로 청에게 자국민 살해에 대한 보상을 요구했다. 청은 류큐왕국의 지배권을 주장하는 한편, 타이완의 '생번(生番)'은 일본의 '아이누'나 미국의 '인디언'처럼 '화외(化外)', 즉 청의 정치와 관리가 미치지 않는 백성에 속한다며 보상을 거부했다. 그러나 일본의 외무대신 소에지마 다네오미는 '화외'라는 용어를 청이 타이완 원주민을 지배하고 있지 않다는 의미로 자의적인 해석을 했다. 그는 미국인 고문 르장드르의 조언을 받아 정부에 타이완 침공을 건의했다. '주인 없는 땅'은 가장 먼저 차지한 나라가 영유권을 갖는다는 당시의 만국공법 논리를 활용한 것이다.

1873년 10월 소에지마가 정한론을 둘러싼 정부 내 대립으로 사직한 이후, 타이완 문제는 이듬해 2월부터 오쿠보 도시미치의 주도 아래 침공 방침이 결정되었다. 오쿠보가 내세운 타이완 침공의 표면적인 이유는 류큐인을 살해한 타이완 원주민의 죄를 묻는 것이었지만, 실제 목적은 류큐왕국을 일본의 영토로 공인하기 위함이었다. 아울러 타이완의 일부를 식민지화하는 것도 염두에 두고 있었다.

1874년 5월 3,000여 명의 일본 원정군은 보복을 명분 삼아 타이완을 침공했다. 근대 일본 역사상 최초로 해외에 군대를 파견한 것이다. 당시 영국과 러시아가 대립하고 있던 터라 동남아 지역의 요충지인 타이완을 침공해도 서구 열강이 이의를 제기하지 않으리라는 낙관적인 예측이 있었다. 하지만 예측과 달리 일본의 타이완 침공은 청과의 관계를 중시하려는 서구 열강의 비판을 불러일으켰을 뿐만 아니라, 현지의 열대성 질병으로 500여명이 넘는 병력을 잃는 등 고전을 면치 못했다. 그러나 청 또한 양무파에

의한 서양식 군제 개혁이 원활하게 진행되지 못해 일본과 전쟁을 치를 만한 여력이 없었다. 그 결과 개전으로 교역이 중지되는 것을 우려한 청 주재 영국 공사의 중개로 청이 일본 정부에 50만 냥을 지불하는 것으로 타협했다. 일본은 이러한 조치를 류큐가 일본에 속한다는 사실을 청이 인정한 것으로 해석했다.

청에게 외교적 승리를 거둔 이후 일본은 류큐에게 청과의 책봉─조공 관계를 단절하도록 요구하는 등 지배권을 더욱 강화했다. 1879년 마침내 류큐를 일본 영토로 병합해 오키나와현으로 개편했다. 이에 대해 류큐의 지배층은 일본 정부에 대한 불복종과 비협력 운동을 조직하고 청에게 원군을 요청하는 등 왕국의 재흥과 책봉─조공 관계의 부활을 수년간 도모했다. 하지만 일본 정부의 탄압으로 모두 실패했다.

1880년 일본 정부는 류큐 제도(諸島) 중 미야코·야에야마(八重山)를 청에 할양하는 대신, 일본도 서구 열강과 마찬가지로 최혜국 대우와 내지 자유통상권을 보장받을 수 있도록 청일수호조규를 개정할 것을 제안했다. 미국의 전 대통령 그랜트의 중개로 '류큐분할조약'이 작성되기도 했지만, 청 내부에 반대 의견이 많아서 결국 조인은 이루어지지 않았다.

강화도 사건과 조일수호조규

1875년 9월 일본 군함 운요호는 한반도 연안을 탐측한다는 명분으로 강화도 앞바다를 불법으로 침입했다. 해안 경비를 서던 조선군이 방어를 하기 위해 공격하자, 운요호는 포격하며 영종진에 상륙하여 조선 수군을 공격한 뒤 인적·물적 피해를 입히고 퇴각했다. 이후 일본은 이를 빌미 삼아 조선에 개항을 요구했다.

같은 해 12월 일본은 청일수호조규에 입각하여 조선에 전권변리대신(全權辨理大臣)을 파견한다고 청에게 통고하는 한편, 조선과 청의 관계에 대한 청의 회답을 요구했다. 청은 조선보다 일본이 군사적으로 우위에 있다는 판단 아래 일본과의 물리적 대결을 피하고자 조선과 일본이 평화적으로 관계를 해결하기 바란다는 소극적인 입장을 취했다. 이러한 청의 태도는 결과적으로 일본에게 조선과의 외교교섭에서 최대 난제로 여기고 있던 청의 개입 문제를 해결해준 셈이 되었다.

한편, 주일(駐日) 러시아 공사 스톨은 조선에 사절을 파견한다는 일본의 통보를 받고, 일본을 지지하며 경우에 따라서는 원조할 의사가 있음을 밝혔다. 주일 영국 공사 파크스도 러시아의 남하를 경계하면서 서구 열강을 대신해서 일본이 조선을 개항시키길 원했다. 미국도 타이완과 한반도 근해의 통상권을 확보하고자 적극적으로 일본을 지원했다.

이렇듯 조선과 조약을 체결할 수 있는 국제적 기반을 굳힌 일본은 1876년 1월, 함대 6척을 강화도로 파견하여 조선에 조약 체결을 강요했다. 이때 일본은 조약 체결이 이루어지지 않을 경우 전쟁을 벌일 태세로 시모노세키에 병력을 주둔시켰다. 그 결과 1876년 2월에 조일수호조규(강화도조약)가 체결되었다. 전문 12개조로 이루어진 조일수호조규의 주요 내용과 의미는 다음과 같다.

제1관에서는 조선이 일본과 평등한 권리를 갖는 자주국임을 명시하고 있는데, 여기에는 조선과 청의 관계를 끊고 일본이 조선에서의 우위를 차

강화도 사건 조일수호조규의 빌미가 된 이 사건은 일본의 대륙 침략 신호탄이었다. 위쪽은 영종진에 상륙하는 운요호의 병사, 아래쪽은 조선의 포대와 교전하는 일본군을 묘사했다. 《메이지태평기》에 실린 삽화로, 당시 일본인이 이 사건에 관심이 높았음을 보여준다.

지하려는 의도가 담겨 있다. 제5관에서는 왜관이 설치된 부산 이외에 두 곳을 20개월 이내에 개항하여 통상을 허용하도록 했다. 제7관에서는 일본이 조선의 해안을 자유로이 측량하고 해도(海圖)를 작성할 수 있도록 규정했는데, 이것은 군사작전 시 상륙 지점을 정탐하려는 것이었다. 제10관에서는 개항장에서 일어난 양국인 사이의 범죄 사건은 속인주의에 입각하여 자국의 법에 의하여 처리하도록 했다. 즉, 일본인의 치외법권을 인정한 것이다.

조일수호조규에 이어서 같은 해 8월에 조일수호조약 부록과 조일무역규칙도 체결되었다. 여기에서는 개항장에서의 일본 화폐의 유통과 미곡 수출입 자유, 일본 상품 무관세가 인정되었다. 이후 조선 정부에서는 무관세 조항의 문제점을 인식하고 이를 개정하기 위해 일본과 교섭을 했지만 실패했다. 이 조항은 1882년 조미수호통상조약에서 수출입 상품에 대한 관세부과권이 조선 정부에 속한다고 명시함에 따라 1883년에 철폐되었다.

이처럼 조일수호조규와 조일무역규칙의 내용은 아편전쟁 이래 청이, 그리고 바쿠후 말기에 일본이 서구 열강에게 강요당했던 불평등 조약과 비교하더라도 매우 가혹한 것이었다. 일본은 그동안 대등한 관계를 맺어오던 조선을 일본보다도 후발국이라 규정하고, 서구 열강보다 먼저 조선에 대한 경제적·정치적 우선권을 확보하기 위해 일본이 서구 열강과 맺은 조약보다 훨씬 불평등한 내용을 강요한 것이었다. 이후 조선은 일본의 적극적인 조선 진출을 견제하려는 청의 주선으로 1882년에 미국과도 통상조약을 체

결하고, 영국을 비롯한 서구 열강과도 우호통상조약을 맺으며 근대적 국제 관계에 본격적으로 편입되어갔다.

이상과 같이 1870년대는 1871년 청일수호조규 체결과 1876년 조일수호조규 체결, 1879년 일본의 류큐 병합 등 동아시아의 내부 질서가 본격적으로 동요하기 시작한 시기였다. 청의 경우 일본과는 류큐와 타이완 문제, 러시아와는 이리(伊犁) 문제, 프랑스와는 베트남 문제로 대립하면서 기존의 책봉–조공 관계가 위기를 맞게 되었다. 청의 위기감은 역으로 1880년대에 들어서 본격적으로 서구 열강과 조약을 맺기 시작한 조선에 대한 노골적인 간섭으로 나타났다. 한편, 일본은 일찌감치 서양의 만국공법을 토대로 동아시아 지역을 조약 관계로 재편성해갔다. 조선에 대해서는 서양과 맺었던 조약보다 훨씬 불평등한 조약을 강요하여 개항시켰다. 일본의 조선 진출은 조선에 대한 청의 종주권을 위협했고, 청은 이에 대항하기 위해 조선에 대한 간섭을 강화했다.

2

청일전쟁과
동아시아 전통질서의 해체

● 이 시기 한·중·일 연표

1879 일본, 류큐번 폐지 후 오키나와현으로 개편

1880 조선, 김홍집을 수신사로 일본에 파견

1882 조선, 조미수호통상조약 조인 후 영국 및 독일과도 통상조약 조인, 임오군란, 조청상민수륙무역장정 체결

1884 청프전쟁. 조선, 갑신정변

1889 일본, 대일본제국헌법 발포

1894 영일통상항해조약 조인. 조선, 동학농민전쟁. 청일전쟁 발발

1895 청일강화조약(시모노세키조약) 체결. 러시아·독일·프랑스, 3국간섭. 일본, 타이완 침략전쟁. 조선, 을미사변

1896 청일통상항해조약 체결

화이질서를 바탕으로 한 동아시아의 전통적 국제질서는 동아시아로 진출한 서구 열강과 일본의 움직임으로 인해 1870~80년대 급속히 무너지기 시작했다. 일본은 일찍부터 근대국가 건설을 추진하며, 열강이 각축하는 세계로 진입하기 위해 서양의 근대 국제법인 만국공법을 받아들였다. 그리고 '탈아입구(脫亞入歐, 아시아를 벗어나 서구 사회를 지향한다)'를 국가 노선으로 내걸고 한반도로 세력을 확대하고자 했다.

이처럼 일본이 조선에 초점을 맞추어 대륙 정책을 전개할 당시, 청 또한 전통적 국제질서를 유지하면서 조선에 대한 개입을 강화해나갔다. 이러한 상황에서 조선은 서구 열강과 직접 외교 관계를 맺으며 청과 일본의 개입에서 벗어나고자 했다. 그러던 중 1894년 조선에서 일어난 동학농민전쟁을 계기로 청일전쟁이 발발했다. 이 전쟁으로 인해 동아시아의 전통질서가 최종적으로 해체되고 새로운 국제 관계가 형성되었다. 청일전쟁은 한·중·일 3국의 이후 행방을 결정지은 역사적 전환점이었다.

1

1880년대 동아시아의
변동과 조선 문제

동아시아의 변동

1870년대에 일본은 류큐왕국을 자국 영토로 편입하기 위한 정책을 강화하고, 동시에 조선에 진출하기 위한 정책을 추진했다. 이에 대해 청은 다양한 방법으로 기존 질서를 유지하고자 했다.

1879년 마침내 일본은 강제로 류큐를 병합해 오키나와현으로 개편했다. 청은 이를 인정하지 않았지만, 이는 중화제국에서 조공권(朝貢圈)이 일부 무너지는 것을 의미했다. 그런 가운데 청의 양무파는 기존과는 다른 동아시아 정책을 취했다. 즉, 조선의 정치에 간섭해 서양에 개항하도록 요구함으로써 일본을 견제하려는 것이었다.

조선은 1876년 조일수호조규를 체결하여 일본에 개항했지만, 서양 국가들에 대해서는 여전히 문호를 개방하지 않았다. 때문에 지정학적으로 중요한 위치에 있는 조선에 관심을 갖고 있던 미국은 다른 열강보다 먼저 조선에 진출하고자 일본에 중재 역할을 요구했다. 하지만 일본이 적극적으로 응하지 않고, 조선도 일본을 통한 중재를 거부했다. 그 때문에 미국은 청의 중계로 조선과 조약을 맺으려고 했다. 1880년 미국의 슈펠트 제독은 청의 톈진에서 리훙장을 만나 조미통상조약을 체결하기 위한 교섭을 시작했다. 리훙장은 조선에 서양 세력을 끌어들임으로써 중국으로 남하하려는 러시아와 조선을 침략하려는 일본, 양측을 견제하고자 했다.

한편, 조일수호조규의 결정에 따라 1880년 8월 김홍집이 수신사(修信使)◦ 자격으로 일본을 방문하자, 청의 주일 공사 허루장은 서기관인 황쭌셴이 쓴 《조선책략(朝鮮策略)》을 김홍집에게 보냈다. 《조선책략》의 주요 내용은 청·조선·일본이 가장 두려워해야 할 대상은 러시아로, 이에 대항하기 위해 조선은 청과 가까이 지내고, 일본과 제휴하고, 미국과 손을 잡아야 한다는 것이었다. 《조선책략》을 가지고 돌아온 김홍집은 러시아를 견제하기 위해 서양에 문호를 개방해야 한다는 의견을 고종에게 제출했다. 이에 1881년 3월, 조선 정부는 이러한 문호 개방 의지를 리훙장에게 전했다.

조선으로부터 대미 교섭 요청을 받은 리훙장은 1882년 3월에 조선 정부를 대신하여 미국과 조약 교섭을 추진했다. 청에서는 조약에 "조선이 청의 속국이지만 내정과 외교에서는 자주권이 있다"라는 속국 조항을 명문화하려 했다. 이는 조선이 청의 속국임을 국제적으로 인정받으려는 의도였다. 그러나 미국이 반대한 탓에 결국 조약과는 별개로 조선 국왕이 미국 대통령에게 조선이 청의 속방임을 인정하는 내용의 조회문을 보내는 것으로 타협했다.

조미수호통상조약(슈펠트조약)은 1882년 5월에 조인되었다. 뒤이어 6월에는 거의 같은 내용의 조약이 조선과 영국,◦ 조선과 독일 사이에도 각각 조인되었다.

임오군란을 둘러싼 3국의 관계

조선은 수신사 일행의 견문과 《조선책략》에 영향을 받아 부국강병을 목표로 한 개화 정책을 추진해나갔다. 특히 군사력 강화를 위해 별기군(別技軍)

수신사
조일수호조규 체결 이후 일본의 요청에 의해 조선이 파견한 외교 사절단으로, 1876년 4월 김기수를 비롯한 76명이 일본을 방문했으며, 1880년 김홍집 등 58명이 2차 방문했다.

조영수호통상조약
조선과 영국의 통상조약은 1882년 6월에 조인되었으나 영국 의회에서 비준이 거부되었으며, 실제로 비준되어 효력을 발휘한 조약은 1883년 11월에 체결되었다.

을 창설하고, 일본인 교관을 초빙해 신식 군사 훈련을 실시했다. 또한 일본과 청에 시찰단과 유학생을 파견해 선진 문물을 받아들이고자 했다. 이러한 정부의 개화 정책에 힘입어 서양의 근대적 제도와 기술을 도입해 내정을 개혁하고자 한 김옥균 등 개화파는 점차 세력을 키워갔다. 반면, 유학자를 중심으로 한 개화사상과 개화 정책에 대한 반대 움직임은 더욱 격렬해져 위정척사운동으로 확산되었다. 정부가 이들 유학자를 탄압하면서 두 세력의 대립은 격화되었다.

한편, 당시 개화 정책의 일환으로 신설된 별기군은 구식 군인에 비해 높은 급료를 받는 등 특별대우를 받았다. 이에 구식 군인 사이에서는 차별당하고 있다는 불만이 퍼져갔다. 1882년 7월, 구식 군인들은 요미(料米, 급료로 주는 쌀) 지급이 지연되고 부정행위까지 벌어지자 이를 계기로 반란을 일으켰다. 이들은 부패한 관료를 습격해 살해하고, 일본인 군사 교관도 살해했다. 이때 반일 감정을 갖고 있던 일부 민중도 가세하여 반란 세력은 더욱 커졌으며, 마침내 창덕궁을 습격하기에 이르렀다(임오군란). 고종은 사태를 수습하기 위해 물러나 있던 흥선대원군을 복귀시켰다.

구식 군인과 민중이 일본 공사관을 습격하자 하나부사 요시모토를 비롯한 일본 공관원은 모두 인천을 통해 일본으로 귀국한 뒤, 이 사태를 일본 정부에 알렸다. 일본은 군함 4척과 육군 1개 대대를 파견해 인천 주변에 집결해놓고, 강경한 자세로 조선 정부에 사태의 책임을 물었다.

한편, 청은 일본이 군란을 핑계로 조선에 진출하지 못하도록 저지하기 위해 조선에 약 3,000명의 군대를 파견했다. 청의 마젠중은 이 군사력을 배경 삼아 일본과 조선 사이에서 조정을 꾀했다. 또한 청은 흥선대원군을 납치해 톈진으로 연행했다. 청에서는 대원군의 납치에 대해서 '청 황제가 인정한 조선 국왕을 밀어내고 정권을 잡은 것은 국왕을 기만하고 황제를 얕본 처사이므로 그 죄를 용납할 수 없다'라는 이유를 들었다. 이렇듯 청은 조선의 내정에 과도하게 개입하면서 이를 정당화했다. 이리하여 흥선대원군은 정권에서 다시 축출되고, 민씨 세력이 재집권을 했다.

마젠중의 중재로 조선은 제물포조약과 조일수호조규속약을 일본과 체결했다. 제물포조약은 조선 정부의 공식 사과와 군란의 범인과 책임자 처벌, 일본인 피해 유족과 부상자에게 위로금 지급 등 일본 정부의 요구 사항을 담았으며, 조선은 그 내용을 그대로 받아들였다. 조선은 처음에 배상금 지불과 일본 공사관의 경비를 위해 군대를 주둔시키겠다는 일본의 요구를 강력히 거부했으나 일본의 강경 대응으로 인해 결국 모두 받아들일 수밖에 없었다.

임오군란을 계기로 조선을 둘러싼 청·일 양국의 대립이 보다 명확해졌으며, 조선에 대한 청의 내정 간섭 또한 강화되었다. 1882년 9월 청은 위안스카이의 지휘 아래 3,000명의 군인을 한성에 주둔시켰다. 또한 12월에는 조선 정부의 내정 고문으로 마젠창을, 외교 고문으로는 중국통으로 유명한 독일인 외교관 묄렌도르프를 파견했다.

같은 해 10월에는 청과 조선 사이에 '조청상민수륙무역장정(朝淸商民水陸貿易章程)'이 조인되었다. 이는 상대국에 상무위원을 파견해 자국 상인을 관리토록 규정한 통상조약이었다. 하지만 청과 조선 사이에 이어져온 전통적인 종속 관계로 인해, 이 장정은 실제로는 청에 유리한 불평등 조약이었다. 또한 장정 전문(前文)에는 조선이 청의 '속국'이라고 명기되었다. 하지만 오히려 청은 조선과 장정을 조인한 것이 '속국'인 조선을 우대하는 것이라고 생각했다. 청이 조선과의 특수 관계를 강조한 까닭은 조선은 청의 전통적인 종속 체제에 속해 있기 때문에 청과 서양처럼 근대적 조약 관계가 아니라는 점을 분명히 하기 위해서였다. 전통적인 종속 의식과 근대적인 조약 관념이 뒤섞여 이중적 특성을 갖는 이 장정은 서구 열강이 조선이나 다른 동아시아 국가와 조인한 불평등 조약과 동일하지는 않았지만, 청이 정치·경제적으로 조선에 개입하는 데 어느 정도 효과가 있었다.

임오군란 이후 조선은 개화 정책을 계속 추진했지만, 이는 청의 간섭 아래 이루어졌다. 청으로부터의 독립과 철저한 개혁을 추구한 김옥균, 박영효, 홍영식, 서광범 등 급진개화파는 메이지유신과 같은 개혁을 지향하며 일본과 연계를 강화하고 조선 정부와 대립했다.

한편, 일본은 조선을 지배하기 위해서는 머지않아 청과의 충돌이 불가피하다고 판단하고, 군비를 크게 확장하고자 했다. 그러나 청과의 전쟁을 수행할 만한 군사력이 충분히 마련되지 않자, 일본 정부에서는 일본·청·미국·영국·독일 5개국이 공동으로 조선의 중립화를 도모하자는 구상을 제기했다. 이 구상의 본래 의도는 한반도에 영향을 끼치는 다른 열강들이 공동으로 조선 문제에 개입하여 관리하자는 것이었지만, 실제로는 약화된 일본의 입지를 강화하려는 것이었다.

갑신정변과 서구 열강의 개입

1883년 베트남을 보호국화하려는 프랑스와 베트남에 대한 종주권을 주장하는 청이 대립하면서 긴장이 고조되었다. 1884년에는 무력 충돌이 일어나 양국은 전투 상태에 돌입했다(청프전쟁). 1885년까지 이어진 전쟁은 마침내 청이 베트남에 대한 프랑스의 보호권을 인정하는 톈진조약을 체결함으로써 종결되었다.

청프전쟁으로 일본에서는 서구 열강이 아시아를 침략할 것이라는 위기감이 높아졌다. 자유민권운동®을 전개하던 자유당마저도 기관지를 통해 일본은 아시아로 진출해야 하니 국내에서 정부와 민간이 대립하는 일을 그만두자고 제안했다.

한편, 조선에서는 청프전쟁에서 고전하던 청이 조선 주둔군 가운데 절반을 철수하자 이를 기회 삼아 1884년 12월에 김옥균, 박영효 등의 급진개화파가 쿠데타를 일으켰다(갑신정변). 이들은 일본 공사의 지원을 받아 왕궁을 제압하고 정권을 탈취했다. 급진개화파의 쿠데타는 청군의 출동으로 3일 만에 실패하고, 김옥균·박영효·서광범 등은 일본으로 망명했다. 이 과정에서 궁중에 있던 일본군이 청군에 쫓겨나는가 하면, 일본 거류민이 피살되는 사건이 일어났다. 당시 일본에서는 청에 대해 단호한 조치를 취해

자유민권운동
국회 개설을 요구한 일본의 국민적 운동으로, 1874년부터 1890년까지 이어졌다. 유럽의 자유민권사상에 영향을 받은 후쿠자와 유키치를 비롯한 일본의 계몽가들을 주축으로 해서 여러 계층이 참여했으며, 시민의 자유와 평등, 민권 보장 등을 주장했다.

야 한다며 일본 정부의 대응이 미온적이라 비판하는
강경론이 확산되었다. 특히 개화파를 지원하며 갑신
정변을 지지한 후쿠자와 유키치는 청에 대한 개전론
을 활발히 주장했다.

일본은 자국의 공사가 갑신정변에 관여한 사실에
대해서는 덮어둔 채, 1885년 1월 조선 정부의 공식
사죄와 일본인 피해자 유족에 대한 보상금과 재산
보증금 지불을 주요 내용으로 하는 한성조약을 조선
과 체결했다. 한편, 같은 해 3~4월에는 톈진에서 일
본의 이토 히로부미와 청의 리훙장이 교섭을 벌여,
청·일 양국이 조선에서 공동으로 병력을 철수하고,
향후 파병 시에는 사전에 서로 통고할 것을 주요 내
용으로 하는 톈진조약을 체결했다. 갑신정변 이후
후쿠자와 유키치는 《탈아론(脫亞論)》을 집필해 일본
이 아시아의 '나쁜 친구'와 관계를 끊고 '서양의 문
명국'과 함께 행동해야 한다고 주장했다.

톈진조약 체결 후 청은 조선에 대한 내정 간섭을

갑신정변의 주역들 3일 천하의 정변
에 실패하고 일본으로 망명한 급진개
화파 4인의 모습이다. 왼쪽부터 박영
효, 서광범, 서재필, 김옥균이다.

더욱 강화했다. 이에 고종은 러시아의 힘을 빌려 청을 견제하고자 했다. 고
종은 청에서 파견한 묄렌도르프를 이용해 러시아 군사 교관을 초빙하는 등
청에 대항하려고 했으나 계획을 실현하지는 못했다. 이후 청은 묄렌도르프
대신 위안스카이를 파견하여 조선의 내정과 외교에 대한 간섭을 한층 강화
해나갔다.

일본에서는 전쟁을 통해 조선에 대한 청의 간섭을 배제하려는 움직임이
있었으나, 당시 일본 정부는 청과의 충돌을 피하고자 하는 세력이 주도권
을 쥐고 있었다. 이들은 청에 러시아의 조선 진출을 함께 저지하자고 제안
했으나 거절당했다. 갑신정변 이후 조선에 대한 일본의 정치적 영향력은
후퇴했지만, 경제적 침투는 한층 더 강화되었다.

1885년 4월, 아프가니스탄을 둘러싸고 러시아와 대립하고 있던 영국이 러시아의 태평양 함대를 견제하기 위해 한반도와 제주도 사이에 위치한 거문도를 불법으로 점령했다(거문도 사건). 1886년 조선의 중재 요청을 받은 리훙장은 청 주재 러시아 공사와 교섭하여 러시아가 조선으로 진출하지 않겠다는 약속을 받아냈고, 이에 따라 영국은 1887년 2월에 거문도에서 철수했다. 이처럼 서구 열강의 압력은 동아시아에 직접 영향을 미쳤으며, 특히 조선을 둘러싸고 청과 일본, 그리고 영국과 러시아의 대립이 가세하면서 조선 문제는 국제 문제로 비화되었다.

불평등 조약과 조약 개정 문제

청이 서양 국가들과 맺은 조약은 불평등 조약이었다. 청 정부는 서양 국가들과 교섭하는 과정에서 점차 불평등 조약의 폐해를 인식해나갔다. 1858년 영국과 체결한 톈진조약의 만기가 10년이었기 때문에, 청 정부는 1867년에 조약 개정 준비에 착수했다. 이후 1868년부터 이듬해에 걸쳐 청 정부는 영국과 담판을 지어 신정조약(新訂條約)과 중정조약선후장정(重訂條約善後章程)을 체결했다. 그러나 이 개정 조약에 대해 영국 상인들이 '양보적' 조약이라 평가하자 영국 정부는 신정조약을 비준하지 않았다. 그 후 청 정부는 일본에서 일어난 조약 개정 활동에 영향을 받아 적극적으로 서양 국가들에게 조약 개정을 요구했다. 불평등 조약 자체를 완전히 폐기하지는 못했지만 특권적인 조항의 부정적 측면을 경감하기 위해 노력했다.

일본이 서양 국가들과 체결한 조약도 불평등 조약이었다. 메이지유신으로 성립된 신정부는 조약 개정을 국가 목표로 삼고, 1871년경부터 불평등 조약을 개정하기 위한 활동을 시작했다. 이는 서양 국가들과 대등한 관계를 실현하고 국제사회의 일원으로 인정받기 위해서였다. 그러나 한편으로 일본은 1876년 조선을 압박하여 조일수호조규를 맺어 불평등 조약을 강요했다. 그 후 조선은 서양 국가들과도 잇달아 불평등 조약을 체결했다. 이때 서양 국가들은 조선과 청의 종속 관계에는 개입하지 않고, 종주국인 청이 조선 외교의 후견 역할을 수행하도록 묵인했다.

청은 조공국인 조선이 다른 나라와 조약을 맺는 것을 용인하면서, 조선은 속국이기는 해도 자주적이라고 설명했다. 이는 종래의 책봉—조공 관계의 유지를 전제로, 대외 관계에 대해서만 조선의 자주성을 인정하는 것이었다. 그러나 '속국'과 '자주'를 둘러싼 청과 조선의 시각은 대조적이었다. 청이 '속국'의 의미를 종속 · 보호 관계로 여긴 반면, 조선은 단순한 의례 관계에 불과하다고 여겼다. 또한 '자주'에 대해서도 조선은 국제법상의 독립으로 간주했으나, 청은 이를 단순한 명목이라 보았다.

1886년 5월에 묄렌도르프의 후임으로 조선 정부의 외교 · 법률 고문이 된 미국인 데니는 위안스카이와 대립하며 그의 전횡을 비판했다. 1888년 데니는 청의 조선 정책을 비판하는 자신의 저서 《청한론(China and Korea)》을 공개하고, '속국'은 조공국(tributary state)으로 번역해야지 종속국(vassal state)으로 번역해서는 안 된다고 주장했다. 조공국은 독립국이라는 입장에서, 조선은 청의 종속국이 아니며 주권을 가진 독립국이라고 생각했던 것이다. 이와 반대로 위안스카이는 '속국'이란 종속국을 가리키는 것이라고 강조했다.

조선의 사상가 유길준은 조선이 주권국으로서 청 이외의 국가와 조약을 체결하고 있음에도 청과는 여전히 종속 관계가 지속되고 있는 관계를 '양절(兩截) 체제'*라 불렀다. 그리고 조선은 조공을 행하고는 있어도 내정과 외교는 자주적인 상태이니 공법상으로는 주권국가라 하며, '만국공법'에 근거해 청에 대한 조선의 종속 관계를 부정하려 했다.

한편, 일본은 서양 국가들과 맺은 조약을 개정해 '만국공법'에 기초한 대등한 국제 관계로 진입하고자 조약 개정 작업에 착수했다. 일본 정부는 우선 관세자주권을 회복하기 위해 1878년에 미국과 새로운 약정에 조인했다. 그러나 영국과 독일 등이 교섭에 반대한 데다 일본 내에서도 치외법권의 회복이 우선이라는 목소리가 높아져 교섭은 중단되었다. 그 후 일본 정부

양절 체제
양절이란 두 개의 끊어진 관계를 일컫는 말로, 모순되는 체제가 공존하는 것을 뜻한다. 유길준은 주권국이면서도 청과 사대 관계를 맺고 있는 조선의 이중적 외교 관계를 비판적 시각에서 바라보고 이를 양절 체제라 명명했다.

조약 개정 회의 1882년 4월 5일 조약 개정 예비회의에서 외무대신 이노우에 가오루는 서양 각국이 치외법권을 개정하여 일본의 법률을 지킨다면 전국을 외국인에게 개방하겠다고 밝혔다. 이 그림은 이노우에 가오루가 서양 각국 외교관에게 일본의 방침을 밝히는 모습을 그린 것으로, '메이지 성덕기념회화' 중 하나이다.

는 법권(法權)과 세권(稅權)을 일부 개정하는 안을 만들어, 조약을 맺고 있는 서양 국가들과 1882년부터 조약 개정 초안을 심의하는 예비회의를 거듭했다. 1886년 이후부터는 영국과 독일의 안을 기초로 조약 개정안을 만들고, 이를 실현하고자 했다.

조약 개정 교섭을 추진하던 외무대신 이노우에 가오루는 "우리 제국을 유럽 같은 제국으로 만들라. 우리 나라 인민을 유럽과 같은 인민으로 만들라. 유럽과 같은 신제국을 동양에 만들라"라는 주장을 펼쳤다. 그렇게 해야만 일본이 서양 국가들과 대등한 지위에 오를 수 있으며 풍요롭고 강해질 수 있다고 보았다. 메이지시대 초기부터 일본 정부는 국가와 사회를 서구식으로 개조하고자 했는데, 특히 이노우에가 외교를 담당했던 시기에 이러한 움직임이 활발하게 나타났다.

1887년, 일본 정부가 그동안 비밀리에 추진해온 조약 개정 교섭이 일본에 불리하다는 의견이 정부 안에서 나오면서 굴욕적인 조약 개정안에 반대하는 운동이 전국적으로 일어났다. 일본 국민은 일본을 외국인에게 개방하고, 치외법권을 폐지하는 대신 외국인 판사를 임용하는 등 서양 각국에 지나치게 관대한 개정안에 대해 강력히 반발했다. 이 때문에 이노우에는 외무대신을 사직하고, 조약 개정 교섭은 중지되었다. 이후 외무대신으로 취임한 오쿠마 시게노부는 서양 각국의 대립을 이용하자는 생각으로 각 나라와 개별적으로 교섭을 추진했다. 그 결과 1888년에 미국, 독일, 러시아 등과 교섭에 성공했다. 그러나 외국인 재판관의 임용 등 주요 내용은 기본적으로 이전의 것과 동일했기 때문에 다시금 반대운동이 일어나 조약 개정은 또다시 중지되었다.

그 후로도 일본 정부는 조약 개정을 지속적으로 시도해, 청일전쟁 직전인 1894년 7월에 영국과 영사재판권 폐지 등을 주요 내용으로 한 영일통상항해조약을 조인했다. 또한 러일전쟁 후 한국 강제병합 이듬해인 1911년에는 관세권을 회복했다.

일본이 조약을 개정해 서양과의 대등한 관계를 실현해가는 여정은, 전통적인 동아시아 질서를 해체하고 새로운 불평등과 종속 관계를 동아시아에 구축해가는 과정과 표리 관계에 있었다. 또한 일본은 이 과정에서 동아시아로 세력을 확장하려는 러시아를 견제하며 영국과 밀접한 관계를 맺게 되었다.

조약 체제와 치외법권

조약 체제는 국제법에 따라 국가 간에 조약을 체결하여 국제 관계를 형성하는 근대적인 체제이다. 서구 열강이 무력으로 중국, 일본, 조선에 일련의 불평등 조약을 강제하면서, 동아시아의 전통적 화이질서가 무너지고 새로운 근대 국제질서가 점진적으로 구축되었다. 이는 불평등한 조약 체제로, 서구 열강은 힘으로 갖가지 이권을 차지하여 한·중·일 3국의 주권과 국익을 크게 훼손했다.

중국은 아편전쟁 이후 점차 서구 열강의 조약 체제에 편입되기 시작했다. 1842년 영국과 체결한 난징조약은 중국 최초의 불평등 조약이었다. 이어서 중국은 1844년에 미국과 왕샤조약을, 프랑스와는 황푸조약을 체결했다. 1851년에는 러시아와 이리·타르바가타이(塔爾巴哈臺)통상장정을 체결했다. 열강들과 맺은 이러한 불평등 조약은 중국에서 조약 체제가 형성되기 시작했음을 의미한다. 1858년과 1860년 중국과 영국·프랑스·미국·러시아 사이에 톈진조약과 베이징조약이 체결되면서, 중국에서 열강의 주요 특권이 확립되고, 조약 체제 또한 어느 정도 틀을 갖추게 되었다. 이후 중국은 1860~80년대를 거치면서 세계 주요 자본주의 국가들과 불평등 조약을 맺었다. 1895년 청일전쟁 후 중국과 일본 사이에 체결된 시모노세키조약으로 일본은 열강 대열에 합류하게 되고, 중국의 조약 체제는 한층 발전했다. 1901년 8개국 연합군의 침략전쟁으로 중국은 영국·프랑스·러시아·미국·일본·이탈리아·독일·오스트리아·네덜란드·벨기에·에스파냐 11개국과 굴욕적인 신축(辛丑)조약을 강제로 체결하게 되었다. 이로써 근대 중국의 조약 체제가 완성되었다. 이후 중국이 열강과 맺은 조약은 약간의 조정은 있었지만 기본 틀에는 변화가 없었다.

일본은 1858년 미국·네덜란드·러시아·영국·프랑스와 통상조약을 맺었는데, 이를 안세이5개국조약이라 통칭한다. 조약은 통상 항구 개방, 영사재판권, 협정관세 등 외국에 특권을 부여한 불평등 조약이었다. 메이지유신 이후 일본은 서구 열강과 평등한 관계를 실현하여 국제사회의 일원으로 인정받고자 1871년부터 불평등 조약을 개정하는 작업에 착수했다. 하지만 이와 동시에 일본은 1876년 조선과 조일수호조규를 체결해 불평등 조약을 강요했다.

조선은 1882년 미국과 통상조약을 맺으면서 서구 열강에게도 문호를 개방하기 시작했다. 같은 해 조선은 일본과 수호조규속약을 체결했으며, 다시 영국, 독일과 각각 통상조약을 체결했다. 1884년과 1886년에는 러시아·이탈리아·프랑스와도 통상조약을 맺었다. 열강은 조선에서 영사재판권, 협정관세권, 내륙 통상과 최혜국 대우 등의 특권을 얻었다. 이렇게 조선도 일본을 포함한 서구 열강의 불평등 조약 체제 속에 편입되었다.

근대 조약 체제의 문제점은 불평등한 교역 조건과 더불어 소위 '치외법권(extraterritoriality)'의 행사였다. 근대 조약 체제에서 '치외법권'이란 영사가 자국의 법률에 따라 교민을 대상으로 사법 관할권을 행사하는 영사재판권(consular jurisdiction)을 가리키는데, 서구 열강이 불평등 조약을 통해 피침략국가에서 향유하던 일방적 특권이었다.

1843년 중국과 영국이 5구통상장정(五口通商章程)을 맺으면서 영국이 처음으로 중국에서 영사재판권을 확보했다. 이어 미국(1844) · 프랑스(1844) · 스웨덴(1847) · 노르웨이(1847) · 러시아(1851)도 잇달아 조약을 통해 이 특권을 확보했다. 일본은 1895년 시모노세키조약을 통해 영사재판권을 확보했다. 일본이 1858년 맺은 안세이5개국조약에도 열강에게 영사재판권을 부여하는 규정이 있었다.

조선도 일본을 비롯해 서구 열강과 통상조약을 맺으면서 영사재판권을 부여했다. 1882년 조선과 청 사이에 체결된 조청상민수륙무역장정에서는 청이 일방적인 영사재판권을 확보했지만 1899년 체결된 통상조약에서는 양국이 상호 영사재판권을 향유하도록 규정했다.

2

청일전쟁의 원인과 과정

전쟁 전야의 동아시아

임오군란을 계기로 청과 일본에는 변화가 일어났다. 일본은 메이지유신 이후 부국강병 노선을 추구하며 군비를 확장하는 등 청에 대한 전쟁 준비를 본격화했다. 한편, 청은 동아시아 전통질서의 틀을 넘어 조선의 정치·군사·경제·외교에 직접 개입했다. 1885년에 체결한 톈진조약으로 조선을 둘러싼 양국의 갈등이 표면적으로는 진정되었지만, 양국의 대립 관계는 심화되었다.

1884년에 발발한 청프전쟁 이후 동아시아에 대한 서구 열강의 관심이 높아지면서 조선을 둘러싼 청·일의 대립과 함께 러시아와 영국의 대립도 표면화되었다. 동남아시아에서도 열강의 압력은 거세졌다. 청프전쟁에 패배한 청은 베트남에 대한 종주권을 포기할 수밖에 없게 되었다. 1886년에는 영국이 미얀마 병합을 선언하고 영국령 인도의 일부로 편입시켰다.

일본에서는 1890년 12월 처음 열린 의회에서 야마가타 아리토모 수상이 시정 방침 연설을 통해 국가가 독립하기 위해서는 국경인 주권선(主權線)

뿐만 아니라, 주권선 유지에 밀접한 관계가 있는 이익선(利益線)을 보호해야 한다고 주장하며, 군비 확장을 위한 예산 승인을 요구했다. 이 주장에서 이익선으로 상정한 것은 한반도였는데, 그 바탕에는 러시아가 한반도로 세력을 뻗기 전에 한발 앞서 한반도를 세력권으로 확보해야 한다는 과잉 방위의 발상이 있었다. 그러나 실제로 이 시기 러시

낚시 놀이 조선을 낚으려고 하는 일본과 청, 그리고 빈틈을 노리고 있는 러시아. 1880년대 후반 조선이 처한 정세를 포착했다. 이 그림은 일본에서 화가로 활동한 프랑스인 조르주 비고가 1887년에 그린 풍자화이다.

아의 극동 정책은 소극적인 성격이 짙었기 때문에, 일본의 주된 목적은 조선의 현상 유지에 있었다. 또한 이 주장에는 주권선의 확장에 따라 이익선도 확장된다는 끊임없는 팽창 논리가 내포되어 있었다. 일본은 군비 확장을 한 결과, 1894년경에는 육해군 모두 청과 전쟁을 개시할 수 있는 상황이 되었다.

동학농민전쟁과 청·일의 출병

조선에서는 1860년 최제우가 유교·불교·도교를 아우른 독자적 종교를 창시했는데, 서학(西學)이라 불리던 기독교에 대항해 동학(東學)이라 불렸다. 동학의 교리에는 외세를 배격하고 사회를 개혁하고자 하는 염원이 담겨 있었다. 동학은 가르침을 믿으면 구원을 받는다고 설파하여 농민들 사이에 널리 퍼졌다. 조선 정부는 동학의 기세에 놀라 '혹세무민(惑世誣民, 세상을 어지럽히고 백성을 속인다)'이라는 죄목으로 최제우를 처형했다. 그렇지만 제2대 교주 최시형은 탄압에도 불구하고 전국으로 세력을 확장했으며, 많은 사람이 동학교도가 되었다.

한편, 1862년 무렵부터 조선에서는 양반 지배층의 억압과 부패하고 무능한 지방관들로 인해 고통받던 농민들이 각지에서 항쟁을 일으켰다. 또한 개항 이후 청과 일본의 상권 침탈과 미곡 무역 확대로 농민들의 생활이 어

려워지면서 조세와 정치 제도의 개혁을 요구하는 항쟁이 전국으로 확대되었다. 당시 조선인 사이에 반일·반청 감정이 고조되어, 1890년 한성의 조선 상인들은 철시 동맹 파업을 실시하면서 정부에 한성 시내와 용산, 양화진 등에서 일본과 청 상인의 퇴거를 요구했다. 1891년에는 제주도 어민이 봉기해 일본 어민의 제주도 해역 출어 금지를 요청했다.● 또한 농민들은 지방 관리의 부정부패로 인해 세금을 많이 부담해야만 했고, 쌀 수출로 인해 쌀 가격이 인상되어 생활이 어려워졌다.

그러한 가운데 동학교도들이 1893년 포교의 합법화를 정부에 요구하는 운동을 전개하자, 새로 동학의 지도부가 된 전봉준과 손화중 등은 이를 이용하여 '척왜양창의(斥倭洋倡義, 일본과 서양을 물리치고자 의병을 일으킨다)'라는 기치를 내걸고 농민들의 봉기를 촉구했다.

1894년 2월, 조선의 전라도 고부에서 1,000여 명의 농민이 전봉준의 지휘 아래 봉기했다. 전봉준은 당시 고부 일대 농민들에게 신망을 받는 지도자로서, 고부에서 시작한 항쟁을 전라도 일대로 확대하고자 했다. 농민군은 진압을 위해 출동한 정부군과 전투를 벌여 5월 말에는 전라도의 중심지인 전주를 점령하기에 이르렀다(동학농민전쟁).

조선 정부는 농민들의 투쟁을 진압하지 못해 6월 초에 청군의 출동을 요청하고 뒤이어 정식으로 출병을 요구했다. 한편, 이미 조선에 출병할 태세를 취하며 출병 기회를 노리고 있던 일본은 재빠르게 공사관·영사관과 일본인 거주자의 보호를 명목으로 약 6,000명을 파병하기로 결정했다. 전쟁 지도부인 대본영(大本營)을 설치하고 메이지 천황과 이토 히로부미 내각 등은 전쟁 준비에 착수했다. 그리고 톈진조약에 의거해 청에 조선 출병을 통고하고 대규모 부대를 파견했다. 6월 7일에는 청도 일본에 정식으로 출병을 통지했다. 청군의 제1차 파견대 약 2,100명은 조선에 상륙하여 아산을 중심으로 충청도 일대에 주둔했다.

전라도 전주를 점령한 농민군은 청·일 양군의 개입에 위기감을 느껴 정부군과 전주화약을 맺고 물러났다. 농민군은 해산 후 전라도 대부분의 지

제주도 어민의 봉기
조선과 일본은 1889년 조선 연해의 어업권을 일본인에게 합법적으로 허용해주는 대가로 세금을 납부하는 내용의 조일통어장정(朝日通漁章程)을 맺었다. 그러나 대다수 일본 어민은 어세를 납부하지 않았을뿐더러 제주도민의 어구와 어획물을 탈취하거나 노략질과 살인을 자행하고도 일본의 영사재판권 행사로 인해 별다른 처벌을 받지 않았다. 이에 1891년 3월 제주 어민들이 봉기하여 일본 어민을 축출하고 정부에 통어 금지 등을 요구했다.

역에 농민 자치기구인 집강소(執綱所)를 설치해 악질 관리의 처벌과 신분제 폐지, 세제·토지 제도 개혁 등을 실행해나갔다.

청·일 공동 개혁 제안

전주화약으로 청·일 양군은 더 이상 조선에 주둔할 이유가 없어졌다. 1894년 6월 중순, 일본의 오토리 게이스케 공사와 청의 위안스카이는 공동 철군 교섭을 시작했으나 일본은 철군할 의사가 없었다. 일본은 내각회의에서 청·일 양군이 조선의 내란을 진압하고, 진압 후에는 공동으로 조선의 내정을 개혁할 것을 청에 제안하기로 결정했다. 아울러 청과의 협의 결과와 상관없이 당시 출병 중인 군대는 절대로 철수시키지 않을 것이며, 청이 동의하지 않을 경우에는 일본이 단독으로 조선의 개혁을 추진할 것을 추가로 결정했다. 즉, 청의 의향에 상관없이 일본은 군대를 조선에 주둔시키고, 조선의 개혁을 이유로 전쟁의 빌미를 마련하고자 한 것이다.

일본은 조선에 군대를 주둔시킬 구실을 마련하기 위해 청의 공사에게 조선 내정의 공동 개혁을 제안했다. 조선에 대한 종주권을 주장하고 있는 청이 응하지 않으리라고 예상하면서도 이 같은 제안을 한 것이다. 청은 일본의 제안을 거부하며, 조선의 내란은 종식되었으니 양군은 톈진조약의 규정에 따라 철수해야 한다고 회답했다. 또한 조선의 개혁은 조선 스스로가 행해야 하며, 청과 일본이 내정 간섭을 해서는 안 된다고 주장했다. 청은 조선과 영국, 러시아 등 각국 공사가 청·일 동시 철군을 요구하고 있었기 때문에 철군할 의사가 있었다. 그러나 일본은 청의 회답을 무시하고 조선에서 내정 개혁이 실현될 때까지 철군하지 않겠다고 청에 통고했다(제1차 절교서).

이러한 상황에 영국과 러시아가 개입했다. 1894년 6월 하순, 주일 러시아 공사가 일본군의 철군 시기에 대해 질문하자, 일본 외무대신 무쓰 무네미쓰는 조선의 내정 개혁이 첫째이며, 그것이 승인되지 않는 한 철군하지 않겠다고 답변했다. 7월 초에는 영국도 조정에 나섰다. 그러나 일본은 청에 책임이 있다는 제2차 절교서를 청에 보냈다.

같은 해 7월 16일, 일본이 전쟁에 돌입하기로 결심하는 데 중요한 계기가 된 사건이 머나먼 런던에서 발생했다. 일본은 영국과 추진하고 있던 조약 개정 교섭에서 영국의 환심을 사기 위해 양보를 거듭하다 마침내 영일 통상항해조약을 맺었다. 이 조약에 조인함으로써 일본은 청과 전쟁을 벌여도 영국이 개입하지 않으리라는 것을 보장받았다.

당시 청의 정책 결정에 중요한 역할을 하던 북양대신(北洋大臣) 리훙장은 자신이 통솔하는 북양 해군의 군비가 일본에 미치지 못한다는 사실을 알고 있었다. 때문에 그는 일본과의 전쟁을 피하려고 했다. 대신 그는 외교적 수단으로 서구 열강을 움직여 일본을 억제하려 했다. 청 왕조의 실권을 장악하고 있던 자희태후(서태후)도 리훙장을 지지하여 일본과의 전쟁을 회피하려 했다. 이와 달리 광서제와 그 측근은 개전론을 주장했다.

조선 왕궁 점령 사건

1894년 7월 초, 조선에 주재하던 오토리 일본 공사는 개전의 구실을 마련하기 위해 6월 내각회의에서 결정된 내용을 바탕으로 조선에 내정 개혁을 제안했다. 조선이 이를 거절하자, 오토리는 왕궁을 포위해서라도 일본의 요구를 강제로 실현할 단계에 이르렀다고 판단했다. 오토리 공사는 청군에 퇴거를 요구할 것과 청과 체결한 조약 및 규칙을 폐기할 것을 요구하면서 회답 기한을 못 박아 조선을 압박했다.

7월 23일, 한성 외곽의 용산에 주둔해 있던 일본군은 경복궁을 공격해 제압한 뒤 정권을 교체했다. 일본의 이러한 행동은 청과의 전쟁을 앞두고 미리 조선에서 전쟁을 준비하기 위한 조치였다.

일본은 청에서 송환되어 칩거 중이던 흥선대원군을 추대해 고종을 대신해 섭정을 맡겼다. 이렇게 해서 일본은 군사력으로 청과 결탁한 민씨 세력을 추방하고 친일 세력을 세웠다. 한편, 일본 함대는 7월 25일에 선전포고도 없이 풍도 앞바다에서 청의 군함을 공격하여 청일전쟁을 개시했다. 이어 일본군은 조선에 주둔하고 있던 청군을 공격하고, 7월 29일에는 성환(成歡)을, 30일에는 아산을 점령했다.

청일전쟁의 전개

청뿐만 아니라 조선까지 전쟁 상대국으로 삼은 일본은 선전(宣戰)의 조칙(詔勅) 초안에 전쟁 상대국을 '청국 및 조선'이라고 명기했다. 그러나 최종적으로 조선은 제외되었다. 1894년 8월 1일 일본은 청에 대해 선전포고를 하고 정식으로 개전했다. 일본이 공식적으로 내건 전쟁의 목적은 조선을 '속국'으로 여기며 내정에 간섭하고 있는 청과 싸워 조선의 독립을 보장한다는 것이었다. 후쿠자와 유키치는 "청과 일본의 전쟁은 문명과 야만의 싸움"이라는 글을 쓰고, "문명의 진보를 위해 전쟁은 피할 수 없다. 중국인은

'문명의 유도자(誘導者)'인 일본인에게 감사해야 마땅하다"라고 주장했다. 일본 사회에서는 청일전쟁이 정의로운 전쟁이라는 목소리가 퍼져나갔다.

일본에서는 개전 전인 1894년 5월 말까지도 정부와 의회가 격렬하게 대립하고 있었지만, 전쟁이 시작되자 정부에 대한 공격은 자취를 감췄다. 9월에는 히로시마(廣島)에 대본영을 설치하고 메이지 천황이 그곳에 기거하면서 전군을 통수하는 대원수의 모습을 보였다. 10월에는 히로시마에서 임시 의회가 열렸는데, 정당들은 하나같이 전쟁 승리를 위해 정부를 지지하며 정부가 제출한 임시군사비를 즉각 승인했다.

한반도의 북부를 통해 만주로 진출하려는 일본군에 대해 청군은 병력을 평양에 집결시켜 이를 저지하려 했다. 1894년 9월 중순에 평양 공격을 개시한 일본군은 청군의 도주로 쉽게 승리했다. 일찍부터 청과의 전쟁을 준비하면서 국내 여론을 전쟁 추진으로 몰아갔던 일본에 비해 청은 전쟁 방침에 대해 통일을 이루지 못한 채 전쟁에 돌입했다. 청군은 근대적 군대로서의 편제와 훈련이 부족했을 뿐만 아니라, 군기 문란과 지휘관의 부패, 군대 내에 팽배한 패배주의 등으로 일본에 패하고 말았다. 리훙장의 피전주의(避戰主義)와 세력 온존 정책도 한 요인으로 작용했다. 청의 북양함대와 일본군의 연합함대가 맞붙은 황해 해전에서도 일본군은 청군을 대파하고 승리를 거두었다.

평양과 황해 전투에서 모두 청이 패하자 서구 열강은 충격을 받았다. 영국에서는 일본의 승리로 중국이 혼란에 빠져 영국의 무역 이익이 위협받을 것을 우려하는 목소리가 나왔다. 러시아에서는 일본이 한반도를 차지하게 해서는 안 된다는 주장이 나타났다. 1894년 10월, 영국 정부는 독일·프랑스·이탈리아·러시아·미국의 5개국에 청일전쟁의 강화를 공동으로 권고할 것을 제안했다. 영국이 제시한 강화 조건은 조선의 독립을 열강이 보증하고, 청이 일본에 전쟁 비용을 배상한다는 두 가지였다.

주일 영국 공사는 일본에 강화 의사를 타진했다. 일본은 강화 조건을 미처 준비하지 못했기 때문에 영국에 강화 조건을 아직 제시할 수 없다며 제

의를 거부했다. 또한 다른 열강들도 영국의 제의에 응하지 않았다.

　11월에 일본은 랴오둥 반도를 공략하기 위한 작전을 전개하여 군대를 다렌만(大連灣)에서 뤼순(旅順) 쪽으로 이동했다. 청·일 양군은 치열한 총격전을 벌였지만 결국 청군이 탈출함으로써 일본군이 뤼순의 요새를 점령했다. 뤼순 시가지로 진입한 일본군은 패잔병 소탕을 실시했는데, 이때 포로와 부상병뿐 아니라 여성·아이·노인을 포함한 많은 민간인을 학살했다. 이 잔학한 대량 살인 사건은 세계에 크게 보도되어 일본에 대한 비난이 거세졌다. 현지에 종군기자를 파견했던 일본 신문도 뤼순 시가지가 시신으로 가득하다고 보도했다. 일본 정부는 혼란 속에서 일어난 지나친 행위였으며, 사망자의 대부분은 민간인이 아니라 군복을 벗은 청의 병사였다는 변명으로 사건을 무마하려 했지만, 비난이 쉽게 진정되지는 않았다.

　평양·황해 전투 이후 청 내부에서는 패전 책임을 물어 리훙장을 비판하는 목소리가 커졌다. 청은 국경지대인 압록강 방위에 중점을 두고 군대를 집결시켰다. 10월 중순부터 이듬해 1895년 3월에 걸쳐 이 지역에서 전투가 거듭되었다. 한편, 1894년 12월 중순 이후 일본은 남아 있던 북양함대를 공격하고, 이듬해 1월 하순에는 웨이하이웨이(威海衛)를 향해 진격했다. 2월 일본군의 총공격을 받은 청군은 마침내 항복했다.

청의 육해군은 병사 수나 군함의 규모와 수 등 양적인 면에서 일본보다 우세했지만, 동원 능력과 기동력이 뒤떨어졌다. 또한 청의 군대는 사병적 성격이 강했다. 그 때문에 장비와 전투력 면에서 우세한 일본군에 패배할 수밖에 없었다.

1895년 3월 20일부터 시모노세키에서 강화 교섭이 시작되었다. 그러나 일본은 강화를 맺을 때 타이완을 넘겨받을 목적으로 타이완 공략을 노렸다. 일본은 우선 그 전제로 타이완섬 서쪽의 펑후도(澎湖島)를 공략해 전투 끝에 점령했다.

조선 농민군의 항일투쟁과 갑오개혁

조선에서는 청·일 양국이 개전하기 직전인 1894년 7월, 김홍집 등 개화파 관료를 중심으로 새 정권이 수립되었다. 8월, 조선 정부는 일본과 '조일잠정합동조관(朝日暫定合同條款)'에 조인했다. 이를 통해 일본은 조선 측이 내정 개혁 권고를 수용하도록 강요했으며, 경부선(한성-부산)과 경인선(한성-인천)의 부설권도 요구했다. 또한 출병 직후 일본군이 일방적으로 착공한 한성-부산 간, 한성-인천 간 군용 전신의 가설도 추인하게 했다. 그뿐 아니라 왕궁 점령 사건을 문제 삼지 않는다는 약속도 받아냈다. 뒤이어 '대일본 대조선 양국맹약'에 조인하도록 강요해 조선 정부로부터 청과의 전쟁에 협력하고 식량을 준비하는 등의 편의를 제공할 것을 약속받았다. 일본군은 9월 중순, 평양 전투와 황해 해전에서 승리하면서 조선을 발판 삼아 청의 국경으로 다가갈 수 있었다.

청일전쟁 전반기에 주된 전쟁터가 된 곳은 한반도였다. 일본군은 조선 각지에서 식량과 물자, 사람과 말을 강제로 동원해 전쟁을 진행했다. 1894년 10월, 전봉준 등의 농민군은 일본 세력을 몰아내고 일본과 결탁한 정권

을 무너뜨리기 위해 다시금 봉기했다. 관아에서 탈취한 무기로 무장한 농민군 주력부대는 북상하여 공주를 함락하고 한성으로 진격할 계획을 세웠다. 1만 명의 농민군은 같은 해 11월 말부터 12월 초까지 두 번에 걸쳐 공주를 공격했다. 또한 경상도·강원도·경기도·평안도·황해도 등 각지에서 농민들이 봉기해 일본군에 협력하는 지방관아를 습격하거나 일본 군용 전신선을 절단하는 등 일본군에 저항했다. 일본군의 병참기지와 군용 전신선이 집중된 한성−부산 간 도로와 한성−의주 간 도로에 인접한 지역에서는 게릴라 활동이 펼쳐졌다.

　이를 진압하기 위해 출동한 조선 정부군과 일본군은 11월 말부터 12월 초에 걸쳐 각지에서 농민군과 격전을 벌였다. 청일전쟁과 동시에 일본은 조선 민중과도 전쟁을 수행하고 있었다. 일본군의 근대식 병기와 교묘한 작전 앞에 농민군은 물러나지 않을 수 없었다. 이듬해인 1895년 1월, 저항은 끝났다. 1894년 12월에는 전봉준도 체포되어, 이듬해 4월에 처형당했다. 일본군은 농민군에 대해 '모조리 죽인다'라는 방침을 취하고 철저히 탄압했다. 당시의 정부 기록과 오지영의 《동학사》(1940)에 의하면 전투와 토벌·학살로 인한 사망자는 3만 명 이상, 전후 피해자는 30만~40만 명으로 추정된다. 일본군은 농민군뿐 아니라 주변의 일반 농민들까지 학살 대상으로 삼았던 것이다.

한편, 김홍집 내각은 일본군의 개입으로 성립된 친일 세력이기는 했으나 조선의 국가 체제 개혁을 위해 군국기무처를 설치해 내정 개혁을 독자적으로 추진했다. 이후 1896년 2월에 김홍집 내각이 무너질 때까지 실시된 개혁을 갑오개혁이라 부른다. 1894년 12월 군국기무처가 폐지될 때까지 제1차 개혁에서는 행정기구의 개혁, 재정과 세제 개혁, 신분제 폐지와 특권 상업의 해체 등 사회 전반에 걸쳐 근대적인 제도가 도입되었다. 정부에 저항하던 농민들도 정부의 징세 제도와 신분 제도 개혁 조치에 대해서는 크게 환영했다. 그러나 일본은 청일전쟁의 제1차 전투에 승리하자, 8월 내각회의에서 조선 정책을 검토하여 조선을 명목상으로는 독립국으로 두지만 사실상 보호국화하는 정책을 채택했다. 10월에는 이노우에 가오루가 일본 공사로 부임해 내정 간섭을 강화해갔다. 흥선대원군과 명성왕후의 국정 관여를 금지하고, 왕실과 정부를 통제해나갔다. 이노우에는 갑신정변으로 일본에 망명해 있던 박영효, 서광범 등을 귀국시켜 김홍집과 더불어 개혁 정권에 참여시키고, 일본인 고문관을 대규모로 고용했다.

일본의 강력한 간섭 아래 개혁 정책이 추진되면서, 조선의 개혁은 일본에 대한 종속성을 강하게 띠었다. 이노우에는 영국의 이집트 정책●을 본떠 조선 정책을 추진하려 했다. 그러나 일본 공사의 내정 간섭에는 애초부터 한계가 있었다. 조선 내부의 정치 세력을 끌어안지 못했을 뿐 아니라 이노우에의 구상에는 훗날(1905) 일본이 설치한 한국통감부와 같은 보호국화를 실현할 수 있는 권력기구를 만들 계획이 없었기 때문이다.

영국의 이집트 정책
1880년대 영국이 수에즈 운하 건설 등으로 국가 재정이 어려워진 이집트에 외채를 빌려줌으로써 이집트 내정에 간섭하고 군대를 주둔하면서 결국 이집트를 보호국으로 지배한 일련의 정책을 일컫는다.

일본의 대륙 정책을 어떻게 볼 것인가

일본은 청일전쟁으로 타이완을 식민지화하고, 러일전쟁을 통해 조선과 남만주 일부를 지배하는 대륙국가가 되었다. 일본은 언제부터 대륙국가로의 길을 지향했을까? 이 문제에 대해 중국과 일본은 서로 다른 견해를 갖고 있다.

일본 역사학계에서는 일본의 근대화와 대륙 침략은 불가분한 것이었다는 견해가 주류를 이루고 있다. 다만 언제부터 대륙으로의 팽창을 기본 방침으로 삼았는지에 대해서는 류큐 분도 교섭(1880~81) 이후와 임오군란(1882) 이후 등으로 견해가 나뉘어 있다. 또 근대화와 대륙국가화가 불가분했다는 입장도 조선으로의 팽창 정책이 기본 노선이었지 중국을 팽창의 대상으로 상정했던 것은 아니라고 본다. 최근 일본의 연구에서는 청일전쟁까지 일본에는 '제국주의 국가가 될 것인가, 식민지가 될 것인가'라는 양자택일 이외에도 다양한 선택지가 있었다는 견해가 나오고 있다. 즉, 일본의 팽창주의·침략주의는 필연적인 것이 아니라 청일전쟁이 전환점이 되었다는 것이다.

이에 대해 중국의 연구에서는, 일본의 대륙 정책의 목표는 한반도와 만주를 차지하는 것이었으며, 이 정책을 수립하기까지 일련의 과정을 거쳤다고 본다. 메이지 정부는 1868년 천황의 이름으로 외국을 향해 세력을 확장할 의도를 표명하고, 1868년 말 기도 다카요시의 정한론, 1870년 외무성에서 제정한 외교 방침, 1887년 참모본부 제2국장 오가와 마타지가 기초한 청국정벌책안(淸國征伐策案) 등에서 대륙 정책의 실시 대상을 명확히 했다. 1890년에는 내각총리대신 야마가타 아리토모가 시정 방침에서 이익선론을 제출했고, 또 그 전후로 조선-만주와 러시아 연해주를 영유해야만 한다고 주장했다. 이러한 주장이 제국의회와 내각의 인가를 얻어 일본의 대륙 정책으로 형성되었다. 청일전쟁, 러일전쟁, 한국병합, 만주사변, 중일전쟁에 이르는 과정은 모두 대륙 정책을 철저히 실행에 옮긴 것이다. 이와 같이 중국에서는 근대 일본의 대륙 정책이 메이지 초기부터 일관된 것이었다고 본다.

한편, 한국의 연구에서는 일본의 대륙 정책에 대해 메이지유신 이후 조선과의 국교 회복 과정에서 불거진 정한론에 주목하고 있다. 1875년 운요호의 강화도 침공은 이를 구체적으로 실행에 옮긴 것이고, 1876년 조일수호조규 체결 이후 일본의 대한 정책은 일관되게 대륙 침략을 목적으로 수행되었다고 파악하고 있다.

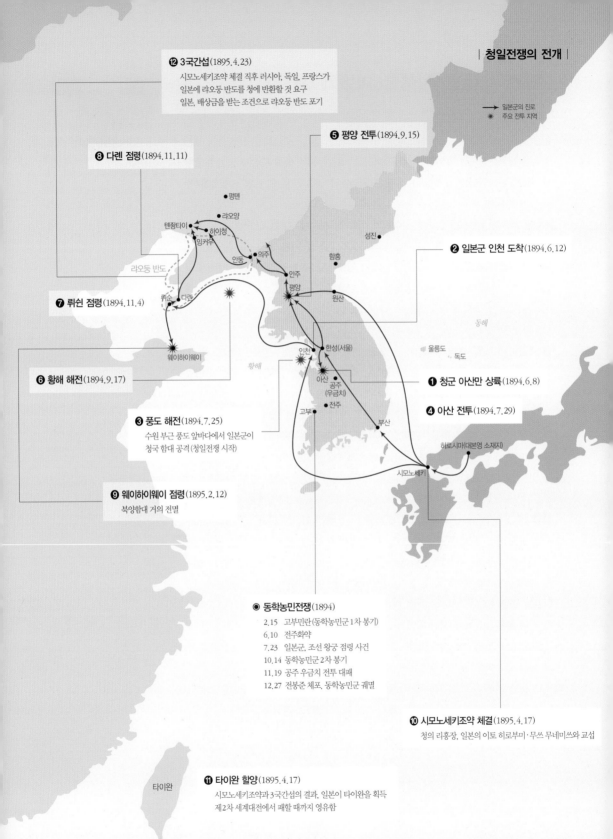

→ 일본군의 진로
✳ 주요 전투 지역

⓬ 3국간섭(1895.4.23)
시모노세키조약 체결 직후 러시아, 독일, 프랑스가
일본에 랴오둥 반도를 청에 반환할 것 요구
일본, 배상금을 받는 조건으로 랴오둥 반도 포기

⑤ 평양 전투(1894.9.15)

⑧ 다롄 점령(1894.11.11)

•평톈

•랴오양

텐창타이
•하이청
잉커우
안둥
•의주

성진

함흥

② 일본군 인천 도착(1894.6.12)

라오둥 반도

뤼순 •다롄

안주

평양
원산

동해

⑦ 뤼순 점령(1894.11.4)

웨이하이웨이

황해

인천

한성(서울)

울릉도
독도

⑥ 황해 해전(1894.9.17)

아산
공주
(우금치)
전주

① 청군 아산만 상륙(1894.6.8)

부산

③ 풍도 해전(1894.7.25)
수원 부근 풍도 앞바다에서 일본군이
청국 함대 공격(청일전쟁 시작)

고부

④ 아산 전투(1894.7.29)

히로시마(대본영 소재지)

시모노세키

⑨ 웨이하이웨이 점령(1895.2.12)
북양함대 거의 전멸

◉ 동학농민전쟁(1894)
2.15 고부민란(동학농민군 1차 봉기)
6.10 전주화약
7.23 일본군, 조선 왕궁 점령 사건
10.14 동학농민군 2차 봉기
11.19 공주 우금치 전투 대패
12.27 전봉준 체포, 동학농민군 궤멸

⑩ 시모노세키조약 체결(1895.4.17)
청의 리훙장, 일본의 이토 히로부미·무쓰 무네미쓰와 교섭

⑪ 타이완 할양(1895.4.17)
시모노세키조약과 3국간섭의 결과, 일본이 타이완을 획득
제2차 세계대전에서 패할 때까지 영유함

타이완

3

시모노세키조약과 3국 관계

청·일의 시모노세키조약

1895년 3월, 청의 전권대사 리훙장 등이 일본에 도착하여 시모노세키에서 휴전·강화조약 교섭이 시작되었다. 4월 초, 일본은 정식으로 조약안을 제시했다. 이후 거듭된 강화조약 교섭에서 리훙장은 강화 조건의 완화를 지속적으로 요구했지만 일본은 양보하지 않았다. 이 기간에 일본 낭인이 리훙장을 암살하려다 총상을 입히는 사건이 발생했다. 국제사회의 비난을 우려한 일본은 기존 조건에서 조금 후퇴하여 강화조약을 마무리 짓기 위해 서둘렀다. 이리하여 4월 17일, 11개조로 구성된 청일강화조약(시모노세키조약)이 조인되고, 청일전쟁은 종결되었다.

시모노세키조약을 통해 '청은 조선이 완전한 독립국임을 승인하고, 청에 대한 조선의 조공을 완전히 폐지할 것'(제1조), 청은 일본에 랴오둥 반도·타이완·펑후 열도를 할양할 것(제2조), 청은 일본에게 군비 배상금으로 2억 냥(일본 화폐로 3억 엔)을 8회에 나누어 지불할 것(제4조), 청이 서양 국가들과 체결한 조약을 기초로 일본과 통상항해조약과 육로교통무역에 관한 약

정을 체결할 것, 청은 기존에 개방한 시(市)와 항구 이외에 새로 사스(沙市)·충칭(重慶)·쑤저우(蘇州)·항저우(杭州)를 개시(開市)·개항할 것, 양쯔강 상류의 이창(宜昌)과 충칭 사이, 그리고 상하이에서 쑤저우·항저우 사이에 일본 기선의 항로를 확장할 것, 일본 국민이 개시장·개항장에서 자유롭게 제조업에 종사할 수 있도록 하며, 내국의 여러 세금에 대해 특권을 부여할 것(이상 제6조), 비준 후 3개월 이내에 일본군은 청에서 철수할 것(제7조), 청이 이 조약을 성실히 실행하기 위한 보증으로 일본군은 웨이하이웨이를 일시 점령할 것(제8조) 등이 결정되었다. 이 가운데 제6조는 서구 열강이 확보한 특권을 일본도 그대로 누릴 수 있도록 규정한 것이었다.

일본은 서구 열강의 간섭을 우려해 서둘러 조약을 체결하고, 천황의 재가를 얻었다. 청 내부에서는 강화조약 조인에 대해 주전론(主戰論)을 제기하는 목소리가 높아지면서, 황제에게 이러한 조약을 인정하면 열강의 침략이 더욱 강화될 것이라는 상주가 잇따랐다. 또한 국내 정치의 쇄신을 요구하는 목소리와 양무 정책에 대한 비판도 나타났다.

시모노세키조약으로 동아시아의 전통적 국제질서는 마침내 붕괴되었다. 종래 중국 중심의 화이질서인 책봉-조공 관계는 붕괴되고, 국제법에 따른 불평등 조약 체제가 동아시아에 관철되었다. 특히 청일전쟁과 시모노세키조약은 일본이 대륙 정책과 아시아 침략을 본격화하는 기점이 되었다.

랴오둥 반도의 할양과 3국간섭

1895년 4월 초, 러시아 외무장관은 일본에 랴오둥 반도의 영유(領有)를 중지하도록 권고할 것을 열강에 제안했다. 독일은 러시아의 관심을 동아시아로 돌려 러프동맹을 약화시키고, 더불어 청으로부터 해군기지를 획득하고자 이 제안에 동의했다. 프랑스는 러프동맹을 유지하고, 일본의 타이완·펑후 열도 할양을 저지할 필요가 있었기에 러시아에 동의했다. 그러나 영국은 일본이 러시아의 남하를 저지해줄 것이며, 시모노세키조약 제6조의 개항장 확대와 통상 확대 규정이 다른 열강에게도 공통으로 적용될 것으로 기대하고 있었기 때문에 러시아의 제안에 응하지 않았다.

시모노세키조약 체결로부터 6일 후, 러시아·독일·프랑스 3국의 공사는 일본에 랴오둥 반도를 청에 반환할 것을 권고하면서 15일 이내에 회답하도록 요구했다. 일본이 랴오둥 반도를 영유하는 것은 청의 수도를 위태롭게 하고, 조선의 독립을 유명무실하게 만들며, 극동의 평화를 위협한다는 것이 그 이유였다. 3국은 이와 병행해 비준 교환지로 예정되어 있던 즈푸(芝罘)에 러시아 군함 17척과 독일 군함 2척, 프랑스 군함 1척을 집결시켜 무력시위를 벌였다(3국간섭).

3국의 공동 간섭에 대해 일본은 영국과 미국 등에 협력을 구해 대항하려 했다. 하지만 일본의 의도와 달리 미국은 요청에 반응을 보이지 않았고, 영국은 조력을 거절했다. 영국은 일본의 세력 확대로 동아시아 정세가 변화하는 것을 원치 않았다. 상황이 이렇게 돌아가자 일본은 중국이 상당한 배상금을 지불한다면 진저우(金州, 남단의 뤼순을 포함) 이외의 랴오둥 반도는 포기하겠다는 의사를 표명했다. 그러나 러시아·독일·프랑스 3국이 랴오둥 반도의 전면 포기를 주장했기 때문에 결국 일본은 이를 받아들일 수밖에 없었다. 일본은 시모노세키조약을 예정대로 비준·교환하고, 동시에 랴오둥 반도 환부(還付)에 대한 배상금을 청에 요구하겠다고 3국에 회답했다.

이리하여 일본은 3,000만 냥의 배상금을 받는 조건으로 랴오둥 반도를 포기했다. 일본에서는 3국의 간섭에 대한 분노와 러시아에 대한 적대심이 고조되었다. '와신상담'이란 말이 슬로건처럼 번지고, 그러한 분위기에서 정부는 군비 증강을 추진했다. 한편, 청일전쟁 후 일본 국민 사이에서는 청과 조선에 대한 우월 의식과 함께 멸시감도 깊어졌다.

청의 타이완 할양과 일본의 타이완 침략전쟁

일본이 타이완의 할양을 요구한다는 풍문이 타이완에 전해진 것은 1895년 3월 무렵이었다. 그 후 일본군이 펑후도에 상륙하여 섬을 점령하면서 이 풍문은 확실시되었다. 이로 인해 일부 사신(士紳, 향신鄉紳)은 타이완 순무대리(巡撫代理)인 탕칭숭을 통해 청 정부에 항의했다. 그러나 청 정부는 사태의 심각성을 숨기면서, 그 전해부터 타이완을 줄곧 걱정해왔다고 달래며 탕칭숭을 격려해 타이완의 방위에 임하도록 명했다.

시모노세키조약으로 '타이완 전도 및 그 부속 제 도서'의 할양이 결정된 사실이 알려지자, 사신들은 청 정부가 타이완을 버렸다고 분노하며 할양 반대운동을 일으켰다. 사신들은 탕칭숭을 통해 청 정부에 할양 반대 의사를 전하고, 3국간섭과 영국의 원조도 기대했으나 결국 실패로 끝났다. 이후 타이완 독립을 위한 활로를 찾고자 탕칭숭을 앞세워 운동을 추진했다. 청 정부는 탕칭숭을 파면했으나, 타이완에서는 1895년 5월에 타이완 독립이 선언되고 공화제를 채택한 타이완민주국이 수립되었다. 총통에 탕칭숭이, 대장군으로 류융푸가 천거되었다.

같은 해 5월 8일 시모노세키조약이 비준되자, 해군 대장 가바야마 스케노리가 타이완 총독에 임명되어 일본군을 이끌고 타이완으로 향했다.

청일전쟁은 끝났지만 일본은 타이완에 대한 침략전쟁을 멈추지 않았다. 일본군은 5월에 타이완 상륙을 개시해 6월 초에는 지룽(基隆), 뒤이어 타이

타이완 지룽 공격(상상화) 타이완 총독으로 임명된 가바야마 스케노리와 근위사단은 1895년 5월 29일에 타이완의 최북단인 지룽 부근에 상륙했다. 이후 타이완 민중의 항일활동에 직면해 격렬한 전투가 전개되었다.

베이(臺北)를 점령했다. 탕칭숭 등 민주국의 간부와 관리, 장병들은 도망쳐 대륙으로 피신했다. 한족계 이민자 가운데 일부 유력자도 타이완 밖으로 도주했다. 1895년 6월 중반, 일본군은 타이완 총독 가바야마 스케노리의 지휘 아래 시정식(始政式)을 거행했다. 그 후 일본군은 남진을 개시했으나, 각지에서 타이완민주국 군대의 격렬한 저항에 직면했다. 타이완 남부에서 는 타이난(臺南) 일대의 방위 책임자였던 류융푸 장군을 앞세워 일본군에 대항하려 했다. 각지에서 치열한 전투가 전개되었으나 결국 10월에 류융푸 등의 도주로 타이완민주국은 완전히 붕괴되고, 일본군은 타이난까지 점령 했다.

상륙 이래 5개월 사이에 일본군은 병력 4만 9,835명, 군부(軍夫) 2만 6,214명을 투입했으며, 일본 황족인 근위사단장 기타시라카와노미야 요시 히사 등 4,642명이 전쟁에서 병사했다. 한편, 일본군에게 살해된 중국계 타 이완인은 1만 수천 명에 달하는 것으로 추정된다. 일본군이 타이완 전체를 점령한 이후에도 주민들의 저항은 끈질기게 계속되었다. 주민들은 게릴라 전을 펼쳤지만, 일본의 탄압으로 1898~1902년 사이에 1만 950명이 처 형·살해된 것으로 알려져 있다.

이처럼 타이완이 일본의 식민지로 편입됨으로써 일본은 같은 동아시아 안에 있으면서도 다른 국가를 지배하는 국가가 되었다.

청일통상항해조약

청과 일본은 1871년에 영사재판권과 협정관세율을 상호 인정한다는 점에서 평등한 내용의 청일수호조규를 체결한 바 있다. 하지만 이 조규는 청일전쟁 개시로 효력을 상실하고, 시모노세키조약을 바탕으로 새로운 조약을 체결했다. 1896년 7월 베이징에서 청일통상항해조약이 조인되어 10월에 공포되었다. 이를 통해 일본은 영사재판권, 협정관세권, 최혜국 대우 등 서구 열강이 청으로부터 확보한 것과 유사한 특권을 손에 넣게 되었다. 일본은 국제무대에서 서구 열강과 같은 입장으로 청을 대하게 된 것이다.

청일전쟁 개시에 앞서 영국과의 조약 개정에 성공한 일본은 다른 한편에서는 청보다 우위의 국제적 지위를 얻게 되었다. 일본은 영국·프랑스·러시아·독일 등과 나란히 1896년에는 샤먼에, 1898년에는 한커우(漢口)·톈진에 조계(租界, 개항장의 외국인 거주지)를 열었으며, 동시에 상하이의 공동 조계에 들어갔다. 또한 1897년에는 쑤저우·항저우, 1898년에는 사스, 1899년에는 푸저우(福州), 1901년에는 충칭에 잇달아 독자적으로 조계를 개설했다. 조계란 청의 행정권이 미치지 않는 외국인 거류지로서, 일본이 중국에 진출하는 근거지가 되었다.

청일전쟁의 결과 청이 일본에 지불하게 된 배상금은 시모노세키조약 제4조에 따른 전쟁 비용 배상금과, 시모노세키조약 제8조에 따른 웨이하이웨이 수비 비용, 그리고 랴오둥 반도 반환 보상금, 이렇게 세 가지였다. 이 금액은 당시 청의 통화로 2억 3,150만 냥으로, 청의 국고 수입의 3년분에 상당하는 금액이었다. 청이 이 배상금을 모두 외국에서 차입하여 감당하려고 하자, 서구 열강은 차관을 둘러싸고 서로 경쟁했다. 결국 영국·독일·러시아·프랑스로부터 차관을 끌어온 청은 이후 이 차관을 변제하기 위해 매년 1,600만 냥을 충당해야 했다. 서구 열강은 차관을 발판으로 중국 진출과 이권 획득을 꾀했다.

일본이 청으로부터 받은 배상금은 당시 일본 화폐로 환산하면 3억 6,400만여 엔으로, 4년 치 일본 국가 재정보다 많은 금액이었다. 일본은 이를 당시의 국제통화였던 영국 화폐 파운드로 받았다. 일본은 배상금의 84%를 군비 확장과 임시군사비에 충당했으며, 야와타(八幡)제철소의 창설과 철도·전신·전화 사업 등에 지출했다.

일본에서는 청일전쟁을 계기로 자본주의 경제가 비약적으로 발전했으며, 경공업을 중심으로 산업혁명이 진행되었다. 전쟁 후 중국으로부터 얻어낸 특권을 활용해 일본은 중국에 면사 수출을 확대해나갔다. 다른 한편, 일본은 서구 열강의 중국 분할 경쟁에 뛰어들고자 과대한 군비 확장을 추진했다. 국가 세출 규모가 전쟁 이전의 3배로 늘었으며, 이를 충당하기 위한 국민의 세 부담도 증대되었다.

청일전쟁이 조선에 미친 영향

시모노세키조약에 의해 청이 공식적으로 조선의 '독립'을 인정하면서 청과 조선의 종속 관계는 폐지되었다. 그러나 조약에 명시된 '독립자주'란 표현은 조선의 진정한 독립자주를 의미하는 것이 아니라, 청을 대신하여 일본이 지배하겠다는 뜻이나 마찬가지였다. 당시 조선의 실권은 일본 공사 이노우에 가오루 아래에서 개혁을 추진하고 있던 김홍집 내각이 쥐고 있었다.

그런데 3국간섭으로 강대국 러시아가 일본에 직접 압력을 가하는 바람에 조선에 대한 내정 간섭을 추진하려던 이노우에의 구상은 좌절될 수밖에 없었다. 또한, 3국간섭으로 일본이 랴오둥 반도를 청에 반환하자 조선에서는 이를 계기로 명성왕후를 중심으로 러시아에 접근해 일본 세력을 억제하고자 하는 친러 세력이 대두했다. 이로 인해 그동안 김홍집 내각에서 중요한 위치를 차지하고 개혁을 이끌어온 박영효는 실각하고 다시 일본으로 망명했다. 조선의 실권은 친러 세력이 장악했다.

친일적 개혁에 실패한 이노우에를 대신해 공사로 부임한 미우라 고로는 명성왕후를 제거해 일본 세력을 회복할 생각으로 명성왕후 살해 계획을 세웠다. 10월에 일본 공사관원, 일본군 수비대, 일본인 고문관, 거류 일본인 낭인 들은 경복궁에 침입하여 명성왕후를 참살하고, 그 시신을 반출하여 불태워 유기했다(을미사변). 미국인 군사 교관과 러시아인 기사가 이를 목격하는 바람에 사건은 국제 문제로 번졌다. 서양으로부터의 고립을 두려워한 일본 정부는 미우라 공사를 해임·소환하고 일본인 관련자들도 퇴거·귀국시켰다(하지만 끝내 사건 관계자는 한 사람도 처벌받지 않았다).

명성왕후 살해 사건 후, 미우라의 압력으로 다시 김홍집 내각이 성립했다. 친러·민씨 세력은 해임되고, 대신 개화·친일 세력이 등용되었다. 그러나 명성왕후 살해 사건이라는 만행으로 조선 민중의 반일 감정은 고조되었고, 일본을 추종하는 김홍집 내각에 대한 비판 또한 거세졌다. 이듬해 1896년 1월, 반일·반개화 무장투쟁인 의병운동이 일어났다. 김홍집 내각은 의병을 진압하기 위해 대규모 군대를 각지에 파견했다. 이 때문에 한성의 방위 태세가 약해진 틈을 타, 친러 세력은 인천에 정박 중이던 러시아 군함 수병의 도움을 받아 고종을 러시아 공사관으로 옮기고(아관파천) 친러 정권을 수립했다. 명성왕후 시해 사건과 연관되어 있던 김홍집 등은 살해되고, 유길준 등 친일 세력은 일본으로 망명했다.

청일전쟁은 동아시아의 전통적인 국제질서를 해체함과 동시에 동아시아 자체를 국제 문제의 초점으로 부상시켰다. 이는 서구 열강의 중국 분할에 길을 터준 동시에 한반도에서의 러·일 대립을 촉발시키고, 동아시아의 세력 관계를 크게 변화시켰다. 이후 일본은 서구 열강과 경쟁·경합하면서 본격적으로 한반도에서 대륙으로 침략과 팽창의 발길을 옮겼다.

청의 조선 정책

1880년대 이후 청일전쟁 이전까지 청의 조선 정책에 대해 한·중·일 역사학계는 각기 다른 해석을 내놓고 있다.

1879년 일본의 류큐 병합으로 청의 종주권이 위협받자, 청은 주변 조공국에 대해 공세적인 개입 정책을 취하기 시작했다. 1882년 7월 조선에서 임오군란이 발발하자, 청은 '속국'인 조선을 보호하고 난당(亂黨)과 그 우두머리인 흥선대원군을 응징한다는 명분으로 대규모의 군대를 파견해 무력 진압에 나섰다. 이후 청은 그해 10월 조청상민수륙무역장정을 체결해, 청의 영사재판권, 한성에 상점 개설 권한, 청 상인의 내지통상권, 근해에서의 어업과 항해 권리 등을 확보했다. 이에 대해 한·중·일 역사학자들은 서로 다른 견해를 밝히고 있다. 한국과 일본 학계에서는 이 장정의 불평등 조항과 청의 강압성에 주목하고 있다. 반면, 중국 학계에서는 청에 유리한 조항을 둔 것은 조선과의 고유한 종속 관계로 인한 것이지, 서구 열강과 체결한 불평등 조약과 같은 것으로 볼 수 없다는 입장이다. 중국 학계에서는 이 장정을 전통적 종속 관계와 근대적 조약 개념을 동시에 가진 것으로 보고 있다.

1884년 12월 청은 김옥균 등 개화파가 일으킨 갑신정변을 탄압하고 좌절시켰다. 이후 조선에 대한 종주권을 강화하기 위해 외교·재정·군사 고문을 두도록 강요했다. 위안스카이는 1885년 조선과 러시아와의 제2차 밀약설을 빌미로 고종의 폐위 문제를 리훙장에게 건의했지만, 청은 이를 받아들이지 않았다. 위안스카이는 1886년 조선이 서구 열강이나 일본 등에 보호를 받는 것은 불가능하기 때문에 청의 '조공국'이 아니라 '속방'으로서 보호를 받아야 한다는 주장을 펼쳤다. 또 1887년 조선이 미국과 유럽 5개국에 전권대사를 파견하자, 청은 사전에 상의하지 않았다는 이유로 공사 파견을 중지할 것을 요구했으며, 파견 이후에도 각국 주재 청 외교관에게 미리 협의할 것을 강요했다. 또한 청에서만 차관을 얻도록 했으며, 조선 해관을 청의 해관과 병합시키려 했다. 또 수년에 걸쳐 조선의 남북을 잇는 전신선을 부설하고, 그 운영을 청의 관리 아래 두도록 했다.

한국과 일본 학자들은 이렇게 1894년까지 청이 조선의 자주 독립권 주장에도 불구하고 내정 간섭과 군사 주둔은 물론 갖가지 경제적 조치를 통해 실질적인 '종속국'으로 만들려고 했다고 본다. 중국 학자들은 위안스카이가 조선에 주둔하면서 분명 조선의 내정과 외교에 깊숙이 간섭했지만, 이는 단지 중국의 종주권을 강화했을 뿐 당시 조선과의 관계가 전통적인 종속 관계의 틀을 넘어선 것은 아니라고 여기고 있다.

3

열강의 동아시아 패권 쟁탈과
러일전쟁

● 이 시기 한·중·일 연표

1896   조선, 독립협회 결성

1897   독일군, 중국의 자오저우만 점령. 조선, 국호를 대한제국으로 개정

1898   중국, 독일은 자우저우만, 러시아는 뤼순과 다롄, 영국은 홍콩과 웨이하이웨이, 프랑스는 광저우만 각각 조차.
        무술변법운동(변법자강운동). 미국·에스파냐 전쟁

1899   중국 의화단 산둥성에서 봉기. 미국, 중국의 문호 개방 선언

1900   8개국 연합군, 의화단 진압을 위해 베이징 점령

1901   청, 열강 11개국과 베이징의정서 체결

1902   제1차 영일동맹 체결

1904   한일의정서 체결. 러일전쟁. 한일외국인고문용빙에 관한 협정(제1차 한일협약) 조인

1905   가쓰라−태프트 밀약. 제2차 영일동맹 체결. 포츠머스조약 조인. 을사조약(제2차 한일협약) 체결. 중국 쑨원,
        중국혁명동맹회 결성

1906   일본, 한국통감부 설치, 관동도독부와 남만주철도주식회사 설립

1907   정미7조약(제3차 한일협약, 한일신협약) 체결. 제1차 러일협약 체결. 한국, 항일의병운동 전국으로 확대

1908   청 조정, 흠정헌법대강 발포

1909   일본, 내각 각의에서 '한국병합을 단행하는 방침' 결정. 일본군의 '남한대토벌작전' 개시. 안중근, 이토 히로부미
        사살

1910   한국병합조약 강제 조인. 일본, 대역사건 발발

1911   중국, 신해혁명 발발

1912   중화민국 성립

19세기 말 20세기 초, 서양의 선진 제도와 문화를 배워 동아시아에서 급부상한 일본은 서구 열강의 편에 서서 대외 침략을 감행하며 동아시아의 패권 쟁탈에 나섰다. 이러한 일본의 움직임은 동아시아의 전통적인 국제 관계에 변화를 일으켰다. 동아시아를 침략한 서구 열강과 긴밀한 이해관계를 갖게 된 일본은 동아시아 무대에서 러시아와 충돌하는 한편, 영국 등과는 협력을 통해 대외 침략을 확대하려 했다. 이러한 정세에서 중국과 한국은 서구 열강과 일본에게 분할 점령을 당할 위기에 직면했다.

이 장에서는 동아시아 패권을 둘러싼 일본과 서구 열강의 충돌 양상과 함께 중국과 한국이 날로 긴박해지는 민족적 위기에 어떻게 대응했는지를 살펴보려고 한다. 또한 이로 인해 동아시아의 국제 관계와 내부 질서가 어떤 변화를 겪었는지도 다루고자 한다.

1

청일전쟁 후 열강의
경쟁 구도 변화

서구 열강의 중국 분할과 일본

1894년 청일전쟁 이후 일본이 급부상하자, 이에 자극받은 서구 열강이 중국 분할의 발걸음을 재촉하면서 동아시아에서 열강의 경쟁 구도에 변화가 나타났다.

랴오둥 반도의 반환을 요구하는 '3국간섭'을 계기로 만주와 한반도에서 러시아의 세력이 한층 강화되었다. 러시아 세력이 남하하자, 북상을 기도하던 영국과 충돌하게 되었다. 당시 아시아·태평양 지역으로 세력을 확장할 계획을 품고 있던 미국 역시 러시아의 세력 남하에 우려를 표명했다. 이리하여 동아시아를 둘러싸고 점차 영국·미국·일본을 한편으로 하고, 러시아·프랑스·독일을 다른 한편으로 하는 강대국 간의 패권 경쟁 구도가 형성되었다.

청 정부는 일본에 거액의 전쟁 배상금을 지불하기 위해 어쩔 수 없이 서구 열강에게 외채를 빌리게 되었다. 열강들은 중국에 대한 차관 제공을 통해 중국에서 더 많은 특권과 이익을 얻고자 했다. 청이 러시아, 프랑스, 영

국, 독일 네 나라에서 빌린 차관은 이자까지 6억 냥이
넘었다. 이 차관들은 모두 청의 세관 수입과 지방의 상
품 통과세와 염세(鹽稅)●를 담보로 했다. 열강은 차관
을 통해 청의 세관 행정권과 재정 감독권까지 통제할
수 있게 되었다. 이렇게 정치·경제적으로 가혹한 조건
을 단 차관은 열강의 더욱 적극적인 중국 분할의 서막
을 열었다.

1897년 11월, 독일은 두 명의 선교사가 산둥(山東)
에서 피살되자 군대를 보내 자오저우만(膠州灣)을 점
령했다. 이듬해 3월 독일은 청 정부를 압박해 '자오아
오(膠澳)조계조약'을 맺어 자오저우만 '조차(租借)'를
강행하고, 산둥성 전체를 독일의 세력권으로 삼았다.
이를 계기로 열강은 앞다퉈 중국에서 조차지(租借地)

를 차지하고, 세력권을 나누었다. 러시아는 뤼순과 다롄을 강제로 조차하
고 만주에서 만리장성 북쪽에 이르는 지역을 세력권으로 삼았다. 영국은
웨이하이웨이와 홍콩 '신계(新界, 주룽九龍 반도 북부와 부근 도서 및 다펑만大
鵬灣, 선전만深圳灣 일대)'를 강제로 조차하고, 양쯔강 유역과 윈난(雲南) 서
부, 광둥 일부를 자신의 세력권으로 삼았다. 프랑스도 광저우만(廣州灣, 레
이저우雷州)을 강제로 조차하고, 윈난과 광둥의 대부분 지역과 광시성 전체
를 세력권으로 삼았다. 타이완을 할양받고 다시 중국 대륙까지 노리던 일
본은 서구 열강의 수법을 본떠 푸젠성을 자신의 세력권으로 두기 위해 청
을 압박했다. 이런 식으로 중국의 영토 주권은 심각하게 훼손되었다.

열강은 세력권 분할과 함께 중국의 철도 건설 이권과 광산 채굴권을 둘
러싸고 쟁탈전을 벌였다. 러시아는 만저우리(滿洲里)부터 헤이룽장성(黑龍
江省)과 지린성(吉林省)을 지나 블라디보스토크까지 이어진 본선과, 하얼
빈(哈爾濱)에서 다롄까지의 남부선을 포함한 중둥(中東)철도 이권을 차지
하면서 만주에서 결정적인 기반을 다졌다. 나아가 러시아는 프랑스와 벨기

분할 위기에 놓인 중국 청일전쟁 패
배 후 청이 종이 호랑이임이 드러나
자, 서구 열강의 이권 침탈과 영토 분
할이 본격적으로 진행되었다. 그림은
뒤에서 손을 번쩍 들고 놀라는 중국
의 건륭제와 왼쪽부터 영국의 빅토리
아 여왕, 독일의 빌헬름 2세, 러시아
의 니콜라 2세, 그리고 프랑스와 일
본의 상징적 인물인 마리안느와 사무
라이를 내세워 열강의 중국 분할 상
황을 풍자하고 있다.

상품 통과세·염세
태평천국 봉기 진압 당시, 청 정
부가 군비 부족을 해결하고자 신
설한 상품세 징수 형태의 자금 마
련책으로, 세율이 100분의 1이라
서 '이금(厘金)'이라고도 불렸다.

에 은행단이 루한(盧漢, 루거우차오盧溝橋 – 한커우漢口)철도 부설권을 확보할 수 있도록 지원하여 양쯔강 유역의 영국 세력권에서 세력 확장을 꾀했다. 영국 역시 자국의 후이펑(匯豊)은행이 중국 산하이관(山海關) 안팎의 철도 부설권을 차지하게 되면서 러시아 세력권으로 침투하기 시작했다. 또한 영국과 독일은 진전(津鎮, 톈진天津 – 전장鎭江)철도 이권을 나누어 가졌다. 미국도 웨한(粵漢, 광저우廣州 – 한커우漢口)철도 부설권을 빼앗았다. 중국의 주요 철도 노선이 모두 열강의 수중에 떨어진 것이다. 이와 동시에 프랑스는 윈난, 광둥, 광시 세 성의 광산 개발 우선권을 차지했다. 영국은 산시(山西)·허난(河南)·즈리(直隸)·쓰촨(四川) 등지의 광산 개발권을 차지했으며, 독일은 산둥성 전체의 광산 개발권을 확보했다. 러시아는 만주와 몽골, 신장에 이르는 넓은 지역의 광산 개발권을 차지했고, 일본은 다예(大冶) 광산 이권에 끼어들었다. 이 밖에도 열강은 통상 항구에 자본을 투자해 공장을 짓고 은행을 설립하는 등 중국의 경제 명맥을 통제해 더 많은 경제·정치적 이권을 빼앗으려 했다.

서구 열강과 일본이 중국에서 조차지와 세력권 쟁탈전을 벌일 당시, 미국은 동아시아에 진출할 발판을 마련하기 위해 에스파냐의 식민지인 필리핀을 넘보고 있었다. 에스파냐와의 전쟁에서 승리한 미국은 필리핀을 차지하게 되었지만, 이미 중국을 둘러싼 경쟁에 참여하기에는 한발 늦은 격이었다. 중국 분할 경쟁에서 뒤처진 것을 만회하기 위해 미국은 1899년 영국·러시아·독일·프랑스·이탈리아·벨기에·일본 등에 '문호 개방 선언'을 제안했다. 각국이 중국에서 차지한 세력권과 기득권 인정을 전제로 미국도 균등한 무역 기회를 누리도록 각국의 조계지와 세력권을 미국에 개방하라는 요구였다. 미국은 중국에서의 '이익균점'이라는 목적을 달성하기 위해 열강의 의사만을 물었을 뿐, 청 정부와 민중은 완전히 도외시했다.

조선에서 러·일의 대립과 협상

명성왕후 시해 사건과 아관파천을 거치면서 조선에서 일본의 입지는 약화된 반면 러시아의 영향력은 더욱 강화되어, 조선 왕실 내부에서도 친러 세력이 점차 주도권을 장악했다. 일본은 이러한 상황에서 러시아와의 교섭을 통해 조선에서 지위를 확보하고자 했다.

1896년 고무라 주타로 일본 공사는 베베르 러시아 공사와 한성에서 각서(제1차 러·일 협상, 베베르-고무라 각서)를 교환하고, 조선 정부의 현상 유지와 러·일 양측의 군대 주둔권을 상호 승인했다. 또한 이 각서를 통해 일본은 조선에서 누리는 경제적 특권을 인정받는 동시에 거류민 보호를 명목으로 일본 군대의 주둔을 유지하게 되었다.

서양식 복장을 한 고종 황제

이어서 같은 해 야마가타 아리토모가 러시아를 방문해 로바노프 외무대신과 협정을 맺고(제2차 러·일 협상, 로바노프-야마가타 의정서), 러·일 양국은 조선의 재정을 공동으로 원조하되 군대 훈련은 조선 정부에 일임하기로 했다. 또한 조선에서 러·일의 전신선 관리와 가설권을 서로 확인하고, 각자 세력권 안에서 상대방의 이권 확대를 서로 존중하고 간섭하지 않기로 했으며, 양측의 이익이 제3자의 위협을 받을 경우 공동 행동을 취하기로 했다.

러시아는 1898년 3월 한국에서 군사 교관과 재정 고문을 철수시켰다. 이와 함께 러시아는 중국의 뤼순과 다롄을 조차하여, 이 지역을 중심으로 만주에서 세력을 확대했다. 이에 대해 일본은 러시아의 만주 통치와 일본의 한국 통치를 각각 인정하자는 '만한교환론'을 러시아에 내놓았다. 1898년 4월, 니시 도쿠지로 일본 외무대신과 로젠 러시아 주일 공사는 한국의 완전 독립과 내정에 대한 양국의 불간섭, 재정 고문과 군사 교관 임명 시 사전 협의 및 일본 경제의 우위 존중 등을 규정한 협정을 맺었다. 이와 동시에 일본은 러시아의 뤼순·다롄 조차를 묵인했다(제3차 러·일 협상, 로젠-니시 협정).

대한제국과 독립협회

1896년 고종의 아관파천 이후 조선을 둘러싼 일본과 러시아 및 서구 열강의 이권 침탈은 더욱 가속화되었다. 조선 국내에서는 열강의 간섭에서 벗어나야 한다는 목소리들이 점차 커졌다. 그들은 정부의 대외 정책에 반대하면서 자주독립국가 건설을 호소했다. 이와 동시에 조선 왕실이 러시아 공사관에서 나와 독립적으로 정사를 보아야 한다는 '환궁' 주장 역시 강력했다. 그러나 이들은 각각 자신이 처한 상황에 따라 자주독립국가 구축 방안에 대해 서로 다른 입장을 보였다.

1897년 2월 고종은 러시아의 영향에서 벗어나라는 국내외의 압력에 따라 환궁하여, 자신과 국가의 이미지를 바꾸기 위해 일련의 개혁을 단행했다. 같은 해 10월 고종은 황제로 즉위해 공식적으로 대한제국이라는 국호를 사용하기 시작했다. 대한제국은 1899년 처음으로 청과 대등한 입장에서 한청통상조약●을 체결했다. 또한 대한제국은 식산흥업(殖産興業) 정책을 제정하여 전등·전차·전화·전신 건설을 시작하고, 민간기구인 대한철도회사를 설립했다. 민간 자본에 의한 공장과 기업 설립을 장려하는 등 상공업 진흥에도 힘썼다. 정부는 근대학교 제도를 도입하고 기술교육에도 힘써 소학교·중학교·사범학교 등 각급 학교를 설립하고, 농업·상공업·광산·의학 등 각종 전문학교를 세워 인재를 키웠다. 이 밖에 서양 기술로 토지를 측량하여 지주와 농민을 비롯한 토지 소유자의 소유권을 그대로 인정하고 전국적으로 토지 소유 증서를 발급하기 위해 일련의 토지 조사와 개혁운동을 진행했다. 이상과 같은 조치를 통해 국제사회에 대한제국은 황제가 통치하는 주권국가라는 메시지를 전달했다.

한청통상조약
1899년 9월 11일 대한제국의 전권대사 박제순과 대청제국의 전권대사 쉬서우펑 사이에 체결된 한·청 양국의 우호·왕래 통상에 관한 조약문. 총 15개조로 구성되어 있으며, 한국이 청국과 사상 처음으로 대등한 관계에서 체결한 근대 조약으로 관세, 조계, 범법자의 법적 관계, 양곡 금수, 병기 및 화약 금수 등을 규정하고 있다.

그러나 대한제국 성립 후 정치 체제를 놓고 독립협회파와 친러수구파 사이에 갈등이 격화되었다. 독립협회파는 황제의 권한 제한을 주장하며, 사회를 개혁하여 전통사회와는 다른 법치사회를 만들자고 호소했다. 앞서 독립협회파는 1896년 정부 관료와 함께 독립협회를 창설하여 청을 포함

《독립신문》 1896년 4월 한국에서 최초로 발간된 민간 신문. 4면 중 3면은 한글판이고, 1면은 영문판으로 제작했다.

한 외세로부터 독립을 상징하는 독립문을 세웠다. 그들은 또한《독립신문》을 창간하여 문명개화와 자주독립사상을 선전하며 민중을 계몽했다. 이 밖에도 독립협회는 한성 시민을 조직해 '만민공동회'라는 대규모 집회를 열어 정부에 재정 개혁과 인민의 기본권 보호를 요구했다. 독립협회는 자문기구인 중추원을 의회로 개편하고, 서양의 발달된 문물의 도입을 주장하면서도 러시아의 과도한 정치적 간섭과 열강의 이권 침탈에는 반대했다.

독립협회는 의회 설립, 법률 제정, 군주권 제한과 민권운동을 통한 개혁론을 펼쳤는데, 이는 황제권을 강화하여 위로부터 아래로의 개혁을 실시하려던 대한제국 정부의 의도에 배치되는 주장이었다. 정부는 독립협회의 개혁론을 받아들이지 않았으며, 오히려 이로 인해 독립협회와 정치적으로 대립하게 되었다. 대한제국의 보수파 관료들이 공화제를 추진했다며 독립협회를 모략해 해산시키려고 하자, 독립협회는 만민공동회를 소집해 저항했다. 결국 1898년 12월 대한제국은 독립협회와 만민공동회를 강제로 해산했다.

대한제국은 독립협회 등 개혁파의 체제 개혁운동이 다시 대두되지 않도록 하고, 국가의 정치 체제를 확고히 하기 위해 1899년 헌법의 성격을 가진 대한국국제(大韓國國制)를 반포했다. 여기서는 군주의 권한이 무한하고,

황제는 입법·행정·사법의 전권을 장악한다고 규정하여 전제 황권을 강화했다. 대한제국 정부는 개혁의 주도권을 장악했지만, 정치적으로나 경제적으로나 개혁에 성공할 만한 여건을 갖추지는 못했다. 대한제국의 근대화는 외세의 개입으로 좌절되었다.

의화단운동과 8개국 연합군의 중국 침략전쟁

청일전쟁 이후 서구 열강과 일본이 중국을 두고 쟁탈전을 벌이는 가운데, 1898년 캉유웨이와 량치차오 등 중국 개혁파 인사들이 청일전쟁의 패배 원인이 낡은 청 제국에 있다고 판단하고 서양과 일본처럼 제도를 개혁하자는 무술변법운동(戊戌變法運動)을 일으켰다. 그러나 자희태후 등 보수 세력의 방해와 탄압으로 실패했다. 이후 중국 각지에서 민중 차원의 반제·구국운동이 일어났다. 그 가운데 의화단운동은 서양 선교사에 대한 민중의 오랜 반감이 발단이 되긴 했지만, 그 본질은 서구 열강의 침략에 대한 저항이었다.

1898년 산둥 서남 지역에서 봉기한 의화단은 곧 산둥과 즈리 접경 지역까지 진출하여 즈리 지역 의화단과 호응하면서 날로 세를 불렸다. 1900년 의화단은 청 정부의 묵인 아래 정치 중심부인 베이징·톈진 지역으로 세력을 확장했다. 처음에 청 정부는 '부청멸양(扶淸滅洋)'의 깃발을 내건 의화단의 힘을 이용해 열강에 대항하고자, 그들이 교회당을 불사르고 외국 공관을 포위해 공격해도 별다른 조치를 취하지 않았다. 그러자 영국·러시아·프랑스·미국·일본·이탈리아·독일·오스트리아 등 열강은 이를 빌미로 공관을 지키기 위한 연합군을 재빨리 조직하여 베이징을 공략했다. 6월 8개국 연합군이 다구(大沽)를 점령하자, 청 정부는 열강에 선전포고했다. 청군과 의화단은 격렬히 저항했지만 결과적으로 서양 총과 대포로 무장한 8개국 연합군을 막아낼 수는 없었다. 연합군은 7월과 8월에 톈진과 베이징을 각각 점령했다. 자희태후는 광서제와 함께 베이징을 탈출하면서, 동시

에 의화단 토벌 명령을 내렸다. 연합군은 베이징성을 차지하고 도처에서 살인과 방화, 약탈을 저질렀다. 일본은 연합군 가운데 절반을 차지할 정도로 가장 큰 규모의 군대를 파견했다. 또한 러시아는 중둥철도 보호를 구실로 10만여 명을 단독 출병시켜 만주를 점령했다.

1901년 9월 청 정부는 영국·러시아·프랑스·미국·일본·이탈리아·독일·오스트리아 8개국을 비롯해 네덜란드·벨기에·에스파냐로부터 신축조약(베이징의정서)을 강요당했다. 중국은 열강에 백은 4억 5,000만 냥(이자까지 9억 8,000만 냥)을 배상하고, 베이징에 열강이 군대를 파견해 보호하는 대사관 구역을 설치했다. 이리하여 청 정부는 열강의 통치에 완전히 굴복해 '양인(洋人)의 조정'으로 전락했다. 신축조약의 체결로 중국의 국제적 지위도 역사상 최저 수준으로 추락했다.

국제정치와 한반도 중립화 구상

19세기 말에서 20세기 초 동아시아에서 한반도는 지정학적 특성으로 인해 국제정치의 초점이 되었다. 열강이 격론을 벌이는 가운데 한반도에서 어떻게 힘의 균형을 실현할 것인가를 염두에 둔 한반도 중립화 구상이 다양하게 제기되었다.

먼저 임오군란 이후 청과 일본이 조선을 둘러싸고 다투던 시기에 일본 정부 내에서 조선의 영세 중립화 구상이 제출되었다. 1882년 9월 이노우에 고와시는 일본·청·미국·영국·독일 5개국에 의한 조선 중립화를 도모해야 한다고 제안했다. 즉, 5개국이 상의하여 조선을 벨기에나 스위스와 같은 중립국으로 만들어, 조선에 대한 침략을 인정하지 않고 공동으로 보호하자는 안이었다. 조선이 열강의 간섭을 받지 않고 일본의 영향 아래 단독으로 독립을 유지하기는 어려우리라고 판단해, 열강의 힘으로 러시아의 진출을 억제하는 동시에 조선 내정에 대한 청의 단독 간섭을 규제하려는 것이었다.

베트남을 둘러싸고 청과 프랑스의 대립이 심각해지자, 1883년 청은 일본에 조선의 국외 중립을 제안하려 했다. 일본에서도 청과 미국이 함께 조선 중립화를 꾀하려는 움직임이 있었지만 모두 흐지부지되었다. 갑신정변 직후인 1885년 조선에 상주하던 독일 부영사 부들러가 러시아·청·일본의 조약 체결을 통해 조선 중립화를 이루어야 한다는 제안을 하기도 했다.

1890년 야마가타 아리토모 일본 수상이 다시 조선의 영세 중립화를 주장했다. 시베리아 철도가 완공되면 러시아 세력의 확대로 조선의 독립이 장차 위태로워지고 청·일 양국에 직접적인 위협이 되리라고 생각한 것이다. 일본은 자국의 이익선인 조선을 확보해야 한다고 강조하는 동시에, 청·일 양국이 제휴해 스위스나 벨기에 등과 같이 조선을 공법상 영세 중립의 위치로 만들 필요가 있다고 했다. 또한 이는 간접적으로는 영국과 독일의 이해에도 관계된 문제였기 때문에, 영국·독일·일본·청 네 나라가 조선 영세 중립화를 도모해야 한다고 했다. 야마가타의 이러한 구상은 조선이 다른 나라에 점령당하면 위험하므로 조선을 중립화해야 한다는 것이었다. 또한 네 나라의 힘으로 러시아의 침략을 견제하는 동시에 조선에 대한 간섭을 강화하는 청에 대항하여 조선에 군사적 압력을 가하기 위한 것이었다.

이러한 구상들은 모두 이해관계가 대립되는 강대국의 힘을 이용해 러시아의 조선 침략을 저지하고 청의 조선 독점을 견제하려는 발상에서 비롯된 것일 뿐, 당사국인 조선의 의향은 도외시되었다. 이후 청일전쟁 당시 일본은 조선 중립화 구상을 폐기하고, 조선 내정에 직접 관여하는 보호국화 정책을 추진했다.

조선에서는 1884년 갑신정변 이후 김옥균, 유길준 등 급진개화파가 청과의 관계를 이용해 조선 중립화를 실현하려는 구상을 내놓았다. 또한 청일전쟁 이후 대한제국 시기에 고종 등은 러·일 양국의 침략과 세력 확장에 대해 조선을 둘러싼 열강 간의 상호 견제 구도를 이용하여 독립을 유지하려는 외교 정책을 추진했다. 그러나 1900년 의화단 사건 이후 고종은 만주를 침입한 러시아군에 대한 경계를 강화하고, 러·일 양국의 조선 분할과 조선 출병에 대한 우려에서 열강의 공동 보증에 의한 한국 중립화 방안을 일본 정부에 제기했다.

1901년 초 이번에는 러시아가 일본에 한국 중립화 방안을 내놓았다. 조선에 관한 협정을 맺고 있던 러·일 양국이 먼저 조정을 위한 협상을 하자는 것이었다. 하지만 이때 일본은 한국에 대한 독점적 지배를 구상했으므로 한국 중립화가 불리하다고 여겨 러시아의 제안을 거부했다. 영일동맹과 조선 보호국화 노선을 견지하던 일본 외무성이 중립화 방안에 일관되게 반대해 한국 중립화 방안은 좌절되었다. 이후 러·일 사이에 긴장이 고조되면서 평시의 한국 중립화 방안은 점점 더 어려워졌다.

당시 대한제국은 독립을 유지하기 위한 최후의 노력으로, 군비 확충과 함께 1903년 전시 중립화 방안을 제시했다. 그러나 일본은 대한제국의 요청을 무시하고 러일전쟁을 도발했다.

한반도의 중립화 구상에서는 열강의 이해관계에만 휘둘려 정작 한국의 독자성이 도외시되었다. 열강의 이해관계가 점차 첨예화되면서 결국 한반도 문제를 둘러싼 전쟁 발발은 피할 수 없게 되었다.

2

러일전쟁의 원인과 결과

영일동맹

1900년 7월, 8개국 연합군의 중국 출병을 틈타 러시아는 만주에 단독 출병
했다. 만주를 무장점령한 러시아는 일본에 한국 중립화를 제안했다. 이는
한국에서 일본의 지위를 근본적으로 훼손하는 것이었다. 일본은 즉각 러시
아 군대가 만주에서 철수할 때까지 한국 문제에 대한 논의를 거부하겠다는
입장을 취했다.

　러시아 세력에 맞서는 방법을 둘러싸고 당시 일본 정부는 두 파로 나뉘
었다. 러·일협상을 주장하는 이들은, 동북아시아에서 러시아가 일본의 직
접적인 경쟁 상대이기는 하지만 군사력으로는 맞설 수 없으므로 러시아와
외교 협상을 통해 한국과 만주, 즉 만주에 대한 양측의 이권 갈등을 해결해
야 한다고 여겼다. 따라서 이들은 만주와 한국 문제를 연계시켜 러·일 교
섭의 대상으로 삼는 소위 만한교환론을 주장했다. 반면 영일동맹을 주장하
는 이들은, 러시아의 남하 정책이 극동에서 영국의 이익을 직접 위협하므
로 일본이 영국이라는 유럽 강국과 동맹을 맺으면 동북아시아 지역에서 러

시아와의 세력 다툼에 유리하다고 보았다.

1901년 말, 일본의 전 수상 이토 히로부미가 상트 페테르부르크를 방문해 람스도르프 외무대신과 비테 재정대신과 여러 차례 회담을 갖고 만한교환을 위한 마지막 노력을 시도했지만 결국 무산되었다. 러시아의 군부는 한국 포기를 반대하며 일본의 소위 만한교환 요구를 완전히 거부했다. 이후 일본은 러·일협상을 포기하고 영일동맹을 모색했다.

영일동맹 기념엽서 영일동맹을 대대적으로 선전하려는 당시 일본 정부의 의도를 엿볼 수 있다.

러시아의 남하 정책과 1891년부터 시작된 시베리아 철도 건설은 해군 역량을 통해 주도권을 유지해온 영국을 긴장시켰다. 또한 러시아는 아프가니스탄·인도·중국에서의 영국 이권까지 위협했다. 한편, 당시 남아프리카 식민지화를 위한 전쟁에 막대한 병력을 파견한 영국은 아프리카를 두고 프랑스와 대립했을 뿐 아니라, 독일 등에 맞서기 위해 군사력을 강화해야 했다. 이 때문에 영국이 러시아와 맞서기 위해서는 동아시아에서 일본의 군사적 지원이 필요했다. 만주에서의 '문호 개방'을 주장하는 미국 역시 러시아의 만주 독점 방침에 반발했다. 이러한 상황을 이용해 일본은 영국과 손잡고 러시아에 공동으로 맞서는 정치·군사 동맹을 맺고, 동시에 미국의 지지를 얻어냈다.

1902년 1월 하야시 다다스 주영 일본 대사는 랜스다운 영국 외무대신과 런던에서 영일동맹조약을 체결했다. 이 조약을 통해 일본과 영국은 각각 중국과 한국에서의 특권을 상호 인정하고, 중국과 한국 문제에 대해 러시아와 그 동맹국인 프랑스에 공동 대처하기로 했다. 동맹조약을 체결한 다음 날 미국은 중국, 러시아를 비롯해 기타 열강에 각서를 보내 만주 이권에 대한 러시아의 독점을 강력히 반대했다. 이는 영일동맹에 발맞추어 러시아에 경고를 보낸 것이다. 영국과 미국의 지지를 등에 업은 일본은 이제 한국을 비롯해 만주 쟁탈을 둘러싼 러시아와의 갈등을 해결하기 위해 전쟁을 선택하는 일만 남았다.

중·러 '동3성환부조약'과 러일전쟁의 발발

1901년 신축조약 체결 과정에서 러시아는 다른 열강을 따돌리기 위해 수도인 상트페테르부르크에서 청 정부와 단독으로 동3성(東三省, 지린·랴오닝遼寧·헤이룽장) 환부 문제에 관한 협상을 시도했다. 러시아는 협상을 통해 동3성 점령을 기정사실로 만들고 이 지역을 단독으로 차지하고자 했다. 러시아의 의도가 드러나자 일본·영국·미국 등 열강은 곧바로 강력히 반발했다. 러시아가 만주를 독점하도록 내버려둘 수 없었던 그들은 러시아와 단독으로 조약을 체결하지 못하도록 청 정부에 압력을 가했다. 이와 함께 중국에서도 러시아와의 조약 서명을 거부하는 운동이 일어나 곳곳에서 항의 집회가 열렸다. 청 정부는 국내외의 여론에 굴복하여 마침내 러시아와의 조약을 거부하기로 결정했다. 이에 따라 청 정부와의 단독 조약을 통해 동3성을 독점하려던 러시아의 의도는 결국 좌절되었다.

신축조약 체결 이후 다시 동3성 반환에 관한 중국과 러시아의 협상이 시작되었다. 1902년 4월 중국과 러시아는 동3성환부조약(東三省還付條約)을 체결하여, 러시아는 동3성을 중국에 반환하고 1년 6개월 안에 세 차례에 걸쳐 주둔군을 완전히 철수하기로 했다. 조약에 따라 러시아 군대의 제1차 철수 약속이 예정대로 실행되고 러시아가 점령한 철도까지 중국에 반환되자, 국내외에서 고조되었던 반러 여론은 잠시 가라앉았다.

그러나 1903년 4월 러시아는 제2차 철군을 중단했다. 제정러시아 니콜라이 2세의 고문을 맡은 베조브라조프 등 러시아 궁정의 일부 세력이 극동 군사 역량의 약화가 일본의 공세를 초래할 것이므로 병력을 증강시켜 일본을 위협해야 하고, 동3성, 나아가 몽골을 포함하는 중국 북부 전체에 다른 나라가 끼어들지 못하도록 러시아의 세력권으로 계속 독점해야 한다고 인식했기 때문이다. 러시아 궁정 내부에서 이들의 목소리가 점차 커지면서 뤼순 요새를 강화하자는 요구가 나왔다. 또한 한국에 압록강 벌목 확대와 용암포 조차를 요구했다. 그러한 견해에 대해 외무대신, 육군대신, 재무대신 등은 러·일 관계가 악화되어 재정을 낭비하게 된다고 여기고 강력하게 반대했다. 러시아 황제 역시 일본과의 교전을 바라지 않는다며 사태를 가라앉히려고 했지만, 8월 비테 재무대신이 해임되면서 상황이 바뀌기 시작했다.

이에 일본 군부는 러시아가 병력을 증강시켜 요새와 진지를 구축하기 전에 재빨리 개전해야 한다고 판단했다. 또한 전쟁으로 한

IN A TIGHT PLACE.

《러시아와 일본의 줄다리기》 러일전쟁 당시 한국의 상황을 풍자한 삽화. 청일전쟁에서 청이 패하자, 러시아와 일본이 한국을 차지하기 위해 서로 경쟁했다. 러시아와 일본의 전쟁을 줄다리기에 비유한 이 그림에서 한국은 몸이 꽁꽁 묶인 채 매우 고통스러워하고 있다.

반도를 확보하려는 움직임도 점점 활발해졌다. 6월 일본은 만주에 대한 러시아의 지배가 장차 일본의 한국 통치를 위협한다고 판단하고, 러시아와 직접 교섭하여 한국에서의 권익을 지키고자 했다. 일본 국내에서는 러시아와의 개전을 요구하는 강경론이 날로 득세했다.

8월 일본의 제안으로 러·일 교섭이 시작되었다. 일본은 한국에 대한 자국의 권한을 최대한 확대하면서, 만주에 대한 러시아의 권한은 가능한 한 축소할 생각이었다. 12월 러시아와의 교섭에 진전이 없자, 일본은 전쟁 준비에 착수해 대러 작전과 한국에 대한 방침을 결정했다. 이와 달리 러시아 황제와 육군대신은 이듬해 1월까지도 전쟁을 피해야 한다고 생각했다.

1904년 2월 8일 일본 함대가 한국의 인천항에서 러시아와 교전을 벌이며 일본 육군을 상륙시켰다. 그날 밤 일본 함대는 중국 뤼순에 정박 중이던 러시아 함대를 공격했다. 9일에는 인천에서 두 척의 러시아 함선을 격침시켰다. 그날 저녁 러시아는 대일 선전포고를 결정하고, 이튿날 정식으로 일본에 선전포고했다. 10일 저녁 일본도 러시아에 선전포고했다.

러일전쟁이 발발하자 영국·미국·프랑스·독일 등 열강은 모두 중립을 선포했지만, 같은 '중립'이라도 각자 다양한 동기와 목적이 있었다. 영국은 일본에게 최신 함선과 무기, 포탄을 비롯해 식민지에 깔린 전신망을 통해 얻은 정보를 제공했다. 전쟁 당시 영국과 미국 양국의 금융자본가가 네 차

례에 걸쳐 일본에 제공한 전쟁차관(제4차에는 독일 자본도 참여)은 총 6억 9,400만 엔이었다. 이는 일본 전체 전비인 14억 6,000만 엔의 절반을 차지 할 만큼 막대한 지원이었다.

동맹인 러시아의 힘을 빌려 동쪽에서 독일을 견제하기를 희망했던 프랑 스는 극동에서 러시아가 일본과 개전하는 것을 바라지 않았다. 뿐만 아니 라 스스로 전쟁에 말려들 생각도 없었다. 영국도 프랑스와 갈등을 빚고 싶 지 않으므로, 영·독 협상이 실패하자 방향을 바꾸어 프랑스와의 관계 개 선을 도모하면서 함께 독일을 상대하려고 했다.

당시 아프리카 식민지를 두고 갈등을 빚고 있던 프랑스와 영국은 협약을 체결해 프랑스의 모로코 통치와 영국의 이집트 통치를 서로 인정했다. 프랑스는 전쟁 초기 러시아에 8억 프랑의 전쟁차관을 제공했지만 한 차례에 그쳤을 뿐, 이후 러시아의 차관 요구를 무시하고 러·일 강화에 적극 나서면서 전쟁의 조속한 해결을 희망했다.

독일은 러시아가 동아시아에서 펼치는 모험을 적극 지지하면서, 러프동맹의 약화 혹은 해체를 기도했다. 러일전쟁의 와중에 독일은 중립국의 지위를 이용하여 러시아에 군수품을 적극적으로 판매하고 막대한 전쟁차관을 제공하는 등 러시아에 접근하여 이익을 도모했다. 그와 동시에 독일은 일본에게도 우호적인 입장을 취해 군수품을 공급하고, 일본에 대한 영국과 미국의 제4차 전쟁차관에도 참여하는 등 동아시아를 둘러싼 열강의 각축전에서 고립되지 않으려고 했다.

이처럼 영국·미국·프랑스·독일 등 열강은 '중립'이란 미명 아래 직접 전쟁에 개입하지는 않았지만, 각자의 이익을 위해 갖가지 수단과 방법을 동원해 전쟁에 영향을 미쳤다. 전쟁은 표면적으로는 러·일 양국 사이에 전개되었지만, 실질적으로는 국제적 성격을 가진 제국주의 전쟁이었다.

한일의정서와 한일협약

대한제국 정부는 러일전쟁 개전 직전 전시 대외 중립을 선포했다. 일본은 한국 정부의 대외 중립 선포에도 아랑곳하지 않고 군대를 인천에 상륙시켜 한반도를 일본의 군사기지로 삼았다. 사실상 한반도를 점령한 상태에서 일본은 한국을 전쟁의 협조자로 만들어 전쟁을 유리하게 이끌고, 한국 침략의 발판을 다지기 위해 한·일 간 협약 체결을 요구했다. 일본의 강요를 받은 한국 정부는 어쩔 수 없이 외부대신 서리 이지용을 대표로 내세워 1904년 2월 하야시 곤스케 일본 주한 공사와 한일의정서에 서명했다. 여기에서는 명목상 한국의 독립과 영토 주권 및 황실의 안전을 보장한다고 밝히고 있지만, 이를 통해 일본은 한국에 대한 내정 간섭과 군사·외교권 등 일련의 권리를 빼앗고, 필요할 경우 한국의 모든 지역에서 자국의 군사기지를 설치할 수 있게 되었다.

같은 해 3월 일본은 한국 정부에 대한 통제를 강화하기 위해 한성에 원로 중신인 이토 히로부미를 '한국 황실 위문' 특사로 파견하여 한국의 내정과 외교에 직접 관여했다. 또한 한국과 러시아의 관계를 끊기 위해 과거 러시아와 맺었던 모든 조약을 폐지하도록 한국 정부에 강요했다. 5월 고종은 조약 폐지 명령을 내렸다. 같은 달에 일본 정부는 다시 '대한시설강령'을 결의해 청일전쟁 이후 표방하던 한국 독립을 수호한다는 대의명분을 버리고, 한국을 보호국으로 삼는다는 기본 방침을 확정했다. 8월 일본은 또다시 한국 정부를 압박하여 '한일외국인고문용빙(韓日外國人顧問傭聘)에 관한 협정(제1차 한일협약)'을 체결했다. 이 협정으로 한국 정부는 일본 정부가 추천하는 일본인 1인을 재정 고문으로, 다른 외국인 1인을 외교 고문으로 초빙하여 한국의 재정과 외교 관련 사무를 외국인 고문의 의견에 따라 시행할 수밖에 없게 되었다.

러일전쟁의 와중에 일본은 한국의 주권을 심대하게 침해하는 각종 조약을 한국 정부에 강제했다. 한국과 체결한 조약은 일본의 군사 점령과 내정 간섭에 정당성을 부여했을 뿐만 아니라 이후 일본이 한국에 대한 침탈을 계속하는 빌미가 되었다.

러일전쟁에 따른 한·중·일 민중의 피해

1904년 2월 시작된 러일전쟁은 1905년 8월 강화협상이 시작될 때까지 약 1년 6개월을 끌었다. 이는 일본과 러시아가 한반도와 만주에서의 패권 쟁탈을 위해 일으킨 제국주의 침략전쟁이었다. 전쟁터는 일본도 러시아도 아닌 한반도와 만주였다. 이 전쟁은 한국과 중국의 국가 주권을 크게 침해했을 뿐 아니라 한·중 양국의 민중에게도 고통을 주었다.

개전과 동시에 한국으로 들어온 일본군은 한반도 전역에 군사관제를 실시하여, 한국을 대러 작전을 위한 군사기지로 만들었다. 또한 만주에서 작

전을 벌이기 위해 한반도를 전쟁에 필요한 철도 부설 용지와 기타 군사 용지로 강제 점유하고, 한국의 인력과 가축, 양식을 수탈하고, 수많은 전신·전화망을 통제·신설해 직접 전쟁에 활용했다. 전쟁에 급히 필요한 경의철도(한성–신의주) 건설에 착공해 수만 명의 한국 노동자를 강제징용했으며, 군수물자를 운반하고 군사기지를 건설하는 데 많은 민간인을 강제로 동원했다. 이 밖에 일본군은 군사관제를 강화하고, 군용 전선이나 철도를 파괴하는 자들을 잔혹하게 극형에 처했다. 한국에 대한 일본군의 군사관제와 무장진압으로, 한국의 국가 주권이 심각하게 침해당했을 뿐 아니라 한국 민중의 생명과 재산도 큰 피해를 입었다.

한편, 일본은 청 정부의 중립이 자신에게 유리하다고 판단하고 청에 압력을 가했다. 그리하여 러일전쟁이 시작되자 청은 '국외 중립' 선포를 강요당했을 뿐만 아니라, 헤이룽장성과 지린성, 그리고 펑톈성(奉天省, 지금의 랴오닝성)의 대부분을 '예외' 지역으로 구분해 청의 영토를 전쟁터로 내주었다. 심지어 펑톈 지방정부는 경계 지역을 러시아군과 일본군의 교전 지역으로 지정했다. 열강의 침략에 무력했던 청 정부는 전쟁의 불길이 자국 땅에서 타오르도록 내버려둘 수밖에 없었다. 일본과 러시아의 전쟁터가 된 만주는 인구가 가장 조밀한 지역으로, 수많은 무고한 생명이 전쟁의 불길

| 러일전쟁의 진행 과정 |

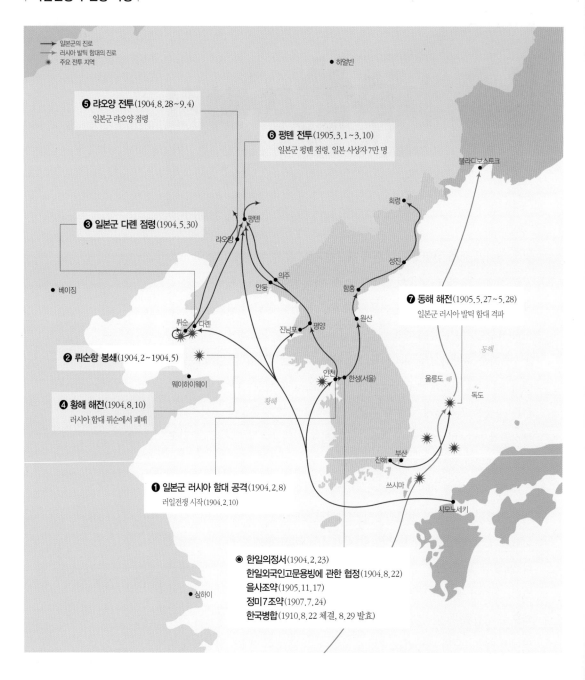

일본군의 진로
러시아 발틱 함대의 진로
주요 전투 지역

❺ 랴오양 전투 (1904.8.28~9.4)
일본군 랴오양 점령

❻ 펑톈 전투 (1905.3.1~3.10)
일본군 펑톈 점령. 일본 사상자 7만 명

❸ 일본군 다롄 점령 (1904.5.30)

❷ 뤼순항 봉쇄 (1904.2~1904.5)

❹ 황해 해전 (1904.8.10)
러시아 함대 뤼순에서 패배

❼ 동해 해전 (1905.5.27~5.28)
일본군 러시아 발틱 함대 격파

❶ 일본군 러시아 함대 공격 (1904.2.8)
러일전쟁 시작 (1904.2.10)

◉ 한일의정서 (1904.2.23)
한일외국인고문용빙에 관한 협정 (1904.8.22)
을사조약 (1905.11.17)
정미7조약 (1907.7.24)
한국병합 (1910.8.22 체결, 8.29 발효)

허얼빈
블라디보스토크
회령
성진
베이징
의주
안동
함흥
원산
동해
라오양
펑톈
뤼순
다롄
진남포
평양
울릉도
독도
웨이하이웨이
인천
한성(서울)
황해
진해
부산
쓰시마
시모노세키
상하이

속에서 사라졌다. 당시 《동방잡지(東方雜誌)》에 의하면 "중립국인 중국인 사망자는 수십만 명으로 러·일 양국 군인보다 많았다". 전투 지역의 수많은 중국인이 먼저 들어온 러시아군에게 피해를 입고, 나중에 다시 일본 점령군으로부터 모욕과 고통을 받으면서 집을 잃고 떠돌았다. 또한 러·일 양군은 중국인을 전쟁 노역에 강제로 동원했다. 일본과 러시아 양국은 중국 영토에서 교전하면서, 중국의 영토 주권을 심각하게 훼손했을 뿐 아니라 중국 민중의 생명과 재산에 직접적으로 막대한 피해를 입혔다.

일본의 대다수 민중은 사실 이상으로 러시아의 위협을 부추긴 주전론에 휘말려, 개전 후에도 의도적인 전쟁 보도에 장단을 맞추며 전쟁을 지지하고 협력했다. 일본은 러일전쟁에 109만 명의 병력을 동원했다. 이는 청일전쟁의 4배 반이었으며, 사망자 수도 청일전쟁의 6배인 8만 1,000명에 달했다. 일본의 시(市)·정(町)·촌(村)마다 평균 81명씩 동원되었으며, 그 가운데 6명꼴로 사망자가 나왔다. 민중은 전쟁 전보다 3배 이상 늘어난 세금을 감당하느라 생활이 곤궁해졌고, 유족들의 사정은 더욱 어려웠다. 주전론의 광풍 속에서 일부 크리스트교도와 사회주의자의 반전운동이 나타났다.

〈동방잡지〉
중국 제일의 출판사였던 상무인서관(商務印書館)의 대표적인 종합잡지로, 1904년에 창간되어 1948년까지 발행되었다. 이 잡지의 탄생은 청 말에 정보가 비약적으로 증가했다는 사실을 반영한다. 신해혁명 때 1회, 일본의 침략으로 3회 정간되었으며, 중일전쟁 중에는 창사(長沙)와 홍콩 그리고 충칭에서 발간되었다.

3

포츠머스조약과 동아시아

서구 열강과 포츠머스조약

러일전쟁에서 러시아군은 육군과 해군 모두 일본군에게 거듭 패했다. 1905
년 3월 펑톈 전투에서 일본군이 러시아군에 대승을 거두면서 육상전의 승
패가 갈렸다. 5월 일본 해군이 쓰시마 해협에서 발틱 함대로 구성된 러시아
의 제2 태평양 함대를 전멸시키자 해전도 마감되었다. 7월 강화협상을 유
리하게 이끌기 위해 일본군은 러시아 영토인 사할린섬에 상륙하여 섬 전체
를 점령했다. 이제 러시아군은 더 이상 전세를 뒤집을 힘이 없었다.

러시아는 군사적 실패가 확실해진 데다가 국내 혁명으로 정국이 불안해
져 더 이상 전쟁을 계속할 수 없었다. 동시에 일본도 군비와 포탄이 바닥나
고 장교들이 소진되면서 작전을 지속할 여력이 없었다. 양측은 모두 하루
빨리 전쟁을 끝내고 싶었다. 당시 영국, 미국 등 열강도 전쟁 종식을 희망
하고 있었다. 그들은 러시아의 만주 독점을 반대하기 위해 일본의 대러 전
쟁을 지지했지만, 한편으로는 일본이 러시아를 철저하게 이겨 만주를 독점
하는 상황도 원치 않았다. 열강은 자신들의 침략 세력이 끼어들기에 편하

도록 러·일이 대치하는 세력균형이 유지되기를 원했다.

또한 유럽의 국제 관계도 러·일의 강화를 원하는 방향으로 바뀌고 있었다. 독일과 프랑스는 1905년 3월부터 시작된 모로코 문제로 충돌하게 되었다(제1차 모로코 위기). 프랑스는 자신의 동맹국인 러시아가 극동 전쟁에서 하루 빨리 몸을 빼 유럽으로 돌아오기를 갈망하게 되었다. 이러한 상황에서 미국 루스벨트 대통령이 일본의 요청에 따라 중재에 나서 러시아에 강화를 권고했다.

루스벨트는 일본을 이용해 동아시아에서 러시아의 세력 확장을 막으려는 의도에서 중재에 나섰다. 또한 그는 한국에 대한 일본의 지배적 지위 확립을 전제 조건으로 미국이 필리핀에서 확보한 통치 지위에 대한 일본의 인정을 얻어내고자 했다. 1905년 7월 미국 태프트 육군장관과 일본 가쓰라 다로 수상이 도쿄에서 비밀협정을 맺어, 일본은 필리핀에 대한 미국의 특수지위를 인정하고 미국은 한국에서 일본의 특수이익에 동의했다(가쓰라–태프트 밀약). 이어 영국도 일본과 10년 기한의 제2차 영일동맹조약을 맺었다. 이 조약을 통해 일본은 중국에서 영국이 확보한 이익과 인도 식민지를 보호하기 위해 영국이 취하는 모든 필요한 조치를 인정하고, 영국은 한국에서 일본이 확보한 정치·군사·경제적 특권을 인정했다. 일본은 군사적인 승리와 함께 영·미 열강의 외교적 지지까지 적시에 확보했다.

1905년 8월 러·일 양국은 각각 고무라 주타로 외무대신과 비테 재무장관을 전권대표로 파견해 미국 해군 군항인 포츠머스에서 강화협상을 진행했다. 포츠머스 강화회담은 실질적으로 러시아와 일본 양국이 군사적 승패를 기준으로 동아시아에서 서로 지위를 새롭게 조정하는 회의였다. 따라서 만주와 한국에서의 러시아와 일본의 침략 지위를 조정하는 내용이 대부분이었다. 거의 한 달 동안 진행된 러·일 협상은 청 정부와 한국 정부를 전혀 아랑곳하지 않고, 만주와 한국에서의 침략 이권의 재분할과 이전을 마음대로 결정했다. 9월 5일 양측은 포츠머스조약을 체결했다. 조약의 주요 내용은 다음과 같다.

모로코 위기
모로코를 지배하려는 프랑스와 프랑스의 세력을 억제하려는 독일 사이에서 발생한 두 차례의 국제분쟁(1905~6, 1911). 1904년 프랑스는 에스파냐와 비밀조약을 체결해 모로코를 분할하기로 하면서 영국의 이집트 진출을 반대하지 않기로 하였다. 그러나 독일의 빌헬름 2세는 모로코의 문호 개방을 주장하고, 1905년 3월 모로코의 독립과 주권국가임을 선포하는 연설을 했다. 이로 인해 '제1차 모로코 위기'라 불린 국제적 위기 상황이 발생했다. 제2차 위기는 1911년 모로코 주민들의 반란에 독일이 전함을 파견해 대응하면서 시작됐다. 이 사건으로 독일과 프랑스는 전쟁 직전까지 갔으나, 1911년 11월 4일 회담이 타결됨으로써 위기를 넘기게 되었다. 회담 결과 모로코는 프랑스의 보호령이 되었으며, 독일은 프랑스령 콩고 영토의 일부를 할양받았다.

러·일 포츠머스협상 참석자들과 기념엽서 미국은 러시아의 남하를 저지하기 위해 일본과 러시아의 강화회담에 적극적으로 개입했다. 당시 미국에서 발행된 강화회담 기념엽서는 러일전쟁 강화에 적극적으로 개입한 미국의 입장을 잘 보여준다.

① 러시아는 한국에서 일본이 정치·군사·경제 영역을 지도·보호·감독할 권리를 갖는다고 인정한다. ② 랴오둥 반도의 조차지를 제외하고, 일본군과 러시아군이 점령하여 관리하는 만주 영토를 전부 중국에 돌려준다. ③ 러시아는 뤼순커우와 다롄만 및 그 부근의 영토와 영해 및 그 경계선 안의 모든 공공시설과 재산을 일본에게 양도한다. ④ 러시아는 창춘(長春)에서 뤼순커우에 이르는 철도와 모든 간선 및 그 부속 재산과 광산을 무상으로 일본에게 양도한다. ⑤ 러시아는 북위 50도 이남의 사할린섬 남부와 그 모든 부속 도서를 영원히 일본에게 양여한다. ⑥ 만주에 있는 러·일 양국 군대는 랴오둥 반도 조차지를 제외하고는 18개월 안에 모두 철수하지만, 각자 만주철도를 보호할 수비군은 남길 수 있다.

포츠머스조약의 체결로 동아시아 특히 만주 지역과 한국에서 러·일 양국의 침략 지위가 재조정되면서, 동아시아 국제 관계에 새로운 구도가 만들어졌다. 러시아는 패전으로 한국에 대한 권익을 완전히 포기하고, 남만주에 대한 권익 또한 일본에 양도하게 되었다. 이로써 본래 한반도에서 러시아와 일본이 이룬 세력균형은 일본의 독점 국면으로 대체되었고, 러시아가 독점했던 중국 동3성은 러시아와 일본의 공동 관리에 들어가게 되었다.

일본의 한국 보호국화 – 을사조약과 정미7조약

포츠머스조약 체결 이후 일본은 한국과 '보호조약'을 체결하려고 했다. 1905년 11월, 일본 이토 히로부미 특사가 한성에 도착해 고종 황제에게 보내는 일본 천황의 친필 서신을 건네면서 보호조약 체결을 요구했다. 이토 히로부미는 일본 공사와 함께 조약 체결에 찬성하도록 대신들까지 위협·매수했지만, 고종 황제는 일본의 요구를 거절했다. 이어 이토 히로부미는 전체 내각 구성원을 궁으로 불러 어전회의를 열도록 고종 황제에게 강요했다. 일본은 군대를 동원해 군사적 위협을 가했지만, 어전회의에서는 일본 측이 제안한 조약을 거부한다는 결론을 내렸다. 그러자 이토 히로부미는 군사령관과 헌병까지 대동해 위협을 가하며 대신들에게 조약 체결을 재촉했다. 고종 황제가 참석하지 않은 채 다시 열린 어전회의에서 내부대신 이지용, 군부대신 이근택, 외부대신 박제순, 학부대신 이완용, 농상공부대신 권중현 등(이들을 을사오적이라 한다)이 조약 체결에 찬성했다. 군사적 위협을 가하며 황제의 위임장과 승인도 없는 비합법적 상황에서, 이토 히로부미는 소위 다수결로 각의를 통과시키고 보호조약의 발효를 선포했다. 이것이 바로 을사조약(을사늑약 또는 을사강제조약, 제2차 한일협약)이다. 이 조약에 따라 일본 정부가 한국 황실의 안녕과 존엄 유지 보장을 전제로 도쿄 외무성을 통해 앞으로 한국의 대외 관계 업무를 감독·지휘하게 되었다. 또한 한성에 일본 정부를 대표하는 통감을 두고 한국 외교 업무를 전담하게 되었다. 이 협약으로 한국은 외교권을 일본에 완전히 박탈당한 채 일본의 보호국이 되었다. 각국의 한성 주재 공사관이 폐지되고 외국 주재 한국 공사도 소환되는 등 한국은 외교 통로를 상실했다.

이어 일본 정부는 한성에 통감부를 설치하고, 이토 히로부미를 초대 주한 일본 통감으로 임명했다. 통감은 천황 직속으로 일본을 직접 대표하여 한국의 모든 내정과 외교 대권을 장악했다. 또한 일본 정부는 본래 한국 외교 업무 감독을 구실로 설립한 통감부 안에 총무부·경무부·농상공부 등의

부서를 설치해 통감이 실질적으로 한국의 대외 정책뿐 아니라 내정까지 감독하게 만들었다.

일본에 의해 강제로 을사조약이 체결되자, 한국인은 항일운동을 전개했다. 각계각층의 한국인은 불법적 '보호'조약에 반대하고 '을사오적'의 매국 행위를 성토했다. 일부 애국 관리와 유생은 조정에 상소를 올려 을사조약을 취소하고 매국노를 처벌하여 국민에 사죄하도록 요구했다. 시종무관 육군부장 민영환 등이 격분하여 자결했다. 고종 역시 일본의 정책에 따르는 척했을 뿐 실제로는 거부했다. 고종은 《대한매일신보》에 공개 성명을 실어 일본이 대한제국에 실시한 불평등한 '보호'를 비난하고 대한제국이 독립을 실현할 수 있도록 도와달라고 서구 열강에 호소했다.

1907년 6월 고종은 이준 등 세 명의 밀사를 만국평화회의가 열리는 네덜란드 헤이그에 파견했다. 그들의 목적은 국제사회에 을사조약의 불법성을 폭로해 이 조약을 무효화하는 데 있었다. 그러나 러시아와 영국 등 구미 열강은 이미 대한제국에 대한 일본의 '보호'권을 승인하거나 묵인한 상태였다. 게다가 이준 등은 일본의 방해로 회의에 참석하지 못함으로써, 국제사회의 지원을 얻으려던 노력은 실패했다. 일본 정부는 헤이그 밀사 사건을 구실로 고종을 강제 퇴위시킨 후 순종을 즉위시키고, '정미7조약(한일신협약, 제3차 한일협약)'을 강제로 체결했다. 일본은 대한제국 정부가 통감의 지도를 받아 시정을 개선한다는 협약 내용을 내세워 한국 내정에 직접 간섭했다. 통감이 임명한 일본인이 대한제국 정부 각 부서의 차관을 맡아 실권을 장악하고 직접 행사하는 차관정치(次官政治)가 이 시기 시작되었다. 대한제국의 경찰권과 사법권 역시 일본인에게 장악되었다. 한국통감부는 무장한 일본군의 협조 속에서 순종을 압박하여 한국 군대를 해산시켰다. 이제 대한제국 정부는 유명무실한 존재가 되었다.

만주에서 일본이 빼앗은 권익

러·일의 포츠머스조약에 따라 러시아는 중국 정부의 사전 동의 없이 만주에서 탈취해간 권익을 일본에 양도했다. 이를 바탕으로 일본은 만주에 대한 이권 침탈을 가속화했다. 이어 일본은 대표를 보내 중국에서 협상을 벌였다. 1905년 12월, 일본은 청 정부를 압박해 '중일동3성문제회의조약'을 체결했다. 청 정부는 포츠머스조약을 통해 일본이 러시아에게서 양도받은 남만주에 대한 모든 권익을 일본이 계승하도록 승인했다. 이는 일본이 러시아를 대신하여 남만주를 정식으로 자국의 세력권으로 편입시켰다는 뜻이었다.

1906년 일본은 만주에서 식민 정책을 추진하기 위해 관동도독부(關東都督府)와 남만주철도주식회사(南滿州鐵道株式會社, 만철)를 연달아 설치했다. 만철은 남만주의 모든 철도를 경영하는 동시에, 철도 부근과 역 주변을 부속지로 통제하고 전기·석탄·물 등의 공급 사업을 관리했다. 또한 학교·병원·여관 등을 경영하고, 여객·화물 운송 사업을 하면서 항구와 부두를 관리했다. 뤼순과 옌타이(煙臺) 지역에서는 직접 석탄을 채굴했다. 만철은 명목상으로는 민간 기업이었지만, 실질적으로는 일본 정부가 중국에서 진행하는 식민 사업에 협조하는 관제조직이었다. 만주에서 관동도독부는 일본 정부의 정규 식민기관으로, 관방(官房)과 민정부(民政部), 육군부(陸

軍部)를 산하에 두고 관할 구역 내의 모든 군사·경무·민정·사법·형옥·재무·토목 등을 나누어 관리했다. 일본 정부는 육군 대장 오시마 요시마사를 관동도독으로 임명하고, 남만주에서 적극적인 식민통치 정책을 진행했다.

러일전쟁 이후 만주에 대한 미국의 움직임이 활발해지자, 일본과 러시아가 서로 결탁하기 시작했다. 1907년 7월 양국은 협정을 체결해 만주의 세력권을 남부와 북부로 나누어, '북만(北滿)'과 외몽골을 러시아의 세력권으로, '남만(南滿)'과 한국을 일본의 세력권으로 상호 인정했다. 이 협정으로 만주와 한국에서 일본의 지위는 한층 공고해졌다. 이제 일본은 더 마음껏 이권을 챙기게 되었다.

일본의 침략욕은 만주의 철도권과 광산권뿐만 아니라, 중·한 국경지대의 영토에까지 확대되었다. 그리하여 1909년 초 일본은 청 정부에 소위 '동3성 6안'을 제시했다. 6안이란 곧 신민툰(新民屯)-파구먼(法庫門) 철도 문제, 다스차오(大石橋)-잉커우(營口) 철도 문제, 징펑선(京奉線, 베이징-펑톈)을 펑톈성 청건(城根)까지 연장하는 문제, 푸순과 옌타이 탄광 문제, 안펑선(安奉線, 안둥安東-펑톈) 부근 광산 사업 문제, 간도(間島, 옌지延吉) 문제였다. 일본이 내놓은 6안은 철도와 광산에 관한 이권을 확대해 만주에서 자신의 침략 세력을 증강시키겠다는 의도를 표명한 것이었다. 또한 일본은 옌지 지역의 경계와 관할권 미정과 같은 고질적 문제를 다시 들고나와, 이 지역에 대한 침략을 합법화하고 청 정부에 대해 총체적인 위협을 가하고자 했다. 9월 일본은 청 정부를 압박하여 '도문강중한계무조관(圖們江中韓界務條款, 간도협약)'●과 '동3성교섭5안조약'을 체결해 동3성 6안을 해결했다. 일본은 두 조약을 통해 옌지 지역을 중국 영토로 '인정'했지만, 옌지 지역을 개방하고 현지 사법과 기타 철도·광산 사업에 대한 관여 등 더 많은 이권을 부여하도록 청 정부에 강요했다. 일본은 수단과 방법을 가리지 않고 '간도 문제'에 간섭하고 청 정부가 자신의 뜻에 따르도록 강요하여, 만주에서 자신의 침략 권익을 더욱 확대했다.

간도협약

1909년 9월 일본이 불법적으로 간도 지방의 영유권을 중국에 할양한 협약. 1712년(숙종 38) 백두산정계비가 건립된 이래 160여 년간 간도의 귀속 문제는 논의되지 않았다. 1881년 청이 봉금(封禁)을 해제하고 간도 이주와 개간을 장려하자 간도의 정치적 영유권 문제가 발생했다. 일본은 1909년 남만주철도 부설권과 푸순 탄광 개발권을 얻는 대신, 두만강을 국경으로 하여 간도에 거주하는 한민족은 청의 관할 아래 두게 한다는 내용으로 간도 지방의 영유권을 청에 넘겨버렸다. 이는 일본이 1905년 을사조약(제2차 한일협약)으로 대한제국의 외교권을 불법적으로 강탈한 상태에서 자국의 이해에 따라 청과 대한제국 간의 국경을 획정한 것이다.

4

동아시아 내부의 대격변

한국의 항일의병운동

한국 민중의 반일투쟁은 1895년 명성왕후가 피살된 '을미사변'과 단발령이 계기가 되어, 처음에는 각지 유생의 지휘 아래 전개되었다. 당시 반일투쟁은 충의를 위해 '왜국 토벌'의 기치를 높이 들었기 때문에 의병운동이라고 불렸다(을미의병).

1896년을 전후해 잠시 누그러들었던 의병운동은 1905년 체결된 을사조약으로 독립국으로서의 자주권을 상실하게 되자 다시 고조되었다(을사의병). 1905년 8월 강원도 원주에서 원용팔이 민중을 이끌고 처음으로 봉기했으며, 11월 을사조약 체결 이후에는 각지 민중이 잇달아 항의하면서 부대를 이끌고 봉기했다. 의병은 충청·강원·전라·경상 등지로 계속 확대되었다. 그들은 일본군과 군사시설을 공격하고, 친일파 관리를 징벌했다. 충청도 홍주의 전 참판 민종식은 창의대장을 자처해 부대를 이끌고 한때 홍주성을 공략하기도 했다. 전라도 태인 무성서원(武城書院)에서 의병을 일으킨 전 참정 최익현은 일본 정부에 편지를 보내 일본이 한국에 신의를 저

버리며 지은 죄를 16가지 항목으로 적고 일본이 바람직한 국제 관계를 위해 취해야 할 조치를 제시했다. 그는 부대를 이끌고 태인, 순창, 곡성 등지를 공격했으나 결국 사로잡혀 쓰시마섬으로 유배되었다. 이 밖에도 평민 출신 의병장인 신돌석은 경상북도 영해에서 거병하여 한때 3,000명이 넘는 대부대로 성장하면서 일본군에 큰 타격을 주었다. 민종식과 최익현 등 고위 관리와 저명 유생들이 의병운동의 지도자가 되면서, 반일투쟁에 나선 의병들의 사기는 크게 고무되었다.

전국적인 규모로 확산된 의병운동은 1907년 8월 군대 해산 이후에는 해산된 군인까지 합세하여 이전보다 훨씬 치열하게 전개되었다(정미의병). 한성 시위대(侍衛隊) 군인이 가장 먼저 군대 해산에 반대하여 항일의 깃발을 치켜들었다. 이어 각지의 해산된 군인들이 속속 무기를 들고 항일 진영에 가담했다. 원주 진위대(鎭衛隊)는 근대식 무기를 갖추고 강원·경기·충북 등지에서 일본군에게 여러 차례 승리를 거두었다. 의병의 무기와 병력이 강화되고 전투력이 증강되면서, 의병운동은 새로운 전기를 맞이했다.

각지에서 구름같이 일어난 의병은 점차 통합을 도모했다. 1907년 11월 강원도 원주 일대에서 활동하던 의병장 이인영은 전국에 격문을 보내 각지 의병의 단결을 호소하며 양주(楊州)로 진군했다. 또한 한성의 각국 영사관에 통문을 보내 의병 부대를 국제법상의 교전단체로 인정하고 지원해줄 것을 각국에 요구했다. 각지의 의병이 속속 호응하고 나서자, 1만 명 가까운 사람들이 한성 부근의 양주에 집결했다. 그들은 13도창의군을 결성하여 이인영을 총대장으로 추대하고, 허위에게 군사장(軍師長)을 맡겼다. 1908년 1월부터 한성으로 진격하면서 한성 공략을 준비했다. 하지만 허위가 이끄는 300명의 의병 선봉대가 한성 동대문 밖 30리에서 일본군의 기습으로 패하고 말았다. 곧 이인영 부대가 제2차 전투를 준비했지만 이인영이 부친상으로 고향으로 돌아가면서 다시 수포로 돌아갔다. 의병군 연합전선이 와해되자 의병들은 다시 각지로 분산되어 싸움을 계속했다.

　1907년부터 1910년까지 의병은 일본군과 총 2,819여 차례 교전했으며, 의병 숫자는 연인원으로 14만 명에 달했다. 1908년은 의병운동의 최고조기로, 전투 인원 2만 9,832명에 모두 1,451여 차례의 전투가 벌어졌다. 각지에서 의병이 일어나 확산되자, 일본군은 1개 사단 이상의 보병과 1개 연대 이상의 기병, 그리고 6,000여 명의 헌병을 파견하여 잔혹한 대규모 군사 '토벌'을 실시했다. 이 가운데 가장 대표적인 사건이 전라남도 일대의 의병을 진압한 '남한대토벌작전(南韓大討伐作戰)'이었다(1909). 일본군은 가는 곳마다 후환을 제거하기 위해 의병의 근거지가 될 만한 마을과 집을 불태웠다. 일본군의 계속된 탄압과 토벌로 의병과 민간인 사상자가 속출하고, 손실도 막대했다. 일본군의 통계에 따르면, 1906년부터 1910년 사이 사망자만 이미 1만 7,000명이 넘었다. 일본군이 토벌을 계속 강화하자 1909년 하반기부터 의병운동은 점차 누그러들었다. 남은 일부 의병은 만주로 이동하여 의병에서 민족해방운동 전사로 탈바꿈했다.

　의병운동은 한국인이 일본의 침략에 항거한 투쟁으로, 일본군의 침략이 심해질수록 더 큰 규모의 항일투쟁으로 발전했다. 의병단체를 구성한 주요 계층 역시 양반과 유생에서 점차 민중이 주력이 되었다. 그들은 대한제국의 주권을 옹호하고자 민족독립운동을 전개했다. 한 의병장은 "일본군의 노예로 사느니 차라리 자유로운 몸으로 죽겠노라"라고 말했다. 이 말은 민족의 독립과 자유를 위해 생명을 바친 의병들의 비장한 마음을 대변했다.

일본의 한국 강제병합

러일전쟁 이후 일본은 영국과의 동맹을 다지면서 이를 기반으로 다시 다른 서구 열강과의 관계를 재조정하기 시작했다. 1907년 6월 일본과 프랑스는 중국에서의 특수이익을 서로 존중하기로 협약을 맺었다. 7월 일본과 러시아는 만주와 몽골 지역 및 한국에서 양국이 가진 일부 특수권익을 확정하는 협약을 체결했다. 8월 영국과 러시아가 페르시아(이란), 아프가니스탄, 티베트 지역에서의 침략 이익을 전면 조정하는 협약을 맺었다. 이러한 양자 간 협약은 각 열강이 아시아에서 다툰 결과를 조율하는 것이기도 했지만, 한편으로는 유럽의 국제 관계와도 깊은 관련이 있었다. 유럽에서 영국·프랑스·러시아 세 나라는 3국협상 체제를 이루며 독일을 공동의 적으로 상대하고 있었다. 그들은 아시아에서의 이익을 지키기 위해 일본과 타협한 후 동시에 함께 독일을 상대하려고 했다. 따라서 일본은 영국·프랑스·러시아의 실질적인 동맹국으로서의 가능성이 있었다. 아시아에서 일본의 침략활동 역시 영국·프랑스·러시아 등 열강의 지지를 얻었다. 이는 일본이 한국과 만주를 침략하는 대륙 정책을 수행하는 데 유리한 국제적 배경이었다.

한국 민중의 격렬한 저항에도 불구하고 일본은 한국의 식민지화에 박차를 가했다. 1909년 7월 일본 정부는 내각회의를 소집하여 정식으로 한국을 '병합'하기로 결정하고, 천황의 승인을 받았다. 그런데 같은 해 10월, 안중근이 하얼빈에서 한국의 독립과 동방 국가의 평화를 가로막는 이토 히로부미 초대 한국 통감을 암살하면서 정세에 큰 변화가 생겼다. 또한 12월에는 이완용 총리대신이 이재명의 습격으로 부상을 입었다. 이후 일본은 '병합'의 발걸음을 재촉했다. 한국통감부는 친일단체인 일진회에 합방 청원운동을 전개하도록 사주하여 '병합'이 한국의 민의에서 나왔다는 그릇된 이미지를 만들었다. 12월 4일 일진회는 황제와 이완용 총리대신, 그리고 통감에게 합방선언서와 청원서를 정식으로 상주했다. 이 행동은 민중의 강력한

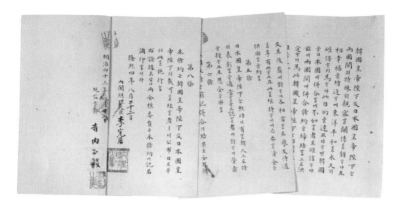

항의에 직면해 각지에서 반대운동이 일어났다. 이와 함께 일본 고무라 주타로 외무대신은 영국·미국·프랑스·러시아·독일 등 각국 외교 사절을 불러 모아 일본의 한국 '병합' 결정과 한국에 대한 시정 방침을 통보하고, 구미 열강의 양해를 차례로 얻어냈다.

1910년 8월 22일, 일본 데라우치 마사타케 신임 통감과 이완용 총리대신이 '한국병합에 관한 조약(한국병합조약)'을 체결했다. 당시 일본 군경은 대포까지 동원하여 한성에서 삼엄한 경계를 폈다. 모든 단체가 해산되었고, 모든 신문의 발행이 금지되었다. 조약은 "대한제국 황제는 대한제국의 모든 통치권을 일본 황제에게 완전하게 영원히 양여하고"(제1조), "일본 황제는 이러한 양여를 받아들여 대한제국을 완전히 일본제국에 병합함을 승낙한다"(제2조)라고 규정했다. 이에 대한제국의 주권과 영토 및 모든 국민이 전부 일본제국에 귀속되었다. 순종 황제는 마지막까지 조약을 비준하지 않았다. 8월 29일 이 조약이 정식 공표되고 순종 황제의 퇴위가 선포되면서 대한제국은 영원히 역사의 뒤안길로 사라졌다. 일본이 주장한 '합방'은 실질적으로 일본과 한국이 평등하게 하나의 국가를 이루는 것이 아니라, 일본이 한국을 강제병합한 것이었다. 한국은 일본이 통제하고 수탈하는 식민지로 완전히 전락했으며, 이 역사적 운명은 1945년 제2차 세계대전이 끝날 때까지 계속되었다.

일본의 한국 '병합'은 오래전부터 획책되었으며, 서구 열강의 묵인과 지지를 받았다. 일본인은 서로 축하하고, 한국인은 거국적으로 비통해했다. 한편, 중국인은 병합 소식을 듣고 한국의 멸망을 동정했다. 중국의 각 정치 세력은 이를 교훈 삼아 헌정 개혁과 반청 혁명의 발걸음을 재촉했다.

중국의 헌정 개혁과 신해혁명

20세기 초, 경자사변(庚子事變)● 이후 청 정부는 '신정(新政)'을 실시하면서 정치 · 경제 · 군사 · 문화 · 교육 · 사회생활 분야에서 일련의 개혁 조치를 취했다. 이러한 조치는 대부분 서양 배우기를 표방했는데, 실제로는 주로 일본의 경험을 배우는 것이었다. 당시 청 정부는 많은 유학생과 관리를 일본에 파견했다. 민간의 자비 유학생도 급증하면서, 한때 일본 유학 열풍이 불었다. 이와 함께 청 중앙정부와 지방정부는 각 분야에서 일본 전문가를 고문으로 초빙했다. 신정은 일본이라는 교량을 통해서 중국에 서양의 선진 사상과 문화를 전파했을 뿐 아니라 새로운 사회 · 정치적 역량을 키웠다. 혁명파와 입헌파, 청 정부 내부의 혁신 세력을 막론하고 중국 사회의 정치 변혁을 이끈 근본 역량은 모두 여기에서 출발했다.

러일전쟁 이후 정치적으로 혁명파와 입헌파가 뚜렷하게 나뉘었다. 입헌파는 러일전쟁에서 일본의 승리는 전제(專制)에 대한 입헌(立憲)의 승리라고 여기며, 중국에서도 입헌군주제를 시행해야 한다고 주장했다. 반면 혁명파는 러일전쟁을 통해 청 정부의 무능을 인식하고, 무력으로 청의 전제군주제를 무너뜨리고 민주공화제 국가를 세워야 한다고 주장했다. 이후 혁명운동과 입헌운동이 각각 발전하면서 서로 자웅을 겨루게 되었다.

입헌파의 제언과 활동 그리고 정부 내부의 헌정 세력의 영향으로, 청 정부는 1905년 짜이쩌, 돤팡 등 다섯 명의 대신을 일본과 서양 국가에 헌정 시찰을 위해 파견했다. 1906년 9월 청 정부는 일본을 입헌 모델로 삼아 앞으로 헌정을 실시하겠다는 조처(예비입헌)를 공표했다. 이어서 1908년 8월에는 9년간의 예비입헌 절차를 제정하고, 일본 헌법을 참고하여 '흠정헌법

신해혁명 1911년 11월 상하이 봉기
성공 후, 난징로에 오색공화기를 내
걸고 혁명 성공을 축하하고 있다.

대강'을 반포했다. 이어 각 성에 자의국(諮議局)을 설치하고, 중앙에는 자
정원(資政院)을 설치하여 국회 개원을 위한 준비를 마쳤다. 1911년 5월 경
친왕 이쾅을 수반으로 하는 책임내각이 조직되었다. 하지만 13명의 내각
대신 가운데 9명이 만주족 출신이고, 그중 7명이 황족이었다. 당시 사람들
은 이에 대해 '황족내각'이라고 풍자했다. 결국 정부의 입헌 의지에 의구심
을 갖게 된 입헌파는 청 정부와 결별하게 되었다.

한편, 1905년 8월 쑨원과 황싱 등 혁명파 인사들은 일본 도쿄에서 혁명
단체를 통합해 중국혁명동맹회(中國革命同盟會)를 결성했다. 동맹회는
'오랑캐를 내쫓고 중화(中華)를 회복하여 민국을 세우고 지권(地權)을 고
르게 한다'라는 취지로 민족(民族)·민권(民權)·민생(民生)이라는 쑨원의
삼민주의(三民主義)를 혁명 강령으로 삼았다. 발족 이후 동맹회는《민보(民
報)》등 혁명적 신문·잡지를 통해 개량파와 민주공화와 입헌 군주 문제에
대한 대토론을 벌이면서, 민주혁명사상을 광범위하게 선전했다. 또한 혁명
파는 중국 남부 국경 지역을 중심으로 중부 도시 지역에까지 기반을 확대
해 여러 차례 반청 무장봉기를 일으켰다. 비록 봉기는 모두 실패했지만, 전
국에 민주혁명사상을 전파했다.

1911년 10월 10일 후베이(湖北) 신군(新軍) 내부의 혁명단원들이 우창

(武昌) 봉기●에 성공했다. 이후 각 성에서 이에 호응해 봉기하면서 후난(湖南), 장시(江西), 안후이(安徽) 등 14개 성이 차례차례 독립을 선포하고, 혁명정권을 세워 청 왕조를 무너뜨렸다. 당시 해외에 있던 쑨원은 이 소식을 듣고 귀국해, 각 성 대표회의에서 중화민국 임시대총통으로 선출되었다. 1912년 1월 1일 쑨원이 난징에서 취임 선서를 하면서 중화민국 임시정부가 탄생했다(신해혁명).

그러나 신해혁명은 끝까지 성공하지 못했다. 쑨원 등 혁명파는 청조를 대표하는 위안스카이와 교섭 후, 황제의 퇴위와 공화제 채택을 조건으로 대총통의 자리를 위안스카이에게 넘겨주었다. 위안스카이는 2월 12일 청 황제 푸이의 퇴위를 선포한 후 3월 10일에 임시대총통이 되었다. 혁명파는 대총통의 권한을 억제하기 위해 공화국 헌법의 성격을 가진 '중화민국 임시약법'을 제정했으며, 일련의 법률을 반포하는 등 각종 정책을 시행하면서 혁명정권의 기반을 다졌다.

중국 혁명의 성공, 즉 공화제의 탄생은 동아시아 나아가 국제사회 전체를 놀라게 했다. 이는 조선·베트남·인도·필리핀 등의 혁명지사들을 크게 고무시켰으며, 아시아와 세계 식민지 국가들이 민족해방과 혁명의 싹을 틔우도록 격려했다.

그러나 대총통이 된 위안스카이는 입헌파의 지원 아래 영국과 미국의 지

원을 받으면서 독재권력을 강화하고 쑨원 등 혁명파가 조직한 중국국민당을
탄압했다. 이에 남부 지역의 혁명파는 1913년 7월 쑨원의 지령에 따라 위안
스카이 정권을 타도하기 위해 제2차 혁명을 개시했다. 당시 일본은 남북 대
립이라는 중국의 상황을 이용하여, 화북 지역에서는 육군의 권익을 강화하
는 반면 해군은 남쪽의 쑨원을 지원하면서 권익을 확대했다. 그러나 제2차
혁명이 실패하자 쑨원은 망명했고, 10월 정식 대총통이 된 위안스카이는 즉
각 중국국민당과 국회를 해산했다. 1915년 12월 위안스카이는 제정 실시를
선포하며 황제가 되었다. 하지만 중국 국내 민중의 반감이 커지고 쑨원이
위안스카이 타도를 호소하자, 제정에 반대하는 호법운동(護法運動)이 시작
되었다. 이러한 압력에 굴복한 위안스카이는 1916년 3월 제정 취소를 선포
하였으며, 얼마 후 사망했다.

　비록 신해혁명은 최종적으로 실패했지만, 2천여 년의 중국 전제군주제를
무너뜨리고 동아시아 최초로 민주공화국을 수립함으로써 중국과 동아시아
역사에 한 획을 그었다. 그러나 당시 일본 정부는 그 의미를 부정하면서, 내
각 결의를 통해 정식 문서에 중화민국(중국)이라는 국호가 아닌 '지나국'을
사용하기로 했다. 중국 측이 이에 항의했지만, 일본 정부는 여전히 멸시의
의미를 담은 '지나'로 중국을 지칭하고 중국인을 '지나인'이라고 불렀다.

아주화친회

1907년 일본에 망명한 중국 혁명당 인사인 장타이옌, 장지, 류스페이, 허전 등은 일본의 고토쿠 슈스이, 사카이 도시히코, 야마카와 히토시, 오스기 사카에 등과 연합하여 도쿄에서 집회를 갖고 아주화친회(亞洲和親會)를 설립했다. 이후 베트남·필리핀·조선·미얀마·말라야(말레이시아) 등의 혁명지사가 속속 가입하면서, 이 조직은 제국주의 침략에 반대하고 독립과 민족해방을 쟁취하고자 하는 아시아 각국 지사의 혁명적인 연맹이 되었다.

일본 학자의 고증에 의하면 독립운동에 적극적이던 조선인 유학생 조소앙이 중국 혁명단원과 자주 접촉했던 것에서 아주화친회에 가입했을 가능성도 있다.

장타이옌은 자신이 초안한 '아주화친회 규약(The Asiatic Humanitarian Brotherhood)'을 중국어와 영어로 발표하고, "제국주의에 항거하여 아시아에서 주권을 상실한 민족이 모두 독립하기를 바란다"라는 취지를 선포했다. 규약에 따라 침략주의자를 제외한 모든 아시아인, 즉 민족주의·공화주의·사회주의·무정부주의자를 막론하고 누구나 가입할 수 있고, 도쿄에 화친회 본부를 두고, 중국·인도·조선·필리핀·베트남 등지에 분회를 설립하기로 했다. 또한 회장이나 간사 등의 직무를 따로 두지 않고, 회원은 모두 평등하며, 회원들은 매달 정기적으로 한 차례 집회를 갖고 긴밀하게 연락하면서 서로 소식을 전하도록 규정했다. 장타이옌은 또한 《민보》를 이용해 아주화친회의 취지를 적극 선전했다.

아주화친회는 일본 정부의 탄압 등으로 1년이 채 안 되는 기간밖에 활동할 수 없었지만, 독립과 자유를 지향한 사람들이 서로 교류하고 연대가 깊어졌다는 점에서 그 의의가 크다.

4

제1차 세계대전과 워싱턴 체제

● 이 시기 한·중·일 연표

1914 제1차 세계대전 발발. 일본, 독일에 선전포고, 산둥 반도 침략

1915 일본, 중국에 '21개조 요구' 제출

1916 제4차 러일협약 체결

1917 미국과 중국, 제1차 세계대전 참전. 쑨원, 광둥에 군정부 수립. 러시아 10월혁명. 레닌, '평화에 관한 포고' 발표. 랜싱-이시이 협정 체결

1918 미국의 윌슨 대통령, 14개조 평화원칙 발표. 소비에트 정부, 독일·오스트리아 등과 단독 강화조약 체결. 연합국의 시베리아 간섭전쟁에 일본과 중국 참가. 제1차 세계대전 종결

1919 파리강화회의. 한국, 3·1운동. 코민테른 창설. 중국, 5·4운동. 소비에트, '카라한선언' 발표

1920 국제연맹 발족. 중국, 안즈전쟁. 니콜라옙스크 사건(이항 사건) 발발. 일본군과 조선인 독립군의 청산리 전투. 일본군의 간도 조선인 대학살

1921 중국공산당 성립. 워싱턴회의(~1922)

1922 중국, 제1차 펑즈전쟁. 일본공산당 결성. 소련(소비에트사회주의공화국연방) 성립. 극동민족대회 개최

1923 쑨원-요페 선언

1924 중국, 제1차 국공합작. 몽골인민공화국 성립

1925 조선공산당 창립. 중국, 5·30운동

1926 중국, 국민혁명군에 의한 북벌전쟁 개시

1927 중국의 장제스, 상하이에서 반공 쿠데타. 난징 국민정부 성립. 일본, 제1차 산둥 침략

1928 일본, 제2차 산둥 침략(지난 사건). 중국, 미국과 관세조약 개정. 중국, 장쭤린 폭살 사건. 파리부전조약 조인. 장쉐량의 역치

1930 중일관세협정 조인

러일전쟁이 끝난 후 동아시아에서 일본의 영향력은 한반도를 독점함으로써 더욱 확대되었다. 여기에는 제1차 세계대전이란 외적 조건도 크게 작용했다. 일본은 전쟁이 한창이던 1915년 중국에 '21개조 요구'를 관철시켜 일본 중심의 지배질서를 동아시아에 뿌리내리려 했다.

한편, 열강 간의 타협적인 국제질서는 1917년 러시아에서 일어난 사회주의 혁명과, 1919년 식민지 조선과 중국에서 일어난 3·1운동과 5·4운동을 계기로 새롭게 조정될 필요가 있었다. 세계대전이 끝난 후 제국주의 열강은 1921년 워싱턴회의를 통해 동아시아를 둘러싼 상호 간의 이해관계를 재조정했다.

동아시아판 국제협조 체제라 할 수 있는 워싱턴 체제는 이전 시기에 비해 상대적으로 안정되어 있었지만, 러시아혁명의 영향을 받은 동아시아 민중의 새로운 움직임에 의해 조금씩 균열이 생겼다. 중국의 북벌(北伐)은 그 과정에서 일어난 국민혁명이기도 했다. 조선인 민족운동 세력은 중국의 북벌을 기회로 여겨 한때 반일독립전쟁을 전망하고 준비했다. 반면, 일본은 중국에서의 영향력을 유지하고 확대하기 위해 북벌을 방해했다.

조금씩 균열을 보이던 워싱턴 체제는 만주와 내몽골에서의 이익을 안정적으로 확보하려는 일본의 만주 침략으로 사실상 1931년에 막을 내렸다.

이 장에서는 1910년대 초반경부터 1931년 만주 침략까지의 동아시아 국제 관계와 정치 변동에 관해 제1차 세계대전, 러시아혁명과 시베리아 간섭전쟁, 3·1운동과 5·4운동, 워싱턴회의와 북벌을 중심으로 살펴보고자 한다.

1

제1차 세계대전과 '21개조 요구'

제1차 세계대전에 참전한 일본

20세기 초 유럽은 3국협상(영국·프랑스·러시아) 세력과 3국동맹(독일·오스트리아·이탈리아) 세력으로 나뉘어 갈등하고 있었다. 제국주의를 표방하며 세계 대부분의 지역을 식민지 혹은 종속국으로 지배하고 있던 두 세력은 유럽의 화약고인 발칸 반도에서 정면으로 충돌했다. 1914년 7월 28일 오스트리아가 세르비아에 선전포고를 하면서 시작된 제1차 세계대전은 4년여간의 전쟁 끝에 1918년 11월 11일 독일이 항복함으로써 마무리되었다.

제1차 세계대전이 일어나자 일본의 거물 정치인인 이노우에 가오루는 "이번 유럽에서의 제1차 세계대전은 일본 국운의 발전과 관련하여 다이쇼 (大正) 신시대에 하늘이 돕고 있다"라며 반겼다. 다른 곳에서 일어난 전쟁으로 일본의 국제적 위상을 높일 수 있는 기회가 왔다는 것이다. 실제 영국은 전쟁이 일어난 지 3일 만에 동아시아에서 자국의 상선을 독일의 군사적 위협으로부터 보호해줄 것을 일본에 요청했다. 어떻게든 이 전쟁에 참여하고 싶었던 일본으로서는 거절할 이유가 없었다. 일본은 1902년에 체결한 영일동맹에 근거하여 동맹국으로서 운명을 함께한다는 구실을 내세우며 독일에 선전포고를 하겠다고 나섰다.

일본이 강력한 참전 의사를 밝히자, 당황한 영국은 자신의 요청을 일단 철회했다. 일본이 중국과 독일령 미크로네시아(일본명 남양군도南洋群島)를 넘보고 있다는 의구심 때문이었다. 네덜란드는 자국의 식민지가 침략당할지 모른다고 우려했고, 미국도 일본이 영토를 확대하려는 의도를 갖고 있다며 경계했다. 때문에 일본은 독일에 최후통첩을 보내던 날, 미국·프랑스·러시아·네덜란드·중국의 대사와 공사들에게 영토를 확대하려는 야심을 조금도 갖고 있지 않다는 점을 분명히 했다. 중국 앞바다와 싱가포르 방면까지로만 전투 구역을 제한하자는 영국의 요구도 받아들였다. 이러한 일본의 입장 표명에는 미국의 강력한 견제가 한몫했다.

일본은, 중국과 일본의 해역에서 함정을 즉각 철수시키고 자오저우만 조차지를 중국에 반환하되, 우선 일본에 인도하라는 내용의 최후통첩을 독일에 보냈다. 독일로서는 도저히 받아들일 수 없는 요구였다. 마침내 일본은 유럽에서 전쟁이 일어난 지 한 달 만인 1914년 8월 23일 독일에 선전포고를 하며 제1차 세계대전에 뛰어들었다.

일본의 참전을 이끈 것은 입헌동지회를 여당으로 하는 제2차 오쿠마 시게노부 내각이었다. 야당인 입헌정우회의 하라 다카시 등은 참전에 비판적이었으며, 여당 내에서도 오자키 유키오 등이 참전을 반대했다. 러일전쟁에서 반전의 깃발을 높이 올렸던 사회주의자들은 대역(大逆)사건 이후 탄압 속에 침묵했지만, 《도요게이자이신보(東洋經濟新報)》는 일본의 참전과 칭다오(青島) 영유에 대해 반대하는 논지를 펼쳤다.

대부분의 일본 국민은 독일이 청일전쟁 직후 3국간섭을 주도하고 산둥 반도의 이권을 확보하고자 했던 것에 대한 반감에서 참전을 지지했다. 또한 군수(軍需) 경기가 활성화되어 경제가 성장할 것이라는 기대감도 높았다. 실제로 러일전쟁 이후 만성적인 경기침체에 시달리던 일본은 제1차 세계대전이 일어나면서 유럽 각국이 아시아 무역에 집중할 수 없게 되자, 이

대역사건
일본에서 1910년 고토쿠 슈스이 등 26명이 천황 암살을 모의했다는 혐의로 체포된 사건을 말한다. 이 사건은 사회주의를 탄압하기 위해 날조된 사건이었으나, 일본 사회 전반에 사회주의운동은 곧 반국가적 행위라는 이데올로기를 확산하는 데 큰 역할을 했다.

를 대신하며 유례없는 번영기를 맞았다. 1914년 11억 엔의 채무국이던 일본은 1920년 27억 엔 이상의 채권국으로 면모를 일신하게 된다.

제1차 세계대전 초기 중국은 일본과 달리 중립을 선언했다. 당시 중국은 중화민국의 대총통 위안스카이가 통치하고 있었다. 흔히 이 정권을 베이징 정부라 한다. 그런데 일본은 베이징 정부의 입장을 무시하고 1914년 9월 산둥성 룽커우(龍口)를 침략하고, 칭다오를 점령하여 독일 이권을 접수했다. 일본 국민은 이를 기념하여 성대한 축하행사를 열었다. 10월에는 일본 해군이 독일령인 적도 이북의 여러 섬을 점령했다. 이에 미국은 필리핀 통치에 위협을 느끼고 경계했으며, 영국의 자치령인 오스트레일리아와 뉴질랜드에서는 일본의 남진에 대한 위기감이 높아졌다.

일본은 독일과 싸웠지만, 정작 전장을 동아시아 밖으로 확대하지는 않았다. 3국협상 측이 유럽 전선에 병력 파견을 요청했지만 일본 정부는 응하지 않았다. 일본의 참전 목적은 동아시아에서 독일의 이권을 차지하고 만주와 내몽골에서의 권익을 확대해, 제국주의 열강 사이에서 위상을 강화하는 데 있었기 때문이다. 이는 곧 중국에 대한 지배욕을 드러내는 '21개조 요구'로 현실화되었다.

중국 침략의 교두보, '21개조 요구'

일본은 1915년 1월 산둥에서 일본군을 철수시키라는 베이징 정부의 요구를 거부했다. 독일과의 전쟁에서 자신감을 얻은 일본은 한걸음 더 나아갔다. 중국 주재 일본 공사인 히오키 마스는 공식적인 외교 절차를 무시한 채 직접 베이징 정부의 위안스카이에게 일본 육해군, 관동도독부, 외무성의 합의를 거쳐 작성한 21개조로 된 요구서를 내밀었다. 일본 측이 내세운 명분은 독일의 조차지를 중국에 반환하기 위해 막대한 군사비를 투자하여 참전했으니, 그에 대한 대가를 지불하라는 것이었다.

일본이 제기한 21개조 요구는, 제1호 독일 조차지인 산둥 지역에서 일본의 권익 확보를 보장할 것 등 4개조, 제2호 남만주와 내몽골에서 일본의 특수한 지위를 더욱 강화할 것 등 7개조, 제3호 제철 기업인 한야평공사(漢冶萍公司)를 중·일이 합작할 것 등 2개조, 제4호 중국 연안의 항만·도서를 타국에 양도·대여하지 않을 것 등 1개조, 제5호 정치·군사·재정 부문에서 일본인 고문을 초빙하고, 중국의 치안 유지에 일본이 참여할 수 있도록 하며, 일본이 무기를 공급하도록 하거나 혹은 중·일 합작으로 무기 공장을 건설할 것 등 7개조로 구성되어 있었다. 이는 일본이 대한제국을 침략하고 지배하는 과정을 연상시킬 정도로 중국의 주권을 심각하게 침해하는 내용들이었다. 이를 모두 받아들인다면 중국 역시 대한제국처럼 일본의 식민지로 전락하는 전철을 밟게 될지도 모를 일이었다. 21개조 요구가 알려지자 중국 민중의 반일 기운이 거세지면서 각지에서 일본 상품 불매운동과 구국 저축운동이 일어났다. 도쿄의 중국인 유학생들 역시 즉각 반대운동에 나섰다. 일본에 대한 불신과 위기감이 널리 확산되는 가운데, 21개조 요구를 반대하는 운동은 지역과 계층을 넘어 민족주의적 국민운동으로 확대되었다.

21개조 요구에는 동부 내몽골과 남만주에서 일본의 우월한 지위를 보장하는 내용도 포함되어 있어 만주에 사는 중국인은 물론 조선인에게도 심각한 영향을 끼쳤다. 실제 21개조 요구가 알려지자 조선인이 일본의 만주 침략에 동원될 수 있다는 우려가 퍼지면서 중국인이 조선인을 공격하기도 했다. 이러한 사정으로 1916년 무렵 만주로 이주하는 조선인의 수가 한때 감소하는 현상도 나타났다.

일본의 21개조 요구에 대해 열강의 반응도 부정적이었다. 미국·영국·러시아 등의 열강은 자신들이 유럽에서 전쟁을 치르는 데 몰두한 틈을 타 일본이 동아시아에서 지배권을 확대하려 한다며 거부 반응을 보였던 것이다. 특히 중국 침략과 지배의 전제 조건이라 할 수 있는 제5호에 대해 강한 불신과 반대를 표시했다. 그럼에도 일본은 계속 위안스카이 정권을 압박하여 제5호의 조항을 뺀 채 최후통첩을 보냈고, 결국 1915년 5월 9일 위안스

카이의 베이징 정부는 이에 굴복하고 말았다.

중국인은 이날을 국치일로 기억했다. 1916년에 발행된 국어 교과서에 '국치(國恥)'라는 말이 처음 등장할 정도로 학교교육에서도 민족 감정을 드러냈다. 중국인의 반일민족주의는 이즈음부터 본격적으로 고양되기 시작했다.

일본에 많은 권익을 보장해준 위안스카이는 1916년 1월 군주제를 부활하고 황제의 자리에 올랐다. 하지만 그는 도처에서 '민국(民國)'의 가치를 지키려는 저항에 직면하여 곧 군주제를 포기해야 했다. 얼마 뒤 그가 병으로 세상을 떠나자 친일파 군벌인 돤치루이가 베이징 정부의 실권을 장악했다. 군벌 사이에 빈번하게 전쟁이 벌어지는 혼전의 시대가 1928년까지 이어졌다.

중국을 둘러싼 열강의 각축과 남북 대립

제1차 세계대전은 유럽에서 시작되었지만 열강은 동아시아 특히 중국을 둘러싸고 경쟁하며 일본 대 영국·미국을 주축으로 갈등 구도를 형성해갔다. 21개조 요구는 이들의 갈등을 촉발했다. 개전 초기 일본이 중립국인 스웨덴과 노르웨이를 통해 독일 제품을 계속 수입하자 대독봉쇄를 하고 있던 영국은 일본을 비난했다. 결국 일본 정부는 1915년 9월 대독 경제 전쟁 선언을 발표했다. 미국은 일본의 21개조 요구에 대해 러시아·영국·프랑스까지 끌어들여 반대 의사를 분명히 했다. 미국은 '문호 개방 선언'으로 중국에서 열강 사이에 통상의 기회 균등을 추구하면서 중국의 영토와 행정 주권을 보장하도록 요구하고 있었으므로 일본의 이 요구에 동조할 수 없었다. 다른 열강과 달리 미국은 조차지와 세력 범위를 중국에 요구하지 않는 대신 발 빠르게 중화민국을 승인하고 차관을 제공했으며, 중국에 미국계 은행을 설립했다. 때문에 중국에서 21개조 요구를 기점으로 일본에 대한 감정이 부정적으로 변한 데 반해, 미국에 대해서는 점차 우호적으로 바뀌었다.

러시아 역시 21개조 요구에 불만이 있었지만, 일본과의 관계를 고려해 별다른 불만을 표시하지는 않았다. 일본으로부터 무기와 군수품을 수입하는 처지인 데다 일본이 만주에 있는 러시아의 권익을 위협할 가능성이 있었기 때문이다. 또한, 중국에 대한 영국·미국·독일의 세력 강화를 견제하기 위해서도 일본과의 관계 악화는 곤란했다. 일본 역시 중국 시장에 본격적으로 진출한 미국을 견제하기 위해 러시아와 협력할 필요가 있었다. 이렇듯 서로를 필요로 했던 두 나라는 1916년 제4차 러일협약을 체결하고 비밀리에 협력을 약속했다.

동아시아를 무대로 한 열강의 각축전은 제1차 세계대전이 막바지에 접어들수록 치열해졌다. 자국의 이해관계에 따른 합종연횡이 숨 가쁘게 추진되었다. 우선, 일본은 영국에 자국이 점령한 옛 독일령 중 적도 이북은 일본이, 적도 이남은 영국이 위임통치하자고 제안했다. 이에 영국은 파리강화회의(Paris Peace Conference)에서 일본 지지를 약속했다. 또한, 일본 정부는 1917년 2월 프랑스와 러시아에 일본 군함의 지중해 파견을 담보로 강화회의에서 일본을 지지할 것을 요청했고, 다음 달 양국 정부로부터 지지를 약속하는 비밀 각서를 받아냈다. 1917년 8월 돤치루이 내각의 베이징

임시약법

1912년 3월 11일에 공포된 중화
민국의 임시헌법으로, 7장 56조
로 구성되어 있다. 주권재민, 인
민의 권리와 의무 등을 규정하고
있으며, 참의원·임시대통령·국
무원 간의 책임내각제를 지향했
다. 1914년에 대통령의 권한을
대폭 강화한 중화민국 약법(통칭
신약법)이 공포되면서 일단 폐지
되었으나 대통령인 위안스카이
사후에 다시 부활되었다.

광둥 정부

중국에서 베이징의 군벌정권에
대항하기 위해 쑨원을 중심으로
남방의 광둥성 광저우시에서 수
립한 국민당계의 정권을 말한다.
제1차 광둥 정부는 1917년 9월
쑨원을 대원수로 하여 수립된 군
정부이자 쑨원파와 서남 군벌의
연립정부였다. 제2차 광둥 정부
는 1921년에 쑨원을 대원수로 삼
아 군벌 천중밍과 연립으로 수립
한 군정부였다. 이 군정부는 적
극적인 북벌을 주장한 천중밍 부
하의 쿠데타로 무너졌다. 제3차
는 1923년 역시 쑨원을 대원수로
하여 수립되었는데, 이것은 제1
차 국공합작을 거치면서 강고해
졌으며, 1925년 7월 중화민국 국
민정부로 개조되어 1927년 2월
우한(武漢)으로 천도할 때까지
계속되었다(우한의 국민정부).

정부는 미국의 참전에 힘을 보태어 정권에 대한 협상국의 지지를 얻어내고
자 독일과 오스트리아에 선전포고를 하고 제1차 세계대전에 뛰어들었다.
일본 정부도 베이징 정부에 대한 영향권을 강화할 수 있는 호기라 보고 돤
치루이 내각의 참전을 적극 도왔다. 돤치루이는 중립을 주장하는 리위안훙
총통과 갈등했으나, 곧 베이징 정부의 실권을 장악하고 일본으로부터 1억
4,500만 엔의 차관을 제공받았다. 일본의 차관 제공은 베이징 정부에 대한
미국의 영향력 확대를 저지하기 위한 조치였다. 차관은 철도 건설 등 경제적
명분으로 제공됐지만 실제로는 돤치루이를 옭아매기 위한 수단이자 정치적
군사자금에 지나지 않았다. 이 차관은 데라우치 수상의 개인 비서 니시하라
가메조가 직접 돤치루이에게 건넸다고 하여 '니시하라 차관'이라 불렸다.
그러자 돤치루이의 행동을 반대한 쑨원은 1912년 제정된 중화민국의 임시
약법●을 준수하는 호법운동을 벌이면서 1917년 8월 광둥 정부●를 수립했
다. 중국에는 이때부터 남북으로 대립하는 두 개의 정부가 탄생했다.

한편, 1917년 4월 제1차 세계대전에 뛰어든 미국은 유럽에서의 전쟁에
몰두하기 위해 일본과 타협하기를 원했다. 일본 역시 중국에서 특권을 유
지하기 위해서는 미국과 타협하는 것이 유리하다고 판단했다. 두 나라는
베이징 정부의 의사도 묻지 않고 11월 랜싱-이시이 협정을 체결하여, 미
국은 중국에서의 일본의 특수권익을, 일본은 중국의 독립과 문호 개방·기
회 균등을 존중하기로 각각 약속했다.

이렇듯 일본은 열강과 권익을 교차인정하는 방법으로 중국에서의 특수권
익을 확실히 인정받는 데 성공했다. 그 성공 비결은 간단했다. 일본은 열강
에 동아시아 이외의 지역에서 기존의 제국주의 질서를 위협할 의사가 전혀
없음을 분명히 밝혔다. 제1차 세계대전을 거치면서 동아시아에서의 열강의
대립과 갈등은 일본을 주축으로 조정되었고, 모든 협상의 결과는 일본의 입
지를 강화하는 방향으로 흘러갔다. 유럽에서의 제1차 세계대전이 침략자를
상대로 한 무력전이었다면, 동아시아에서의 제1차 세계대전은 미국·중국·
일본·영국·러시아 사이의 치열한 외교전이었다고 압축할 수 있다.

러시아혁명 1917년 3월과 11월에 일어난 사회 변혁 혁명(러시아혁명)을 통해 러시아는 마르크스주의에 입각한 공산주의 국가를 수립한 최초의 나라가 되었다. 레닌은 '10월혁명'의 주동 인물로 과도정부를 전복하고 프롤레타리아 독재를 표방하는 혁명정권을 수립했다.

러시아혁명과 시베리아 간섭전쟁

제1차 세계대전이 한창이던 1917년 3월(러시아력 2월) 제정러시아에서 혁명이 일어나 니콜라이 2세가 폐위되고 국회가 임시정부를 수립했다. 이를 '2월혁명'이라 한다. 11월(러시아력 10월)에는 레닌이 이끄는 볼셰비키가 전쟁의 즉각 중지와 평화, 그리고 빵과 토지를 민중에게 주겠다고 약속하며 무장봉기를 일으켜 임시정부를 무너뜨리고 헌법제정의회, 곧 소비에트를 설치했다. 이를 '10월혁명'이라 한다.

사회주의 정권은 전쟁이 끝나면 독일 측과의 강화조약에 공동 대응하려던 연합국 측의 계획을 거부하고 세계대전 중임에도 즉각 정전(停戰)을 선포했다. 그리고 이듬해 3월 독일과 단독으로 강화조약을 체결했다. 또한 그들은 농민의 요구대로 지주의 토지를 무상으로 몰수했으며, 러시아에 거주하는 모든 민족의 영토를 인정했다. 다른 한편으로 사회주의 정권은 각 민족의 자결을 선언하고, 제정러시아가 여러 국가와 민족에게 요구했던 배상금도 포기했다.

무배상과 무병합, 그리고 즉시 평화를 실현하겠다는 사회주의 정권의 주장과 행동은 참전국들 사이에서 전쟁의 목적과 종결 방식에 대해 다양한 논의를 불러일으켰다. 1918년 1월 '평화를 사랑하는 모든 국가가 안전하게 제대로 살 수 있는 세계를 만드는 것'이 전쟁의 목적이라고 밝힌 윌슨 미국 대통령의 '14개조', 즉 비밀외교의 폐지, 군비 축소, 민족자결, 국제기관의 설립 등의 주장이 나올 수 있었던 것도 10월혁명과 깊은 연관이 있었다. 일본과 제정러시아가 1916년에 체결한 제4차 러일협약도 10월혁명으로 무용지물이 되었다.

혁명의 여파는 시베리아 일대로 퍼져나가 그곳에도 볼셰비키당 조직과 사회주의 정권이 들어섰다. 시베리아의 사회주의 정권들은 중앙의 식량 부족을 해결하기 위해 잉여 생산물에 관해 통제하고 토지 국유화 조치를 단행했다. 그들은 제정러시아가 그랬듯이 북만주 일대를 자신의 세력권으로 간주했다. 이에 하얼빈에서 중둥철도를 관리하고 있던 반사회주의 세력은 베이징 정부의 군대를 끌어들여 적군(赤軍, 혁명군)의 거점을 무장해제시켰다. 1918년 들어 베이징 정부는 시베리아 일대의 국경선을 폐쇄함으로써 북만주 일대에서 농산물이 유출되지 않도록 했을 뿐만 아니라, 블라디보스토크에서 만주를 경유하여 옴스크로 가는 중둥철도까지 차단하여 농산물 수송을 방해했다. 이로 인해 시베리아 일대의 사회주의 정권들의 식량 부족 문제는 더욱 심각해졌다. 베이징 정부의 조치는 일본군과 영국군이 시베리아 간섭전쟁을 벌이기 위해 상륙한 이후에야 해제되었다.

시베리아와 만주에서의 상황 전개를 예의 주시하고 있던 일본은 1918년

5월 베이징 정부를 장악한 돤치루이 정권과 화일공동방적군사협정(華日共同防敵軍事協定)●을 체결했다. 적군의 시베리아 진출과 독일군 및 오스트리아군에 대응하여 동북아 지역의 평화와 안전을 공동 방위한다는 이유에서였다. 이로써 일본군은 북만주에서부터 바이칼호 동쪽까지 군사행동을 취할 때 중국 내 이동이 가능해졌고, 베이징 정부의 군대까지 지휘할 수 있게 되었다. 또 많은 조선인이 거주하고 있던 동만주를 침략할 수 있는 길도 열렸다. 실제 일본군은 1918년 8월 북만주를 점령하고, 1920년 10월에는 동만주를 침략하여 많은 조선인을 학살했다.

이처럼 시베리아와 북만주를 중심으로 복잡한 상황이 펼쳐지는 와중에 시베리아 각지에서는 볼셰비키의 혁명을 지지하는 적군과 이에 반대하는 백군(白軍, 반혁명군) 사이에 내전이 벌어지고 있었다. 여기에 혁명을 반대하는 열강이 개입하면서 시베리아에서의 내전은 복잡하게 전개되었다.

시베리아에서 열강의 간섭전쟁은 1918년 5월 체코 군단이 일으킨 반사회주의 반란으로 본격화되었다. 체코 군단이란 러시아혁명 이후 독일의 영향력 아래 우크라이나에 주둔하고 있던 5만여 명의 체코인과 슬로바키아인 부대를 말한다. 이 부대는 독일 측에서 이탈하여 유럽의 서부 전선●에 있던 프랑스군에 합류하고자 블라디보스토크 항구에서 배를 이용해 프랑스까지 갈 계획이었다. 체코 군단은 시베리아 철도를 이용하여 블라디보스토크를 향해 이동하는 도중에도 적군과 전투를 계속했다. 시베리아 일대 사회주의 정권들의 최대 거점이었던 블라디보스토크 소비에트가 이들에 의해 무너질 정도였다. 때마침 농민층에서는 식량을 통제하고 지방자치를 부정하며 사회주의 정권을 중앙집권적으로 운영하는 데 대한 반감이 확산되고 있었다. 체코 군단의 반란과 농민층의 동향은 동부 전선●을 재건하고 그 후방인 시베리아 일대를 안정되게 관리할 필요성을 느끼고 있던 3국협상 측에 '체코 군단의 구원'이란 명분을 주었다.

영국과 프랑스가 먼저 나서서 백군을 후원했다. 미국과 일본에서 제공한 막대한 양의 군수물자가 블라디보스토크 등지에 쌓여 있었는데, 볼셰비키

화일공동방적군사협정
1918년 5월 중국과 일본 양국은 독일·오스트리아군과 소비에트 혁명군의 동쪽 진출에 대응하여 극동의 평화와 안전을 공동 방위한다는 비밀군사협정을 체결했다. 일본군의 작전 구역은 북만주, 동부 내몽골, 시베리아 동부, 극동 러시아령이었고, 이 구역에서는 중국군을 일본군의 지휘 아래 두는 것이 가능해졌다. 이는 곧 21개조 요구 제5호의 부활을 의미했다.

서부 전선
제1차 세계대전 때 독일군과 프랑스·영국 연합군 사이의 전선을 일컫는다.

동부 전선
제1차 세계대전 때 독일·오스트리아·헝가리 동맹군과 러시아군이 대치했던 전선을 말한다.

가 이를 교전 상대인 독일 측에 넘기지 못하도록 하기 위해서였다. 또한 영국과 프랑스는 제정러시아가 1916년에 완성한 시베리아 철도까지 점유하고 싶어 일본에 시베리아 철도를 공동으로 운영하자고 제안하며 출병을 요청했다. 일본 역시 거절할 이유가 없었다. 일본은 바이칼호 동쪽부터 블라디보스토크에 이르는 지역을 자신의 영향

블라디보스토크 시가를 행진하는 일본군 그림에 '러시아를 구하고 독일을 토벌하는 원정군 화보'라고 나와 있어, 당시 일본이 시베리아 간섭전쟁에 참전한 입장을 알 수 있다.

력 아래 둘 수 있는 절호의 기회라고 판단했다. 더구나 일본으로서는 천황제를 부정하는 사회주의 사상이 일본에 파급되는 것을 방지할 필요도 있었다. 영국과 프랑스, 일본의 이해가 맞아떨어진 셈이다.

일본은 1918년 1월 거류민 보호 명목으로 블라디보스토크에 두 척의 군함을 파견했다. 이어 4월에 일본인 살해 사건이 일어나자 500여 명의 해군 육전대(海軍陸戰隊)를 블라디보스토크에 상륙시켰다.

하지만 거류민 보호를 내세운 일본으로서는 아직 정식으로 간섭전쟁에 참전할 수 없었다. 참전을 지원해줄 미국이 참가 여부를 결정하지 않은 상태였기 때문이다. 그런데 체코 군단이 적군에 포위당하는 일이 일어나자, 미국은 이를 구출하기 위해 7월에 참전을 결정했다. 이에 일본도 8월에 '시베리아 출병'을 선언했다. 일본은 이때부터 10월까지 7만 명이 넘는 대규모 병력을 다시 파견했다. 미국 9,000여 명, 영국 6,000여 명, 중국 2,000여 명의 군대를 파견한 것과 비교하면 월등히 많은 병력을 시베리아 간섭전쟁에 파견한 것이다.

몽골의 독립

칭기즈칸 대제국 이후 분열을 거듭하던 몽골은 1688년 결국 청에 복속되었다. 하지만 20세기 들어 가속화되던 청의 쇠락은 몽골 지역에 새 국가 건설의 기운을 불어넣었다. 바로 신해혁명이 그 분기점이었다.

1911년 11월 외몽골 지역의 유력자들은 임시정부를 수립하고, 티베트 불교의 지도자 젭춘담바 쿠툭투 8세를 복드 황제로 추대했다. 몽골 신정부는 전체 몽골족의 통합을 위해 정력적으로 움직였으나, 1915년 6월 캬흐타협정의 체결로 외몽골 지역의 '자치'만이 허용되었다.

1917년 러시아혁명은 몽골 독립에 새로운 국면을 초래했다. 러시아라는 조력자의 상실과 중화민국의 재등장이었다. 1919년 11월 중화민국은 캬흐타협정을 파기하고 외몽골의 자치권을 박탈했다. 이를 전후하여 몽골의 완전한 독립이 과제로 대두되어, 1920년 6월에 결성된 몽골인민당(1924년 몽골인민혁명당)이 그 짐을 떠맡았다. 같은 해 8월 몽골인민당은 러시아에 사절단을 파견하여 몽골 독립에 대한 지원을 요청했다.

이 무렵 러시아 내전에서 적군에 패하여 달아나던 일단의 백군이 외몽골에 진주했다. 이들은 울란바토르에 있던 베이징 정부의 군대를 내쫓고, 1921년 2월 복드 황제를 앞세워 정권을 부활시켰다. 그해 3월 몽골인민당은 외국 군대의 축출과 독립 쟁취를 위해 인민임시정부를 수립했다. '1921년 혁명'의 봉화가 오른 것이다.

1921년 3월 몽골의 인민의용군은 캬흐타의 중국군을 공격하여 승리를 거두었다. 이어 7월에는 러시아 적군과 함께 울란바토르를 탈환했다. 정부의 모든 권한을 인민임시정부에 이양한 뒤, 7월 11일(현재의 독립기념일) 복드 황제를 군주로 하는 '인민입헌제정부'의 수립을 선포했다. 독립의 마지막 관문인 공화제 수립은 1924년 5월 복드 황제의 사망을 계기로 급물살을 탔다. 국가의 최고권력은 인민이 선출한 대표자로 구성된 '국가대회의'에 위임되었고, 같은 해 11월 소집된 제1차 국가대회의에서 헌법을 제정했다. 이는 몽골인민공화국의 출발이자 러시아에 이어 세계에서 두 번째 사회주의 국가의 탄생이었다.

한편, 몽골인민공화국의 존재를 내내 부정하던 장제스의 국민정부는 1945년 8월 14일 소련과 '중소우호동맹조약'을 맺고 몽골의 독립을 승인했다.

2

대전의 종결, 동아시아의 민족운동, 간섭전쟁의 확대

승전국의 이해관계를 조정한 파리강화회의

1919년 1월부터 열린 파리강화회의는 제1차 세계대전의 전후 처리를 위한 회합이었다. 강화회의는 윌슨 미국 대통령이 제창한 14개조를 기본 원칙으로 삼았음에도 불구하고, 권력을 장악한 사회주의 혁명정권을 배제한 채 독일을 비롯한 패전국들에게 막대한 보상금을 전승국 측에 지불하라는 결정을 내렸다. 패전국의 식민지도 승전국들이 나누어 갖기로 합의함에 따라 독일의 영토는 축소되었고, 동유럽에 8개의 공화국이 수립되었다. 또한 항구적인 평화를 지향하는 국제기구로 국제연맹(League of Nations)을 창설하기로 합의했다. 이처럼 열강 간의 국제협조주의로 만들어진 새로운 국제질서를 '베르사유 체제'라 한다.

일본은 파리강화회의에서 미국·영국·프랑스·이탈리아와 함께 최고이사회의 일원으로 모든 회의에 참여할 권리를 획득하는 등 국제사회에서 높은 위상을 확인받았다. 일본은 적도 이북의 옛 독일령에 대한 위임통치권은 물론, 1918년 돤치루이 정권과 체결한 산둥밀약을 근거로 독일이 산둥

성에서 갖고 있던 권익을 확보하기 위해
활발한 외교전을 펼쳤다. 이에 맞서 중국
의 대표단은, 21개조 요구를 강압에 의해
체결했으므로 일본의 요구는 무효이며,
산둥성에 대한 독일의 권익도 마땅히 자
신들이 회수해야 한다고 주장했다. 하지
만 일본은 이미 유럽 열강과 비밀리에 체
결한 여러 협약과 협정을 통해 지지를 확
보하고 있었다. 미국도 국제연맹의 성립
에 일본의 찬성이 필요했기 때문에 일본
의 의견을 지지했다.

파리강화회의 수뇌부 1919년 제1차
세계대전이 끝나고 열린 평화회담 주
도자들로, 왼쪽부터 로이드 조지 영
국 수상, 시뇨르 오를란도, 클레망소
프랑스 수상, 윌슨 미국 대통령이다.
이들은 전쟁에 대한 책임과 유럽 각
국의 영토 조정, 전후의 평화를 유지
하기 위한 조치 등을 협의했다.

  결국 파리강화회의 참가국들은 중국의 주권을 인정하면서 일본의 권익,
즉 독일로부터 빼앗은 중국에서의 이권도 함께 인정하기로 하고 중국 문제
를 마무리지었다. 그러나 중국 민중은 열강의 이해관계에 따라 조정된 결
과를 받아들일 수 없었다. 일본의 21개조 요구와 함께 파리강화회의의 결
정 내용은 중국인의 분노와 비판을 불러일으키며 5·4운동을 촉발했다.

거족적인 항일투쟁, 3·1운동

새로이 재편된 동아시아 국제질서가 일본에 유리하게 흘러가는 듯했지만,
동아시아 내부에서는 여기에 저항하는 거대한 움직임이 일어났다. 먼저 식
민지 조선에서 3·1운동이 일어나고, 이어 중국에서 5·4운동이 일어났다.

  러시아혁명이 성공하고 제1차 세계대전이 끝나면서 국제질서가 재편되
는 과정에서 민족자결주의가 부상했다. 레닌은 러시아혁명 와중인 1917년
"민족들의 자결권에 근거하여 영구 평화를 구축할 것"임을 천명했다. 윌슨
미국 대통령도 1918년 1월 민주주의와 영구 평화에 대한 구상을 담은 14개
조를 발표한 뒤, 2월 미국 의회 연설에서 "각 민족은 국제회의 혹은 경쟁국

과 적대국 간의 양해에 따라 한 국가에서 다른 국가로 인도되는 일은 없습니다. 민족이 열망하는 바는 존중되어야 합니다. 지금이야말로 각 민족은 자신들의 동의에 의해서만 지배·통치될 수 있습니다"라며 민족자결의 원칙을 내놓았다. 레닌과 달리 윌슨의 민족자결주의는 패전국의 식민지에만 적용된다는 단서를 달고 있었지만, 조선인 민족운동가들은 이러한 '민족자결'의 도도한 흐름과 민중적 기대감에 힘입어 독립선언과 투쟁의 장을 만들어갔다.

선봉에 선 것은 일본에 건너간 조선인 유학생들이었다. 그들은 1919년 도쿄에서 '2·8독립선언'을 발표했다. 조선에서는 천도교·기독교·불교계 등 종교계와 학생 대표가 중심이 되어 독립선언을 발표했다. 그들은 1919년 3월 1일 서울을 비롯한 전국 7개 도시에서 독립선언문을 낭독하면서 항일시위를 시작했다.

도시에서 시작된 대중시위는 점차 농촌으로 확산되었다. 농민과 노동자, 그리고 상공업자 등 민중이 시위 군중의 대다수를 차지했다. 그 규모도 엄청났다. 1919년 3월부터 5월 사이에만 전국에서 1,500여 회의 집회가 열리고, 200만 명 이상이 시위에 동참했다. 중국과 러시아, 미국 등 세계 각지에 흩어져 살던 조선인도 항일투쟁에 나섰다. 특정 지도부가 없었음에도 반일의식을 가진 조선인이라면 누구든, 도시와 농촌, 국내와 국외 어디에서든 시위를 주도하고 동참하는 데 주저하지 않았다. 대중의 자발성이야말로 3·1운동의 전국화와 일상화를 가능케 한 힘이었다.

조선총독부는 3·1운동에 관해 사전에 아무런 정보도 입수하지 못했을 뿐만 아니라, 예상조차 하지 못했다. 일본은 군대와 헌병경찰을 동원해 무자비한 탄압으로 대응했다. 수많은 조선인 희생자가 속출했다. 일본군이 마을 사람들을 교회 건물 안에 모아놓고 출입구를 막은 채 사격을 가한 다음 불태워버린 수원 제암리 학살 사건은 그 대표적인 예이다. 영국과 미국을 비롯해 세계 각국은 일본의 폭력적 진압에 대해 비판했다. 하지만 일본의 조선 지배까지 부정하지는 않았다.

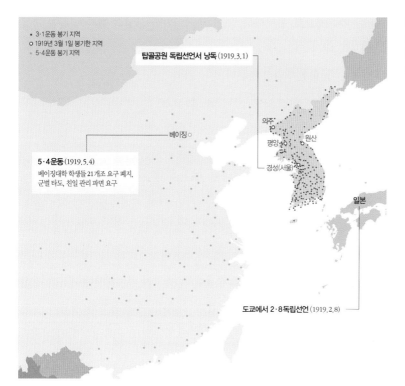

탑골공원 독립선언서 낭독 (1919.3.1)

5·4운동 (1919.5.4)
베이징대학 학생들 21개조 요구 폐지,
군벌 타도, 친일 관리 파면 요구

• 3·1운동 봉기 지역
○ 1919년 3월 1일 봉기한 지역
▪ 5·4운동 봉기 지역

베이징○

의주
평양
원산
경성(서울)

일본

도쿄에서 2·8독립선언 (1919.2.8)

일본 언론은 3·1운동을 일부 종교인의 선동에 의한 '폭동'이라고 보도하면서 무력탄압을 비호했다. 조선인을 '폭도' 혹은 '범인'으로 매도하며 일본인의 피해를 부풀려 보도하기도 했다. 하지만 실제로 시위대에 의해 죽은 일본인 민간인은 단 한 명도 없었다.

거족적인 항일투쟁인 3·1운동은 비록 성공하지 못했지만, 이후 상하이에서 대한민국 임시정부가 수립되는 등 조선인의 다양한 민족운동으로 이어졌다. 또한 3·1운동은 대중시위의 경험을 바탕으로 민중이 각종 사회운동에 일상적으로 참가하여 자신들의 권리와 이익을 주장하는 계기가 되었다.

3·1운동을 계기로 일본은 군부의 영향력을 줄이고 내각의 책임을 강화하는 방향으로 식민지 운영 방식을 바꾸었다. 식민지 조선에서 헌병과 경찰을 앞세운 헌병경찰 제도를 보통경찰 제도로 개편하며 무단통치를 포기했다. 조선총독부는 한글신문의 간행을 허용하고 조선인에게 집회·결사의

자유를 부분적으로 인정했다. 또한 조선인이 일본인과 같은 교육을 받을 수 있도록 내선공학제(內鮮共學制)를 도입했다. 이러한 유화적인 식민 지배 방식을 '문화통치'라고 부른다.

거국적인 항일궐기, 5·4운동

제1차 세계대전이 연합국의 승리로 끝나자, 중국인은 승전국의 일원으로서 이를 열광적으로 축하했다. 중국인에게 제1차 세계대전의 승리는 곧 독일에 빼앗겼다가 다시 일본에 넘어간 산둥성에 대한 권리를 되찾을 수 있는 주권 회복의 기회였기 때문이다. 하지만 파리강화회의는 산둥성에 대한 독일의 이권을 일본에 넘기도록 결정했다. 중국인 사이에서는 기대가 컸던 만큼 실망과 분노도 거세게 타올랐다. 더욱이 이런 불행한 결과가 이미 1918년 베이징 정부가 산둥성 문제에 대해 일본의 요구에 동의하며 산둥밀약을 맺었기 때문이라는 사실이 알려지면서 많은 중국인이 분노했다.

5월 3일 베이징 시내 대학과 전문학교의 학생대표회의가 열렸고 학생 대표들은 대규모 항일시위를 계획했다. 5월 4일 3,000여 명의 학생이 톈안먼 광장과 거리에서 '강화조약 조인을 거부하라', '밖으로 국권을 쟁취하고, 안으로 국적(國賊)을 몰아내자', '반드시 산둥의 이권을 회수하자', '21개조 요구를 폐지하자', '일본 상품을 배척하자' 등의 구호를 외치며 시위를 전개했다. 당시 배포된 '베이징 학계 전체 선언'은 이 운동의 전국적 확산을 독려하며 노동자와 상인에게 봉기를 촉구했다.

일요일이어서 미국 공사관에만 항의서를 전달할 수밖에 없었던 학생들은, 21개조 교섭 책임자 가운데 한 사람이자 산둥밀약의 책임자인 악명 높은 친일관료 차오루린의 집으로 몰려가 불을 질렀다. 이에 군경이 학생 32명을 전격 체포했다. 이 사건이 알려지면서 학생들의 석방과 매국노의 파면을 요구하는 시위가 전국적으로 확산되었다. 베이징 정부는 학생과 청년들에 대한 대규모 검거와 강경 탄압으로 응수했다. 정부의 강경 조치는 학

《신청년》과 《매주평론》 《신청년》은 천두슈 등이 1915년에 창간했으며 창간 당시 잡지명은 《청년잡지》였다. 《매주평론》은 1918년 천두슈와 리다자오가 창간했다. 두 잡지는 신문화운동을 선전하고 여론화하는 데 크게 기여했으며 5·4운동을 주도한 학생 지식층에 많은 영향을 주었다.

생들을 더욱 자극했다. 베이징에서 시작된 동맹휴학은 곧 전국으로 퍼졌다. 정부는 다시 1,000여 명의 학생을 체포했다. 이 소식이 전해지자 상하이에서는 6월 5일 6만~7만 명의 노동자와 상인이 대규모 파업과 철시를 단행했다. 그야말로 거국적인 항일궐기였다.

5·4운동은 2개월에 걸쳐 22개 성과 200여 개의 도시로 파급되면서 전국을 뒤흔들었다. 결국 정부는 학생들을 석방하고, 6월 10일 차오루린 등 친일파로 지목된 관료 세 명을 파면했다. 6월 16일에는 상하이에서 전국학생연합회가 결성되어 강화조약 조인 거부운동을 전개했다. 마침내 6월 28일 파리강화회의에 파견된 중국 대표단은 베르사유강화조약에 대한 조인을 거부했다.

5·4운동은 학생이 촉발하고 민중이 동참하여 베르사유강화조약 조인을 거부하고 매국노를 처벌하라며 주권자로서의 권리를 지키고자 한 운동이었다. 이는 열강의 의도대로 끌려가지 않으려는 중국인의 능동적인 모습을 보여준 역사적 사건이었다. 5·4운동의 경험은 중화민국 국민으로서의 의식을 형성하는 데 큰 자극제가 되었다.

1919년, 동아시아를 휩쓴 반제국주의 물결

3·1운동과 5·4운동이 일어날 당시 세계 각지에서는 약소민족, 약소국가

의 독립과 해방운동이 고양되고 있었다. 인도에서는 간디가 불복종운동을 시작했으며, 터키에서는 케말이 이끄는 민족해방투쟁이 전개되었다. 동아시아에서 일어난 3·1운동과 5·4운동은 일본 제국주의에 반대하는 항일투쟁이었다. 물론 그 목적은 각기 달랐다. 3·1운동은 식민지 상태를 극복하고자 하는 민족해방투쟁이었고, 5·4운동은 국권을 회복하기 위한 구국투쟁의 일환이었다.

3·1운동과 5·4운동은 모두 민중이 대규모로 장기간에 걸쳐 시위에 참여하는 대중운동 방식으로 전개되었다. 전국 각지의 학생·상인·노동자·농민 등이 자신의 생활 터전에서 궐기하여 스스로 조직을 만들고 서로 연대해 시위와 파업, 불매운동 등을 벌였다. 이러한 대중운동을 거치면서 민중은 민족해방과 구국운동의 주력 부대로 부상했다. 그리고 그 경험은 노동운동과 농민운동 등 민중운동의 활성화로 이어졌다.

식민지 조선에서 일어난 3·1운동은 5·4운동을 추진하던 중국의 학생과 지식인에게 신선한 자극제가 되었다. 그들은 종종 중국 문제를 식민지 조선과 비교하며, 자신들의 운동이 3·1운동과 같은 맥락에 있다고 이해했다. 1919년 5월 4일 발표된 '베이징 학계 전체 선언'은 "조선은 독립을 꿈꾸며 만일 독립하지 못하면 차라리 죽겠다고 말하고 있다. 만약 나라의 존망이 걸린 국토의 할양 문제가 급박한데도 국민들이 여전히 일대 결심을 하여 최후로 분기하려 하지 않는다면 이것은 20세기의 열등민족이지 인류라고 할 수 없다" 하며 조선인의 독립의지를 높이 샀다. 천두슈 등이 발행한 《매주평론》도 3·1운동 관련 소식을 전하면서 "일본의 압박을 받고 있는 조선 인민의 독립운동은 중국 인민을 뒤흔든 최대의 사건이었다"라고 평가했다. 쑨원의 광둥 정부 역시 3·1운동에 지지를 보내면서 일본의 폭력적인 유혈진압을 강력히 비판했다. 국망이라는 식민지 조선의 비운이 곧 중국에 닥칠 수도 있다는 우려를 갖고 있던 중국인에게 조선인의 투쟁은 고무적인 소식이었던 것이다.

이렇듯 반일본제국주의 투쟁이라는 공통분모를 가진 3·1운동과 5·4운동이 전개되는 동안 중국인과 조선인은 연대를 이루기도 했다. 3·1운동 당시 조선에 거주하던 중국인 노동자들은 만세시위에 동참했다. 만주에서는 조선인이 시위를 벌이자 그 지역 중국인들이 지지를 보냈다. 중국에 망명한 식민지 조선의 민족운동가와 유학생 중에는 5·4운동에 참여한 이들도 있었다.

하지만 일본인들은 달랐다. 당시 3·1운동과 5·4운동을 제대로 이해한 일본인은 거의 없었다. 자유주의자인 요시노 사쿠조는 〈조선 폭동 선후책〉, 〈조선의 언론 자유〉, 〈베이징 학생단의 행동을 매도하지 말라〉 등의 글을 통해 식민지 조선에서 무단통치 방식을 완화하고, 군벌정부의 지배에서 벗어난 중국 국민과 연대할 것을 주장했다. 하지만 거기엔 명확한 한계가 있었다. 그는 식민통치의 철폐가 아니라, 합리적인 통치 방식을 채택하라고 촉구하는 데 그쳤다.

제1차 세계대전을 거치면서 일본은 제국주의 열강으로서의 지위를 공고히 다지고 있었다. 하지만 3·1운동과 5·4운동으로 일본의 국제적 이미지는 실추되었고, 미래의 동아시아 질서 구상에도 차질이 생겼다. 파리강화회의 기간 중에 발발한 3·1운동과 5·4운동은 일본 제국주의가 항일의 높은 파고를 넘어 조선을 안정적으로 통치하고, 중국을 지배하려는 야망을 실현하는 일이 결코 순탄하게 진행되지 않을 것임을 예고했다.

일본의 간섭전쟁 지속과 그에 대한 저항

3·1운동과 5·4운동이 한창이던 때에도 시베리아에서는 열강에 의한 간섭전쟁이 계속되었다. 그런데 1919년 6월 베르사유강화조약이 체결되면서 이 전쟁을 둘러싼 국제 환경에 변화가 생겼다. 승전국으로서는 제1차 세계대전이 끝난 마당에 시베리아 간섭전쟁을 계속할 수 없었다. 명분도 약했고, 전쟁 비용 역시 부담이 되었기 때문이다. 결국 1920년 1월경 전쟁에 참여했던 14개국 가운데 일본을 제외한 모든 나라가 군대를 철수했다. 이로

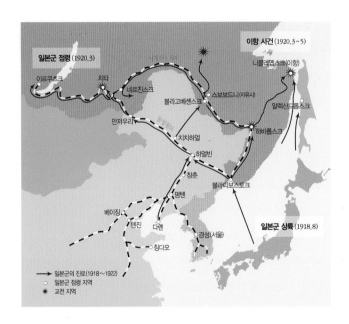

일본군 점령 (1920.3)
이르쿠츠크   치타
네르친스크
만저우리
이항 사건 (1920.3~5)
니콜라옙스크(이항)
블라고베센스크
스보보드니(자유시)
알렉산드롭스크
치치하얼
하얼빈
하바롭스크
창춘
펑톈
블라디보스토크
베이징
텐진   다롄
칭다오
경성(서울)
일본군 상륙 (1918.8)

→ 일본군의 진로(1918~1922)
○ 일본군 점령 지역
✳ 교전 지역

시베리아 간섭전쟁과 일본군 일본은 1918년 8월 시베리아 침략을 시작한 이래 10월까지 7만 명이 넘는 대규모 병력을 시베리아 간섭전쟁에 파견했다.

써 한편에서는 볼셰비키와 반볼셰비키 사이의 내전이자 이데올로기 전이었으며, 다른 한편에서는 열강의 이권 획득전이었고, 제1차 세계대전의 연장전이었던 시베리아 간섭전쟁은 사실상 끝났다.

그러나 일본은 쉽게 군대를 철수할 수 없었다. 시베리아 일대에 대한 영향력을 확보할 수 있는 절호의 기회를 놓칠 수 없었기 때문이다. 시베리아를 차지한다면 만주 지역에서의 영향력을 확보하는 데 유리

할 뿐만 아니라, 식민지 조선을 통치하는 데도 도움이 될 거라는 계산이 깔려 있었다. 하지만 상황은 일본의 뜻대로 전개되지 않았다. 크게 두 가지 걸림돌이 있었다. 그중 하나가 조선인 독립군의 저항이었다. 1919년 3·1운동 이후 '어제의 낙토(樂土)'였던 만주 지역이 '불령선인(不逞鮮人)의 소굴', 곧 항일운동가의 집결지로 바뀌어버렸다고 일본 스스로 고백할 정도로 조선인 독립군은 만주 일대에서 무장활동을 활발히 벌였다. 이는 식민지 조선에 대한 통치 안정을 방해하는 요인으로 작용했다.

일본은 본국으로 돌아가는 체코 군단으로부터 무기와 탄약을 조달하는 등 간섭전쟁의 혼란 속에서 무장 역량을 강화하는 조선인 독립군 부대를 더 이상 두고 볼 수만은 없었다. 일본은 1920년 10월경부터 시베리아 간섭전쟁에 참가했던 군대와, 식민지 조선과 관동주(關東州)에 주둔하고 있던 일본군을 백두산 일대로 집중시켜 조선인 독립군 부대를 섬멸하려 했다. 그러나 일본군의 작전은 청산리 전투에서 조선인 독립군의 강력한 저항에 부딪혀 실패했다. 그러자 일본군은 무차별적 공격을 가해 동만주 등지에 거주하는 조선인 5,000여 명을 죽이고, 가옥 3,500여 채를 불태우는 등 간도

대학살을 일으켰다. 조선인 독립군은 일본군의 공격을 방어하며 역량을 보존하고자 러시아 적군이 있는 연해주의 스보보드니(자유시)＊로 이동했다.

또 하나의 걸림돌은 일본 국내에서 갈수록 높아지는 반대 여론이었다. 일본이 참전을 선언하기 이전부터 《아사히신문(朝日新聞)》이나 《도요게이자이신보》는 일관되게 간섭전쟁 참전을 반대했다. 노동운동계에서도 전쟁을 반대하는 목소리가 나왔다. 또한 상인들이 일본군의 간섭전쟁에 필요한 쌀을 매점매석하면서 가격이 급등해, 1918년 7월부터 쌀값 안정을 요구하는 쌀 소동이 일어나 군대와 경찰을 동원해 진압할 정도였다. 일본 정부는 쌀 소동의 여파로 데라우치 마사타케 내각에서 하라 다카시 내각으로 교체되었다. 간섭전쟁에 반대하는 여론은 일찍이 청일전쟁과 러일전쟁에서는 볼 수 없었던 현상이었다. 더구나 1920년 들어 일본군만 시베리아에 남아 있는 상황에서 5월에 일본인 거류민 등 380여 명이 빨치산 부대에 살해당하는 '니콜라옙스크 참사(이항尼港 사건)'가 일어났다. 그러자 일본 국내에서는 군대가 시베리아에 계속 주둔하는 것을 비판하는 여론이 더욱 강해졌다. 아울러 일본 정부로서는 재정 부담도 무시할 수 없었다.

결국 동만주를 침략한 일본군은 1921년 4월경에 철수했다. 일본은 군대 철수 후 대신 영사관 경찰을 크게 보강했다. 스보보드니로 이동했던 조선인 독립군도 대부분 다시 만주로 돌아왔다. 하지만 그들은 이전처럼 동만주에서 총을 들고 활동할 수 없었다. 그 무렵부터 동만주에서는 야학과 독서회와 같은 계몽적인 활동에 주력한 조선인 사회주의운동 세력의 영향력이 커져갔다. 한편, 시베리아 일대에 주둔하고 있던 일본군은 1925년까지 니콜라옙스크에 주둔했던 소수의 병력을 제외하고 1922년 가을부터 대부분 철수했다. 시베리아에서 독점적 영향력을 확보하려는 시도는 1921년 11월부터 중국 문제와 해군 군비 축소 문제를 해결하기 위해 열린 워싱턴회의에서 열강끼리 합의한 협조외교를 일본 스스로 깨는 행위였으므로 계속 주둔하기가 어려웠던 것이다.

스보보드니
오늘날 러시아연방 아무르주의 중부 지역에 있는 스보보드니 구의 행정 중심 도시다. 1910년 중국 영토를 거치지 않는 시베리아 철도를 건설하기 위해 슬라제프카촌 인근에 노동자들이 모여들면서 형성되었다. 1912년 '시'로 승격했으며, 1917년 2월혁명 후 러시아어로 '자유'를 의미하는 스보보드니로 개명했다.

3·1운동과 일본의 식민지 운영 방식 전환

3·1운동은 조선인의 민족운동에만 영향을 끼친 것이 아니었다. 일본의 제국주의적 식민지 운영 방식을 바꾸는 데도 큰 영향을 미쳤다. 특히, 하라 다카시 일본 수상은 자신의 정책을 실현하는 데 3·1운동을 활용했다.

1918년 9월 수상에 취임한 하라는 번벌(藩閥) 세력과 원로정치 세력을 견제하고 타협하면서 정당정치에 기반을 둔 내각의 책임 아래 국정을 운영하려 했다. 그 일환으로 식민지에 대해 막강한 기득권을 갖고 있던 육군과 해군을 대신하여 내각에서 식민지 현지의 경영과 감독을 책임지려 했다.

먼저 1919년 4월, 하라 수상은 조선과 타이완에 비해 육군의 반발이 상대적으로 덜할 것으로 예상되는 관동주, 곧 뤼순과 다롄 그리고 남만주철도주식회사를 관리하는 관동도독부에 대한 새로운 관제를 발표했다. 이에 따라 관동도독부가 관동청(關東廳)과 관동군(關東軍) 사령부로 분리되고, 문관이 관동청 장관에 임명되었으며, 수상이 관동청을 감독할 수 있게 되었다.

그렇지만 하라 수상은 이 같은 관제 개혁을 조선과 타이완에서 실시하는 데에는 주저했다. 육군을 비롯해 기득권 세력의 강한 반발을 우려했기 때문이다. 이때 조선에서 3·1운동이 일어났다. 하라 수상의 3월 2일자 일기에 따르면 그는 조선인이 민족자결에 현혹되어 독립 만세시위를 일으켰다는 입장에서 "엄중한 조치를 취하여 다시 발생"하지 않도록 하라고 내각에 지시했다. 그가 말하는 엄중한 조치 가운데 하나가 육군과 헌병을 조선에 대규모로 파견하여 만세시위를 진압하는 것이었다.

동시에 하라 수상은 훗날 '문화통치'라 불리는 제도를 마련하는 작업에 착수했다. 즉, 문관을 본위로 한 관료 제도와 일본과 동일한 교육 제도를 실시하고, 보통경찰 제도를 도입하는 것이었다. 하라는 3·1운동을 강제로 진압한 뒤, 8월에 조선총독부 관제를 개정하고, 해군 대장으로 예편한 사이토 마코토를 총독에 임명했다. 사이토 조선총독은 조선에 오자마자 헌병경찰 제도를 폐지하고 경찰만이 민간인을 상대할 수 있게 했으며, 헌병대 사령관이 경찰 책임자를 겸임하지 못하도록 했다. 보통학교를 6년으로 연장하고 조선인과 일본인이 같은 학교에 다닐 수 있는 내선공학제를 마련했다. 또한 조선어 신문과 잡지의 발행을 허용하는 등 제한적이나마 공개활동을 보장했다. 이러한 조치에는 조선인의 불만을 해소시키는 동시에 조선인 사회를 분열시키려는 의도가 있었다. 다른 한편에서는 3·1운동의 확산을 막아낼 친일 세력이 없었던 데 충격을 받고 친일파를 계획적으로 육성하기 위한 정책도 실시했다.

1926년에 완공된 조선총독부 청사　　　　　1919년에 완공된 타이완총독부 청사

　조선에서 개편된 제도 가운데 일부는 타이완에서도 그대로 시행되었다. 1919년 10월 덴 겐지로가 총독에 취임하며 문관총독시대가 열렸고, 1922년 타이완 교육령 개정으로 내대(內臺)공학제가 실시되었다.

　하지만 일본 지배 35년 동안 조선총독에 문관 출신이 지명된 적은 한 번도 없었다. 경찰 병력도 헌병을 포함해 최대 1만 2,000명 정도였는데, 헌병경찰제를 폐지한 이후에는 2만여 명으로 대폭 늘었다. 또한 공학제라고는 하나 조선과 타이완에서의 학력은 일본에서 인정받지 못했다. 일본은 조선인과 타이완인이 나서서 세우려는 대학 설립을 불허하고, 1924년 경성제국대학과 1928년 타이베이제국대학을 각각 설립했다.

3

워싱턴 체제의 형성과 균열

열강의 세력 다툼을 잠시 잠재운 워싱턴회의

5·4운동으로 민중의 분노가 폭발했음을 알게 된 중국 대표단은 베르사유 강화조약의 비준을 거부했다. 파리강화회의를 이끌고 있던 윌슨의 미국 행정부도 공화당이 장악하고 있던 상원에서 조약안의 비준을 거부당했다. 결국 동아시아 문제, 곧 중국 문제는 파리강화회의에서 제대로 마무리되지 못했다.

베르사유강화조약의 체결로 국제 정세는 일단 평화 국면으로 접어들었으나, 열강은 또 다른 경쟁에 뛰어들었다. 미국, 영국, 일본은 해군력을 강화하여 군사적 우위를 선점하려고 함정을 건조하는 경쟁을 벌였다.

미국은 1919년부터 해군의 주력을 태평양으로 집중시키기 위해 새로운 함정을 대규모로 건조했다. 일본은 미국 해군을 가상 적국으로 선정하고, 1920년에 전함 8척, 순양함 8척을 건조한다는 '88함대' 계획을 발표했다. 영국은 미국 해군이 낡은 함정 위주인 자국의 해군력을 능가하는 전투력을 갖춘 데 대해 초조해하면서, 1921년에 초대형 전함 4척을 건조한다는 계획

워싱턴회의 제1차 세계대전 이후 1921년 11월 12일부터 1922년 2월 6일까지 약 3개월에 걸쳐 열린 워싱턴 회의에서는 종전 이후 해결되지 못한 동아시아 문제와 각국의 군비확장 경쟁 문제가 다뤄졌다. 이후 성립된 워싱턴 체제는 베르사유 체제와 함께 제2차 세계대전 이전의 국제질서를 형성했다.

을 수립했다. 이러한 건함 경쟁은 전쟁이 또 일어날 수도 있다는 우려를 낳기에 충분했다. 미국과 유럽에서는 군비를 축소하자는 여론이 높아졌다.

결국 1921년 11월 중국 문제와 해군 군비 축소 문제를 해결하기 위해 미국·영국·프랑스·이탈리아·중국·벨기에·네덜란드·포르투갈·일본 등이 워싱턴에 모였다. 회의는 다음 해 2월까지 이어졌다. 미국은 참가국의 이해관계를 조정하는 데 주안점을 두면서 사안별로 조약을 체결하도록 했다. 그 결과 협의 내용에 따라 4개국조약, 5개국조약(워싱턴군축조약), 9개국조약이 체결되었다.

4개국조약은 미국·영국·프랑스·일본이 조인한 조약으로, 태평양에 있는 각국의 현재 영토를 유지하고 존중하며 영일동맹을 폐기한다는 내용이었다. 5개국조약은 미국·영국·일본·프랑스·이탈리아가 참가한 조약으로, 주력 함정의 보유 비율을 5(미) : 5(영) : 3(일)으로 한다고 합의하는 등 국가별로 해군 함정의 보유 비율을 규정했다. 9개국조약은 중국 문제에 관한 것으로, 중국의 주권과 독립을 존중하고 영토를 보전하며 중국에서 열강끼리 상업상의 우월권과 독점권을 부인하고 기회 균등에 노력하기로 합의했다. 하지만 열강은 베이징 정부의 대표단이 요구한 치외법권 철폐, 관세자주권의 회복, 조차지 반환 등은 받아들이지 않았다. 결과적으로 9개국 조약은 중국에 대한 열강의 제국주의적 이해를 근본적으로 부정하지는 않았다. 또한 일본의 대륙 진출을 저지하기 위한 합의문이었지만, 만주와 내몽골에서의 일본의 권익을 부인하지도 않았다. 9개국조약의 체결로 미국과 일본 사이에 맺었던 랜싱－이시이 협정은 파기되었다.

워싱턴회의에 따라 아시아·태평양 지역에서의 열강 간 세력 다툼은 일시적으로 안정기에 들어섰다. 이를 흔히 워싱턴 체제라 한다. 워싱턴회의에서 미국은 태평양에서의 현상 유지와 베이징 정부의 주권 존중, 해군의 군비 축소 등 애초 설정한 회의 목적을 달성했다. 또 열강은 직접적인 무력을 사용하지 않고도 공동으로 중국을 지배할 수 있게 되었다. 이를 달리 보면 중국의 지위는 열강 사이의 동아시아판 협조외교 체제인 워싱턴 체제 아래에서 열강의 하위에 놓인 종속적 존재에 불과했던 것이다.

워싱턴회의에 대항한 극동민족대회

워싱턴회의에 대항하려는 국제적 움직임은 코민테른(Communist International)에 의해 조직되었다. 코민테른은 레닌이 나서서 1919년에 조직한 새로운 국제사회주의운동 조직이다. 흔히 제3인터내셔널, 공산인터내셔널이라고도 한다. 레닌과 볼셰비키가 내건 무병합·무배상·민족자결의 원칙은 코민테른을 통해 동아시아의 사회주의자들에게 전달되었다. 즉, 1920년 7월 코민테른 제2회 대회에서는 '민족과 식민지 문제에 대한 테제'를 채택했다. 민족자결권을 인정한다는 볼셰비키의 원칙을 다시 천명한 테제는 세계 피압박민족에게 사회주의에 대한 호의적인 이미지를 심어주는 데 크게 기여했다. 그 직후인 9월 아제르바이잔의 바쿠에서는 동방민족대회가 열렸다. 이 대회에는 터키·이란·인도·중국 등지에서 1,200여 명의 대표가 참석했다. 이들은 식민지 민족 문제 등에 관해 토의하고 터키의 민족혁명을 지지했다. 12월에는 코민테른에 동아시아 혁명을 전담할 동양부를 설치했다.

1922년 1월 모스크바에서는 식민지 조선과 중국·일본을 비롯한 동아시아의 사회주의자와 민족주의자 약 145명이 참가한 가운데 코민테른이 주도한 극동민족대회가 열렸다. 워싱턴회의에 대항하는 성격의 이 대회에서는 일본의 혁명이 동아시아 문제를 해결하는 열쇠가 될 것이라고 보았다. 비록 워싱턴회의에서 미국과 일본을 위시한 열강 사이의 이해관계가 일시적으로 조정되긴 했지만, 그것은 그리 오래가

지 못하고 머지않아 동아시아에서 미국과 일본 간의 대결 구도를 중심으로 전쟁이 일어날 것이라고 전망했기 때문이다.

극동민족대회는 식민지의 민족혁명운동을 지지하며 제국주의와 대립하고 노동자 계급의 이익과도 조화를 이룰 수 있으리라 기대했다. 그리고 사회주의 혁명 이전에 민주주의 혁명이 있어야만 민족혁명운동을 성공시킬 수 있다고 보았다. 이후 중국공산당은 1922년 제2차 전국대표대회에서 제국주의와 봉건 세력에 반대하는 민주주의 혁명을 전개하기로 결정했다. 또한 상하이파 고려공산당●과 더불어 초창기 조선인 사회주의운동의 양대 줄기였던 이르쿠츠크파 고려공산당●도 사회주의 혁명을 앞세우던 입장을 바꾸어 반일독립이라는 민족혁명의 과제를 해결하는 일이 우선임을 강조했다.

한·중·일에 등장한 공산당, 동아시아 정세의 새로운 변수

조선인과 중국인 사이에 사회주의 사상이 대중적으로 확산된 데에는 3·1

이르쿠츠크파와 상하이파 고려공산당 러시아에 있던 한인 사회주의자들은 1921년 5월 이동휘 등을 제외한 가운데 이르쿠츠크에서 고려공산당 창당대회를 열었다. 이를 이르쿠츠크파 고려공산당이라 한다.
한편, 이동휘는 이에 대항하여 1921년 5월 상하이의 프랑스 조계에서 고려공산당 창당대회를 열었다. 이를 상하이파 고려공산당이라 한다.

운동과 5·4운동의 경험과 그 이후 일어난 사회 변화가 큰 역할을 했다. 사회주의 사상은 3·1운동과 5·4운동 이후 중국과 식민지 조선에 홍수처럼 밀려들어온 여러 사상 가운데 하나였다. 당시 식민지 조선과 중국에는 100여 년 동안 서구에서 유행했던 많은 사상, 곧 아나키즘, 생디칼리슴, 미국의 프래그머티즘●과 교육론, 러시아혁명과 마르크스·레닌주의 등이 한꺼번에 소개되었다. 이 가운데 마르크스·레닌주의로 대표되는 사회주의 사상은 조선과 중국의 민중 사이에 구국구민(救國救民)의 사상으로 받아들여졌다.

식민지 조선에서 사회주의 사상은 3·1운동의 대안을 모색하려는 사람들이 받아들였다. 때마침 조선총독부의 문화통치라는 유화 전략에 따라 제한적이지만 정치공간이 열리면서 청년지식인 등이 사회주의 사상에 대해 어느 정도 공개적으로 말할 수 있게 되었다. 중국에서는 1920년 여름경 군벌 간 전쟁에서 즈리파가 승리하면서 찾아온 자유화 정책을 계기로 언론 활동이 왕성해지고, 백화문(白話文)운동이 정착·확산되었다. 그 밑바탕에는 5·4운동을 계기로 높아진 중국인의 민족·계급 의식이 있었다.

사회주의 사상을 수용하고 확산시키려는 움직임은 각국에서 공산당의 성립이라는 형태로 응집되었다. 중국과 일본의 공산당은 상하이에 있던 코민테른 극동국의 지원을 받아 창당되었다. 식민지 조선에서 결성된 조선공산당은 블라디보스토크에 있던 코민테른 파견기관의 지원을 받아 이전의 고려공산당과 관계없이 결성되었다. 세 지역의 공산당은 모두 지식인을 주요 구성원으로 창당되었다는 공통점이 있었다.

중국에서는 5·4운동을 계기로 사회주의 사상을 연구하고 선전하는 정치·문화공간이 확대되었다. 특히 《신청년》은 1920년 베이징에서 다시 상하이로 옮겨 발행하면서 그곳 공산주의 소조(小組)의 간행물이 되었는데, 러시아혁명과 사회주의 러시아의 경험을 소개하는 데 큰 역할을 했다. 1921년 7월 마오쩌둥을 비롯한 13명이 상하이에 모여 중국공산당을 결성했다.

일본공산당은 1922년 7월 결성되었다. 일본의 사회주의운동은 제1차 세계

아나키즘·생디칼리슴·프래그머티즘
아나키즘은 개인의 자유와 평등을 중시하여 국가권력을 비롯한 모든 정치권력과 조직을 부정하는 사상 또는 운동을 말한다. 생디칼리슴은 무정부주의적 노동조합 지상주의를 일컬으며, 프래그머티즘은 19세기 말 미국을 중심으로 일어난 철학사상으로, 행동과 실천을 중시한다. 이를 교육 분야에 적용한 존 듀이는 주입식 교육보다는 학생이 실천적 행동을 통해 관념과 사고를 검증할 수 있도록 해야 한다고 강조했다.

대전 이전에도 있었지만, 러시아혁명과 1918년의 쌀 소동을 계기로 지식인들이 노동조합의 지도자들과 함께 정치활동의 대중적 기초를 쌓기 위한 협력을 시작하면서 새로운 국면에 접어들었다. 이러한 협력 과정에서 천황제 폐지 등을 받아들이는 사람들이 일본공산당을 결성했다.

1925월 4월에 결성된 조선공산당은 3·1운동 이후 일본의 지배를 벗어나기 위한 새로운 대안을 모색하던 지식인들이 사회주의 사상을 수용하여 전파하는 과정에서 탄생되었다. 조선공산당은 중국과 마찬가지로 민족주의운동 세력과 협력하고 경쟁하면서 성장했다. 당시 비공개 사회주의운동 세력으로 상하이파, 화요파와 같은 다양한 정파가 있었지만, 조선공산당은 이들을 모두 아우른 조직은 아니었다. 이는 정파적 대결이 없는 상태에서 창당된 중국공산당과 다른 점이기도 하다.

제1차 조선공산당 사건 공판 기사
1925년 4월 17일 결성된 조선공산당은 조직 확대 등을 꾀하다 1925년 11월 계획이 탄로나 일망타진되었다 (제1차 조선공산당 사건). 이 사건의 공판을 크게 보도한 1925년 11월 27일자 조선일보이다.

제1차 국공합작

워싱턴회의 이후 동아시아 국제 관계의 안정 기조를 크게 흔든 국가는 일본과 중국이었다. 일본은 중국 문제에 관한 한 다른 열강에 비해 지리적으로 유리했다. 일본은 무력을 배경으로 독자적인 세력 범위를 마련하기 위해 워싱턴회의에서 체결된 9개국조약을 폐기하고, 중국에 대한 영향력을 확대할 기회를 노리고 있었다. 중국에서는 1924년 제1차 국공합작이 성립되고, 1926년에는 외세를 등에 업고 그들의 앞잡이가 되어 중국인을 억압하며 이권을 챙기던 군벌을 진압하고 중국을 통일하려는 북벌이 일어났다.

당시 중국에서는 돤치루이의 안후이파, 장쭤린의 펑톈파, 펑위샹의 즈리

파가 경쟁하며 몇 차례 대규모 전쟁을 하는 등 군벌 간에 치열한 싸움이 벌어지고 있었다. 또한 중국국민당이 주도한 북벌은 대중적인 반제국주의운동과 결합한 군사행동이기도 했다.

그렇다면 광둥 지역의 작은 세력인 중국국민당이 제1차 국공합작과 북벌을 전개할 수 있었던 힘은 어디에서 비롯된 것일까? 먼저 북벌을 추진하기까지 중국국민당의 변모를 먼저 이해할 필요가 있다. 변화를 이끌어낸데에는 외부 환경의 역할이 컸고, 그 가운데 가장 중요한 역할을 한 것은 러시아(1922년 이후 소련)과 코민테른이었다.

파리강화회의에 참여하지 못한 러시아는 워싱턴회의에서도 배제되었다. 러시아가 동아시아 외교무대에 등장할 수 있었던 것은 다양한 군벌과 정치 세력을 상대로 중국 문제에 대해 폭넓게 개입하면서였다. 러시아는 1919년 7월 '중국 인민과 중국의 남북 정부에 대해 호소'한다는 '카라한선언'을 통해 제정러시아가 획득한 한커우와 톈진의 러시아 조차지와 치외법권을 포기하고, 광산 채굴권을 반환하며, 중둥철도를 무상으로 반환하겠다고 선언했다. 또 의화단 사건의 배상금 가운데 러시아 몫을 받지 않겠다고도 선언했다. 이러한 무배상·무병합·민족자결의 원칙을 내세워 중국의 정치 세력들에 접근한 결과, 1920년부터 러시아는 코민테른을 통해 중국공산당 창당에 관여하게 되었다. 그리고 1922년 소비에트사회주의공화국연방(소련)을 이룬 뒤, 나아가 1924년 베이징 정부와 국교를 수립하는 협정을 체결해 외교 관계를 정상화했다. 이어 만주 지역을 통치하고 있던 펑톈 군벌과 중둥 철도를 공동 경영하며 관리권을 갖기로 합의했다.

소련은 1923년 1월 중국의 통일과 독립을 위해 쑨원의 광둥 정부와 협력하기로 약속한 '쑨원-요페 선언'을 발표했다. 달리 보면 중국국민당이 중국의 통일과 완전한 독립을 달성하기 위해 소련의 원조를 받겠다고 공개적으로 선언한 것이다. 쑨원의 연소(聯蘇) 정책은 이즈음부터 본격화되었다. 베이징 정부와 달리 워싱턴회의에서 배제된 쑨원의 광둥 정부는 소련에 접근할 수밖에 없는 상황이었다. 또 안으로는 광둥 정부 수립에 결정적인 역할을 한 천중밍이 이탈하여 대결적인 태도를 취함으로써 북벌에 필요한 가장 큰 군사기반을 상실한 상태였다. 더구나 쑨원은 공화정의 핵심인 국회를 정상화해 통일정부를 수립하겠다는 종래의 구상을 폐기하고, 강력한 일당 체제 아래 무력으로 국민혁명을 수행하여 군벌을 해체하고 중국을 통일할 방법을 모색하고 있었다.

1924년 1월 중국국민당은 연소용공(聯蘇容共)과 노농 원조 정책을 명확히 천명해 제1차 국공합작을 성립시켰다. 중국공산당은 코민테른의 강력한 권유로 국민혁명에서 중국국민당의 지도적 지위를 인정하는 한편, 모든 당원에게 개인 자격으로 중국국민당에 입당하도록 했다. 이는 식민지와 반식민지에서의 민족운동이 프롤레타리아 혁명의 일부분이라는 코민테른의 이론을 받아들인 결과이기도 했다. 중국국민당으로서는 공산당원들이 취약한 대중운동 기반을 만회해주길 기대한 측면도 있었다. 그해 11월 쑨원은 국민혁명을 전국으로 확대하기 위해 북상하겠다는 '북상선언'을 발표했다.

중국국민당은 국민혁명을 완수하고자 소련인 고문의 도움을 받아 당을 대중정당으로 재조직했다. 소련공산당처럼 최고기관인 전국대표대회와 중앙집행위원회를 두고 민주집중제 원칙으로 운영했다. 쑨원의 사당(私黨)적인 성격을 띠었던 중국국민당이 공적인 근대 혁명정당으로 탈바꿈을 시도한 것이다. 또한 중국국민당은 사병적 성격의 군벌에 의존하던 이전의 방식에서 벗어나 독자적인 군대를 편성하고 군사 간부를 양성하기 위해 황푸(黃埔) 지역에 코민테른의 도움을 받아 황푸군관학교를 설립했다. 군대 운영도 소련군처럼 국민혁명군에 당대표제를 두고 정치교육을 중시했다.

워싱턴 체제를 뒤흔든 북벌과 일본의 산둥 침략

쑨원이 사망한 후, 중국국민당은 그의 뜻을 이어 1925년 7월 광둥 국민정부를 세웠다. 1926년 7월 국민혁명군으로 중국을 통일하기 위해 광저우에서부터 북벌을 시작했다. 국민혁명군은 중국공산당도 관여한 노동운동과 농민운동의 지원을 받으며 순조롭게 북상했다. 반제국주의 열기가 고조되는 가운데 중국 민중이 한커우와 주장(九江)의 영국 조계를 되찾으려 하자 영국 정부가 우한(武漢)의 국민정부와 반환협정을 체결했다. 이즈음부터 중국국민당이 국권회수운동의 주도권을 장악하기 시작했다.

중국인의 반제국주의 의식은 1927년 3월 국민혁명군이 난징을 점령할 때도 표출되었다. 국민혁명군이 난징을 점령할 즈음 북양군(北洋軍) 소속의 탈영병들이 일본과 영국의 난징 주재 영사관을 공격한 것이다. 난징을 점령한 국민혁명군은 그 직후 중국공산당이 지도하는 상하이 지역 노동자들의 무장폭동을 기회로 상하이를 점령했다. 상하이는 1925년 반제국주의를 목표로 내건 5·30운동●이 시작된 곳으로서, 이 운동을 계기로 이미 노동자의 의식이 깨어 있던 곳이었다.

한편, 북벌 세력 내부에서는 국민혁명을 추진하자는 중국국민당 좌파 및 중국공산당과 이에 반대하는 중국국민당 우파 사이에 갈등이 깊어지고 있었다. 국민혁명군이 상하이에 들어오기 이전부터 이들의 갈등은 첨예화된 상태였다. 중국국민당 좌파와 중국공산당이 세력을 확대하는 데 경계심을 갖고 있던 장제스와 중국국민당 우파는 급기야 4·12쿠데타(상하이쿠데타)를 일으켰다. 쿠데타 세력은 자신을 환영했던 노동자의 무장을 해제하는 한편, 중국공산당원과 중국국민당 좌파를 체포하고 처형했다. 그리고 곧이어 난징을 수도로 삼은 난징 정부를 수립했다. 이로써 제1차 국공합작은 와해되었다. 후에 장제스와 라이벌이 될 마오쩌둥은 이해 가을 후난성과 장시성의 경계에 있는 해발 1,500미터의 징강산(井岡山)과 그 일대로 퇴각해 혁명 근거지를 세웠다.

국민혁명군이 상하이를 점령하자 일본은 거류민 보호라는 명분을 내세우며, 이른바 산둥 지역에서의 권익을 지키기 위해 '제1차 산둥 침략'을 감행했다. 그러나 난징 정부는 북벌을 추진하는 것이 우선이라는 판단 아래 일본의 침략에 정면으로 대응하지 않았다. 난징 정부는 일본과의 직접 충돌을 피한 채 중국공산당과 연대하지 않겠다고 공개적으로 밝히는 한편,

중국공산당원이 추방되면서 이미 혁명성을 잃어버린 우한의 국민정부와 합병하는 등 체제를 정비했다.

당·정·군의 반공 체제를 정비한 장제스는 1928년 4월 북벌을 재개했다. 일본은 이번에도 거류민 보호라는 명목을 내세워 즉각 '제2차 산둥 침략'을 감행하고, 북벌군과 무력충돌을 벌이며 '지난(濟南) 사건'을 일으켰다. 식민지 조선에 주둔하고 있던 일부 일본군도 산둥 침략에 출동시켰다. 일본의 적극적인 군사행동에는 산둥의 권익과 더불어 친일 군벌 장쭤린의 베이징 정부를 보호하려는 의도도 숨어 있었다. 북벌로 인해 만주와 내몽골에서 일본의 권익이 위협받을 우려가 있었기 때문이다. 일본은 자국의 권익을 위해 군대를 동원하여 중국의 통일이라는 중국인의 민족주의 열기까지 서슴없이 제압하려 했다. 중국 민중은 지난 사건을 목격하면서 반제국주의운동의 표적을 반영에서 반일로 집중하기 시작했다.

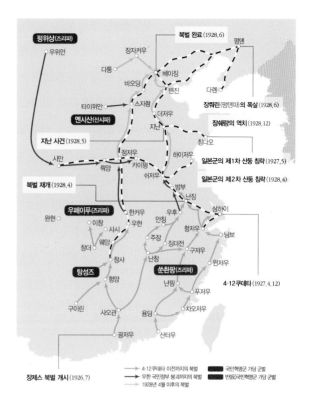

그러나 장제스는 이번에도 일본과의 충돌을 확대하지는 않았다. 베이징을 점령해 북벌을 완료하는 것이 더 중요하다고 보았기 때문이다. 일본도 마찬가지로 더 이상 적극적으로 행동하지는 않았다. 1927년의 침략 때와 달리 미국과 영국이 비판적인 데다 장제스가 주도하는 북벌을 막을 수는 없다고 보았기 때문이다.

이리하여 장제스의 국민혁명군은 1928년 6월 장쭤린이 장악하고 있던 베이징 정부를 몰아내고 북벌을 종료했다.

한편, 펑톈으로 패주하던 장쭤린은 관동군의 음모로 펑톈역 부근에서 폭

중국의 북벌 상황 북벌은 1926년부터 1928년까지 장제스의 주도로 북쪽의 군벌정권을 타도하기 위해 치른 전쟁을 말한다.

살당했다. 그의 아들 장쉐량은 아버지의 뒤를 이어 만주 지역의 실권을 장악하고, 1928년 '역치(易幟)'●하여 중국국민당 정부에 합류하는 한편, 일본의 침략 정책에 반대하는 태도를 명확히 했다.

동아시아 국가와 민족들은 국민혁명군이 대륙에서 주도권을 장악함에 따라 대중국 전략을 변경할 수밖에 없게 되었다. 특히 일본은 베이징 정부를 앞세워 중국 본토에서의 영향력을 확산하며 남진하려던 계획을 수정해야만 했다. 만주 지역의 치안을 유지하며 만몽(滿蒙)권익을 안전하게 지키는 것이 더 중요한 일이 되었기 때문이다.

조선인 민족운동 세력은 제1차 국공합작 등의 영향을 받아 이념을 불문하고 독립운동 세력을 통일하기 위해 움직였다. 상하이 등지에 있던 민족운동가들과 만주에서 활동하던 민족운동가들은 각각 비밀결사체의 성격을 띤 민족유일당을 결성하기 위해 움직였다. 또한 국내에 있던 민족운동가들은 1927년 2월 신간회(新幹會)라는 좌우 연합조직을 공개적으로 결성했다. 민족운동을 통일하려는 움직임을 주도하던 조선인들은 국민혁명군이 만주로 진격해오면 그에 호응해 만주 지역에서부터 항일무장투쟁을 일으켜 독립을 획득하고자 했다. 특히 사회주의자들이 그에 대한 구체적인 전략을 세우기 위해 활발히 움직였다. 그렇지만 북벌이 중지되고, 이즈음부터 중국에서 활동하던 조선인 민족주의자와 사회주의자가 다시 갈라서면서 이러한 전망과 준비는 무위로 돌아갔다.

제국주의 국가들과 중국의 관계도 재조정되기 시작했다. 열강은 불평등조약을 개정하려는 중국국민당의 움직임에 대해 이제까지 해왔던 방식대로 무력을 앞세워 조약 유지를 강요할 수는 없었다. 중국국민당 정부는 불평등 조약을 완전히 폐지하지는 못했지만, 1928년 7월 미국과의 조약 개정을 시작으로 1930년 일본과 '중일관세협정'을 체결함으로써 1842년 난징조약 이래 관철되어온 협정관세의 질곡에서 벗어나 어느 정도 관세자주권을 회복하게 되었다.

역치
'깃발을 바꾸어 달다'라는 뜻으로, 장쭤린이 관동군에 의해 폭살당하자 그의 아들 장쉐량이 1928년 12월 29일 오전 7시에 중화민국 국기인 오색기(五色旗)를 중국국민당 정부의 깃발인 청천백일만지홍기(靑天白日滿地紅旗)로 바꿔 달고 이들에게 합류한 사건을 일컫는다.

워싱턴회의를 바라보는
한·중·일 3국의 시선

워싱턴회의의 개최와 결과에 대해 일본·식민지 조선·중국은 각국의 처지에 따라 다른 반응을 보였다. 일본의 경우, 대미 협조외교 노선을 추진하고 있던 데다 군함을 만드는 경쟁으로 재정 부담을 느끼고 있던 터라 여론은 해군 군축조약에 지지를 보냈다. 또한 다이쇼 데모크라시 분위기 속에서 협조외교를 중시하는 정당의 힘이 군부보다 우위에 있었다.

조선인 민족운동가 중 일부는 미국이 동아시아의 개조에 나섰으니 일본이 이에 적극 호응하지 않으면 미일전쟁이 발생할 것이라 예측하며, 조선의 독립을 청원하는 운동을 벌였다. 미국을 비롯한 열강이 동아시아의 평화보장을 위해 조선의 독립이 절대적 조건이라는 데 동조하며 일본에 압력을 넣을 것이라고 기대했기 때문이다. 하지만 대부분의 조선인 민족운동가는 파리강화회의나 국제연맹에 대한 실망감으로 더는 기대하지 않았다. 그들의 예상대로 워싱턴회의에서 조선 문제는 거론조차 되지 않았다. 그들은 미국, 영국 등에 실망하고 민족자결을 주장하며, 피압박 민족해방운동을 지원하는 소련과의 국제연대에 호의적인 관심을 보였다.

중국의 경우, 베이징 정부는 워싱턴회의에 참가했으나 쑨원의 광둥 정부는 배제당했다. 이러한 분위기에서 중국공산당 창당과 코민테른의 영향으로 제국주의 체제의 재편에 불과한 워싱턴회의를 반대하는 여론이 일어났다. 쑨원이 소련 정부의 원조를 받아 제1차 국공합작을 이루면서, 반제국주의=반워싱턴 체제, 반베이징 정부=반군벌이라는 구호를 내건 국민혁명이 개시되었다.

5

제2차 세계대전과 동아시아

● 이 시기 한·중·일 연표

1929 세계공황 시작

1930 런던해군군축조약 조인

1931 류타오후 사건(만주사변 시작)

1932 제1차 상하이사변. 관동군, 만주국 수립

1933 일본, 국제연맹 탈퇴

1935 일본, 화북 분리 공작. 중국공산당, '8·1선언'

1936 일독방공협정 체결. 중국, 시안 사건 발발

1937 중국, 루거우차오 사건(중일전쟁 시작). 제2차 상하이사변 발발. 중소상호불가침조약 체결. 제2차 국공합작. 조선
총독부, '황국신민 서사' 제정. 난징 대학살 사건

1938 일본, 국가총동원법 공포. 국민정신총동원 조선연맹 조직

1939 일본, 노몬한 사건. 독소불가침조약 체결. 제2차 세계대전 발발. 일본, 국민징용령에 의한 조선인 강제동원 시작

1940 중국 난징에 왕징웨이 정권 수립. 일본, 프랑스령 인도차이나 북부에 진주. 일본·독일·이탈리아 3국동맹. 대한
민국 임시정부, 한국광복군 결성

1941 일소중립조약 체결. 일본, 프랑스령 인도차이나 남부에 진주. 독소전쟁 발발. 일본 해군, 진주만 공격(아시아·태
평양전쟁 시작)

1942 연합국, 워싱턴에서 '국제연합선언' 발표. 중국 허베이에서 조선독립동맹 결성

1943 미·영·중 정상, 카이로회담

1944 일본, 조선에서 징병제 시행

1945 미·영·소 정상, 얄타회담. 독일 항복. 미국, 히로시마·나가사키에 원폭 투하. 소련, 대일 참전. 일본 항복. 국제
연합 발족

1930~40년대 동아시아는 일본이 중국 등 아시아 국가를 침략하면서 대규모 전쟁에 휩싸였다. 아시아·태평양전쟁의 발발로 이 전쟁은 반파시스트 전쟁의 성격을 띠게 되었다. 전쟁은 중국과 식민지 조선뿐 아니라 동남아시아 각국에 막대한 피해를 입히며 기존의 국제질서를 완전히 파괴했다.

전쟁이 끝난 뒤 일본은 전쟁 도발 의도와는 상반된 결과에 직면했다. 독일, 이탈리아 등 파시스트 침략국처럼 일본도 결국 패전하여 아시아 패권이라는 목적을 달성하지 못한 채 전후 국제법정의 제재까지 받게 되었다. 반대로 중국은 연합국의 일원으로 항일전을 벌여 근대 이래의 민족해방전쟁에서 첫 승리를 거두었다. 일본의 식민 지배를 받던 조선 또한 끈질긴 독립운동으로 마침내 일본의 식민통치에서 벗어나 독립 주권국이 되었다.

이 장에서는 동아시아에서 일어난 전쟁의 원인과 과정, 결과를 중심으로 동아시아와 세계에 미친 영향을 살펴보고자 한다.

1

일본의 만주 침략과 국제사회

부전조약에서 만주사변까지

제1차 세계대전 종료 후, 1919년 서구 열강은 패전국 처리와 세계질서 재편을 목표로 베르사유에서 회의를 열어 각국의 이익을 재조정했다. 같은 해 4월 28일 파리강화회의에서 각국은 무기 감축과 국제분쟁 해결을 위해 '국제연맹규약'을 통과시켰다. 이어 1921년부터 1922년까지 열린 워싱턴회의에서는 동아시아에서 열강의 이익 균형을 위해 중국 문제에 관한 9개국조약을 통과시켰다. 중국 측은 관세자주권 회수, 영사재판권 철회, 외국의 중국 주둔군 철수와 조계 및 조차지 회수 등을 제안했지만 모두 거절당했다. 미국이 제안한 '문호 개방, 기회 균등'의 원칙을 열강이 승인하면서, 일본은 어쩔 수 없이 중국 산둥의 권익을 포기했다. 이와 함께 미국·영국·프랑스·이탈리아·일본 5개국은 '워싱턴군축조약'을 체결했다. 1925년 유럽 각국은 집단안보 강화를 위해 거듭된 협상을 통해 '로카르노조약'을 체결했다. 이 밖에 전쟁 방지와 국제분쟁의 평화적 해결을 위한 원칙을 확립하기 위해 1928년 미국·영국·프랑스·독일·벨기에·이탈리아·일본 등 15

개국 대표가 파리에서 '국가 정책 수행의 도구로서의 전쟁 포기에 관한 일반 협정', 즉 '부전조약(不戰條約)'을 체결했다. 조약에 따라 체약국 사이의 모든 분쟁이나 충돌은 그 성격과 이유를 막론하고 평화적 방법으로만 해결할 수 있으며, 서명국이 전쟁이라는 수단으로 이익을 추구할 경우 조약에 규정된 혜택을 향유할 수 없게 되었다. 1933년까지 부전조약에 가입한 나라는 중국을 포함해 63개국이었다. 그러나 부전조약 체결 이후에도 중·일 갈등이나 일본과 서구의 이권 갈등은 여전히 해결되지 않은 채 남아 있다. 이러한 상황에서 중국의 민족해방운동은 날로 거세지고, 일본 식민지로 전락한 조선은 굴하지 않고 독립운동을 계속 전개했다. 이는 모두 동아시아 국제질서를 뒤흔드는 중요한 요인이었다.

1929년 세계 역사상 가장 심각한 경제 공황이 일어났다. 4년이나 계속된 공황으로 경제 위기 이전 시기의 최고 수준에 비해 서양의 공업 생산은 40% 감소하고, 세계 무역량도 65% 감소했다. 경제 위기로 열강들이 긴축재정을 실시하면서 군축이 중요한 의제가 되었다. 이를 배경으로 영국·일본·미국·프랑스·이탈리아 5개국은 1930년 런던에서 해군 군축회의를 열고 '런던해군군축조약'을 체결했다. 조약의 주요 내용은 각국의 보조함 수량과 주력함 대체 기간에 대한 제한이었다. 일본 정부는 영·미 열강과의 대립을 피하기 위해 결국 군축조약을 비준했다.

한편, 일본 정부는 자원 부족 등의 문제를 해결하기 위해 공개적으로 대외 확장을 추진하고, 만몽(滿蒙, 만주와 내몽골)을 일본과 특수한 관계가 있는 생명선이라 천명했다. 1928년 6월, 만주를 통치하던 장쭤린이 관동군에 의해 폭살되자, 그해 말 장쭤린의 아들 장쉐량은 중국국민당 정부를 따르겠다고 선포하고 일본에 비협조적인 태도를 취했다. 동시에 남만주철도 부근에 새로운 철도 건설을 시작하여 일본의 남만주철도 경영을 어렵게 만들었다. 이에 관동군 참모 이시하라 간지와 이타가키 세이시로 등은 만주의 이권을 탈취하고자 전쟁을 일으키기로 결정했다. 1931년 7월, 일본은 '완바오산(萬寶山) 사건'●을 일으켜 중국 농민을 무력 진압하고, 만주 지역 조

완바오산 사건
1931년 5월 하순부터 창춘 근교 완바오산에서 조선인 농민과 중국인 농민 사이에 수로 개설을 놓고 일어난 분규이다. 6월 초순 중국 경찰이 나서자 일본의 영사경찰도 조선인은 일본 신민이라며 수로 공사 강행에 개입했다. 7월 1일 중국인 400여 명이 조선인들이 만든 수로를 파괴하자 일본 경찰은 발포까지 하며 중국 농민을 진압했다.

완바오산 사건 이후 조선인과 중국인의 충돌(평양, 왼쪽), 만주에 입성한 일본군(오른쪽) 조선에는 일본이 일으킨 완바오산 사건이 잘못 알려지면서 평양을 비롯한 주요 도시에서 조선인과 중국인의 충돌 사태가 벌어지기도 했다. 이후 일본군은 군사행동을 개시해 만주사변을 일으켰다.

선 이민자들이 중국인에게 박해를 받는다는 소문을 날조해 조선인과 중국인의 대립을 조장했다. 이 소문이 퍼지자 조선에서는 중국인 배척운동이 일어나 조선 화교의 가옥과 상점이 파괴되고 중국인이 살해당했다(사망 109명, 부상 160여 명). 그해 8월 20일 혼조 시게루 신임 관동군 사령관은 취임하자마자 일련의 '출동 훈련'을 통해 "앞으로 상서롭지 못한 일이 발생할 것"이며 "마지막 결전의 시간이 멀지 않았다"라고 관동군에게 훈시했다.

1931년 9월 18일 밤, 일본 관동군은 펑톈 북부 교외 류탸오후(柳條湖)의 남만주철도 일부 구간을 폭파하고는 이를 중국군의 소행이라 모함하며, 이를 구실로 동북군 주둔지와 펑톈성에 대한 군사행동을 개시해 '만주사변'을 일으켰다.

관동군은 사전에 확정된 동북3성 점령 계획을 실시하기 위해 군부에 증병을 요구했다. 21일 천황의 명령이 없는 상황인 데다 일본 각의의 '사태 확대 불가' 방침에도 불구하고, 조선 주둔 일본군이 국경을 넘어 펑톈에 도착해 관동군을 지원하자, 전쟁의 불길은 곧 동북3성까지 번졌다. 12월 일본 와카쓰키 레이지로 내각은 연립정권을 구성해 군부를 통제하고자 했지만 다른 각료들의 반대에 부딪혀 대립을 해결하지 못한 채 총사퇴했다. 이틀 후 새로이 이누카이 쓰요시 내각이 조직되었다. 새로운 지도부의 지원 속에 일본군은 전쟁을 계속 확대하여 1932년 1월 진저우(錦州)를 점령했다. 이 무렵 쇼와(昭和) 천황은 관동군에게 포상 '칙어'를 하달했다. 이에 고무된 관동군은 2월 5일 하얼빈을 함락했다. 만주사변 이후 4개월 동안 일본군은 산하이관에서 헤이룽장까지 일본 국토의 세 배에 해당하는 110만km²의 중국 영토를 점령했다.

만주사변 이후 국제연맹과 미국의 간섭을 바탕으로 '9개국조약'과 '부전조약'에 의거해 사태를 해결하고자 했던 중국 정부는 단독 대일 교섭 불가 방침을 취하면서 국제연맹에 일본을 제소했다. 만주에서 괴뢰국가를 수립하려던 일본은 국제사회의 이목을 돌리기 위해 상하이에서 중국인의 일본 승려 습격 사건을 사주하고, 이를 구실로 조계 밖의 중국 구역에 일본 해군 육전대를 배치했다. 1932년 1월 28일 일본군은 교민 보호를 구실로 중국 19로군과 개전했다(제1차 상하이사변, 1·28사변). 같은 해 5월 5일 국제연맹의 요구에 따라 중·일 양국 대표가 '정전협정'을 체결하면서 상하이에서 벌어진 전쟁은 잠시 마감되었다. 그러나 협정 가운데 중국군의 상하이 주둔을 제한하는 일련의 규정은 중국의 주권을 크게 침해했다. 또한 중국 국민정부는 대일 교섭 과정에서 타협적 태도를 보였다.

만주사변은 일본이 자신의 '이익선'을 중국 만주까지 공식적으로 확대한 사건으로, 다나카 기이치 내각이 표방한 '만몽 분리'* 방침을 실현했다. 일본의 행동은 베르사유·워싱턴 체제에 대한 도전이었지만 영·미 등은 만주에 중요한 이해관계가 없었으므로 구체적인 일본 제재 조치를 내놓지 않았다. 소련은 일본을 비난하면서도 평화 방침을 고수하며 중립적인 입장을 취했다.

국제연맹의 대응과 만주국의 성립

만주사변 이후 국제연맹 이사회는 중국 국민정부의 요청을 받아들여 조사단 파견을 결정하고 만주에 대한 조사를 진행했다. 영국의 리턴을 단장으로 한 이 조사단은 일명 '리턴조사단'이라 불렸다.

만몽 분리
1927년 6월 말에서 7월 초까지 일본의 다나카 내각은 장제스의 북벌에 대항하고 일본의 권익을 확보하기 위해 외무성과 군부 등을 모아 동방회의를 개최했다. 이 회의에서 일본은 러일전쟁 이후 침탈했던 만주와 내몽골을 중국 본토와 분리시켜 일본의 '특수권익'이라고 규정했다.

리턴조사단 만주사변을 조사하기 위해 국제연맹이 파견한 리턴조사단 일행. 왼쪽부터 조사단으로 참여한 이탈리아의 알드로반디, 독일의 슈네, 단장인 영국의 리턴, 미국의 맥코이, 프랑스의 클로델이고, 보좌진으로 일본의 요시다 이사부로(맨 오른쪽)와 중국의 구웨이쥔이 동행했다.

리턴조사단은 만주와 일본에 대한 조사 후, 1932년 10월 '국제연맹 조사단 보고서'를 발표했다. 보고서에서는 일본이 일으킨 만주사변의 계획성과 만주 점령의 불법성 및 만주 괴뢰정권의 성격을 지적하면서 만주의 중국 주권을 인정했지만, 동시에 만주에서 일본의 '특수'한 지위와 권익도 인정했다. 조사단은 만주 문제 해결에 관해 만주사변 이전 상태로의 원상회복에 반대하는 동시에 만주국의 현상 유지에 대해서도 부인하면서, "중국 내부 개조에 국제적인 협력이 필요하다"라는 주장을 내놓았다. 이후 국제연맹 총회는 중·일 분쟁을 전문적으로 다루는 '19개국위원회'를 설립하기로 결정했다.

1933년 2월 24일 국제연맹 총회는 찬성 42표, 반대 1표(일본), 기권 1표(시암)로 리턴조사단의 보고서에 기반한 19개국 위원 보고서를 통과시켰다. 보고서는 만주에서의 중국 주권 인정과 만주국 비승인 등을 주요 내용으로 했다. 마쓰오카 요스케 일본 대표는 이 보고서에 대한 항의 표시로 퇴장했다. 이어서 3월 27일 천황이 국제연맹 탈퇴 조서를 발표했다. 결국 중·일 문제 해결을 위한 국제연맹의 노력은 실패로 돌아갔다.

1932년 3월 1일 일본 관동군의 지배 아래 만주국이 수립되었다. 연호는

'대동(大同)'으로 하고, 수도를 신징(新京, 지금의 창춘)에 두고 퇴위한 과거
청의 선통제 푸이를 '집정(執政)'으로 삼았다. 일본 정부는 8월 8일 무토 노
부요시를 관동군 사령관 겸 '만주국 주재 특명 전권대사'로 임명하고, 9월
15일 '만주국'을 정식으로 승인했다. 만주국은 1934년 3월 제정 실시를 선
포하면서 푸이가 황제로 등극했지만, 관동군은 일본 군인을 따로 파견해
황제 신변을 통제할 '어용괘(御用掛, 황제 사무를 전담하는 책임자)'를 맡기고
"관동군 사령관은 천황의 대리인으로 황제의 사부이자 감호인"임을 자처
했다. 이듬해, 만주국 정부에서 실권을 가진 총무청 장관과 각부 차관을 모
두 일본인이 맡음으로써 만주국 정권은 일본의 꼭두각시라는 점이 분명해
졌다. 중국 국민정부는 만주국에 대한 승인을 시종일관 거절하면서 일본에
대한 국제연맹의 제재를 촉구했다.

　만주국 정권에 대한 일본의 시정 핵심은 경제적 수탈이었다. 관동군은
만주국에 '일만의정서(日滿議定書)'를 강요해 만주에서 일본의 특권을 확
립하고, '산업 개발 5개년 계획'을 제정했다. 이후 일본은 만주국을 전시 체
제에 편입시켜 개발 규모를 끊임없이 확대했다. 당시 표면적으로는 만주의
석탄, 강철 등 중공업 생산과 철도 건설 등이 성장했지만, 그것은 모두 일

일만의정서
1932년 9월 일본과 만주국 관계
의 기본 원칙을 규정하기 위해
체결한 문서이다. 핵심 내용은
일본의 만주국 승인, 만주에서
일본이 보유한 기존 권익 유지,
공동 방위를 구실로 내건 관동군
주둔 허용 등이다. 이는 리턴조
사단의 보고에 앞서 만주국의 존
재를 공식화하려는 일본의 의도
에서 취해진 조치였다.

본의 중국 자원 수탈이 목적이었다.

일본 제국주의와 그 괴뢰정권의 식민통치에 항거하기 위해 만주의 중국인들은 장장 14년에 걸쳐 저항했다. 만주사변 이후 일부 동북군 장교와 병사 및 각계 민중이 자발적으로 투쟁을 조직해 헤이룽장, 지린, 랴오닝에서 '동북항일유격전쟁'의 서막을 열었다. 중국공산당은 1932년부터 10여 지대의 항일유격대를 조직했고, 이는 점차 약 3만 명의 '동북항일연군'으로 발전했다. 항일연군에는 만주에 거주하던 조선인도 대거 참가하여, 항일전쟁과 제2차 세계대전의 최종 승리를 위해 크게 공헌했다.

1945년 8월 15일 일본의 항복과 함께 만주국은 붕괴되었다.

일본의 화북 분리 공작과 시안사건

1933년 9월 외상에 취임한 히로타 고키는 국제연맹 탈퇴 이후 일본의 국제적 고립을 해결하기 위해 영·미 등에 대한 '화협외교(化協外交)'의 필요성을 절감했다. 대중국 정책 측면에서도 화협외교 기조 아래 만주국의 존재를 전제로 중·일 관계를 재구축하기 시작했다. 당시 난징 국민정부의 통치권을 다지기 위해 '외세 배격보다 내정 안정을 우선(先安內後攘外)'하던 장제스는 장시의 홍군(紅軍)●에 대해 대규모 '포위 섬멸 작전'을 펼치면서 중국 내 반일운동에 대한 단속을 강화했다. 반면, 중국공산당은 항일과 장제스 타도를 병행하는 정책을 취했다. 중국 내전 상황에서 히로타의 대중국 외교는 1934년 5월 중·일 양국의 공사관을 대사관으로 승격시키는 진전을 이루었다.

히로타 외교는 우선 만주국의 성립을 중·일 간의 기정사실로 만들어 만주사변으로 생긴 국제질서의 변화를 처리하고자 했다. 또한 열강과의 관계에서도 1934년 말 일본은 워싱턴군축조약 폐기 방침을 결정하고, 1936년 1월 런던해군군축조약을 탈퇴하면서 영·미에 대한 종속적 지위에서 탈피하려는 자세를 밝혔다.

홍군
중국공산당이 조직한 군대를 총칭한다. 시기와 지역에 따라 다양한 호칭과 조직 구성을 지녔으나, 전체를 묶어 흔히 홍군이라 부른다. 중일전쟁 발발 후 제2차 국공합작에 따라 홍군은 '중국국민혁명군 제8로군', 즉 팔로군(八路軍)으로 편제되어 항일전에 임했고, 1947년 국공내전에 따라 인민해방군으로 재편되었다.

　일본의 새로운 움직임에 대해 미국은 일본을 견제하는 입장을 견지했지만, 영국은 대일 타협 경향을 보였다. 심지어 일본의 힘을 빌려 중국의 민족주의를 억누르려고 했다. 체임벌린 재무장관 등 일각에서는 중국에 대한 일본의 세력 확장을 과도하게 억누를 경우 일본이 창끝을 동남아시아에 있는 영국 식민지로 돌릴 가능성을 우려했다. 따라서 1934년 영국은 일본과 '영일상호불가침협정'을 체결하고자 했다. 영국은 중국을 희생시키더라도 극동과 동남아시아에서 자신의 권익과 안전을 우선 보장받으려 했다.

　만주국 성립 이후 일본 관동군은 만주와 이웃한 러허성(熱河省)과 만리장성을 따라 세력 확장을 시작했다. 1933년 1월 1일 관동군은 산하이관에서 중국군을 도발하고는 병력을 셋으로 나누어 러허성과 만리장성 각 통로로 밀고 들어갔다. 중국 국민정부는 '맞서면서 교섭한다(一面抵抗一面交涉)'라는 방침을 내세워 만리장성에서 저항을 벌였는데, 이를 장성항전(長城抗戰)이라 부른다. 그런데 '외세 배격보다 내정 안정을 우선'하던 국민정부는 일본과 전면전을 할 생각이 없었다. 5월 31일 톈진 탕구(塘沽)에서 중국 대표 슝빈과 일본 대표 오카무라 야스지는 '탕구정전협정'을 체결했다. 그 결과 국민정부는 지둥(冀東, 톈진 북부 및 베이징 동부 지역)을 비무장지대로 남겨둔 채 철군했다. 이후 지둥 비무장지대는 일본이 화북에서 새로운 침략활동을 전개하는 발판이 되었다.

탕구정전협정 체결 후 일본의 화북 분리 정책은 점차 형태를 갖추어나갔다. 이후 일본 관동군과 화북에 주둔한 중국 파견군은 화북 분리 계획을 함께 상의하면서, 화북 지방의 실권자들과 난징 중앙정부와의 갈등을 이용해 화북에서 이익을 탈취했다. '외세 배격보다 내정 안정 우선' 정책에 따라 남쪽의 '공산당 토벌' 전쟁에 주력하던 국민정부는 화북에서 일본과의 충돌을 가능한 한 피하기 위해 일본에 굴복했다. 국민정부는 중앙군과 중국 국민당의 성·시 당부를 전부 평진(平津, 베이징과 톈진) 지역에서 철수시키고, 지방 실권자들이 통제하는 반자치적 성격을 가진 지차정무위원회(冀察政務委員會)●를 구성했다.

'화북 분리'를 핵심으로 하는 일본의 대륙 정책은 1935년 정점에 달했다. 일본 관동군과 중국 파견군은 화북의 지방 세력을 압박하여 '현지 협정'을 맺고 화북 5개성(허베이河北, 차하르察哈爾, 쑤이위안綏遠, 산둥, 산시)을 중앙정부로부터 분리시키는 자치운동을 책동하여 '화북 특수화'를 도모했다. 이를 배경으로 일본은 탕구정전협정에서 비무장지대로 정한 지둥 비무장지대에 괴뢰정권인 '지둥방공자치위원회'를 수립했다. 인루겅을 위원장으로 한 지둥방공자치위원회는 이후 '지둥방공자치정부'로 개칭했으며, 관할 청과 현은 일본인을 고문으로 초빙했다. 이와 동시에 일본 정부가 '히로타 외교'를 핵심으로 중국 국민정부와 협상하면서 일본 군부와 함께 중국 침략 정책을 추진하자, 중국은 심각한 민족적 위기에 직면하게 되었다.

일본은 1934년 말부터 1936년 초까지 워싱턴군축조약과 런던해군군축조약을 차례로 탈퇴하면서 영·미에 대한 적대적 태도를 점차 분명히 했다. 영·미에 맞서기 위해 일본은 독일과 이탈리아를 새로운 협력 동반자로 선택했다. 1933년 나치 정권을 수립한 독일은 1936년 재무장을 선포하고 비

지차정무위원회
1935년 12월 세워진 중국 북부의 지방 정권으로 국민정부가 일본의 압력에 밀리면서 성립되었다. 지(冀)는 허베이성(河北省)을, 차(察)는 차하르(察哈爾省)성을 가리키며, 지둥방공자치위원회와 더불어 일본의 화북 분리 정책에 일조했다.

무장지대인 라인란트로 진군했다. 이탈리아는 1935년 에티오피아를 침략했다. 독일과 이탈리아는 제1차 세계대전 이후 형성된 국제질서를 타파하려고 했다.

1936년 11월 일본과 독일은 실질적으로 소련을 가상의 적으로 두고 '소련이 양국 어느 한쪽을 침공했을 때, 공격당하는 나라에 불리한 행동을 취하지 않는다'라는 '방공협정' 비밀 부속협정을 체결했다. 이듬해 말 일본과 이탈리아는 서로 일본의 만주국 승인과 이탈리아의 에티오피아 병합 승인을 전제로 접근하기 시작했다. 1937년 11월 이탈리아는 일독방공협정에 가입하고, 12월에 국제연맹 탈퇴를 선포하면서 만주국 승인을 선언했다. 이로써 새로운 국제질서를 구축하기 위한 일본·독일·이탈리아의 파시즘 진영이 형성되었다.

일본은 중국국민당의 장제스가 '외세 배격보다 내정 안정 우선' 정책을 펼치는 것을 이용해 괴뢰 만주국을 세웠을 뿐 아니라 화북 분리 노선을 추진했다. 민족 위기에 직면한 중국공산당은 1935년 8월 1일 '8·1선언'을 발표하여 항일민족통일전선 결성을 호소했다. 또한 중국공산당의 지도 아래 베이징 학생들이 화북 분리에 반대하기 위해 12월 9일 가두시위를 조직하여 내전 중지와 일치항전을 요구했다(12·9운동). '12·9운동'이 불러일으킨 구국의 물결은 중국 전역으로 빠르게 파급되었다.

일본의 침략이 가속화되자 국민정부의 대일 자세는 점차 강경해졌다. 1935년 11월 장제스는 중국국민당 제5차 전체회의에서 "평화가 완전히 절망적일 때까지는 결코 평화를 포기하지 않으며, 마지막 희생의 순간까지는 결코 쉽게 희생이라 하지 않는다"라고 밝혔다. 일본에 맞서기 위해 장제스는 중국국민당이 주체가 되어 중국 정국을 분열에서 통일로 이끌기 위한 여러 방안을 모색했다. 중국국민당과 공산당은 각각 소련과 국내에서 비밀 협상을 진행했다. 또한 국민정부는 영국의 협조 아래 법폐(法幣) 개혁●을 실시해 일본의 경제 침략에 맞서기 위한 여건을 마련했다. 군비 개선을 위해 국민정부는 독일의 지원까지 적극 요청했다. 1936년 4월 중국과 독일의

법폐 개혁
1935년 11월 중국 국민정부가 영국과 협의를 거쳐 실시했던 화폐 제도 개혁으로, 수입 초과로 급격하게 유출되던 은을 국유화하고, 국민정부 계통의 세 은행이 발행한 법폐를 사용하도록 강제함으로써 경제 안정을 도모하고자 했다. 이 법폐는 1948년 8월까지 통용되었다.

무역협정 체결로 독일은 중국에 무기를 대거 수출했다. 그해 11월 일본과 방공협정 체결 당시까지 히틀러는 "중국에 계속 비밀리에 무기를 수출하라"고 명령했다.

1936년 12월, 당시 서북초비(剿匪)총사령부 부사령관 장쉐량과 17로군 총지휘관이었던 양후청은 시안(西安)에서 장제스에게 '공산당 섬멸' 중단과 '연공항일(聯共抗日)'을 요구했다가 거절당하자, 공산당 섬멸을 고집하는 장제스를 억류했다(시안 사건). 시안 사건이 일어나자 중국공산당은 평화적 해결 방침을 제안하며 저우언라이 등 중국공산당 대표단을 시안에 보내 장쉐량, 양후청과 회담을 갖고 각계 인사들을 만나면서 평화적 해결을 모색했다. 또한 장제스의 처남인 쑹쯔원과 부인 쑹메이링이 시안으로 와서 장쉐량, 양후청, 그리고 중국공산당 대표와 만나 직접 담판을 벌였다. 중국 국민당과 국민정부 개편, 친일 세력 축출, 항일 분자 포용, 상하이 애국 지도자 석방, 모든 정치범 사면, 집회의 자유 보장, 연공항일 등에 합의했다. 장제스는 합의 사항에 대한 공식적인 문서 서명 없이 개인적으로 이행을 약속했다. 장쉐량이 그를 시안까지 호송하면서 사건은 평화적으로 해결되었다. 시안 사건으로 중국국민당과 공산당은 재합작하여 공동으로 항일투쟁을 벌인다는 약속을 했다. 이후 여러 차례 협상을 거쳐 국공 양당이 항일 민족통일전선을 형성하면서, 중국은 내전을 중지하고 외세에 맞서 함께 싸우게 되었다(제2차 국공합작).

전쟁에 대한 서로 다른 이름

1930~40년대 중국과 일본 사이에서 일어난 전쟁을 일컫는 이름은 시대별·나라별로 서로 다르다.

중국에서는 보편적으로 '항일전쟁'이라고 부른다. 이는 1937년 7월 7일~1945년 8월 15일 중국 인민이 일본 군국주의의 침략에 맞서 싸운 전쟁을 가리키며 '전면(全面)항전'이라고도 한다. 1931년 9·18사변(만주사변)부터 1937년 7·7사변(중일전쟁)까지의 항일투쟁은 '국부(局部)항전'이라 부른다. 최근 중국 학계에서는 '국부항전'과 '전면항전'을 '항일전쟁'으로 통칭하는 학자도 있는데, 그 시기는 1931년 9월 18일부터 1945년 8월 15일까지로 잡는다.

전시 일본에서는 '지나(支那)사변'이라고 불렀다. 전후에는 일반적으로 '일중전쟁' 또는 '일중15년전쟁'이라고 하며, 그 시기는 1931년 9월 18일 '만주사변'부터 1945년 8월 15일 '종전'까지이다.

'태평양전쟁'은 1941년 12월 8일 진주만 사건 이후 중국·미국·영국 등이 동맹을 맺어 일본·독일·이탈리아에 선전포고한 것을 가리킨다. 또한 전후 중국과 구미 학계에서는 '태평양전쟁'을 '제2차 세계대전'의 일부인 '세계 반(反)파시스트 전쟁'의 동방 전선으로 본다.

'대동아전쟁'은 전시 일본에서 '태평양전쟁'을 가리키던 이름이다. 도조 내각은 "금번 대미영 전쟁 및 금후 정세의 추이에 따라 일어날 전쟁은 지나사변도 포함해 대동아전쟁으로 부른다. 대동아전쟁으로 부르는 것은 대동아 신질서 건설을 목적으로 하는 전쟁이라는 의미이지 전쟁 지역을 대동아로 한정한다는 의미는 아니다"라고 분명하게 밝혔다. 또, 전후 일본에서는 '대동아전쟁'을 '태평양전쟁'이라 불렀지만, 최근에는 '아시아·태평양전쟁'이라는 명칭이 널리 사용되고 있다.

2

중일전쟁과 동아시아

루거우차오 사건과 중일전쟁

1937년 7월 7일 일본 주둔군은 베이핑(北平, 지금의 베이징) 루거우차오(蘆溝橋) 북쪽 융딩허(永定河) 동쪽 기슭의 완핑(宛平) 현성(縣城) 부근에서 야간 훈련 중 병사 한 명이 실종되는 일이 일어났다. 일본군은 이를 구실로 실종 병사 수색을 위해 중국군 주둔 지역인 완핑성 진입을 요구했으나 중국 측에 거절당했다. 실종 병사는 이미 부대에 귀환한 상태였지만, 일본군은 8일 새벽 완핑성을 포격했다(루거우차오 사건). 사건 발생 이후 중·일 양측은 잠시 교섭을 진행해, 11일 일단 현지 군대 사이에 정전 합의가 이루어졌다. 그러나 고노에 후미마로 내각은 중국 화북 지역에 대한 파병을 결정했다. 7월 28일 일본군은 베이핑의 중국군에게 총공격을 개시하여 신속하게 베이핑, 톈진을 점령했다. 이후 일본군은 핑수이(平綏, 베이핑－바오터우包頭), 핑한(平漢, 베이핑－한커우), 진푸(津浦, 톈진－푸커우浦口) 철도를 따라 화북 각지로 전쟁을 확대했다.

루거우차오 사건이 일어나자 중국공산당은 곧 전국에 "전 중국 동포, 정

루거우차오
베이징 남서쪽 융딩허에 놓인 오래된 석조 다리로, 1937년 7월 7일 이 다리 위에서 중국군과 일본군이 충돌하면서 중일전쟁이 시작되었다. 마르코 폴로의 《동방견문록》에 소개된 적이 있어 서양에서는 '마르코폴로 다리'라고도 불린다.

부, 군대가 단결하여 민족통일전선의 견고한 장성을 축성하여 일본 강도의 침략에 저항하자"라고 호소했다. 중국국민당의 장제스 또한 7월 17일 루산 (廬山) 담화에서 "전쟁이 시작되면 그 전쟁터에서는 남과 북의 구별이 없고 노인과 어린이의 구분이 없으니, 맞서 싸워 조국을 지킬 책임이 있는 우리 모두 희생을 결심해야 한다"라고 밝혔다.

당시 일본군은 중일전쟁을 '북지(北支)사변'이라고 부르면서, 육군이 화 북 중국군에 대한 공격을 책임지고 해군이 화중과 화남 전선을 책임진다는 방침을 취했다. 이에 따라 육군이 화북에서 공격할 때 해군도 화중과 화남 지역으로 작전을 확대할 준비에 착수했다. 8월 9일 해군의 상하이특별육전 대 서부파견대장 오야마 이사오 중위가 중국군 비행장을 정찰하러 억지로 들어가려다 중국 보안대에 의해 사살된 일이 일어났다(오야마 사건). 이 사 건을 구실로 8월 13일 이미 임전 상태에 돌입한 해군과 중국군 사이에 전 투가 시작되었다(제2차 상하이사변, 8·13사변).

이미 출격 준비를 하고 있던 일본 해군 항공대가 8월 14일 타이베이 기 지에서 출발해 항저우와 광더(廣德)를 폭격했다. 같은 날, 중국 정부는 '자 위 항전 성명'을 통해 "중국은 영토의 어느 한 부분도 결코 포기하지 않으 며, 침략당할 경우 천부의 자위권을 행사하여 그에 응전할 따름이다"라고 국제사회에 입장을 밝혔다. 15일 일본 정부는 난징 국민정부 '응징(膺懲)' 을 선포하는 성명을 발표했다. 같은 날, 일본 해군 항공대의 장거리 폭격기 가 즉각 타이베이와 나가사키에서 출동해 중국 수도 난징을 폭격했다. 이 러한 선전포고 없는 폭격은 일본과 중국이 가입한 '개전에 관한 조약 (1907)'을 위반한 행동이었다. 일본 해군은 난징을 점령할 때까지 무려 4개 월에 걸쳐 공습했다. 또한 일본군은 상하이, 한커우, 항저우, 광저우 등 화 중과 화남의 60여 개 도시를 무차별 폭격했다.

무방비 도시에 대한 일본 해군의 폭격은 국제적인 비난을 받았고, 국제 연맹 총회는 9월 28일 '일본의 도시 폭격에 대한 비난 결의'를 통과시켰다. 미국 루스벨트 대통령도 10월 5일 연설을 통해 일본이 "정당한 이유 없이

난징 대학살 1937년 12월부터 일본군의 난징 공격 도중에 시작된 중국인 학살은 난징을 점령한 뒤에도 이어졌다. 일본군은 군인과 민간인을 가리지 않고 닥치는 대로 살해했을 뿐 아니라 강간·약탈·방화 등 유례 없는 참극을 일으켰다.

부녀자를 포함한 일반 시민을 대상으로 공중에서 폭탄을 투하해 살육했다"라고 비난했다.

쑹후(淞滬, 우쑹吳淞과 상하이) 전투는 3개월 동안 지속되었다. 중국은 70만 명의 병력을 투입하고, 일본군은 30만 명을 투입했다. 결국 일본군이 상하이를 점령했지만, 중국군의 완강한 저항 때문에 일본의 전쟁 초기 '속전속결' 구상은 무산되었다.

중일전쟁이 발발하자 중국은 일본의 침략을 저지할 것을 국제사회에 호소했다. 중국 대표 구웨이쥔은 1937년 9월 국제연맹에 일본을 정식으로 제소했다. 일본의 중국 침략은 '9개국조약' 체제를 무너뜨려 동아시아에서 구미 열강의 이익을 크게 위협했다. 제18차 국제연맹 총회는 10월 6일 일본이 9개국조약과 부전조약의 이행 의무를 위반했다고 인정하는 보고서와 중·일 충돌 문제를 해결하기 위해 9개국조약 회원국의 회의 소집을 제안하는 보고서를 통과시켰다.

그러나 나치 독일의 득세로 유럽 정세가 날로 급박해지자 영국·프랑스 등은 일본을 제재하는 문제에 소극적인 태도를 취했다. 9개국조약 회의가 11월 3일 브뤼셀에서 열렸지만 일본은 참석을 거부했다. 15일, 회의에서 일본의 행위가 9개국조약과 부전조약을 위반했으며, 그 행위에 이미 "전 세계가 불안감과 우려를 느낀다"라고 지적하는 선언문이 통과되었다. 하지만 일본을 침략국으로 명확히 인정하지도, 일본에 제재를 가하지도 않았다.

일본은 쑹후 전투에서 승리했지만, 중국인들의 끈질긴 저항으로 단시일 내에 중국 점령이 불가능해지자 독일에 평화 중재를 요청했다. 트라우트만 주중 독일 대사는 1937년 11월 난징에서 장제스에게 일본의 강화 조건을 전달했다. 그 요점은 내몽골 자치, 화북 비무장지대 설치, 상하이 비무장지대 확대, 중국의 배일 정책 중지, 공동 반공, 일본 상품에 대한 수입 관세 인하 등이었다. 일본은 난징 함락 후 다시 트라우트만을 통해 중국의 만주국 승인과 일본에 대한 배상 등 더 가혹한 요구 조건을 내놓았다. 장제스는 이처럼 망국적인 조건은 받아들일 여지가 없다고 대답했다. 결국 트라우트만의 중재는 실패로 끝났다.

상하이를 점령한 일본군은 계속 서진했다. 일본군은 세 경로로 나뉘어 난징을 포위 공격해, 12월 13일 점령했다. 이후 6주 동안 일본군은 난징에서 대규모 학살과 강간·약탈·방화를 자행했는데, 이것이 바로 세계를 놀라게 한 '난징 대학살 사건'이다. 전후 도쿄에서 열린 극동국제군사재판 판결문은 "점령 후 한 달 동안 난징성 안에서 2만 건에 가까운 강간 사건이 일어났다", "일본군 점령 후 6주 동안 난징성 안과 부근 지역에서 학살된 민간인과 포로의 숫자가 20만 명을 넘었다"라고 인정했다. 중국 난징에서 열린 난징군사법정에서도 집단학살 피해자 수가 19만 명이었고, 산발적인 학살로 자선기관에서 수습한 시신이 15만 구나 되었으며, 피해자 규모는 30여만 명을 넘었다고 밝혔다. 또한 당시 난징에 있었던 서양인의 조사 결과, 난징성 안에서 24%의 가옥이 화재로 전소되었으며, 가옥의 73%가 약탈당했다. 학살 방식과 규모로 볼 때, 난징 대학살은 일본군의 조직적 행위였다.

제2차 국공합작과 중일전쟁의 장기화

1937년 9월 중국국민당 중앙통신사는 '국공합작을 선포하는 중국공산당 중앙선언'과 장제스의 '중국공산당 선언에 대한 담화'를 발표했다. 제2차 국공합작으로 대표되는 중국항일민족통일전선이 정식으로 구축되었다.

이보다 한 달 앞서 난징에서 중국 국방회의가 개최되었다. 참석을 요청받은 공산당 대표 저우언라이, 주더, 예젠잉 등이 중국의 기본적인 전략 방침은 지구전이고, 작전의 기본 원칙은 기동전과 동시에 광범위한 유격전을

화베이 항일 근거지의 팔로군 일본 군에 맞서 싸운 팔로군이 허베이성 라이위안현(淶源縣)의 둥단보를 함락한 후 만리장성 봉수대에 올라 승리를 외치고 있다.

전개해야 한다고 제안했다. 장제스도 지구전과 소모전을 제안하면서 기본 방침은 "시간으로 공간을 맞바꾸고", "작은 승리를 쌓아 큰 승리를 만드는 것"이라고 했다. 이후 전쟁 과정에서 중국은 지구전 방침을 기본적으로 관철시켰다.

국공합작 협정에 따라 공산당은 휘하의 산시(陝西) 북부 공농홍군(工農紅軍) 4만여 명을 국민혁명군 팔로군(八路軍)으로 개편했다. 이후 국민정부 군사위원회는 전국통일 전투 서열에 따라 팔로군을 제18집단군으로 개칭했으며, 공산당이 지휘하던 남쪽 8개 성의 홍군 1만여 명을 국민혁명군 신사군(新四軍)으로 개편했다. 국민당 군대는 최전선의 정규전을 주로 책임지고, 공산당이 이끄는 군대는 적 후방 작전을 맡아 서로 협조했다.

일본군이 난징을 점령하자 일본 전역에서는 경축식을 열고 국민들이 거리로 쏟아져 나와 승리의 기쁨에 취했다. 대부분의 일본인은 난징 대학살의 진상을 전혀 알지 못했다. 일본 정부와 군부 내 강경 세력은 수도 난징을 점령하면 중국이 굴복하리라 생각했다. 하지만 국민정부는 충칭 천도를 선포하고, 일치단결하여 항일을 계속하자고 중국 국민에게 호소했다. 국민정부를 굴복시키지 못한 고노에 수상이 1938년 1월 16일 "이후 국민정부를 상대하지 않는다"라는 정부 성명(제1차 고노에 성명)을 발표하고 확전을 결정하면서 전쟁은 수렁으로 빠져들었다.

중국공산당이 이끌던 팔로군은 산시 작전에 돌입했다. 1937년 9월 25일 핑싱관(平型關)에서 일본군 제5사단 수송부대를 매복 공격하여 일본군 500여 명을 무찌르는 첫 승전보를 올렸다. 1938년 3월 일본군 제10사단 세야(瀬谷) 지대가 타이얼좡(臺兒莊)으로 단독 진격했지만 중국군의 맹렬한 반격에 부딪혔다. 보름 동안의 격전으로 일본군은 1만 명이 넘는 사상자를 내고 퇴각했다. 타이얼좡 전투는 중일전쟁 시작 이후 중국이 얻어낸 중요한 승리였다.

남북 전선을 연결하기 위해 4월 일본군은 쉬저우(徐州) 작전을 시작했다. 5월 중순 일본군이 쉬저우를 점령했지만 중국군이 포위를 뚫고 위완(豫皖, 허난과 안후이) 산간으로 탈출하면서, 중국군 주력을 몰살시키려던 일본군의 계획은 수포로 돌아갔다.

이어 국민정부가 수도 기능을 먼저 우한으로 옮기자, 일본 대본영은 다시 우한 공격 작전을 계획하고 화중 파견군 14개 사단 30여만 명의 병력을 동원했다. 우한 보위전에 참가한 중국 측 병력은 거의 100만 명이었다. 6월부터 10월 24일 장제스가 우한 포기 명령을 내린 날까지 전투는 넉 달 반 동안 이어졌다. 이 전투에서 중국은 유연한 포위 기동전으로 점차 일본군 병력을 소진시켰다. 일본군은 최종적으로 우한을 점령했지만, 중국군 주력을 전멸시킨다는 목적은 달성하지 못했다. 일본군은 작전 과정에서 독가스를 375차례 사용하고, 4만 발 이상의 독가스탄을 발사하여 화학무기 사용 금지에 관한 국제법을 위반했다. 우한 전투를 벌이면서 일본군은 동시에 광둥을 공격해, 10월에 광저우를 점령했다.

일본군은 우한과 광둥 전투 이후 중국 동남부 주요 도시를 점령했지만, 이들의 동원 능력은 이미 한계에 이르렀다. 우한 전투가 끝날 즈음 일본 육군은 중국에 24개 사단을 배치하고 만주와 조선에 9개 사단을 배치했으므로, 본토에 남아 있는 병력은 근위사단밖에 없었다. 게다가 중국 국민정부가 충칭으로 옮겨 계속 항전하고, 중국공산당의 후방 유격전 역시 신속하게 전개되었다. 1938년 일본 고노에 내각과 군부가 모든 인력과 물자를 전쟁에 동원하기 위해 '국가총동원법'을 제정·실시함에 따라 일본식 파시즘은 법적으로도 확립되었다. 엄격한 치안유지법 아래 일본 국민은 중일전쟁의 확대를 비판하거나 저지할 힘이 없었다. 결국 전쟁은 장기전으로 돌입했다.

중일전쟁의 국제화

중국이 일본의 침략국 인정과 그에 대한 제재를 요구하자, 1938년 9월 30일 국제연맹 이사회 의장 보고는 일본에 대한 국제연맹 회원국의 개별 제재 가능성을 지적했다. 이는 유럽 상황이 긴박한 가운데 영국이 대일 제재를 회피하기 위해 중국에 형식적으로 대응한 결과였지만, 한편으로는 국제 사회가 실질적으로 일본을 침략국으로 인정했다는 의미가 있다.

일본의 중국 점령 범위가 확대됨에 따라 중일전쟁은 점차 대치 국면으로 접어들었다. 1938년 11월 고노에 내각은 일본의 전쟁 목적은 동아시아의 신질서 건설이라는 내용의 '동아 신질서' 성명(제2차 고노에 성명)●을 발표하면서 영국, 미국 등의 대일 감정을 악화시켰다. 한편, 일본 정계와 여론에서는 중국이 굴복하지 않는 것은 영국·미국·프랑스 등이 배후에서 지원하기 때문이며, 배후의 적을 타도하지 않는다면 중일전쟁을 끝낼 수 없다는 목소리가 강해졌고, 영·미에 맞서기 위해 독일과 군사동맹을 맺어야 한다고 주장하게 되었다. 독일은 1938년 2월 만주국을 승인하고, 4월 중국에 대한 무기와 군수물자 수출을 금지하는 명령을 내렸다. 7월에는 중국에 파견했던 군사고문단과 주중 대사를 소환했다. 이렇게 1938년에 중일전쟁을 둘러싼 일본과 영국·미국·프랑스·소련의 적대 관계가 격화되면서 전쟁은 한층 국제화되었다.

당시 소련은 중국이 항전을 통해 일본의 북진을 늦추거나 저지하기를 기대하며 중국에 가장 실질적인 원조를 제공했다. 1937년 8월 21일 중소상호불가침조약을 체결한 소련은 다음 해 3월과 7월 중국에 차관을 제공하고, 군수물자를 대거 공급하기 시작했다. 또한 항공 지원대를 파견하여 직접 중국 항전을 원조했다. 일본의 동아 신질서 성명에 반대한 미국은 1938년 말 대중국 차관을 결정하고 중국 원조에 착수했다. 영국 역시 1939년 3월 대중국 차관을 시작했다. 1941년 4월까지 소련의 원조액은 2억 5,000만 달러, 영국은 6,850만 파운드, 미국은 2억 4,700만 달러였다.

제2차 고노에 성명
1938년 11월 고노에 수상이 국민정부의 내분을 노려 발표한 성명. 광둥과 우한의 함락에도 불구하고 중국이 항복하지 않자, 고노에는 장제스와 대립하던 왕징웨이를 끌어들이기 위해 제1차 성명을 수정하여 국민정부도 '동아 신질서 건설'에 참가할 수 있다고 밝혔다. 12월 왕징웨이는 충칭을 탈출했다.

일본은 1939년 6월 톈진의 영국 조계를 봉쇄하고, 영국이 중국을 원조하는 데 이용하던 미얀마 루트를 봉쇄하라며 영국을 압박했다. 영국은 7월 일본을 방해하는 행위를 하지 않는다는 방침을 표명했다. 영국이 중국 문제에 대해 일본에 굴복할 것을 우려한 미국은 7월 26일 일본에 미일통상항해조약 폐지를 통고하면서 일본을 저지하려는 태도를 보였다.

당시 일본과 소련 사이에도 군사적인 긴장이 빚어졌다. 만주국과 소련의 국경분쟁에서 비롯된 첫 번째 충돌은 1938년 7월 만·한 국경선 북쪽 가까이에 있는 장구펑(張鼓峰)에서 일어났다(장구펑 사건). 두 번째 충돌은 1939년 여름 만주국과 외몽골 사이에 있는 노몬한에서 발생했다(노몬한 사건). 일본은 양 지역에 대규모 병력을 투입했지만 모두 심각한 손실을 입었다. 한편, 유럽에서 소련은 독일과 1939년 8월 23일 '독소상호불가침조약'을 체결해, 동쪽으로 세력을 확장하려는 독일의 압박을 완화하려 했다. 이후 같은 해 9월 1일 독일이 폴란드로 진격하면서 제2차 세계대전이 발발했다. 노몬한 전투에서 진 일본은 소련과의 확전을 피하기 위해 9월 15일 정전협정을 체결했다.

중일전쟁과 조선

일본은 1930년대 한반도에서 황국신민화(皇國臣民化) 정책을 실시하여 한민족을 일본의 신민(臣民)으로 동화시키려 했다. 1937년 일본은 조선인들에게 황국 일본에 충성을 맹세하는 '황국신민 서사'를 암송하고, 각지의 신사를 참배하도록 강요했다. 또한 학교교육과 공식 용어 모두 조선어 사용을 금지하고 일본어로 바꾸도록 했다.

중일전쟁 발발 이후 일본은 조선에서도 총동원 체제를 추진했다. 조선총독부는 전쟁 협조 교화운동을 목적으로 1938년 7월 친일단체와 개인을 조직해 '국민정신총동원 조선연맹(정동연맹)'을 출범시켰다. 정동연맹은 국책협력을 선동하는 것을 가장 큰 업무로 삼아 창씨개명, 헌금, 곡물과 폐품

한국광복군 1940년 충칭에서 창설된 한국광복군은 중국 국민정부의 지원을 받아 1941년부터 본격적으로 항일투쟁을 전개해나갔다.

징발을 독려하고, 국방강습회, 국어(일본어)강습회 등을 조직했다. 정동연맹은 1940년 10월 '국민총력 조선연맹(총력연맹)'으로 개편되었다. 총력연맹은 말단에 주민을 10호 단위로 조직한 '애국반'을 두고 인력 동원 등에 활용했다.

중일전쟁 발발 이후 일본은 조선을 침략전쟁 확대를 위한 병참기지로 삼아 물자를 수탈하고 징세를 확대하면서 전쟁 위문금, 위문품, 국방비 헌납을 강요했다. 전쟁 막바지에는 전쟁물자와 무기 제조에 필요한 원자재를 조달하기 위해 '금속 헌납'을 강제로 추진했다.

중국과 조선은 만주사변 이후부터 이미 조선의 민족 독립과 중국의 항일을 위해 긴밀한 관계를 맺으면서 항일협력을 이루고 있었다. 김일성 등 조선인이 항일연군에 참여했을 뿐 아니라, 조선 해방을 목적으로 조선항일전선도 구축했다. 중일전쟁 발발 이후 조·중 항일협력은 더욱 긴밀해졌다. 당시 중국에서 항일활동을 전개한 조선의 대표적인 저항조직은 김원봉(김약산)이 이끄는 민족혁명당과 김구 등이 이끄는 대한민국 임시정부였다. 민족혁명당은 1938년 조선의용대를 조직하고, 1940년 3개 지대로 확대하면서 항일전선에서 중국군과 함께 싸웠다. 1919년 상하이에서 수립된 대한민국 임시정부는 여러 차례 옮겨다닌 끝에 1940년 충칭에 자리 잡고 한국광복군을 발족시켜 산하에 3개 지대를 두고 각각 산시, 쑤이위안, 산둥 등지에서 항일전투를 벌였다. 이후 대한민국 임시정부는 전쟁이 끝난 뒤인 1945년 11월이 되어서야 귀환길에 올랐다.

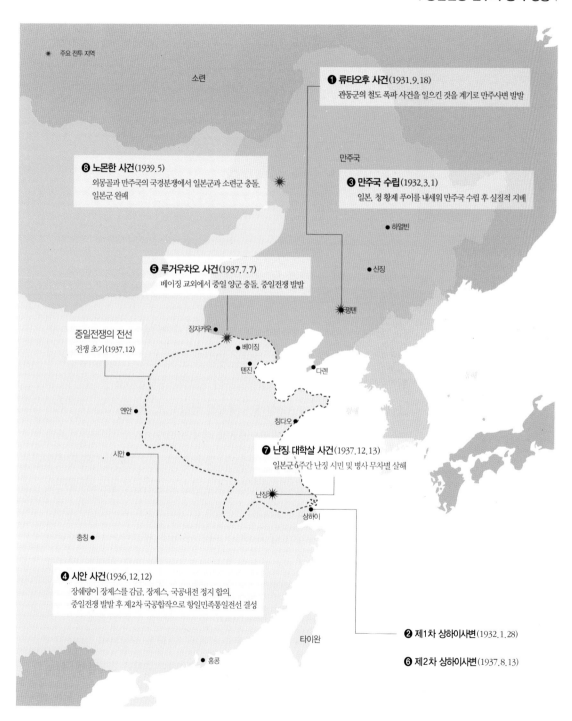

3

아시아·태평양전쟁

제2차 세계대전의 발발과 중일전쟁에 대한 영향

일본이 아시아에서 세력을 확장할 당시, 나치 독일은 유럽에서 무력으로
국제질서를 바꾸기 시작했다. 독일은 1938년 3월 오스트리아를 병합하고,
9월 뮌헨회의에서 영국과 프랑스로부터 체코의 수데텐란트에 대한 할양
승인을 받아냈다. 1939년 3월에는 체코를 점령하고, 곧이어 9월 1일 폴란
드를 전격 기습했다. 이에 대해 9월 3일 영국과 프랑스가 독일에 선전포고
하면서 제2차 세계대전이 시작되었다. 독일은 1940년 4월까지 북유럽과
독일 서쪽의 여러 국가들을 신속하게 침공하고, 6월에는 프랑스를 함락시
켰다.

　1940년 봄 일본 정계가 대폭 재정비되면서 친독 세력이 정치 주도권을
장악해나갔다. 같은 해 7월 일본은 영국에게 미얀마 루트 폐쇄를 강요했
다. 독일의 공격 위협을 받고 있던 영국이 일본과 충돌을 피하려 이를 받
아들임으로써 3개월이나 연합국의 대중국 지원 루트가 봉쇄되었다. 이 무
렵 출범한 제2차 고노에 내각은 '동아 신질서' 건설을 천명하며, 1940년 3
월에 왕징웨이가 난징에 세운 괴뢰정권을 회유해 충칭의 국민정부와 대

치하도록 했다. 또한 일본은 독일, 이탈리아와의 관계를 강화하여 전쟁을 통해 세계를 재분할하고자 했다.

9월 일본은 프랑스령 인도차이나 북부로 진격하고, 일본·독일·이탈리아의 3국동맹을 체결했다. 이에 대해 9월 말 미국은 고철 등의 일본 수출을 전면 금지하고, 11월부터 12월까지 대중국 차관과 군사 원조를 약속했다. 영국 역시 10월 미얀마 루트를 재개방하고, 12월 대중국 차관 성명을 발표했다.

당시 중국의 항일전은 매우 심각한 상황이었다. 팔로군이 1940년 여름 화북 지역에서 백단대전(百團大戰) ●을 벌여 허베이와 산시의 일본군 교통망을 파괴했다. 이후 일본군은 항일 근거지 섬멸 작전에

항일 근거지에서 보초를 서는 중국의 아동들

돌입했다. 항일 역량을 뿌리 뽑기 위해 일본군은 중국 민간인을 대량 학살하고, 팔로군이 출몰하는 마을을 불태우고 약탈했다. 중국은 일본군의 이런 행위를 '모조리 태우고[燒光], 죽이며[殺光], 약탈한다[搶光]'는 의미로 삼광(三光) 작전이라고 부른다. 일본군은 충칭으로 옮겨간 국민정부를 굴복시키려고, 1939년 봄부터 1941년 여름까지 충칭을 무차별 폭격했다. 이로 인해 중국 민간인이 대규모로 희생되었지만, 이러한 일본군의 만행이 중국의 항일 의식에 타격을 주지는 못했다.

중일전쟁에서 아시아·태평양전쟁으로

일본 대본영 정부 연락회의는 1940년 7월 27일 '세계 정세 추이에 따른 시국 처리 요강'을 결의하고 "지나사변의 해결을 촉진하는 동시에 기회를 포착하여 남방 문제를 해결한다"라고 밝혔다. 일본의 '남진(南進)' 전략은 말레이 반도의 고무, 주석, 쌀, 네덜란드령 동인도 제도의 석유, 오스트레일

백단대전
1940년 8월부터 12월에 걸쳐 허베이, 산시 일대에서 벌어진 팔로군과 일본군의 전투를 일컫는다. 백단대전은 중국 측의 호칭으로 백 개의 단(연대 규모)이 참전했다는 데서 유래한다. 소규모의 게릴라전에 주력하던 중국 공산당은 화북에서 세력을 확대하여 처음으로 대규모 공세를 치렀다.

리아의 철광석, 석탄, 밀, 양모 등 자국에서 부족한 전략적 자원의 약탈에 목적이 있었다. 또한 미얀마 등지를 점령하여 남방에서 중국의 대외 연락과 외부 원조 채널을 단절하려는 의도가 있었으며, 새로운 전쟁을 통해 대중국 전쟁의 교착 국면을 벗어나려는 전략이기도 했다.

남진 전략을 바탕으로 일본은 중일전쟁에 미국이 개입하지 못하도록 압박하기 위해 소련을 끌어들여 일본·독일·이탈리아·소련의 4국동맹을 결성하고자 했다. 하지만 1940년 말 독일이 대소 작전 태세에 들어가면서 이 구상은 실현되지 못했다. 어쨌든 일본은 남진을 위해 잠시 소련과의 전쟁을 회피할 필요가 있었다. 이러한 배경에서 일본 마쓰오카 요스케 외상은 1941년 봄 소련을 방문하여 4월에 '일소중립조약'을 체결했다.

유럽에서 전쟁이 일어나자 미국은 주로 유럽에 주목했다. 1941년 3월 미국은 '무기대여법(Act of Lend-lease)'●에 서명하여 영국에 무기를 제공했다. 유럽 전선에 적극적이었던 미국이 일본과의 전쟁 가능성을 피하고자 협상을 시도하면서 4월에 미·일 교섭이 시작되었다. 중일전쟁에 대해 미국이 '영토 주권 존중, 내정 불간섭, 기회 균등, 현상 유지'의 네 가지 원칙을 일본에 제안했지만, 일본은 미국의 입장에 동의하면서도 중국에서 철수하지는 않았다.

1941년 6월 독소전쟁이 발발하자 일본·독일·이탈리아 3국 방공동맹 관계를 우선시한 마쓰오카 외상은 자신이 직접 서명한 '일소중립조약'을 무시하고 대소 개전을 주장했다. 7월 2일 열린 어전회의에서는 "남방 진출 행보를 재촉하고 정세 추이에 따라 북방 문제를 해결한다"라며 남진을 위한 "영·미와의 개전 불사"를 결정했다. 북방에서는 대소 작전을 위해 관동군 특별연습(관특연) 명목으로 대규모로 동원했다. 7월 말 일본군이 프랑스령 인도차이나 남부에 진군하자, 미국은 자국 내 일본 자산 동결과 일본에 대한 석유 수출 전면 금지 조치를 취했다.

일본이 미·소와 긴장 관계에 놓이자 미국·영국·중국·소련은 동맹을 맺어 연합국을 이루는 쪽으로 움직였다. 독소전쟁 발발 이후 영국의 처칠

무기대여법
1941년부터 1945년에 걸쳐 미국이 영국·소련·중국·프랑스 등의 연합국에 막대한 군수물자를 공급하던 프로그램을 일컫는다. 총 500억 달러 규모에 영국이 300억 달러로 태반을 점했으며, 중국에도 16억 달러의 군수물자가 제공되었다.

대서양헌장
아시아·태평양전쟁 발발 전인 1941년 8월 뉴펀들랜드 해상에서 처칠과 루스벨트가 조인한 헌장으로, 나치스 폭정 종식을 포함한 8항목에 걸쳐 전후 세계 구상을 담고 있다. 제2차 세계대전 종료 후에는 국제연합(UN)의 이념적 기초를 형성했다.

추축국
영어 'Axis Powers'의 번역어이며, 1936년 10월 독일과 이탈리아의 우호 협정에서 무솔리니가 국제 관계에 큰 변화를 일으킬 중심축이라는 의미로 추축을 사용한 데서 기인한다. 1940년 9월 체결된 3국동맹에서도 로마, 베를린, 도쿄는 국제정치의 추축이라고 천명되었다.

수상은 동맹국인 소련에 대한 원조 방침을 표명했다. 미국 역시 8월 초에 소련에 대한 경제 원조를 시작했다. 중국은 7월 말 충칭에서 미국·영국과 미얀마 방면 군사 협조 등을 협의했다. 미국과 영국 정상은 8월 14일 공동선언(대서양헌장)●을 통해 '추축국● 점령하의 인민 해방과 추축국 무장해제'라는 목표를 선언했다. 소련 등 15개국이 선언에 동참했다. 연합국과 파시스트 추축국의 대립은 날로 첨예해졌다.

미국의 석유 봉쇄에 직면한 일본 해군은 조기 대미 개전을 주장했다. 고노에 내각은 승산이 없었으므로 개전 결정을 내리지 못했다. 10월 출범한 도조 히데키 내각은 작전 계획을 재검토했고, 11월 어전회의에서는 12월 1일

일본군의 진주만 공격 1941년 12월 8일 일본군은 하와이 진주만을 공격하고 곧이어 미국과 영국에 대한 개전을 선포했다. 사진은 이 사건을 보도한 캐나다의 신문 기사이다.

까지 영국, 미국 등과의 외교교섭이 타결되지 않으면 미국, 영국, 네덜란드와 전쟁에 돌입할 것을 결정했다. 결국 12월 1일 쇼와 일본 천황은 남방 공격 명령을 승인했다.

12월 8일(하와이 현지 시간 12월 7일 새벽), 일본 연합함대가 하와이 진주만의 미국 해군기지를 기습하여 미군에 막대한 피해를 입혔다. 같은 날 일본 남방군은 영국령 말레이 반도에 상륙했다. 또한 쇼와 천황은 선전 조서를 발표하여 영국과 미국에 대한 개전을 선포했다. 이튿날 미국과 영국이 차례로 대일 선전포고를 했다. 이어 드골의 '자유 프랑스',● 오스트레일리아·뉴질랜드·캐나다·네덜란드 등 20여 개국이 일본에 선전포고하면서 아시아·태평양전쟁이 시작되었다. 중국은 9일 일본에 정식으로 선전포고를 했다. 아시아·태평양전쟁 발발 이후 일본군은 미국령 필리핀, 영국령 미얀마, 네덜란드령 인도차이나를 재빨리 공격하여 점령 지역을 확대했다.

미국·영국·소련·중국 네 나라를 필두로 26개국이 서명한 '국제연합선언'이 1942년 1월 1일 발표되었다. 가장 먼저 침략을 받고 저항했던 중국이 첫 번째 서명국이 되었다. '국제연합선언'은 연합국의 통일전선 형성과 함

자유 프랑스

1940년 6월 독일의 프랑스 점령으로 망명한 샤를 드골이 주도하여 세운 망명정부를 일컫는다. '자유 프랑스'를 망명정부로 인정한 처칠과 달리 루스벨트는 독일에게 함락되기 전에 비시에 세워진 페탱 휘하의 비시 프랑스를 합법 정부라고 파악하고 자유 프랑스는 단체로 간주했다. 이런 미국과 영국의 견해차는 루스벨트의 사후 해소되었다.

께 중국을 주축으로 한 항일전쟁의 세계대전 편입을 의미했다. 연합국은 1월 3일 장제스를 최고사령관으로 하는 중국 전선 성립을 공식적으로 선포하고, 중국·미국·영국 세 나라는 연합 작전을 개시했다.

중국과 함께 일본에 맞서 싸우기 위해 1942년 10월 영국과 미국은 중국에 있는 치외법권과 관련 권익을 즉각 포기하고, 새로운 평등 조약 체결을 희망한다고 중국 정부에 통보했다. 중국 정부와의 협상을 거쳐 1943년 1월 워싱턴에서 '중미신조약'을 체결하고, 충칭에서 '중영신조약'을 체결했다. 이후 네덜란드, 벨기에 등이 연이어 중국에서의 특권 포기를 선언했다. 장기 항전을 견지한 중국의 국제적 지위가 뚜렷이 상승했다.

아시아·태평양전쟁 발발 이후 대한민국 임시정부도 대일 선전포고문을 발표했다. 이에 대해 중국 국민정부 역시 조선의 독립운동을 지지한다고 밝혔다. 1938년에 결성된 조선의용대는 대부분 화북으로 이동해 조선독립동맹과 조선의용군을 새로이 결성하고, 중국공산당의 팔로군과 공동 작전을 펼쳤다. 조선의용대에서 활동하던 김원봉은 1941년 중국국민당 관내에 남아 있던 일부 대원을 이끌고 임시정부의 한국광복군으로 들어갔다. 충칭의 대한민국 임시정부와 조선독립동맹은 민족해방 통일전선 구축을 시도했다.

'대동아공영권'의 탄생

아시아·태평양전쟁 발발 후 3일째 되던 1941년 12월 10일 일본 대본영 정부 연락회의는 "이번 미국·영국과의 전쟁 및 금후 정세의 추이에 따라 발생하는 전쟁은 지나사변을 포함해 대동아전쟁으로 호칭한다"라고 결정했다. '대동아전쟁'은 아시아를 구미 열강의 통치에서 해방시켜 '대동아공영권(大東亞共榮圈)'을 건설'하는 '성전(聖戰)'이라고 일본은 강조했다.

아시아·태평양전쟁 초기 일본군은 동남아 각지를 잇달아 점령했다. 동남아 각지의 민족해방운동 지도자와 민중 가운데 서구 식민주의자에게 불만을 품고 있던 일부는 처음에 일본에 협력했다. 하지만 새로운 통치자가 된 일본은 약속을 저버린 것도 모자라 1942년 11월 대동아성(大東亞省)을 설치하여 점령지를 예속국과 식민지로 간주했다. 일본이 전쟁에서 열세에 처하자, 1943년 5월 도조 내각은 동남아 각국의 협조를 얻기 위하여 '대동아 정략 지도 대강'을 채택해 표면적으로는 미얀마와 필리핀의 독립을 인정하고, 중국 왕징웨이 정권과도 동맹조약을 체결했다. 하지만 동시에 말레이, 수마트라, 자바, 보루네오, 셀레베스를 일본 영토로 편입하기로 결정했다. 도조 히데키는 11월 만주국, 왕징웨이 정권, 미얀마, 필리핀 정부 지도자와 태국 수상 대표, '자유인도' 임시정부 의장을 불러 모아 도쿄에서 '대동아회의'를 개최하고 '대동아공동선언'을 발표했다. 이 선언을 통해 일본은 국제사회에 '대동아'의 정치를 통합한 '공영권'의 확립을 정식으로 표방했다.

미국·영국 등은 독일·이탈리아·일본 등 추축국에 대항하기 위하여 중국·소련 등과 세계 반파시즘 동맹을 구축하고 중국과의 불평등 조약을 폐지했다. 이는 중국과 동남아시아 각국의 민족해방운동이 당시 진행되던 전쟁과 긴밀하게 맞물리게 되었음을 의미한다.

대동아성
1942년 11월 제1차 세계대전으로 획득한 남양 군도와 아시아·태평양전쟁으로 점령한 지역을 통치하기 위해 일본이 설치한 중앙부처. 소위 '대동아 건설'을 전담하는 기관으로 도조 히데키 수상이 설치를 강행했으며, 이로 인해 식민지 관련 부서가 통폐합되었다.

대동아공동선언
1943년 11월 6일 대동아회의 종료에 맞춰 채택된 공동선언. 일본은 대서양헌장에 맞대응하는 형태로 '아시아 해방'이란 구호 아래 호혜적 경제 발전, 인종 차별 철폐를 담은 공동선언을 발표했다. 하지만 그 본질은 아시아 각국을 전쟁에 동원하기 위한 구실에 지나지 않았다.

일본의 병참기지가 된 조선과 타이완

전쟁이 계속 확대되면서 일본은 조선과 타이완을 병참기지로 만들고 모든 물자와 인력을 전쟁 협조 명목으로 마음껏 수탈했다. 특히 조선에서는 황국신민화 정책이 한층 강화되고 조선인의 전쟁 동원이 추진되었다. 전쟁 초기 일본은 국가총동원법에 따라 국민에게 군수산업에 종사할 것을 강요했다. 일본은 1939년 국민징용령을 제정하고, 이를 조선에도 적용했다. 이에 따라 수많은 조선인이 탄광, 금광, 토목, 건설 공사와 군수공장에 강제 동원되어 노역에 시달리고 심지어 사망하기까지 했다. 이 밖에 조선인 강제징용자들은 일본 본토와 오키나와, 만주 등 일본 점령지와 사할린 남부로 끌려가 탄광, 토목 건설 기업과 군대에서 중노동에 시달렸는데, 그 숫자는 80만 명이 넘었다. 이보다 훨씬 많은 수의 조선인이 한반도 북부 지역의 대륙병참기지 건설에 동원되었다. 여성 역시 전쟁에 강제로 동원되었다. 이들 중 일부는 일본과 조선의 군수공장의 노동자가 되었으며, 일부는 전쟁터로 끌려가 일본군의 성노예로 전락했다. 강제로 일본군의 '위안부'가 된 조선 여성들은 일본 전선의 확대에 따라 동남아시아와 태평양 군도까지 끌려가 전쟁의 위험 속에 방치되었으며, 많은 이들이 생명을 잃었다. 또한

출정하는 조선인 청년과 배웅하는 어머니 아시아·태평양전쟁이 장기화하자 일본은 조선에서도 1944년 8월부터 징병제를 실시했다. 전장으로 끌려가는 젊은이들이 줄을 이었으며, 마을과 역마다 죽음의 환송식이 치러졌다.

1944년 일본은 조선에서 징병제를 실시하여 일본 패전까지 약 40만 명의 조선인이 징병되었다.

　타이완도 조선과 마찬가지 상황이었다. 일본어 보급과 신사 강제 참배 등 황민화 정책이 추진되었고, 1941년 4월에는 섬 전체 주민의 동원조직인 황민봉공회가 조직되었다. 타이완 청년들은 타이완 특설 노무봉사단에 편입되어 말레이시아와 필리핀으로 끌려가 군역에 종사했다. 또한 일본은 타이완 원주민을 대상으로 '고사(高砂)의용대'를 조직하여 남방 전선으로 보냈다. 일본 육군과 해군은 1942~43년 차례로 특별지원병 제도를 시행하고, 1945년 1월에는 징병 제도를 시행했다. 일본이 투항할 때까지 약 3만 6,000명의 타이완 청장년이 군대에 강제동원되어 일본군의 총알받이가 되었다.

중일전쟁의 '필연성과 우연성'

중·일 양국 학계는 중일전쟁이 일어난 배경을 서로 다르게 해석한다.

중국 학계에서는 일반적으로, 근대 동아시아 지역에서 일본의 끊임없는 침략과 확장은 메이지유신 이후 점진적으로 형성된 일본의 대륙 정책에 기반한 것이라고 보고 있다. 일본의 침략전쟁은 1927년 다나카 내각 출범 이후 두 차례의 산둥 침략과 중국의 북벌 통일 방해, 만주사변을 통한 만주 점령, 다시 화북 분리 공작, 그리고 마지막으로 중일전쟁 이후 중국 전역에 대한 점령 시도로 이어진다. 일본의 중국에 대한 침략전쟁에는 필연성과 계획성이 있다는 것이다.

하지만 일본 학계에서는 위에서 언급한 사건들의 우발적 성격을 강조하고 일본 정부에 명확한 계획은 없었다고 보고 있다. 군부, 특히 현지 주둔군이 마음대로 벌인 사건으로 인해 일본 정부가 군부의 끊임없는 사태 확대에 수동적으로 끌려다닌 결과 중·일 전면전으로 발전한 측면이 크다고 생각한다.

훼손된 중산먼에 걸린 구호 일본군은 난징에서 대학살을 자행한 후 폭격으로 훼손된 중산먼(中山門)에 '건설 동아 신질서'라는 구호를 내걸었다.

정율성

정율성의 본명은 정부은(鄭富恩)이다. 음악을 사랑한 나머지 이름을 율성(律成)으로 고쳤다. 그는 1914년 전라남도 광주에서 출생했다. 그의 부친 정해업은 애국자로 양반 출신이었다. 조국에 대한 일본의 식민통치에 불만을 품고 정부 공직을 사임하고 고향으로 돌아와 농사를 지었다. 정율성의 큰형과 둘째 형은 3·1운동에 참가한 적이 있으며, 일본 경찰의 수배를 받아 중국으로 넘어가 중국공산당에 가입했다. 소년 시절 조선 동포에 대한 일본 식민통치자의 탄압을 목격하며 자란 정율성은 부친과 형들의 영향으로 어려서부터 독립운동에 뜻을 세웠다. 15세쯤 그는 전주 신흥중학(新興中學)에서 공부할 때, 광주에서 일어난 학생운동에 참여했다. 광주학생운동은 일본 식민주의자들의 탄압을 받았지만, 정율성은 어려서 체포되지는 않았다. 정율성은 이때부터 중국에 가서 항일운동에 참여할 생각을 했다. 1933년 정율성은 셋째 형과 함께 중국으로 건너가 김원봉이 난징에서 연 '조선혁명군사정치간부학교'에 들어갔다. 1934년 정율성은 졸업 후 난징전화국에 파견되어 일본인의 전화 감청을 맡았다. 얼마 후 김원봉은 정율성이 상하이에서 음악 공부를 하도록 원조했다. 그는 난징과 상하이를 오가며 음악 공부를 하는 한편 비밀리에 항일활동을 벌였다.

1937년 7월 중국에서 중일전쟁이 일어났다. 그해 9월 정율성은 전쟁의 불길이 타오르는 상하이로 와 전지복무단(戰地服務團)에 들어갔다. 거기서 그는 항일가곡을 지어 일본군과 싸우는 병사를 위문했다. 당시 그는 상하이에 있는 중국공산당 조직과 연락을 취하고 있었다. 상하이 팔로군 판사처의 소개로 그는 10월에 옌안(延安)으로 가서 산베이공학(陝北公學)에 들어갔다. 졸업 후에는 다시 루쉰예술학원(魯迅藝術學院)에서 공부했으며, 후에 항일군정대학(抗日軍政大學)에 들어가 일했다. 정율성은 1939년 1월 중국공산당에 가입했다.

옌안 시절 정율성은 〈연안송(延安頌)〉, 〈연수요(延水謠)〉, 〈보위대무한(保衛大武漢)〉, 〈생산요(生産謠)〉, 〈기어아랑(寄語阿郎)〉, 〈10월혁명 행진곡〉, 〈팔로군 대합창〉 등 많은 가곡을 작곡했다. 이러한 가곡은 팔로군의 사랑을 받아 옌안에 널리 퍼졌다. 이 가운데 〈팔로군 대합창〉의 한 곡인 〈팔로군 행진곡〉이 중화인민공화국 탄생 이후 중국인민해방군 군가로 채택되었다. 〈연안송〉은 한때 〈의용군 행진곡〉과 함께 제2차 세계대전 당시 미국에까지 소개되었다. 1941년 정율성과 중국인 딩쉐쑹(중화인민공화국 탄생 후 최초의 여성 대사)은 옌안에서 부부가 되었고, 이듬해 산시의 조선혁명군정학교 교육장(敎育長)으로 부임했다.

　　1945년 항일전쟁 승리 후 12월에 정율성은 처자를 데리고 조선독립동맹과 조선
의용대와 함께 조선으로 돌아왔다. 귀국 여정에서 그는 가슴 가득한 열정으로 〈3·1
행진곡〉과 〈조선해방 행진곡〉을 지었다. 조국으로 돌아온 정율성은 중국공산당 당
원에서 조선노동당 당원으로 변경하고, 조선노동당 황해도 선전부장, 조선인민구락
부 부장을 맡았다. 그가 창작한 〈조선인민군 행진곡〉은 조선인민군 군가로 결정되
었다. 이로써 그는 세계에서 유일하게 두 나라의 군가를 작곡한 음악가가 되었다.
그러나 정율성은 아내가 중국인이라는 사실 때문에 인민군에서 일하는 것이 적절하
지 않다는 지적을 받고, 조선음악대학 작곡부 부장으로 이임되었다. 1950년 저우
언라이가 김일성에게 편지를 보내 정율성을 다시 중국으로 돌려보내라고 요청했다.
정율성은 김일성의 동의 아래 처와 딸을 데리고 중국으로 가서 중국 국적을 얻고
베이징에 자리를 잡았다. 이후 정율성은 베이징인민예술극장, 중국음악가협회, 중앙
가무단 등에서 일했으며, 많은 우수한 음악 작품을 창작했다. 1976년 12월 7일 병
사할 때까지 그는 300여 수의 가곡을 남겼다.

4

아시아·태평양전쟁의
종식과 동아시아

연합군의 반격과 전후 구상

1943년부터 전세가 바뀌면서 연합국의 전략적 공세가 시작되었다. 1943년 2월 스탈린그라드 전투°에서 소련군의 승리는 독소전쟁의 전환점이 되었다. 5월 북아프리카 전선에서 승리한 영·미 연합군은 9월 이탈리아에 상륙하여 항복을 받아냈다.

전세가 연합국에 유리해지자 1943년 10월 루스벨트 대통령은 미국의 글로벌 전략을 고려한 전후 세계안전보장 계획을 제안했다. 이에 미국·영국·소련·중국 4개국은 모스크바에서 '보편안전선언(4강선언)'에 서명했다. 중국은 서명국으로서 국제적 지위가 크게 제고되었으며, 전후 국제연합 상임이사국의 기반을 닦았다.

'보편안전선언' 서명 이후 이제 아시아·태평양전쟁에서 전략적 주도권을 차지한 미국은 전쟁의 조속한 종결 방안과 전후 세계의 정치 판도를 협의하고자 4개국 지도자 회담에 적극 나섰다. 당시 소련은 아직 일본에 선전포고를 하지 않았기 때문에 대일 작전을 논의하는 회의에 참가하기가 곤란

스탈린그라드 전투
스탈린그라드는 지금 러시아의 볼고그라드로, 1942년 7월 17일 전투가 시작되어 1943년 2월 2일 끝났다. 독일과 소련 양측 사상자는 200만 명이었다.

했다. 결국 미국·영국·중국 세 나라가 먼저 카이로에서 대일 전선 문제를 논의하고 다시 미국·영국·소련 세 나라가 테헤란에서 유럽 전황과 기타 문제를 논의하기로 결정했다.

미국의 루스벨트, 영국의 처칠, 중국의 장제스는 11월 카이로에서 대일 전선에서의 진척 상황과 세 나라 공동작전 등을 논의했다. 전후 일본 처리 문제는 주로 루스벨트와 장제스 간에 논의되었다. 양측은 다음과 같은 세 가지 합의에 이르렀다. 첫째, 일본이 무력으로 중국에서 빼앗은 만주 각 성과 타이완, 펑후 열도는 전후 중국에 반환하고, 둘째, 전후 일본 천황의 지위에 대하여 장제스는 정부 형태를 스스로 선택하도록 일본 국민의 자유의지를 존중해야 하며, 셋째, 일본 격퇴 이후 조선을 자유 독립국가로 만들기로 결정했다.

그러나 전후 인도 처리 문제를 고려한 영국이 나중에 '조선 독립안'에 반대하면서 "일본 격퇴 후 조선이 일본 통치에서 벗어나도록 결정한다"라고 수정하여 '조선 독립'을 명시하지 말자고 제안했다. 이에 장제스가 단호하게 반대했으며, 미국 또한 이를 지지했다. 논의를 거쳐 '카이로선언'이 1943년 12월 1일 정식 발표되었다. 카이로선언은 일본이 무조건 항복할 때까지 "3대 동맹국은 육·해·공 모든 측면에서 적에게 가하는 압력을 늦추지 않는다"라고 결의했다. 카이로선언은 근대 이후 일본이 중국을 침략하여 점령한 모든 영토를 전후 반환한다고 선포했을 뿐 아니라, "우리 세 나라는 조선인들이 겪은 노예 대우를 잘 알기에, 적당한 시기에 조선을 자유롭게 독립시키기로 결정한다"라고 밝혔다. 이 성명으로 빼앗긴 땅을 되찾으려는 중국인과 독립을 추구하는 조선인의 염원이 국제적으로 보장받게 되었다.

1944년 소련군이 동부 전선에서 반격을 시작하고, 같은 해 6월 영·미 연합군이 서부 전선 노르망디에 상륙했다. 태평양 전선에서는 미군이 1944년 7월 마리아나 제도의 사이판섬을 함락시키고, 동남아시아에서는 일본군이 미얀마에서 인도로 공격해 들어가려다 임팔 전투에서 참패하면서 패색이

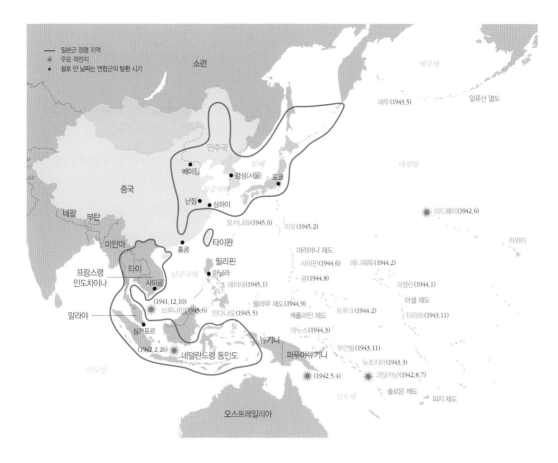

일본군 점령 지역
주요 격전지
괄호 안 날짜는 연합군의 탈환 시기

소련

만주국

베이징

중국

난징 상하이
경성(서울)
도쿄

네팔 부탄
미얀마
홍콩 타이완

프랑스령
인도차이나 타이
사이공

말라야

싱가포르
(1942.2.26)
네덜란드령 동인도

오스트레일리아

애투 (1943.5)
알류샨 열도

미드웨이 (1942.6)

오키나와 (1945.6) 이오 (1945.2)

하와이

마리아나 제도
사이판 (1944.6) 에니웨톡 (1944.2)
괌 (1944.8)

필리핀
마닐라
레이테 (1945.1)

과잴린 (1944.1)
마셜 제도
타라와 (1943.11)

팔라우 제도(1944.9)
캐롤라인 제도
브루나이(1945.6) 민다나오 (1945.5)
(1941.12.10)

트루크 (1944.2)

마누스 (1944.3)

뉴기니
파푸아뉴기니

부건빌 (1943.11)
뉴조지아 (1943.3)

(1942.5.4) 과달카날 (1942.8.7)

솔로몬 제도 피지 제도

1945년 항복 직전의 일본 점령지

짙어졌다. 11월 미군이 마리아나 제도에서 일본 본토에 대한 폭격을 시작했다. 중국 전선에서 중국군과 연합군은 윈난 서부와 미얀마 북부에서 반격하여 승리를 거두었으며, 항일 근거지에서도 대규모 반격 작전이 벌어졌다.

유럽 전선의 승리가 예상되자 루스벨트와 처칠, 스탈린은 1945년 2월 소련 얄타에서 만나 소련의 대일 작전과 전후 세계질서 등에 관해 협의했다. 유럽 전선에서의 전투가 끝난 뒤 2~3개월 안에 소련이 대일 작전에 참여하도록 만들기 위해, 영·미 양국은 중국의 동의 없이 중국의 주권을 거래 카드로 삼아 소련의 만주에 대한 이권 요구를 받아들였다. 또한 일본 쿠릴 열도를 소련에게 할양한다는 결정도 전후 분쟁의 씨앗이 되었다.

얄타협정을 실행에 옮기기 위하여 6월부터 중·소 양국 간 협상이 시작되었다. 미국의 간섭 속에서 중·소 양측은 8월 14일 '중소우호동맹조약'을 체결했다. 중국은 외몽골 독립, 중둥철도와 남만철도의 중·소 공동 관리, 뤼순 군항 양국 공용, 다롄의 전시 편입과 뤼순 군사 지역 편입 및 평상시 자유항으로서 행정권을 중국에 귀속시키는 문제 등에 동의했다. 소련은 '중국 중앙정부'에 대한 소련 정부의 도의적 지지와 군사 원조, 중국 둥3성의 주권과 그 영토 및 행정권에 대한 소련의 존중, 중국 신장 문제에 대한 소련의 불간섭 의사 확인 등을 보장했다. 중국이 몇 년 동안 악전고투 끝에 항일전쟁 승리를 눈앞에 둔 시점에서 소련과 미국은 손을 잡고 중국의 주권을 심각하게 침해하는 불평등 조약을 중국에게 강요한 것이다.

일본의 항복과 새로운 국제질서의 구축

1945년 5월 8일 독일이 연합국에 투항하자 일본은 고립무원 상태가 되었다. 같은 해 7월 미국·영국·소련 3국 정상은 베를린 교외 포츠담에서 회의를 열었다. 3국 정상은 미국이 초안을 작성하고 영국의 동의를 거쳐 중국의 참여를 요청한 '포츠담선언'을 발표하고, 일본의 '즉각적인 무조건 항복'을 촉구했다. 일본 최고전쟁지도회의는 7월 27일 포츠담선언에 대해 논의할 당시 소련의 중립에 희망을 품고 일본에 유리한 종전 조건의 중재를 소련에 요청했다. 일본 스즈키 간타로 수상은 7월 28일 기자 회견에서 포츠담선언은 카이로선언의 되풀이에 지나지 않는다며 '묵살'(무시)했다. 일본은 사실상 세계에 포츠담선언 거부 의사를 밝힌 것이다.

일본의 패배가 예견되는 상황에서, 미국은 위협 능력을 과시하고 전쟁을 조속히 끝내기 위해 소련 참전 전에 일본에 원자폭탄을 투하하기로 결정했다. 8월 6일 미국은 일본 히로시마에 원자폭탄을 투하했다. 소련은 8월 9일 0시를 기해 일본과 전쟁 상태에 들어간다고 8월 8일 정식 선포했다. 9일 0시 170여만 명의 소련군이 세 갈래로 병력을 나누어, 만주의 일본 관동군에게 공격을 감행하는 동시에 한반도 북부와 사할린섬 남부 및 쿠릴 열도로 진격했다.

8월 9일 일본은 최고전쟁지도회의를 다시
소집했다. 회의에서 스즈키 수상은 포츠담선
언 수용을 제안했다. 회의 참석자들은 원칙적
으로 이에 동의하고, 아나미 고레치카 육군대
신, 우메즈 요시지로 참모총장 등이 국체 유
지, 전범의 자체 처벌, 무장의 자주적 해제,
연합군 점령의 최소화 등 네 가지 부대조건을
제안했다. 논의가 진행되던 와중에 미국이 나
가사키에 두 번째 원자폭탄을 투하했다. 쇼와
천황은 10일 새벽 "국체 유지라는 유일한 조
건을 전제로" 포츠담선언을 수용하는 데 동
의했다. 아침이 되자 일본 정부는 일본이 포
츠담선언을 수용한다는 의견을 중국·미국·
영국·소련 네 나라에 전달해주도록 스웨덴과
스위스 정부에 요청했다. 14일 일본은 전후

일본의 항복을 앞당긴 원자폭탄 투하
1945년 8월 9일, 나가사키에 원자
폭탄이 투하된 뒤 버섯 모양의 구름
이 약 18km 높이로 치솟고 있다.

일본의 천황제 유지에 미국이 동의할 의향이 있다고 판단하고, 쇼와 천황
이 어전회의를 소집하여 포츠담선언 수용을 최종 결정했다. 15일 천황이
직접 낭독하여 녹음한 '종전 조서'가 일본 전국으로 방송되었다. 일본의 침
략 확장 전쟁은 실패로 마무리되었다.

9월 2일 일본 항복 의식이 도쿄만의 미국 미주리호 함상에서 거행되었
다. 시게미쓰 마모루 일본 외상과 우메즈 요시지로 참모총장이 각각 '천황
과 정부' 및 '대본영'의 명의로 '항복 문서'에 서명하자, 제2차 세계대전은
연합국의 승리로 마감되었다. 중국 침략 일본군의 항복 의식은 9월 9일 난
징에서 거행되었다. 허잉친 중국 육군 총사령관이 오카무라 야스지 중국
파견군 총사령관의 항복을 정식으로 받아들였다.

일본의 항복은 무력으로 국제질서를 바꾸려던 독일·이탈리아·일본 추

축국 시대의 마감을 상징했다. 이와 함께 제1차 세계대전으로 시작된 서구 식민지 시대가 제2차 세계대전으로 중단되고, 전후 각 식민지의 독립 요구가 고조되었다. 새로운 국제질서를 구축하기 위한 국제연합의 역할이 보편적으로 주목받기 시작했다. 1945년 4~6월, 50개국이 국제연합 제헌회의에 참여하여 평화 유지를 목표로 하는 '국제연합헌장'을 제정했다. 1946년 1월 런던에서 열린 제1회 국제연합 총회에서 국제연합이 정식 출범하면서 활동을 시작했다.

원폭 투하에 대한 엇갈린 시각

히로시마에 원자폭탄이 투하된 시점은 1945년 8월 6일이지만, 많은 일본인들은 1950년대 초까지도 원폭 피해의 참혹상을 제대로 알기 힘들었다. 연합군총사령부(GHQ)가 일본 정부에 보도 통제를 강요했기 때문이다. 그렇지만 《여름의 꽃(夏の花)》(1947), 《원폭의 아이(原爆の子)》(1951) 등 피폭자들의 체험담이 출판되면서 피해 실태가 차츰 알려지게 되었다.

세계적으로 냉전(冷戰, Cold war)이 심화되면서 또다시 핵전쟁이 발발할지 모른다는 우려 속에, 일본인들은 'No More Hiroshima'를 외치며 핵무기 폐기와 세계 평화를 호소하기 시작했다. 원폭 투하의 피해를 직접 당한 국민으로서 다수의 일본인들은 전쟁 자체를 절대 반대하며 평화를 소중히 하는 마음을 가지게 되었다. 그러나 모든 전쟁은 나쁘다는 평화 의식은, 일본 스스로 일으킨 침략전쟁에 대한 깊은 반성을 전제로 한 것이 아니었다. 또한 원폭을 투하한 미국에 대한 책임 추궁도 없었다. 전쟁의 가해 책임에 대한 물음 없이, 일본인은 전쟁의 피해자라는 공동체 의식 속에 '평화국가'의 국민으로 재탄생했다.

이에 반해 원폭을 투하한 당사자인 미국 국민과, 그리고 일본에 침략당했던 중국과 한국 국민은 전쟁의 조기 종결을 위해서는 원폭 투하가 불가피한 차선책이었다고 생각하는 경향이 강하다. 한국의 역사 교과서에는 이렇게 서술되어 있다. "미국은 전쟁을 빨리 끝내기 위해 일본의 히로시마와 나가사키에 원자폭탄을 떨어뜨렸고, 1945년 8월 15일에 일제는 결국 항복을 선언했다. 이로써 수천만 명의 목숨을 앗아간 제2차 세계대전은 막을 내렸고, 우리나라는 일제의 가혹한 식민통치에서 벗어나 광복을 맞이하게 되었다."(《한국근현대사》, 대한교과서, 2002년 판, 246쪽)

히로시마가 동아시아와 세계 시민 모두가 공감하는 평화의 상징이 되려면, 일본인에게는 전쟁 책임에 대한 깊은 반성이, 일본 외부 세계에서는 원폭 피해의 참혹함을 직시하고 평화의 절대적 가치를 소중히 하는 자세가 함께 요청된다.

6

전후 세계 냉전 체제의 형성과
동아시아에 미친 영향

제2차 세계대전 이후 세계질서를 주도한 미국과 소련은 초기에는 협조하는 모습을 보였으나 곧 대립의 길을 걸어갔다. 이념을 달리하는 두 강대국은 전 세계를 두 개의 진영으로 갈라놓고 핵무기로 서로를 위협하며 대립하는 한편, 그 긴장을 이용해 각자의 패권을 유지했다. 그것이 바로 서로 간의 '적대적 공존'을 본질로 하는 '냉전'이다.

동아시아도 '냉전'의 영향력 아래 자유로울 수 없었다. 일본 패망 이후 동아시아 각지에서는 전쟁의 상처를 씻어내고 새로운 국가와 사회를 건설하기 위한 움직임이 활발하게 일어났다. 그러나 이곳에서도 미국과 소련은 서로 영향력을 넓히려고 충돌했다. 두 국가 간의 갈등은 이곳 내부의 혁명·반혁명의 조류와 맞물리면서 더욱 증폭되었다. 자유진영과 공산 진영의 대립 와중에 결국 한반도에서 전쟁이 일어났다. 전쟁으로 두 진영 간의 대립은 더욱 심화되었지만, 점차 자주와 평화를 원하는 동아시아 각국 민중의 목소리가 나오기 시작했다.

전후 미국과 소련의 영향력 아래 동아시아의 냉전 구조가 어떻게 형성되었는지, 그리고 그 과정에서 한·중·일 3국은 어떻게 새로운 사회를 건설하게 되었는지 살펴보자.

1

전후 미·소의 동아시아 정책과
일본의 변화

동아시아와 유럽의 냉전은 어떻게 다른가

제2차 세계대전이 막바지에 이른 1945년 2월, 미·영·소 3개국의 지도자는 얄타에 모여 전후 세계질서를 구상했다. 연합국의 힘과 상호 협조를 바탕으로 국제질서의 안정과 세계 평화를 추구하는 '얄타 체제' 구상이었다. 그러나 전후에 체제와 이념을 달리하는 두 강대국, 미국과 소련은 국제질서의 재편성 과정에서 심각하게 충돌했다. 1947년부터 본격화된 두 국가의 갈등은 전 세계로 확산되었으며, 이때부터 1991년 소련이 해체될 때까지의 반세기를 '냉전'의 시기라고 부른다.

냉전이 전 세계에서 가장 첨예하게 전개된 곳은 유럽이다. 유럽은 일부 지역을 제외하고는 서유럽의 자본주의 국가와 동유럽의 사회주의 국가로 양분되어 대립했다. 유럽에서의 냉전은 비록 첨예하기는 했지만 미국과 소련의 헤게모니 아래 힘의 균형을 이루며 비교적 안정적으로 관리되었다. 미국은 북대서양조약기구(NATO, North Atlantic Treaty Organization, 1949년 창설)를 통해 유럽 각국의 군사력을 관리했고, 소련은 이에 맞서 동유럽을 바르샤바조약기구(WTO, Warsaw Treaty Organization, 1955년 창설)로 묶어 통제했다. 핵무기 경쟁을 벌이며 전개된 두 진영의 군사적 대립은 자칫 인류 전체의 공멸을 초래할 수도 있었다. 이미 두 차례의 세계대전을 겪은 유럽인은 더 이상 전쟁이 일어나지 않기를 바라며 유럽의 평화적인 통합을 위해 노력했다.

이에 비해 동아시아에서 냉전은 언제든지 열전(熱戰, Hot war)으로 비화할 수 있는 불안정한 상태였다. 동아시아에서는 미·소를 축으로 세력균형을 이룰 강력한 집단안보 체제가 만들어지지 않았다. 냉전 형성기에 소련은 동북아시아에서 동맹 관계를 맺을 수 있는 국가가 북한과 중국뿐이어서 여러 국가를 아우르는 집단안보 체제를 만들 상황이 아니었다. 소련은 1949년 북한과 경제·문화 협조에 관한 협정을 체결하고, 한국전쟁 이전인 1950년 2월에 중국과 중소우호동맹상호원조조약을 체결했다. 한편, 동북아시아에서 미국은 한국전쟁이 일어난 뒤에야 부랴부랴 반공을 기치로 일본·타이완·한국과 동맹 관계를 맺었으나, 그 방식은 집단안보 체제가 아닌 1국 대 1국 간의 안보조약 체결 방식이었다. 1951년 미일안전보장조약과 미중(타이완)공동방위조약이 체결되고, 한국전쟁이 끝난 뒤인 1953년에 한미상호방위조약이 체결되었다. 한국과 타이완은 자국을 식민지화했던 일본과 공동으로 집단안보 체제를 만드는 데 거부감이 컸기에, 동북아시아에서 집단안보 체제는 애초부터 만들어지기 힘들었다.

동남아시아에서는 1954년에 동남아시아조약기구(SEATO)가, 1967년에 동남아시아국가연합(ASEAN)이 각각 만들어지기는 했지만, 이 또한 유럽과 같은 강력한 집단안보 체제가 되지는 못했다. 동남아시아조약기구는 공산주의의 팽창을 막기 위해 미국과 영국이 주도하여 만들었지만, 인도네시아 등은 비동맹의 자세를 취하며 불참했다. 동남아시아국가연합은 안보보다는 경제 협력에 주안점을 두고 출범한 느슨한 연합체이며, 이 기구가 지역 공동체로 발전할 가능성을 보이기 시작한 것은 냉전 종식 이후이다.

이렇듯 냉전 시기 동아시아에서는 집단안보 체제가 존재하지 않는 상황

에서, 비록 국지전이긴 하지만 한국전쟁과 베트남전쟁 등 열전이 벌어졌다. 특히 한국전쟁 때는 미국 측이 핵무기 사용을 거론하는 등 세계대전으로 확산될 위험성까지 안고 있었다. 한마디로 말해 유럽에서는 미·소의 헤게모니 아래 냉전이 안정적으로 관리되었다면, 동아시아에서는 미·소의 영향력에 한계가 있었고 냉전의 양상 또한 지극히 불안정했다. 이런 차이점의 연원과 성격을 이해하는 것이야말로 전후 동아시아 국제 관계의 본질을 파악하고 오늘날 동아시아의 평화와 안정을 위한 길이 어디에 있는가를 찾는 열쇠가 될 것이다.

얄타회담에 참석한 미·영·소의 지도자 1945년 소련 얄타에서 처칠, 루스벨트, 스탈린이 만나 전후 처리, 국제연합 창설, 한반도 및 독일의 분할 관리, 전범자 처리 등을 논의했다. 회담 이후 미국과 소련을 각각 그 정점으로 하는 자본주의 진영과 공산주의 진영이 대립하는 얄타 체제가 형성되었다.

왜 동아시아에서는 냉전 구도가 그토록 불안정했을까? 전후 동아시아가 직면한 내외 사정을 들여다보면 그 이유를 알 수 있다. 전후 동아시아에서는 제국주의 지배에서 벗어나 독립국가를 세우고 토지 개혁 등 사회·경제 개혁을 달성하려는 민족운동과 사회운동이 강하게 일어났다. 이 운동은 사회주의 이념과 결합하면서 급진화했다. 이를 저지하려는 반혁명의 움직임도 만만치 않았다. 이러한 동아시아의 내부 사정은 미국과 소련의 개입에 의해 해결되기보다는 오히려 더 악화되었다. 두 국가는 동아시아 각국 민중이 스스로 이 문제를 해결하도록 기다려주지 않았으며, 자신의 체제 이념과 국가 이익에 유리한 방향으로 내부 갈등에 개입했다. 각자 자신의 이해관계를 뒷받침해줄 세력을 지원하면서 동아시아의 분열과 대립을 더욱 증폭시켰다.

그로 인해 한반도에는 분단정부가 들어섰으며, 중국은 대륙에서 인민정부가 들어서기는 했으나 타이완과 통일을 이루지 못한 양안(兩岸) 문제를 낳았다. 베트남에서도 프랑스를 대신하여 미국이 개입하면서 국토가 분단되었다. 분단국가 한국과 베트남에서는 결국 무력에 의한 통일전쟁이 발발하게 된다. 유럽에서는 독일이 패전의 책임을 지고 분단되었으나, 동아시아에서는 막상 패전국 일본은 분단을 면한 채 한국과 베트남이 분단의 비극을 겪었고, 그 비극은 전쟁으로 이어졌다.

문제는 여기에서 그치지 않는다. 유럽에서는 미·소가 전쟁을 일으킨 나치 독일을 공동으로 군사 점령하여 무장해제하고 과거 청산을 함께 진행하며, 그 발판 위에서 전후 유럽의 민주화를 진전시켰다. 이에 비해 전후 동아시아에서는 미국이 일본을 단독 점령하여 반공기지로 재건했다. 일본은 이웃 국가들을 침략했던 과거사를 반성하지 않은 채 미국의 비호 아래 국제무대에 다시 나서게 되었고, 그로 인해 동아시아 지역 내부에는 신뢰 관계가 형성되지 못했다.

미국과 소련의 서로 다른 동아시아 구상

미국의 전후 초기 동아시아 3국에 대한 구상은 국민당 정부에 의해 통일될 중국, 비군사화와 민주화로 탈바꿈할 일본, 그리고 신탁통치를 거쳐 독립하게 될 한국으로 그려져 있었다. 미국은 이 구상을 실현하는 데 중국 국민당 정부가 큰 역할을 하리라 기대했다. 미국은 국민당 정부가 중국을 통일하여 통치하게 되기를 기대했고, 한반도의 신탁통치에도 참여하도록 구상했다. 또한 중국이 일본의 전후 점령 정책에도 일정한 역할을 할 수 있으리라 기대했다. 실제로 중국은 연합국의 일원으로 '도쿄재판' ●에 참여했다. 중국의 내전이 일어나 실현되지는 않았지만, 국민당 정부가 1만 5,000여 명의 점령군을 일본에 파견하려는 계획도 있었다. 미국은 유럽에서 영국과 프랑스를 주요 협력국으로 삼은 것처럼, 동아시아에서 중국국민당 정부를 주요 협력국으로 삼고자 한 것이다.

미국의 전후 초기 동아시아 구상에서 소련에 대한 배려는 제한적이었다. 얄타회담에서 미국은 소련에게 참전 대가로 만주에서 구(舊)러시아의 이권

도쿄재판
포츠담선언에 따라 제2차 세계대전 때 일본의 주요 전쟁 범죄자를 처벌하기 위해 국제적으로 행한 군사재판소의 재판. 1946년 연합군최고사령관의 명령으로 도쿄에 설치하여 미국·영국·중국·소련·캐나다·오스트레일리아·뉴질랜드·프랑스·인도·필리핀·네덜란드에서 11명의 재판관이 나와 일본 전범자 도조 히데키 등 28명(판결은 25명)을 재판했는데, 1946년 5월에 개정하여 1948년에 판결을 내렸다. 극동국제군사재판이라고도 한다.

제2차 세계대전 이후부터 1985년까지 세계 냉전 구도 북대서양조약기구 초기 회원국은 벨기에·캐나다·덴마크·아이슬란드·이탈리아·룩셈부르크·네덜란드·노르웨이·포르투갈·영국·미국·프랑스이며·이후 그리스·서독·에스파냐가 가입했다. 바르샤바조약기구 회원국은 소련·체코슬로바키아·동독·헝가리·루마니아·불가리아·알바니아(1968년 탈퇴)였으며, 소련이 해체되면서 1991년 7월 1일 공식 해체되었다.

을 회복하고, 일본에게서 사할린 남부(미나미카라후토南樺太) 및 인접 섬을 반환받으며 쿠릴 열도를 양도받도록 하겠다는 제안을 했다. 그러나 그것뿐, 그 이상으로 일본 점령이나 한반도 신탁통치 과정에서 소련이 주도적인 역할을 하도록 방치할 의도는 없었다. 전후 동아시아에서 소련의 역할은 단지 보조적이어야 했다. 더욱이 1945년 4월 루스벨트 사망 이후 집권한 트루먼은 소련과의 협력에 부정적인 시각이 강했다. 그해 7월 원자폭탄 개발에 성공한 미국은 동아시아에서 주도권을 잡기 위해 소련의 군사적인 역할을 축소시키고자 했다.

원자폭탄 투하 직후 일본이 항복하자, 미국은 홋카이도 북부를 점령하겠다는 소련군의 요구를 거절하고 미국의 일본 단독 점령 방침을 관철했다. 반면, 중국에 대해서는 국민당 정부하의 통일 중국을 추구했으며, 이를 확실히 하기 위해 소련에게 중국국민당 정부와 중소우호동맹을 체결하도록 촉구했다. 한국에 대해서는 소련군의 한반도 전체 장악을 막기 위해 38도선 분할 점령을 제안하여 스탈린의 동의를 얻어냈다.

이처럼 미국은 동아시아에서 공세적인 군사·외교 정책을 추구했다. 이에 비해 소련은 수세였다. 미국이 일본과 한반도 38도선 이남에 군대를 주둔시킨 것과 달리 소련이 군대를 주둔시킬 수 있는 지역은 일본군이 주둔하던 만주 지역과 한반도 38도선 이북으로 한정되었다. 더욱이 만주 지역은 중국 정부에 곧 관할권을 넘겨주어야 하는 상황이었다. 이처럼 힘의 열세에 있던 소련은 동아시아에서 미국의 주도권을 인정하고 협력하는 가운데 자신의 영향력을 확보하는 방향으로 나아갔다. 소련의 전후 동아시아 구상에서 가장 핵심적인 목표는 소련 자신의 안전보장이었다. 이를 위해 소련은 주변 지역에서 자국에 우호적인 권력이 수립되도록 지원하는 정책을 추진했다.

그렇다고 해서 동아시아에서 소련의 영향력이 적었다고 할 수는 없다. 소련은 비록 군사력과 경제력에서 미국보다 열세였지만, 사회주의라는 파급력 강한 이념의 힘을 지니고 있었다. 소련은 개혁과 자주독립의 열망에 가득 찬 동아시아 민중이 사회주의를 내세운 자국에 우호적으로 나오리라 기대했다. 미국은 어떻게든 이를 막아야 했다. 이것이 두 국가의 힘이 불균형한데도 불구하고 동아시아에서 상호 대립이 치열하게 전개된 배경이다.

미국의 일본 단독 점령과 전후 개혁

미국은 일본에 GHQ(연합군최고사령관총사령부)를 설치하고 점령 통치를 실시했다. 총사령부는 수천 명의 군인과 문민 행정가로 구성되었고, 민정국·민간정보교육국·경제과학국 등으로 나뉘었다. 점령 정책의 최고기관으로 아시아·태평양전쟁에 참가한 11개국의 대표로 구성된 극동위원회가 있고, 미·영·소·중 4개국 대표로 이루어진 대일 이사회가 정책 집행을 감독하게 되어 있었다. 하지만 실제로는 연합군최고사령관 맥아더가 전권을 휘둘렀다.

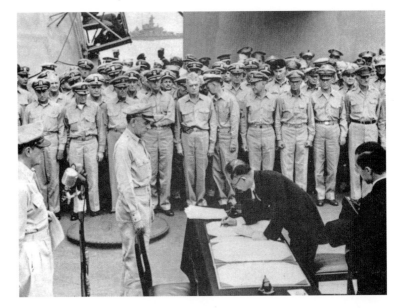

　　미국은 일본 점령 정책에 막대한 병력과 자원을 투입할 여력이 부족했기
때문에 정부와 관료 제도의 기본 틀을 유지하는 간접 통치 방식을 채택했
다. 1945년 9월 맥아더와 천황 히로히토가 첫 회견을 했다. 이 회견은 점령
권력에 대한 천황의 전면 협조와 맥아더에 의한 천황의 권위 이용을 서로
확인하는 자리였다. 천황은 '인간 선언'을 한 이후 일본 사회를 통합하는 상
징적 존재로 남았으며, 맥아더는 전범재판에서 면죄부를 주면서까지 그를
계속 활용했다.

　　그렇다면 미국은 맥아더를 통해 일본을 과연 어떤 나라로 바꾸려고 했을
까? 대일 점령 정치의 초기 기본 목표는 일본 군국주의의 재발을 방지하고
민주적인 정부를 탄생시키는 일이었다. 총사령부는 육해군의 해체와 군수
생산 금지를 지령하고, 전쟁 범죄 용의자 체포, 군국주의 단체 해산 등을
신속히 지령했다. 또한 〈민권자유에 관한 지령〉을 발포(發布)하고, 5대 개
혁 지령(여성해방, 노동조합 결성 장려, 교육 자유화, 압제적 제도의 철폐, 경제 민
주화)을 내렸으며, 헌법의 자유주의화를 요망하고, 신도(神道) 분리, 군국
주의자의 공직 추방을 지령했다. 군국주의자 추방은 사상경찰·교직자·군

인·정치인 등을 대상으로 이루어졌으며, 점령기 동안 군인 16만 3,600여명, 정치인 3만 4,900여 명 등 총 21만여 명이 추방되었다.

1946년 11월 새로운 헌법이 공포되어 이듬해 5월부터 실행되었다. 이헌법은 '국민주권, 전쟁 포기와 평화주의, 기본적 인권의 존중'을 3대 원칙으로 했다. 특히 전쟁 포기를 규정한 제9조는 세계에서 유례를 찾을 수 없는 평화주의의 이상을 내건 것이었다. 헌법에서 천황제는 일본 국가의 상징적인 구심점으로 인정되었다. 또한 여성의 참정권이 보장되고, 민법에서 가부장적 가족 형태가 부정되면서 여성의 인권도 향상되었다. 교육 개혁, 재벌 해체, 노동조합 결성 장려 등도 실행에 옮겨졌다.

일본의 보수층은 처음에는 급진적인 개혁에 거부감을 보이며 분노를 표출하기도 했다. 그러나 새 헌법이 천황제를 상징적이나마 존속시키는 등국체(國體)를 완전히 바꾸는 것이 아니며, 적대적인 사회주의자들로부터국가 체제를 지킬 수 있는 수단이 될 수 있다는 사실을 인식한 후에는 미군에 협조하기 시작했다.

미국의 개혁 정책에 협조한 쪽은 보수층만이 아니었다. 진보 세력도 초기에는 미국의 정책을 환영했다. 일본공산당은 천황제와 군국주의를 청산하기 위해 미국과 협력하는 노선을 취했다. 그러나 미국의 개혁 정책이 점차 보수화되면서 진보 세력과 미군 사이에는 갈등이 심화되었다.

새 헌법을 통해 일본은 민주국가로 거듭나게 되지만, 거주민 모두가 새롭게 민주국가의 국민으로서 권리와 의무를 지니게 된 것은 아니었다. 당초 GHQ 헌법 초안에는 '외국인 역시 법 앞에 평등'하다는 항목이 있었다. 그러나 일본 정부는 이를 삭제하고, 제국헌법 제18조를 답습해 새 헌법 제10조에 "일본 국민으로의 요건은 법률로 정한다"라는 국적 조항을 삽입했다. 그리고 새 헌법이 시행되기 하루 전 일본 정부는 최후의 칙령인 〈외국인등록령〉을 공포했다. 이 칙령으로 인해 조선인과 타이완인 등 구(舊)식민지 출신자는 외국인으로 간주되었다. 이것은 새 헌법에 규정된 기본적 인권의 보장을 '외국인'이 된 재일코리안 등에게는 적용하지 않겠다고 선언한 것이나 마찬가지였다. 1947년에 실시한 최초의 외국인 등록에서 재일코리안은 국적을 '조선'으로 표시해야 했다. 일본제국 아래에서 '황국신민'의 일원으로 포섭과 동화를 강요받았던 재일코리안이 새 헌법 아래에서는 차별과 배제의 대상이 된 것이다.

냉전 속에 바뀌는 미국의 일본 정책

미국은 분명 일본에서 군국주의를 해체하고 평화헌법을 만들었으며, 각종 민주적인 개혁을 실시했다. 그럼에도 미국의 일본 점령 정책에 대해 긍정적인 평가만 있는 것은 아니다. 오히려 부정적인 견해가 강하다. 특히 미국의 정책이 민주화보다는 점차 반공에 초점이 맞춰지면서 부정적인 면모가 드러나기 시작했다. 세계적으로 냉전이 심화되고 중국의 공산혁명 가능성이 높아지자 미국은 일본을 견고한 반공국가로 만드는 방향으로 대일본 정책을 선회했다. 1948년 뚜렷이 드러나기 시작한 이러한 정책 변화를 '역코스(逆Course)'라고 부른다.

요시다 시게루를 중심으로 한 일본 보수파는 미국의 정책 전환을 이용해 지배 체제를 굳혀나갔다. 요시다는 군국주의 시대를 정상 궤도에서 이탈한 시기라 생각했으며, 일본이 진정 나아가야 할 길은 메이지시대에 대영제국과 동맹을 맺은 것처럼 확실하게 미국과 연대하는 것이라고 생각했다. 요시다는 맥아더와 협조하며 전후 일본의 틀을 만들어갔다.

이러한 정세 아래 보수-혁신의 정당 대결 구도는 보수 우위로 굳혀졌다. 재벌 해체, 경제 집중 배제, 배상 징수와 노동기본법의 용인 등 비군사화·민주화 정책은 중지되거나 왜곡되었다. 그 대신 경제 부흥, 배상 중지, 경찰력 강화, 국가·지방공무원의 단체교섭권·쟁의권

도쿄에서 열린 대규모 집회 GHQ의 민주화 정책에 따라 노동조합 결성의 자유를 얻은 일본의 노동자들은 스스로 '생산관리'운동에 나섰다.

부인 등의 정책이 취해졌다. 전쟁 책임과 관련한 공직·재계 추방은 완화되었다. 과거의 군국주의자와 그 협조자들이 복귀하면서 전후 일본의 정계·관계·경제계에는 전쟁 전의 인적 관계가 계승되었다. 또 미·일 간 배상 문제가 타결되고 미국과의 경제 협력 체제가 구축되었다. 반공 정책이 확대되면서 노동조합운동과 사회주의운동은 점차 억압을 받기 시작했다.

일본을 반공의 방패로 삼기 위해 미국은 군사적인 측면에서도 여러 가지 정책을 모색했다. 첫째, 일본을 재무장시키며, 둘째 일본 전 지역을 미군의 군사기지로 자유롭게 사용하며, 셋째 일본에서 오키나와를 분리하여 동아시아 군사작전의 거점으로 지배하는 방향이었다. 1948~49년에 걸쳐 모색된 이 정책들은 1950년 한국전쟁 이후 구체화되기 시작한다.

미국의 일본 점령 정책이 전반적으로 변질되는 가운데에서도 농지 개혁

만큼은 비교적 일관성 있게 추진되었다. 군국주의의 주요 지지기반이었던 농촌의 지주층을 해체하기 위해서만이 아니라 소작농을 자작농으로 전환해 안정시켜야만 사회적으로 반공주의가 뿌리내릴 수 있다고 판단했기 때문이다. 두 차례에 걸친 농지 개혁은 1950년에 거의 마무리되는데, 그 무렵에 소작지는 전체 농지의 10%로 줄어들었다. 농지 개혁 이후에는 농촌의 부흥을 위해 협동조합이 장려되었다.

이처럼 일본은 미국의 단독 점령 아래 전쟁 책임과 식민지 지배 책임을 제대로 지지도 않은 채 반공기지로 재편되었다. 이로 인해 침략과 전쟁에 대한 동아시아 공동의 과거 청산과 화해의 길은 차단되었다. 일본은 아시아를 무시한 채 미국만을 바라보며 전후 재건의 길을 걸어갔다. 동아시아 통합의 길은 열릴 수 없었다.

2

중국 혁명과 냉전의 심화

장기간의 항일전쟁을 승리로 마무리한 중국은 새로운 미래를 준비할 수 있게 되었다. 그러나 중국에서는 곧 국민당과 공산당 간에 내전이 벌어지게 된다. 내전이 벌어진 이유는 무엇이며, 중국인들은 이 내전을 어떻게 극복하고 건국에 이르게 되었을까?

중국에서는 일본 군국주의라는 공통의 적이 없어진 뒤에 혁명을 추구하는 공산당과 이를 억누르려는 국민당 정부 사이에 내전의 위기가 고조되었다. 이 위기를 막기 위해 중국 전역에서는 지식인과 중간파 등의 주도 아래 평화협상을 요구하는 목소리가 높아졌다. 1945년 8월 말, 장제스는 마오쩌둥을 충칭으로 초빙해 평화교섭을 시작했다. 10월까지 계속된 회담 끝에 두 지도자는 정치적 민주주의를 실현하고 군사력을 통합하며 모든 정당이 동등한 법적 지위를 가질 필요성이 있음에 동의했다고 선언했다. 그러나 양측의 합의에는 금세 금이 가기 시작했다. 공산당은 해방구에서 합법적인 지위를 유지하겠다고 주장했으나, 국민당이 이를 부정하고 공격을 함으로써 군사 충돌이 확대되었다.

1946년 1월, 미국의 마셜이 조정에 나서 국민당과 공산당, 민주당파가 참여한 중국 제1기 정치협상회의(政治協商會議)가 이루어졌다. 이 회의에서 헌법 제정을 위한 국민대회 소집을 결정하는 등의 성과가 있었으나, 국민당이 회의 결정을 부정하면서 실패로 끝났다. 타협을 모르는 장제스의 강한 반공주의로 인해 내전의 위기를 막기는 어려웠다.

결국 국공 간에 무력충돌이 확산되었다. 내전 초기에는 압도적으로 무기를 더 많이 보유한 국민당의 승리가 예상되었다. 그러나 상황은 그와 반대로 전개되었다. 반전(反轉)의 원인은 무엇이었을까? 국민당 정부는 대내외적으로 위세를 과시하고 있었음에도 안으로는 중병을 앓고 있었

1945년 8월 28일 평화교섭에 나선 장제스(왼쪽)와 마오쩌둥(오른쪽) 마오쩌둥은 장제스의 초빙을 받고 저우언라이 등과 함께 충칭으로 가서 국민당 정부와 평화교섭을 했으나 끝내 결렬되었다.

다. 광범한 관료 부패, 심각한 인플레이션, 빈곤, 교육받은 엘리트의 소외, 군벌주의의 잔존 등으로 인해 민심을 잃었다. 또한 일본의 침략에 밀려 서쪽 충칭으로 수도를 옮김으로써 중국 연해(沿海)에 대한 장악력을 상실한 상황이었다. 이에 비해 공산당은 농민과 노동자를 주된 지지기반으로 하여 전선의 배후에서 광범위하게 활동을 하고 있었으며, 통일전선 정책을 실시하여 그 외의 계층에게서도 지지를 얻기 위해 노력했다. 중국공산당이 이끄는 팔로군과 신사군은 중국 대륙 곳곳에서 일본군에 항전하며 민중의 반일운동과 깊은 연계를 맺고 있었다. 또한 만주 지역에서 소련의 지원을 받으며 세력을 빠르게 확산시키고 있었다. 소련군은 1946년 철수했지만 당시 중국공산당 세력은 이미 뿌리를 내리고 많은 무기를 소련군에게 인계받은 뒤였다.

내전 초기 장비와 군대 모두 압도적으로 우위에 있던 국민당은 옌안 점

령을 시작으로 만주·화북의 주요 도시 대부분을 지배했다. 그러나 내전이 지속되면서 국민당 지배 지구의 경제는 악화되었다. 군사 지출이 늘어나자 재정이 파탄하고, 인플레이션도 심각해졌다. 학생과 지식인이 중심이 되어 반내전·반독재·반기아 투쟁에 나섰고, 민족 자본가도 국민당 정부에 등을 돌렸다. 미국 역시 국민당 정부가 부패하고 무능하며 비능률적이어서 문제 해결이 불가능하다고 판단하고 중국 문제에 깊숙이 개입하는 것을 주저했다.

소련의 이중 자세와 미국의 딜레마

중국에서 내전이 벌어지고 전세가 국민당 정부에서 공산당 쪽으로 역전되는 과정에서 미·소는 어떤 정책을 추구했을까? 이들은 어느 쪽을 선호하고 어떤 자세를 취했을까? 구체적인 사실을 모르는 상태에서 대개 이런 질문을 받는다면 미국은 국민당을, 소련은 공산당을 지지했을 것이라 추측하여 답변하기 쉽다. 그러나 역사적 사실은 그와 달리 복잡하다.

1945년 8월 14일 소련은 국민당 정부와 재빨리 중소우호동맹조약을 체결하고, 장제스로부터 만주에서의 옛 러시아의 이권을 보장받았다. 소련은 중국국민당 정부를 합법적인 정부로 인정하고 협조하면서도 다른 한편으로는 공산당을 후원하는 이중 자세를 취했다. 공산당은 특히 만주에서 소련의 후원을 받았다. 만주 지역에 주둔한 소련군은 만주국 황제 푸이를 퇴위시키고 일본의 항복을 접수한 후 막대한 무기와 군수품을 공산당에 넘겨주었다.

소련이 소극적으로 국민당 정부를 인정했다면, 미국의 국민당 정부 지지는 이보다 훨씬 확고했다. 얄타 체제를 구상한 루스벨트는 일본이 패배한 후 동아시아 주도권을 중국이 쥐기를 바랐다. 물론 그 중국은 국민당이 통치하는 중국이었다.

전후에 미국을 당황스럽게 한 것은 중국공산당이었다. 공산당 세력이 급속도로 확대되면서 국민당 정부를 위협하자, 미국은 국민당 정부에 무기와 재정을 지원했다. 그러나 미국의 지원에는 한계가 있었다. 직접적인 군사 개입 또한 어려웠다. 유럽과 일본, 남한 등에 방대한 군사력을 유지해야 했던 미국으로서는 거대한 중국 대륙에 군사를 개입시키는 것이 쉽지 않았다. 미국은 국민당 정부에 힘을 실어주되, 다른 한편으로 국민당과 공산당 사이에 평화교섭이 이루어지도록 국민당 정부에 압력을 가하는 정책을 취했다. 그러나 국민당 정부의 부패와 무능으로 인해 미국의 지원은 효과가 없었다. 더욱이 장제스가 무력충돌을 감행하자 미국은 이에 수동적으로 끌려들어가는 외교력의 한계를 드러냈다.

대륙을 통일한 중국공산당

1947년 7월 이후 중국공산당은 총반격에 나섰다. 1949년에는 중국의 대부분을 장악했다. 그리고 마침내 1949년 10월 1일 마오쩌둥을 주석으로, 저우언라이를 수상으로 하는 중화인민공화국이 수립되었다. 수도는 베이징이었다. 마오쩌둥은 "중화인민공화국은 노동자와 농민이 중심이 되고, 여러 계급과 민족이 힘을 모아 제국주의·봉건주의·관료주의를 청산한 새로운 사회를 이룩할 것이다"라고 선언했다. 그의 말대로 중화인민공화국에는 노동자와 농민만이 아니라 지식인, 민족 자본가 등 다양한 계층이 참여했고, 민족 구성 또한 다양했다. 권력의 핵심에는 공산당이 있었다. 공산당원은 모든 정부기구, 대중조직, 군대, 학교 등에 퍼져들어갔다.

중국 정부는 남녀평등의 권리를 법으로 정하고, 혼인법을 만들어 강제결혼 관행을 금지했다. 여성의 재산 상속권과 토지 소유권도 인정했다. 여성의 정치 참여도 합법화했다. 신중국의 우선 과제는 내전으로 파괴되고 피폐한 국민경제를 부흥시키는 일이었다. 그러기 위해서 국영경제를 중심으로 하면서 사영기업도 인정하는 '신민주주의'의 길을 걸어갔다. 중국 정부는 1950년 6월에 토지개혁법을 공포하고, 1952년 말 토지 개혁을 완료했다. 지주 계급이 타도되고 농민이 농촌의 주인이 되는 혁명의 과정이었다.

한편, 1949년 12월 마오쩌둥은 자신이 직접 대표단을 이끌고 모스크바를 방문했다. 이듬해 2월에는 중소우호동맹상호원조조약이 체결되었다. 중국은 소련의 원조 아래 새 국가의 경제 건설에 착수했으며, 스탈린 사망 이전까지 대소 일변도 외교를 전개했다.

대륙의 국공내전은 1895년 청일전쟁 이후 50년간 일본의 식민지 지배를 받아온 타이완에도 영향을 미쳤다. 중국이 타이완 주권을 되찾은 이후, 물가 파동, 농공업의 위축, 실업인구 폭증, 식량 부족 등으로 타이완의 정치와 사회는 극도로 불안해졌다. 행정장관 천이의 실정으로 타이완 주민의 불만과 울분은 극에 달했다. 1947년 타이베이시에서 타이완 주민들이 부패와 독재를 반대하며 "탐관오리를 숙청하고, 본성〔臺灣省〕의 정치 개혁을 이룩"할 것을 외치는 민중봉기가 발생했다(2·28민중항쟁). 그러나 국민당 정부는 병력을 타이완에 보내 이를 무력으로 진압했다. 1949년 12월 국민당 정부는 국공내전에서 패배한 뒤 잔여 세력을 이끌고 타이완으로 이동했다. 그해 1월에 총통직을 사임했던 장제스는 1950년 3월 타이베이에서 '총통' 직무를 회복하고, 국민당의 전제통치를 이어나갔다.

공산당의 승리로 마무리된 중국 혁명은 이후 동아시아의 공산주의운동에 큰 자극이 되었다. 북한은 중국 혁명의 기운이 한반도에도 확산되기를 바랐다. 특히 항일전쟁에 참전했던 조선의용군이 북한으로 들어옴에 따라 군대가 강화되어 남북 간 군사적 대립이 더욱 심화되었다. 이제 혁명의 폭풍은 이웃 한반도로 확산되기 시작했다.

반공의 보루로 재건되는 일본

중화인민공화국의 성립은 국민당 정부의 중국 통일을 전제로 한 미국의 전후 초기 동아시아 구상이 수정되어야 함을 의미했다. 미국은 이미 1948년 후반부터 국공내전에서 결국 공산당이 승리할 것으로 관측하고 있었다. 따라서 이때부터 중국을 대신해 일본을 반공의 보루로 재건하려는 정책을 좀 더 분명히 추진해나갔다.

1948년 12월 미국은 요시다 내각에 압력을 가해 '경제 안정 9원칙'을 추진하도록 했다. 그 주요 내용은 초균형 예산(세입이 세출보다 많은 흑자 예산)과 수출 체제의 정비 등을 강하게 촉구하는 것이었다. 이를 위해 트루먼 대통령은 미국 디트로이트 은행 이사장 닷지를 점령군 사령관 고문으로 임명하여 일본으로 파견했다.

닷지는 정부 보조금과 미국의 원조물자가 일본의 자립을 방해하는 '죽마(竹馬)의 다리'와 같다고 지적하고, 이 두 다리를 절단해야 한다고 강조했다. 이른바 '닷지라인'은 인플레이션을 억제하고 극단적인 재정 긴축과 정리해고 강행을 수반하는 것으로, 사회 불안 고조와 노동자의 반발이 예상되었다. 1949년 7월 요시다 내각은 공무원과 공공기업체 직원에 대한 대규모 정리해고를 기회로 삼아 공산당원을 축출했다. 같은 해 9월에는 '적색' 교원 추방이 결의되었다. 이는 곧 일본을 강력한 반공국가로 만들기 위해 민주화 정책을 후퇴시키는 대신 경제적으로는 자립을, 정치·사회적으로는 보수 우익 중심의 구조를 만들어가는 과정이었다.

한편, 1946년 5월부터 시작된 도쿄재판도 점차 냉전의 영향을 받으면서, 일본의 전쟁 책임을 철저하게 추궁하지 않는 방향으로 흘렀다. 연합국 11개국 출신 재판관은 '평화에 반한 죄'를 저지른 A급 전범 25명을 심리했다. 그 결과 1948년 11월 판결에서 아시아·태평양전쟁 개전 당시 수상 겸 육군상을 지낸 도조 히데키와 난징학살의 최고책임자인 마쓰이 이와네 등 7명에게 사형이 선고되고, 조선총독을 지낸 육군상 미나미 지로 등 18명에게 금고형 판결이 내려졌다. 그러나 전쟁의 최고책임자인 히로히토 천황에 대해서는 전쟁 책임을 묻지 않았다. 관료와 재벌들의 책임도 묻지 않았다. 오직 육군에게만 전쟁의 책임을 물었다. 만주에서 세균전을 자행한 731부대의 이시이 시로 등도 연구자료를 미국에 넘겨주는 대가로 면책되었다. B급과 C급 전범재판은 아시아·태평양의 각지에서 진행되었는데, 약 1,000

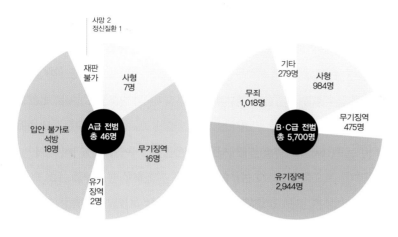

사망 2
정신질환 1

재판
불가

사형
7명

입안 불가로
석방
18명

A급 전범
총 46명

무기징역
16명

유기
징역
2명

기타
279명

무죄
1,018명

사형
984명

B·C급 전범
총 5,700명

무기징역
475명

유기징역
2,944명

A, B, C급 전범의 재판 결과 A급 전범은 국제조약을 위반하고 침략전쟁을 기획·시작·수행한 사람들을, B·C급은 전쟁 수행 과정에서 포로 학대와 민간인을 학살한 자들을 일컫는다. 일본의 A급 전범은 도쿄재판을 통해 판결을 받았다. B·C급 전범은 중국(국민정부) 등 연합국 7개국이 각각 개정한 재판에서 판결을 받았다. 소련도 B·C급 전범을 재판했으나 실상이 알려져 있지 않다. B·C급 전범에는 일본에 의해 강제동원되어 포로 감시역을 맡았던 타이완인과 조선인이 다수 포함되어 있다. 조선인의 경우 148명이 유죄 판결을 받고 그 중 23명이 사형되었다.

명이 사형 판결을 받았다. 재판에 회부된 전범 중에는 조선인과 타이완인도 있었다. 소련도 약식재판을 거쳐 3,000명 정도의 전범을 처형한 것으로 전해지나, 실상은 알려져 있지 않다.

　미국은 1949년 가을부터 일본을 국제무대에 복귀시키기 위해 일본과의 강화를 추진했다. 이 소식이 알려지자 일본 열도는 '단독 강화인가, 전면 강화인가', 즉 미국·영국·프랑스 등 서구 국가만을 대상으로 한 단독 강화인가, 아니면 소련 등 사회주의 국가도 참가하는 전면 강화인가라는 논쟁에 빠져들었다. 정부는 냉전의 현실 때문에 단독 강화 외에는 다른 대안이 없다는 자세를 취했다. 그렇지만 사회당은 '전면 강화·중립 견지·군사기지 반대' 노선을 결정했으며, 진보적 학자와 문화계 인사들로 결성된 '평화문제담화회'도 전면 강화를 주장했다. 일본이 어느 한 진영에 서면 결국 진영 대립 속에 또다시 전쟁에 휩쓸릴지 모른다는 우려 때문이었다.

오키나와의 미군기지화

미국의 핵우산 아래에서 전후 경제 발전을 이룩한 일본은 동아시아 냉전의 최대 수혜자였다고 곧잘 이야기된다. 하지만 그것은 지금은 '같은 일본'에 속하게 된 오키나와에 군사적 부담을 지속적으로 강요함으로써 이루어진 일이었다.

오키나와에는 현재 극동 최대의 가데나(嘉手納) 공군기지를 비롯해 주일 미군기지의 75%가 집중되어 있다. 이 상태는 1945년의 오키나와 전투로 한꺼번에 발생한 것이 아니라 전후 미·일 관계의 시기별 요구에 부응하는 형태로 형성되어왔다. 특히 한국전쟁 당시 항공 병력의 중요한 전선기지가 됨으로써 오키나와의 전략적 중요성은 비약적으로 높아졌고, 한국·일본 본토와 타이완·필리핀을 잇는 동아시아 반공 군사망의 연결 지점으로 자리매김했다.

1950년대 전반 일본이 독립을 회복하는 근거가 된 샌프란시스코강화조약에 의해 오키나와에서는 오히려 '모든 일체의 권력(all and any powers)'이 미국에 귀속되었다. 이를 이용해 미군은 새로운 기지 건설에 착수했고, 오키나와섬의 중남부와 낙도 이에섬(伊江島) 등에서 대규모 토지 접수를 개시했다. 미군은 총검으로 위협하며 불도저로 민가와 농지를 파괴했을 뿐 아니라 주민의 동의 없이 실질적인 토지 매수를 강행했다. 이에 반대해 오키나와 농민들은 끈질긴 비폭력 저항을 했다. 이렇게 시작된 반대운동은 이윽고 오키나와 전체 규모의 '섬 전체의 투쟁'으로 고양되었다. 이로써 토지의 강제 매수는 저지할 수 있었으나, 강제로 미군에 헐값으로 토지를 대여하는 '지주'가 된 사람들('군용 지주'라 불림)의 권리회복투쟁은 지금도(그러나 현재는 미군뿐 아니라 일본 정부에 대해서도) 계속되고 있다.

게다가 1950년대 들어 오키나와섬 북부의 산림지대에도 토지 접수가 확산되었다. 강화 후에도 점령군에서 주류군으로 이름을 바꿔 일본 본토에 눌러앉아 있던 미군의 육상 병력(특히 해병대)은 접수한 토지로 이주해 그곳을 연습장 등으로 사용했다. 같은 시기 일본 각지에서 일어난 반기지투쟁의 고양을 두려워한 미국 정부가 기지 기능을 오키나와에 집적시켰기 때문이다. 그 후에도 일본 본토에서는 미군기지의 정리·축소가 계속되었다. 결국 1960년대 후반에는 오키나와의 미군기지 면적이 일본 본토의 미군기지 총면적을 상회하게 되었다. 기지 확장과 더불어 성폭력을 비롯한 인권 침해도 오키나와에서 심해져갔다.

선조로부터 물려받은 소중한 토지에서 쫓겨난 사람들은 기지 주변의 좁은 토지에 살면서 '군 작업'으로 생계를 잇는 임노동자가 되거나, 외딴섬으로 입식하거나 남미

이민을 지원할 수밖에 없었다. 그들은 오키나와에 살면서도 철조망 너머로 고향을 그리워할 수밖에 없는 난민 같은 존재가 되었다. 동시에 기지 주변에서는 미군 병사와 그 가족을 위한 잡다한 서비스산업이 번성하면서 급속하게 도시화가 진행되었다. 환락가의 업자를 필두로 경제적으로 미군에 깊이 의존하는 사회층이 형성되어 저항운동도 분열될 수밖에 없었다. 지역사회를 토막낸 폭력적인 현실과 기지 의존적인 경제구조는 오키나와의 일본 '복귀' 후에도 계속 이어져 현재까지 오키나와 내부에 다양한 대립을 불러일으키고 있다. 이러한 상태야말로 미·일 관계의 '안정'을 위해 일본 국가와 사회가 오키나와 전투 이래로 오키나와를 계속 '사석(捨石)'으로 삼아온 것의 반영이라 할 수 있다.

오키나와 후텐마 미군기지

3

한반도의 분단과 전쟁

1945년 8월 15일 식민지 조선은 일본 제국주의의 식민 지배에서 벗어났다. 이날 정오 일본의 천황은 연합국의 무조건 항복 요구를 받아들이는 방송을 했지만, 이 방송 내용은 도무지 알아듣기 어려웠다. 해방되었다는 사실을 아는 한국인도 많지 않았다. 그러나 제2차 세계대전에서 일본이 패배하고, 한국인이 끈질기게 항일투쟁을 전개한 결과로 35년간의 일본 제국주의 식민 지배가 끝났다는 소식은 곧바로 전국 각지로 퍼져나갔다. 그동안 마음 놓고 만들지도 내걸지도 못했던 태극기를 들고 수많은 인파가 거리로 쏟아져나왔다.

한편, 조선총독부는 일본인이 안전하게 일본으로 귀국할 수 있도록 치안 유지를 최우선의 과제로 설정했다. 이를 위해 해방 전 국내에서 활동하고 있던 여운형과 교섭해 정치범의 즉시 석방, 식량 확보, 치안 유지에 대한 협력 등을 조건으로 협력하기로 했다. 여운형은 좌·우파를 망라해 조선건국준비위원회를 결성했다. 해방의 환희와 새로운 국가 건설에 대한 열망이

더해져 8월 말 전국 각지에 145개의 지부가 만들어졌다.

그러나 해방의 기쁨과 동시에 미국과 소련이 한반도를 분할 점령할 것이
라는 소문이 퍼졌다. 그 소문은 곧 사실로 확인되었다. 8월 9일 0시에 일본
에 선전포고를 한 소련군은 8월 말 북한 전역에 진주를 완료했다. 미군은
B24기로 삐라를 살포해 한반도 상륙을 예고했고, 9월 초 남한에 상륙했다.
한국인은 한반도에 진주한 미군과 소련군에 대해 대체로 호의적이었다. 한
국인은 이들을 '해방군'으로 인식했고, 양국의 도움으로 자주적인 통일국
가를 수립할 수 있을 것이라고 기대했기 때문이다.

제2차 세계대전 종전 직전 미국과 소련은 일본군을 무장해제시키기 위
해 소련군이 만주를 거쳐 한반도로 남하하는 데 합의했다. 그러나 미국은

한반도가 소련의 세력권에 들어가서는 안 된다는 원칙 아래 신탁통치를 실시할 구상을 갖고 있었다. 반면, 소련은 자국에 우호적인 정권을 수립하고자 했다. 양국은 가장 중요한 한국인의 이해와 요구를 전혀 고려하지 않았다. 그리고 미·소 간 합의에 따라 소련이 대일 선전포고를 하고 한반도 진입을 앞둔 상황에서 일본은 연합국의 항복 요구를 수락했다. 따라서 미국은 소련군이 한반도 전체를 점령하지 못하도록 막고 일본에 대한 완전 점령을 위해 서둘러서 '38도선'을 기준으로 한반도 분할 점령을 제안했다. 소련도 만주를 점령하고 한반도에는 교두보 확보 정도를 상정하고 있었기 때문에 38도선 분할 점령에 동의했다. 한국인에게 분단의 상징이 된 비극의 38도선은 이렇게 그어졌다.

한국인은 미국과 소련이 한반도를 분할 점령하기로 했다는 양국 간의 합의를 알지 못했다. 해방의 기쁨에 들떠 있던 한국인 누구도 이 분할선이 두 개의 국가를 만들어내고, 급기야 같은 민족끼리 총부리를 들이대는 전쟁으로 이어질 것이라고 생각하지 못했다. 이처럼 한국인의 의사와는 무관하게 미국과 소련에 의해 그어진 38도선은 한반도 분단의 시작이었고, 한반도가 미·소 양 진영의 협력과 대립, 냉전과 열전의 장이 되어감에 따라 동아시아 냉전의 '경계선'이 되었다.

통일국가 건설의 실패와 분단정권의 수립

1945년 미국과 소련은 합의대로 북위 38도선을 경계로 한반도를 분할 점령했다. 소련은 1948년까지 북한 지역에, 미국은 1949년까지 남한 지역에 군사를 주둔시켜 영향을 미쳤다. 남·북한의 정치 세력은 미국과 소련에 때로는 협력하고 때로는 갈등을 빚으면서 정치활동을 전개했다. 일본 제국주의의 오랜 식민 착취에 따른 정치적 불만과 경제적 수탈의 결과로 사회는 혼란하고, 식량과 생필품은 만성적으로 부족했다. 그러나 자주적으로 국가를 건설해 정치적 권리를 자유롭게 행사하고, 경제 건설의 역군이 되겠다

는 주체 의식은 그 어느 때보다 높았다.

신탁통치를 둘러싼 좌우 대립 1945
년 12월 모스크바 3상회의에서 미
국·소련·영국이 한국을 신탁통치하
기로 결정했다. 한국인은 강대국들이
한국인의 자치 능력을 무시했다는
사실에 분노했으며, 이후 신탁통치와
한국 임시정부 수립을 둘러싼 좌·우
파의 대립이 본격화되었다.

전후 연합국 간에 한국 문제가 논의된 것은 1945년 12월 모스크바에서 개최된 미국·영국·소련 3개국 외무장관 회담에서였다. 이 회담 결과 연합국은 한국에 임시정부를 수립하고, 임시정부 수립을 지원하기 위해 미소공동위원회를 설치하기로 결정했다. 그리고 4대국 신탁통치안은 임시정부와 협의해 제출하도록 결정했다. 이 회의 결과는 한국의 임시정부 수립 방법에 관한 것이 핵심이었지만, 한국에 전달될 때는 '신탁통치'만이 부각되었다. 심지어 미국은 한국의 즉시 독립을 주장했으나 소련이 신탁통치를 제안했다는 왜곡된 정보가 전해졌다. 이에 따라 한국인은 강대국들이 한국인의 자치 능력을 무시하고 신탁통치를 실시하려 한다는 사실에 분노했다. 신탁통치안은 소련의 팽창주의의 발로라는 인식이 급속도로 퍼지면서, '찬탁=친공·친소', '반탁=반공·친미' 구도의 좌익 대 우익의 정치이념 대립으로 확산되었다. 친일파와 친일잔재 청산 문제는 정치이념 대립 속에 은폐된 채 신탁통치 반대 세력은 애국자, 지지 세력은 매국노라는 우익 세력의 공세가 강력히 전개되었다. 신탁통치 파동은 자주적인 통일국가 수립을 열망하던 한국인의 의사와는 무관하게 이루어진 38도선 분할 점령과 마찬가지로 미·소의 합의와 대립이 반영된 결과였다.

모스크바 3상회의 결과에 따라 한국의 신탁통치와 임시정부 수립 문제를 협의하기 위해 1946년 3월과 1947년 5월 두 차례에 걸쳐 미소공동위원회가 개최되었다. 결과는 실패였다. 미국과 소련은 한국에 대한 영향력 확보를 위해 어떤 양보도 할 의사가 없었기 때문이다. 이미 1947년 3월 미국의 트루먼 대통령이 공산주의의 영향력 확대를 저지하기 위해 공산주의 위협에 직면한 해당 국가에 군사적·경제적 원조를 제공하겠다는 '트루먼 독트린(Truman Doctrine)'을 발표해 미·소 간의 정치·군사적 대립이 공식화된 상황이었다. 미국은 1947년 9월 한국 문제를 국제연합(UN)에 이관했고, 이로써 미·소 협력을 통한 한국 문제 해결 방안은 최종적으로 폐기되었다. 소련은 미·소 양군의 동시 철군과 한국인 스스로의 해결을 제안하며 국제연합의 개입에 반대했다. 그러나 국제연합 총회는 미국이 제안한 대로 신탁통치를 거치지 않는 한국 독립과 국제연합 감시하의 남북한 총선거를 통한 한국 통일 방안을 결의했다.

　미·소 협조체계가 결렬되자 남북한의 정치 세력은 남한만의 단독 선거와 단독 정부 수립 지지, 좌우합작과 남북협상을 통한 통일국가 수립 지지, 사회주의 국가 수립 지지 등 다양한 정치적 견해를 주장했다. 그러나 분단정권의 수립은 누구도 막을 수 없었다. 1948년 2월 국제연합 총회는 남한 지역만의 총선거 실시를 결의해, 5월 10일 남한 지역에서만 총선거가 실시되었다. 그 결과 남한에서는 초대 대통령에 이승만이 선출되고, 8월 15일 대한민국이 수립되었다. 북한도 내각수상에 김일성을 임명하고, 9월 9일 조선민주주의인민공화국을 수립했다. 미국과 소련은 국제연합에서 두 정권의 정당성을 둘러싸고 또다시 대립했지만, 1948년 12월 12일 국제연합 총회는 대한민국을 국제연합 감시하의 자유선거를 통해 수립된 합법정부로 인정했다.

냉전 속의 열전, 한국전쟁

1950년 6월 25일 북한의 공격으로 한국전쟁이 발발했다. 북한은 미국이 참

전할 가능성이 적고, 설사 개입하더라도 본격적으로 병력을 투입하기 전에
상황을 종결할 수 있을 것으로 판단했다. 그러나 이것은 오판이었다. 미국
은 즉각 참전을 결정했다. 남한의 상실은 미국의 정치적·심리적 위신 추락
과 직결된다고 생각했기 때문이다.

　미국은 즉각 국제연합안전보장이사회 소집을 요청해 1950년 6월 25일
북한을 침략자로 규정하고 38도선의 원상회복을 요구하는 결의안을 채택
했다. 당시 소련은 국제연합군 파견 결정에 대해서도 수수방관하는 등 그
입장과 태도는 아직도 의문으로 남아 있다. 반면, 미국은 해군과 공군 투입
에 이어 육군까지 참전시키는 한편, 국제연합 회원국으로 구성된 국제연합
군 파병을 주도했다. 그리고 제7함대를 타이완 해협에 파견해 중국이 타이
완을 점령하는 것을 무력으로 저지하겠다고 선언했다. 중국은 타이완은 분
리할 수 없는 중국의 일부분이라며 미국의 조치를 내정 간섭으로 규정하고
반발했다. 한국전쟁의 발발이 동아시아의 군사적 긴장 확대로까지 이어지

피난민 행렬 한국전쟁 발발 직후인 1950년 6월 30일 수원역에서 보따리를 이고 진 주민들이 화차를 타고 피난길에 올랐다.

게 된 것이다.

전쟁 발발 직후 북한군의 공세에 밀려 한반도 남부 지역까지 후퇴했던 한국군과 국제연합군은 전쟁 발발 80일 만인 9월 15일 인천상륙작전의 성공으로 전세를 역전시켜 침략의 출발점이었던 38도선을 원상회복했다. 그 여세를 몰아 국제연합군이 38도선을 돌파했고, 그때부터 전쟁의 국면은 달라지기 시작했다. 10월 25일에 중국이 북한의 지원 요청을 받아들여 '미국에 저항하는 조선을 도와 가족과 국가를 지키자'라는 '항미원조(抗美援朝) 보가위국(保家爲國)'을 내걸고 참전한 것이다. 그리고 조·중사령부가 지휘하는 공산군의 대대적인 공세에 국제연합군은 패배 후 후퇴해야 했다. 공방전 끝에 전쟁 발발 1년 만인 1951년 6월, 전선은 38도선에서 교착되었다.

중국의 참전으로 전쟁은 자본주의 진영 대 사회주의 진영 간 국제전의 성격을 명확하게 드러냈고, 양 진영의 열전은 제3차 세계대전으로 확대될 위기에 놓였다. 미국은 군사적 수단과 별개로 정치적 해결 방법을 모색하기 시작했다. 전쟁 승리를 통한 한반도의 통일은 현실적으로 어렵다고 판단했고, 막대한 군비 지출과 인명 피해도 줄일 필요가 있었기 때문이다. 또한 영국과 프랑스는 전쟁이 중국과의 전면전 또는 제3차 세계대전으로 확대되면 그 여파는 고스란히 자신들에게 돌아온다는 점을 감안해 전쟁 전 상태로의 원상복귀를 위한 정전을 주장했다. 중국도 전쟁의 장기화를 피하고 국내 경제 회복과 건설에 힘을 집중하기 위해 정전에 반대하지 않았다. 소련도 이 단계에서 할 수 있는 선택은 정전뿐이라는 데 동의했다. 이에 따라 1951년 7월부터 국제연합군과 북한·중국 간에 정전협상이 개시되었다. 그러나 포로 송환 문제 등을 둘러싼 양측의 대립이 지속되면서 정전협상은 지지부진하게 전개되었고, 38도선을 오르내리며 2년 동안이나 협상과 전투가 지속되어 엄청난 피해를 가져왔다. 결국 1953년 7월 27일 한국전쟁은 어느 한쪽의 승리도 아니고 종전도 아닌 '정전(armistice)'으로 마무리되었다.

전쟁이 남긴 것들

한국전쟁은 한국인에게 잊을 수 없는 비극 중의 비극이었다. 무엇보다 엄청난 인명 피해는 전쟁이라는 광풍이 초래한 가장 직접적이고 참혹한 결과였다. 인명 피해 통계를 둘러싸고 전쟁 당사자 간의 논쟁이 지금까지 계속될 만큼 정확한 피해 집계조차 불가능한 전쟁이었다. 한국 측 통계에 따르면 사망·실종·부상·포로 등 한국군의 피해는 약 62만 명, 국제연합군은 약 15만 명에 이르렀다. 북한의 공식 통계는 알려지지 않았지만 북한군은 대략 62만 명이 피해를 입었다고 한다. 중국은 한국전쟁에서 중국군 18만 명이 전사했다고 집계하고 있다. 그러나 남·북한 지역의 민간인의 피해는 훨씬 컸다. 한국 내무부의 1955년 통계에 따르면 전쟁 기간 동안 사망·학살·부상·납치·행방불

정전협정문 만 2년을 끌어온 정전회담은 마침내 1953년 7월 27~28일 이틀에 걸쳐 클라크 국제연합군 사령관, 김일성, 펑더화이가 정전협정문에 서명함으로써 최종 마무리되었다. 이로써 한국전쟁은 정전 상태에 들어갔으며, 이후 지금과 같은 비무장지대와 군사분계선이 생겨났다.

명된 한국의 민간인은 약 99만 명에 이르렀다. 1952년 3월 현재 한국의 총 인구는 약 2,000만 명이었다. 여기에 북한의 민간인 피해와 수백만 명의 전재민 발생 등 한국전쟁의 결과 민간인의 피해는 막대했다. 민간인의 피해는 의심과 무고, 보복의 악순환이 더해진 결과이기도 했다. 전선이 남북을 오르내리는 과정에서 남북한에서는 좌익·공산주의자와 우익·반공주의자, 그리고 적군에 협력한 혐의를 받은 사람들을 징벌했다.

한국전쟁 후 북한에서는 전쟁 책임을 따지는 과정에서 반대파를 제거해 김일성 체제를 한층 강화했다. 한국에서는 반공을 최우선으로 하는 반공 체제가 강화되었다. 또한 북한은 군사력을 최우선시하는 국가가 되었고, 한국에서는 군이 강력한 영향력을 행사하는 집단으로 떠올랐다. 군사력 유지를 위해 강력한 관료주의와 권위주의 통치가 발생할 구조적 여건이 남·북한에 마련된 것이다. 그러나 가장 큰 결과는 민족공동체 의식이 파괴되고 분단 의식이 강고하게 내면화되어 분단이 고착화되었다는 점이다.

한국전쟁의 영향은 남·북한에만 국한되지 않았다. 미국은 한국전쟁 발발을 계기로 대일 강화를 서둘러 일본과 1951년 샌프란시스코강화조약 체결과 동시에 미일안전보장조약을 체결했다. 미·일 양국이 적대 관계를 청산하고 동맹 관계를 구축한 것이다. 그리고 미국은 군사적 수단을 핵심으로 하는 봉쇄 정책을 실행했다. 이것은 한 나라라도 공산화가 되면 심리적·정치적·경제적으로 중요한 결과를 초래할 것이기 때문에 효과적이고 적극적인 대항 조치를 취하지 못하면 연쇄적으로 공산주의화가 촉진될 것이라는 '도미노 이론'으로 정식화되었다.

한국전쟁은 일본의 재건과 부활에 중요한 역할을 했다. 한국전쟁 3년간 일본은 각종 보급품과 장비를 생산·공급하고, 병기 수리 등을 통해 전쟁 특수를 누렸다. 일본 재계가 '천우신조(天佑神助)'라 할 정도로 일본은 병참기지 역할을 통해 급속한 경제 재건을 도모할 수 있었다. 전쟁은 일본에서 반공주의가 강화되는 계기가 되었다. 전쟁 발발을 전후하여 맥아더는 언론기관에서 '적색분자 추방(red purge)'을 지령했다. 1950년 9월에는 각의에서 공무원 가운데 '적색분자'를 추방할 것을 정식 결정했고, 이는 일반 기업에도 확대되었다. 또한 전쟁 발발 직후 경찰예비대 창설과 해상보안청 증원은 일본 재무장의 발판이 되었다. 이처럼 전쟁을 계기로 일본은 미국의 영향력 아래 반공주의와 자본주의의 길을 명확히 걸어가기 시작했다.

중국은 한국전쟁에 참전함으로써 냉전의 한가운데 서게 되었다. 미국이 타이완에 대한 경제·군사 원조를 강화함으로써 타이완 해협을 사이에 둔 군사긴장이 일상화되었다. 그러나 전쟁 참전에 따른 인적·물적 자원의 손실에도 불구하고 정치적 효과는 컸다. 광범위하게 전개된 '항미원조' 운동을 기초로 경제 건설을 가속화시켰다. 또한 미국의 장기적인 군사 압력에 대항하기 위해 국방력을 강화하고 중공업 기반 건설에 착수했다. 한국전쟁의 결과 대내적으로 정치적 결속의 기반이 대폭 강화되었을 뿐 아니라, 세계 최강의 군사력을 지닌 미국을 상대로 전면전을 치렀다는 사실은 아시아에서 중국의 정치적 입장을 크게 강화시켰다.

한국전쟁은 열전을 통해 냉전이 전 세계적으로 확대·심화되는 결정적 계기가 되었다. 특히 전쟁이라는 직접적인 충돌 결과, 양측 모두에 군사부문의 중요성을 부각시키는 계기가 되어 양 진영 간의 이념 대결과 경쟁적인 군비 증강을 초래했다. 또한 한국전쟁은 동아시아에 새로운 지역질서를 만들었다. 미국은 1951년에 일본과 안전보장조약을 체결했으며, 1953년과 1954년에 각각 한국, 타이완과 상호방위조약을 체결했다. 미국을 정점으로 한 일대일의 반공동맹이 형성된 것이다. 이에 비해 소련은 한국전쟁에서 전쟁 수행 의지와 능력을 보여주지 않아 주도권이 약화되었으며, 그 반면에 북한과 중국 간의 동맹은 강화되었다.

한국전쟁을 바라보는 다양한 시각

한국전쟁은 한반도는 물론 동아시아와 세계에 거대한 영향을 미친 20세기의 대사건이었다. 일찍이 전 세계 학자들은 이 전쟁에 깊은 관심을 갖고 전쟁의 원인과 과정, 결과 등 다양한 주제에 대해 연구를 진척시켜왔다. 그렇지만 여전히 전쟁과 관련하여 많은 부분이 의문점으로 남아 있다. 전쟁 관련 국가들의 정부는 해당 국가에 불리하거나 분란을 일으킬 소지가 있는 자료에 관해서는 공개를 꺼리고 있다. 전쟁을 겪은 남·북한의 주민과 참전국의 병사들은 깊은 마음의 상처를 아직 치유하지 못하고 있다. 전쟁무대였던 한반도는 아직 정전(停戰) 상태이며, 남북의 군사력이 대치하는 가운데 평화 체제를 만들어내지 못하고 있다. 한국전쟁은 학술적으로도, 민중의 마음과 현실 정치에서도 아직 끝나지 않은 전쟁이다.

냉전기에 한국전쟁사 연구의 최대 쟁점은 누가 전쟁을 일으켰는가 하는 점이었다. 남침설, 북침설이 냉전 기간 내내 평행선을 그었는데, 소련 붕괴 이후 옛 소련 외교 문서가 공개되면서 남침이 확실한 것으로 드러나고 있다. 북한의 김일성 정부가 전쟁 준비를 주도하고 소련이 이를 허가했다는 해석이다. 그러나 전쟁 '발발'에 대한 모든 논란이 종식되었다고 보기에는 아직 이르다. 미국이 남침을 '유도'했다는 주장은 아직도 논란거리로 남아 있다. 또한 스탈린이 전쟁을 허가했다면 그 의도는 어디에 있었는지, 그리고 중국 지도부는 전쟁 발발에 대해 어떤 의중을 지니고 있었는지 등이 연구과제로 남아 있다. 전쟁 발발의 책임자 문제에 대한 집착은 전쟁의 후유증을 치유하기보다 오히려 전쟁의 기억을 진영 간 상호 증오의 방향으로 재생산하는 데 기여했다.

전쟁 책임에 집착하던 연구 분위기를 뒤바꾼 것은 전쟁의 '기원'에 대한 연구가 나오게 되면서부터이다. 전쟁의 기원을 중시하는 학자들은 1950년 6월 25일에 누가 전쟁을 일으켰는가는 중요하지 않다고 본다. 그날 전쟁이 일어나기 이전에 이미 한반도는 내전 직전의 상황에 처해 있었으며, 따라서 왜 그렇게 한반도에 갈등이 심각했는지 그 원인을 밝히는 일이 더 중요하다는 견해이다. 이들은 식민지 지배하에 한국 사회가 이미 계층적·이념적으로 분열되어 있었다고 본다. 그런데 해방 이후 한반도 분할과 점령을 주도한 미국이 사회 개혁 요구를 거부하면서 이러한 분열은 좌우 대립으로 심화되었고, 결국 서로 적대적인 분단정부가 수립되면서 내전의 원인을 만들어냈다고 해석한다. 이 연구는 한반도를 분할 점령한 미국과 소련 중에 미국의 한반도 개입만을 문제 삼아 균형감각을 잃었다는 비판을 받기도 한다.

발발론, 기원론에 이어 주목되는 연구 분야는 전쟁의 '영향'론이다. 한반도에서 전쟁은 남·북한이 각각 자신의 체제를 공고히하고 발전시키는 계기가 되었다. 북한에서는 체제에 저항하는 세력이 전쟁 과정에서 탄압을 받거나 월남(越南)하면서 거의 사라졌다. 북한 정부는 반미주의로 인민을 동원·결집했으며, 소련과 중국, 동유럽의 원조를 받아 급속히 사회주의 국가 건설을 추진했다. 전시동원체제의 경험도 사회주의 국가 건설에 유리하게 작용했다. 남한에서도 체제에 저항하는 세력을 제거할 수 있었고 반공주의로 국민을 동원·결집했으며, 미국의 원조를 받으며 자본주의 체제의 기초를 마련하게 되었다. 남·북한 정부가 각각 반공주의와 반미주의를 일방적으로 강조하면서 민주주의와 다양성의 요구는 억압당했다. 한편, 남한에서 전쟁을 전후하여 진행된 토지개혁과 전쟁 중 급속한 인구 이동, 사회 계층의 하향 평준화는 일종의 근대 사회·경제혁명의 효과를 낳았다.

국제적으로는 전 세계적인 냉전 양극 체제의 형성, 동서 진영 사이의 이념 대결, 군비 증강, 군사블록형 군사 대립 등이 주목되고 있다. 한국전쟁의 경험은 냉전을 심화시켰지만 다른 한편으로 국지적인 전쟁이 세계대전으로 비화하는 것은 막아야 한다는 공감대를 형성하면서 냉전 속의 장기 안정이라는 의도하지 않은 효과를 낳기도 했다. 미국과 소련의 패권 경쟁에 대한 우려가 확산되면서 1950년대에 반전 평화 운동이 일어나고 제3세계가 대두하게 되는 것도 전쟁의 의도하지 않은 효과이다. 동북아시아에 미친 영향으로는 일본의 국제무대 복귀와 전쟁 특수를 통한 경제 부흥, 중국·미국 간 전면 대립과 타이완 통일 기회 상실 등이 연구되고 있다.

전쟁의 발발·기원·영향에 대한 거시적인 연구에 이어 이제 한국전쟁 연구는 일반 민중의 전쟁 경험에 대한 미시적인 연구로까지 나아가고 있다. 전쟁에서 최대의 희생자는 정치인도 군인도 아닌 일반 민중이었다. 민중의 전쟁 경험을 밝히고 그 상처를 치유하는 작업은 밑으로부터 동아시아 평화의 기초를 만들어가는 과정이기도 하다.

4

냉전의 심화와
반전·비동맹의 길

샌프란시스코강화조약 체결과 일본의 '55년 체제' 형성

1951년 9월 미국 샌프란시스코에서 연합국과 패전국 일본 사이에 '대일평화조약(Treaty of Peace with Japan)'이 체결되었다. 이로써 제2차 세계대전은 공식적으로 종결되었다. 조약 내용은 중화인민공화국 수립, 한국전쟁 발발 등 동아시아 정세 변화에 큰 영향을 받았다. 미국은 일본에게 엄격한 전쟁 책임을 묻는 대신 조속한 시일 내에 아시아의 반공 파트너로 만들기 위해 정치·군사·경제적으로 부활·재건시킨다는 방침을 관철시켰다. 강화회의 초청국 55개국 중 인도·유고슬라비아·버마(미얀마) 3개국은 조약문에 대일 배상 문제에 대한 구체적 규정이 없고, 외국 군대의 일본 주둔을 허용한 것 등에 반대해 참가하지 않았다. 또한 미국 주도의 대일 강화에 반대한 소련·폴란드·체코슬로바키아 3개국은 끝내 서명하지 않았다. 이 조약은 패전국 일본이 만족을 표할 만큼 관대했다. 평화와 화해의 정신이 관철되어 있다고 선전된 '평화조약'이었지만, 실상 최대 피해자였던 중국과 한국은 강화회의에 초청받지 못했다. 미국과 영국은 중화인민공화국과 타이완 중

누구도 강화회의에 초청하지 않기로 타협했다. 또한 미국은 한국을 지지해온 자국의 위신과 극동의 안정을 도모하기 위해 한국을 초청하기로 했다가 영국과 일본의 반대를 받아들여 초청을 철회했다. 영국은 대일 선전포고를 했거나 대일 교전국만이 가질 수 있는 연합국의 자격에 한국은 부합하지 않는다고 주장했다. 일본도 한국은 교전국이 아니며 재일코리안이 연합국민의 지위와 권리를 획득하면 사회 혼란을 야기할 것이라며 한국의 회의 참가를 극력 반대했다. 결국 일본 침략전쟁의 가장 큰 피해국이었던 중국과 한국이 배제되고, 아시아 국가들에 대한 전쟁 책임 문제가 유보된 채 샌프란시스코에서 체결된 강화조약은 '평화조약'과는 거리가 멀었다.

1952년 4월 샌프란시스코강화조약이 발효됨과 동시에 일본은 주권국가로 부활했다. 일본 내에서는 강화조약 체결을 앞두고 강화논쟁이 벌어졌는데, 핵심은 두 가지였다. 하나는 강화조약을 어떻게 체결할 것인가였고, 다른 하나는 주권 회복 후 일본의 방위 문제는 어떻게 할 것인가였다. 일본의 조기 독립을 위해 서방 진영과 우선 강화조약을 체결하자는 우파의 단독 강화론과 비무장 평화국가로서 일본의 안보를 위해 소련, 중국을 포함한 교전국 모두와 체결하자는 좌파의 전면 강화론이 대립했다. 결국 단독 강화 형태의 샌프란시스코강화조약이 체결되었다. 또한 일본의 방위 문제와 관련해 좌파는 비무장 중립을 주장한 반면, 우파는 자주개헌과 재무장 또는 미일동맹을 통한 안전보장을 주장했다. 결국 선택된 것은 미일안전보장조약 체결이었다. 강화논쟁이 우파의 주장대로 귀결된 데는 한국전쟁의 발발도 계기가 되었다.

미국과의 동맹 관계를 통해 안전보장을 확보한 일본은 내부적으로 보수와 혁신의 대립이 분명해지기 시작했다. 보수정당은 헌법 제9조를 개정해 군대 창설을 주장했다. 사회당은 재무장을 분명하게 반대했고, 국민 여론의 25~30%도 재무장 반대에 힘을 실어주었다. 그리고 1955년 가을, 강화논쟁을 계기로 분열된 사회당은 통합이 예정되어 있었다. 사회당의 약진과 통합 계획은 민주당과 자유당의 보수합동을 촉진시키는 계기가 되었다. 특히 전후 복구를 완료하고 고도 경제 성장 단계로 진입하려는 재계는 사회당의 약진과 통합에 위기감을 느끼고 보수당 통합을 강력히 요구했다. 그 결과 1955년 11월 자유당과 민주당이 합당해 자유민주당(자민당)이 결성되었다. 자민당은 현행 헌법의 자주적 개정, 집단안전보장 체제하의 자위 군비 확충, 노자 협조 체제 확립 등을 강령으로 내걸었다. 보수합동을 통해 보수당 우위의 안정적인 지배 체제 구축, 자민당의 파벌정치 제도화, 성장 지향형 경제 정책의 일관된 추진이 가능해졌다. 자민당 창당 직전인 10월에는 좌우 양 사회당이 통합대회를 개최해 사회당 통합을 이루어냈다. 이로써 일본에는 자민당과 사회당을 축으로 하는 보수와 혁신 구도인 '55년 체제'가 구축되었다.

평화공존의 외교를 주창한 중국

중국은 한국전쟁 후 아시아·아프리카 국가들과 평화공존 외교를 적극적으

로 전개했다. 한국전쟁을 통해 아시아에 냉전 구조가 형
성되어 무력충돌의 가능성이 상시적인 위협 요소로 자리
잡았지만, 한편으로는 이 가능성을 억제함으로써 현상을
유지하려는 틀이 마련되었다. 중국의 평화공존 노선은 국
내 경제 건설을 위해 평화적인 국제 환경을 조성하기 위
한 것이기도 했다. 1954년 제네바협정을 통해 인도차이나
정전을 실현시키고, 인도와 평화 5원칙에 합의한 것은 이
같은 목표를 달성하기 위한 것이었다. 1954년 중국과 인
도는 상호 영토와 주권 존중·불가침·내정 불간섭·호혜
평등·평화공존의 원칙에서 양국 현안의 미해결 문제를
해결한다는 '평화 5원칙'에 합의했다. 이 같은 합의는 냉

중국의 대약진운동 선전 포스터
1958년부터 1960년까지 마오쩌둥
의 주도로 실시된 중국식 사회주
의 건설을 위해 공업과 농업의 비약적
발전을 도모한 '대약진운동'은 제도
적 조건이 미비한 상태에서 결국 실
패로 돌아갔다.

전 체제를 지원하는 어떤 조약이나 동맹에도 참여하지 않는다는 비동맹주
의 기조가 확산되는 시기에 이루어졌다. 중국은 제3세계와의 협력을 촉진
하기 위해 제3세계 국가 간 상이한 이념과 체제를 떠나 평화공존이 필요하
다고 주장했다.

그러나 중국을 둘러싼 국제 관계에서는 긴장이 고조되었다. 중국은 흐루
쇼프의 평화공존 노선 주장에 대해서 비판적 입장을 취했다. 소련이 미국
과의 평화공존이라는 명분하에 수정주의적 경향을 띠고, 폴란드와 헝가리
사태와 같은 사회주의권의 약화를 초래했다고 인식했기 때문이다. 중국과
소련의 관계는 1959년 소련이 중국에 핵 기술을 제공한다는 협정을 파기하
자 심각하게 균열되기 시작했다. 또한 1958년 중국이 타이완 관할 지역인
진먼섬(金門島)과 마쭈섬(馬祖島)에 대해 포격하자 미국은 제7함대를 파견
해 응수함으로써 긴장이 고조되었다.

한편, 1958년 5월 중국공산당은 제8차 전국대회 제2차 회의에서 '사회주
의 건설의 총노선'을 채택했다. 중국식 사회주의 건설에 착수한 것으로 '대
약진운동'의 시작이었다. 대약진(大躍進)운동은 비약적인 생산 향상을 목
표로 공업과 농업을 동시에 발전시키며, 노동집약적 방식을 채택했다. 그

러나 물질적·제도적 조건이 미비한 상태에서 추진되던 대약진운동은 중국 전역을 휩쓴 대기근으로 소기의 성과를 거두지 못했다.

전후 복구와 체제 공고화에 나선 한국과 북한

한국전쟁 이후 한국과 북한은 조속한 전후 복구에 착수했다. 우선 한국은 미국의 원조를 토대로 경제 재건에 나섰지만 경제 정책의 방향을 놓고 한·미 간 이견이 발생했다. 미국은 소비재 원조를 통해 한국의 경제 안정을 도모하려 한 반면, 한국 정부는 원조자금을 사회 기반 설비와 생산재 산업에 투자해 경제를 재건시켜야 한다고 주장했다. 특히 미국이 원조물자를 일본에서 구매해 한국에 제공함으로써 한국전쟁 이후에도 일본의 경제 회복을 유지하려 하자, 한국은 미국이 일본을 중심으로 동아시아를 재편하려는 의도가 있다며 반발했다. 한·일 간 과거사 청산이 이루어지지 않은 상태에서 전후 복구와 재건이 시급한 한국이 일본 경제 발전을 보조해야 한다는 것은 받아들이기 어려운 일이었다. 이처럼 이 시기 한국의 반일 정서에는 동아시아에서 한국의 정치·경제적 위상을 정립하는 문제도 포함되어 있었다. 한국은 자립적인 경제구조를 건설하기 위해 1950년대 후반부터 경제개발계획을 수립했다. 여기에는 대규모 원조 정책에 따른 미국의 경제적 어려움, 소련의 경제 성장과 제3세계 원조를 통한 영향력 확대라는 국제적 요인도 작용했고, 북한의 경제 성장도 자극이 되었다. 미국은 원조 대신 차관을 제공하는 방식으로 원조 정책을 변경해 자립경제를 건설하도록 지원하는 것이 동맹국의 정치·경제적 안정을 도모하는 길이라고 인식했다.

그리고 이 시기 한국의 이승만 대통령은 권력기반 강화와 개헌을 통한 집권 연장을 도모했으며, 이로 인해 정치적 충돌과 대립이 발생했다. 야당과 미국의 반대에도 불구하고 대통령 직선제 개헌안이 통과되었고, 1954년 대통령 중임 제한을 철폐하는 개헌안이 또다시 통과되어 이승만 대통령의 장기집권이 가능해졌다. 이것은 정권의 정당성에 손상을 입혔고, 민심이

반을 초래했다.

북한도 전후 복구와 내부 권력구조의 공고화에 힘을 기울였다. 조속한 경제 복구와 자립경제의 기초를 위해 중공업을 우선 발전시키되 경공업과 농업도 동시에 발전시킨다는 전략을 수립했다. 그리하여 북한은 1956년에는 전쟁 이전의 경제 수준을 회복했다. 동아시아에서 영향력을 유지하려는 소련의 경제 원조와 동유럽 사회주의국가들의 원자재와 설비 원조도 북한의 경제 복구에 큰 동력이 되었다. 그러나 경제 성장에도 배급 상황과 생활고는 크게 나아지지 않았다. 정치적으로는 김일성 중심으로 권력이 단일화되어갔다. 1956년 8월 소련의 스탈린 비판운동에 영향을 받아 집단지도 체제를 주장하던 세력은 '반종파투쟁' 속에서 제거되었다. 또한 북한은 중국과 소련 사이에서 중립을 유지했다. 이는 아직 중·소 분쟁이 첨예화되지 않았고, 중국과 소련 어느 쪽도 선택을 강요하지 않던 상황이었기 때문에 가능했다.

전후 복구에 나선 한국 한국전쟁 후 전후 복구에 나선 한국은 자립경제구조를 만들기 위해 노력했다. 한국 국민들도 경제 부흥과 자립경제를 건설하기 위해 시민대회를 개최해 호응했다(1955. 4).

비동맹·중립을 선언한 제3세계의 등장

제2차 세계대전이 끝나자 아시아·아프리카에서 신생 독립국이 대거 출현했다. 아시아·아프리카 국가들은 오랜 식민지 경험 때문에 강한 민족주의적 성향을 갖고 있었으며, 식민 지배의 당사자인 제국주의 국가와 자본주의 열강에 대한 반감이 컸다. 이들 신생 국가는 미·소 냉전 체제 아래에서 어느 한편을 선택하기보다는 새로운 길을 모색하기 시작했다.

1955년 4월 18일 아시아 23개국과 아프리카 6개국 대표가 인도네시아 반둥에 모여 아시아·아프리카회의(AA회의)를 개최했다. 아시아·아프리카 국가들 간의 긴밀한 관계를 수립하고, 냉전 체제 아래에서 중립을 유지하

고 식민주의 종식을 도모하기 위해서였다. 개최지의 이름을 따 '반둥회의'라고도 불리는 이 회의 결과 '제3세계'라는 새로운 정치 세력이 등장하게 되었다.

반둥회의에 참가한 29개국은 당시 전 세계 인구의 절반에 가까운 14억 명의 인구를 대표했다. 그러나 아시아·아프리카 국가 중 한국·북한·타이완·남아프리카공화국·이스라엘은 초청받지 못했다. 한쪽 진영에 너무 치우쳤거나 인종 차별 국가라는 이유에서였다.

반둥회의에 참여한 국가들은 독립을 보장받고 경제적 어려움을 극복하기 위한 방안을 연대를 통해 찾고자 했다. 그러기 위해서 미국과 소련 어느 일방을 선택하거나 일방에 예속되어서는 안 된다는 적극적인 중립주의를 표방할 것을 결의했다. 반둥회의 결과 발표된 '세계 평화와 국제 협력 증진에 관한 선언', 이른바 '반둥 10원칙'에는 기본 인권과 국제연합 헌장의 존중, 모든 인류와 국가의 평등, 내정 불간섭 등이 담겼다. 그 밖에 무역·원조 및 문화에 관한 협정들이 회의 결과 성립되었다. 그러나 이들의 중립주의는 냉전의 현실을 전적으로 외면하거나 무시한 것은 아니었다. 국가 이익과 세계 평화를 위해서는 필요에 따라 어느 한 진영 또는 양 진영에 압력

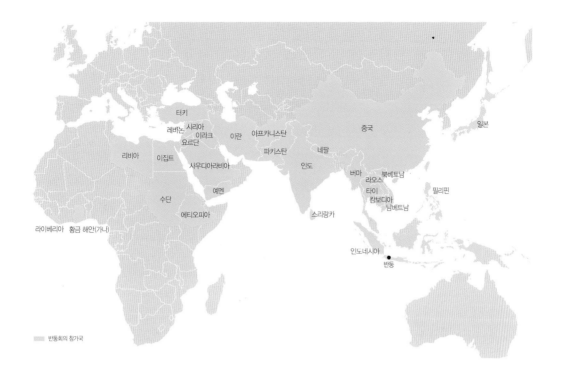

반둥회의 참가국

반둥회의 **참가국**

을 가하거나 일시적 협조를 할 수 있다는 행동의 '자율적 적극성'도 내포하고 있었다.

반둥회의는 아시아·아프리카 국가들의 자발적인 연대를 확인한 최초의 회의였다. 중립주의와 협력이라는 반둥정신은 회의의 가장 중요한 의의로 평가받을 만하다. 국제정치에서 항상 소외되고 주체로 인정받지 못했던 이들이 이제 국제정치를 상대로 발언하고 비판하기 시작한 것으로, 미·소 중심의 양극적 국제질서에 나타난 새로운 변화였다.

반전 평화와 인권 옹호에 눈뜨기 시작한 동아시아

제3세계의 등장은 냉전 체제의 변화 가능성과 아시아에 반전 평화 운동과 평화공존, 인권 문제에 대한 관심을 고조시켰다. 1956년 한국에서 창당된 진보당은 한국전쟁과 같은 동족상잔을 막기 위한 민족자주적인 평화통일을 주창했다. 또한 평화공존의 세계적 추세에 부응하고 자본주의와 공산주의의 단점을 극복하는 제3의 길로 계획경제와 시장경제가 공존하는 사회민주주의적 대안을 제시했다. 진보당의 평화통일론은 반둥회의를 통해 구심점을 얻은 비동맹운동의 시대정신을 바탕으로 한국의 평화적 재편 가능성을 추구한 것으로 평가받기도 한다.

한편, 일본에서는 강화논쟁을 통해 평화운동에 대한 관심이 고조되었다. 1949년 일본의 지식인은 전면 강화·중립·비무장 등 평화성명을 발표해 사회적 반향을 일으키며 평화운동을 시작했다. 1950년 3월 핵무기의 무조건 금지를 요구하는 스톡홀름어필(Stockholm Appeal)이 발표되자, 일본에서는 645만 명이 이를 지지하는 서명을 했다. 세계적으로는 5억 명이 이에 서명했다고 한다.

일본에서 평화와 민주주의를 수호하기 위한 대중운동은 원수폭(原水爆) 금지운동과 미군기지 반대운동, 핵기지화 반대운동으로 발전해갔다. 1954년 3월 1일 태평양 마셜 제도 비키니 환초 앞바다에서 미국의 수소폭탄 실험으로 안전선 밖에서 조업하던 일본 참치어선 선원들이 다량의 방사선에 노출되는 사건이 발생했다. 이 사건으로 원수폭 금지를 요구하는 운동이 시작되었다. 이 운동에는 보수와 진보의 구분을 넘어 3,200만 명이 서명했다.

1950년대 냉전의 격화 속에서 평화공존에 대한 인식이 제고되면서 나타난 또 한 가지 특징은 '인권'에 대한 관심과 옹호였다. 일본의 재판비판운동과 부락해방운동, 재일코리안의 북한 송환 문제가 대표적인 사례이다. 일본에서는 1949년 8월 열차 전복 혐의로 체포된 공산당원들이 1950년 12월 1심 판결에서 전원 유죄 판결을 받았다. 그러나 이 결과에 대해 많은 사람이 객관적 물증이 부족한데도 무리하게 유죄 판결을 내렸다는 비판을 제기했다. 이 사건을 계기로 무고한 피고의 인권을 옹호하는 운동이 확산되었다. 그 결과 1963년 9월 최고재판소에서 전원 무죄가 확정되는 쾌거를 이루었다. 일본의 천민계층으로 신분제 철폐 이후에도 사회적 차별을 당해온 부락민들의 인권 옹호 운동인 부락해방운동은 1951년경부터 다시 시작되었다. 이 운동은 부락민의 생활 개선을 요구하고, 차별 행정에 대한 반대투쟁으로 전개되었다.

한편, 1959년 12월부터 1984년까지 재일코리안의 약 6분의 1에 해당하는 9만 3,000여 명이 북한으로 갔다. 여기에는 미국과 소련, 한국·북한·일본의 정부와 적십자사, 국제적십자위원회가 개입되었다. 종전 후 일본에 잔류한 재일코리안은 샌프란시스코강화조약 발효 후 일본 국적을 박탈당해 무국적 상태에 놓였다. 이들은 생활보호 수급 이외에는 정치적·경제적으로 아무런 권리를 갖지 못했다. 여기에 냉전의 심화와 한국 분단의 영향은 재일코리안에게 선택의 기회를 주지 않았다. 이때 북한은 전후 경제 복구와 사회주의 국가 건설로 체제 정통성을 강화하기 위해 재일코리안을 '해외공민'으로 규정하고 귀국을 장려했다. 일본 정부와 적십자사는 거주지 선택의 자유라는 인도주의를 내세워 재일코리안의 귀환 사업을 선전하고 추진함으로써 역사적 책임을 회피하고 '추방'시키려 했다. 일본의 적극적인 요청에 따라 귀환 사업에 개입하게 된 국제적십자위원회는 인도적 차원에서 재일코리안의 북한행을 지지했으나, 일본의 재일코리안 차별 정책과 정치적 의도에 대해서는 외면했다. 한국은 재일코리안을 강제로 북한으로 보내는 것은 공산주의 진영을 강화시키는 행위라며 비난했지만, 해방 이후 한국의 재일코리안 정책은 '방기(放棄)'에 가까웠다. 재일코리안은 한·일 간 과거사로부터 연원해 한국 분단과 냉전의 심화로 끊임없이 불안한 삶을 살아야 했다. 이것이 1959년 자본주의 진영에서 공산주의 진영으로의 대규모 이동이라는 현실을 만들어냈다. 인도주의로 포장되었지만, 누구도 이들의 '인권'에는 관심을 기울이지 않았다.

7

동아시아 냉전 체제의 변용

● 이 시기 한·중·일 연표

1956   소련, 흐루쇼프의 스탈린 비판 연설(소련공산당 제20차 당대회)

1960   한국, 4월혁명. 일본, 미일안보조약 개정과 안보투쟁. 남베트남민족해방전선 결성

1961   한국, 5·16군사쿠데타 발발

1962   쿠바 위기

1963   중·소 대립 격화. 미·영·소, 부분핵실험금지조약 체결

1964   일본, 도쿄 올림픽 개최. 중국, 원폭 실험 성공(1967년 수폭 실험 성공)

1965   미국, 북베트남 폭격 시작. 한일기본조약 체결

1966   중국, 프롤레타리아 문화대혁명(~1976)

1967   동남아시아국가연합(ASEAN) 성립

1968   북한 특수부대, 청와대 기습.(1·21사건), 북한, 미국의 정보수집함 푸에블로호 나포

1969   미국의 닉슨 대통령, '닉슨 독트린' 발표(1970년 세계에 선포)

1971   오키나와 반환협정. 중화인민공화국, 국제연합 가입

1972   미국의 닉슨 대통령, 중국 방문. 한국·북한, '남북공동성명' 동시 발표. 중·일 국교 정상화. 한국의 박정희 대통령, 유신헌법 공포, 북한의 김일성 주석, 사회주의헌법 선포

1973   미·남베트남·북베트남·남베트남 임시혁명정부 사이에 베트남 평화협정 체결. 제1차 오일쇼크(~1975)

1976   동남아시아우호협력조약(TAC). 베트남사회주의공화국 수립

1978   중일평화우호조약. 중·미 국교 정상화. 중국공산당, '4대 현대화'를 목표로 한 '개혁·개방' 정책 결정. 제2차 오일쇼크(~1979)

1980   한국, 5·18광주민주화운동

1987   한국, 6·10민주화운동

1988   한국, 서울 올림픽 개최

동아시아의 냉전 구조는 유럽과는 다른 양상을 보였다. 냉전의 정면이라 할 수 있는 유럽에서는 미국과 소련이 힘의 우위를 바탕으로 각각 동맹국과 우호국에 패권적 질서를 구축해 양극 대립구조를 이루었다. 즉, 미국이 주도하는 북대서양조약기구(NATO)와 소련이 주도하는 바르샤바조약기구(WTO)가 동서 양 진영의 군사기구로 대립하며 냉전 구조의 전형을 이루었다. 군사동맹으로 '안전보장권'이 확립됨에 따라 유럽 정세는 안정되어갔고, 냉전 시대 40년 동안 유럽에서는 대국(大國) 간의 전쟁이 일어나지 않았다. 반면 동아시아에서는 동서 대립과 관련된 실제 전쟁인 '열전'이 한국과 베트남에서 일어났다. 한국전쟁 이후에는 '중·미 대결'이 동아시아 냉전 구조의 기본 축이 되었다. 그러나 미국과 소련의 데탕트(긴장 완화) 정책을 둘러싸고 중·소 대립이 심화되면서 중·소 국경분쟁으로까지 번지고, 또 중국이 '소련 주적론'을 주장하기에 이르면서 동아시아의 냉전 구조는 변용되어갔다. 거기에 수렁으로 변한 베트남전쟁을 타개하고자 미국이 중국에 접근을 시도한 탓에 동아시아의 냉전 구조는 사실상 해체되었다.
이 장에서는 동아시아 냉전 체제가 유럽보다 일찍 변용되어가는 과정과 이 시기에 활발해진 동아시아의 민중운동에 대해 살펴보고자 한다.

1

중·소 대립의 격화와
동아시아 냉전의 변용

중·소 논쟁에서 중·소 대립으로

소련공산당 서기장 스탈린이 사망한 후 공산당 제1서기로 취임한 흐루쇼프는 1956년 2월 소련공산당 제20차 당대회에서 스탈린을 비판하는 연설을 처음 했다. 흐루쇼프는 스탈린의 대숙청이 지나쳤다는 점과 그에 대한 과대한 개인숭배를 비판했다. 그리고 사회 체제가 서로 다른 나라 사이에 평화공존이 가능할 뿐 아니라 필요하다고 설파하여, 제국주의가 존재하는 한 전쟁은 불가피하다던 기존의 세계혁명이론을 수정했다. 그리고 자본주의의 사회주의 이행에 관해서도, 무력혁명에 의거하지 않고 의회 제도를 통해 사회주의 정당이 다수파를 획득하면 평화적 이행이 가능하다고 강조했다.

흐루쇼프의 스탈린 비판은 세계 공산주의 운동 및 각국 공산당에 커다란 혼란을 일으키고 분열·대립을 가져왔다. 마오쩌둥이 지도하는 중국공산당 지도부는 흐루쇼프의 스탈린 비판에 대해 "스탈린은 몇 가지 중대한 오류를 범했지만, 마르크스·레닌주의의 위대한 혁명가였다"라며 반발했다. 또한 소련공산당이 주장한 자본주의 국가와의 평화공존과 사회주의로의 평화적 이행 이론은 마르크스·레닌주의를 일탈하고 수정하는 것이라고 비판을 가하자, 소련도 이에 반론을 제기하면서 혁명론을 둘러싼 '중·소 논쟁'이 펼쳐졌다.

중국과 소련은 1962년 10월에 발생한 '쿠바 위기'●에 대한 대응을 둘러싸고 정치적으로도 대립했다. 쿠바의 카스트로 정권이 미국의 혁명전복 공작을 우려하며 소련제 미사일을 도입하려 하자, 케네디 미국 대통령은 육·해·공군 전체에 임전 태세를 취하게 한 후 소련에 미사일 철거를 요구했다. 또한 미국에 미사일을 사용할 경우에는 즉시 소련에 전면적으로 보복하겠다고 경고했다. 만약 소련이 미국의 요구에 응하지 않았더라면 미국과 소련 사이에 핵전쟁이 시작될 가능성도 있었다.

쿠바 위기로 핵전쟁 발발이라는 벼랑 끝 상황에 처했던 미국과 소련 정상은 이후 양국 간 군사 충돌의 위험으로부터 벗어나고자 평화공존을 향해 빠른 속도로 접근해나갔다. 히로시마와 나가사키에 투하된 원자폭탄의 1,000배 가까운 파괴력을 지닌 수소폭탄(수폭水爆)이 1952년에 개발된 이후, 핵전쟁이 시작되면 미국과 소련 모두 '공멸'하리라는 우려에서 미국·영국·소련은 1963년 8월 지하를 제외한 대기 중과 대기권 외, 수중에서의 핵실험을 금지하는 '부분핵실험금지조약(PTBT, Partial Nuclear Test-Ban Treaty)'을 맺었다. 그러나 중국과 프랑스는 이 조약이 미국·영국·소련의 영속적인 핵무기 독점을 의도한 것이라고 반발하면서 조인을 거부하고 각기 핵무기 개발을 서둘렀다.

1964년 10월 중국은 신장에서 원폭 실험에 성공했다. 1967년 6월에는 수폭 실험에도 성공함으로써 핵무기 보유국 대열에 합류했다. 중국은 "아시아·아프리카 국가가 스스로 원자폭탄을 제조하고, 보다 많은 국가가 이를 보유하기를 바란다"라며 "중국의 핵무기 제조는 핵무기를 소멸하기 위함"이라고 입장을 표명했다.

중국과 소련의 대립은 '중·소 논쟁'이라는 이데올로기 논쟁에서 '중·소 대립'이라는 정치적 대립으로 달아올랐다. 그리하여 국제 공산주의 운동은

쿠바 위기
1962년 10월 소련이 쿠바에 중거리 핵미사일을 설치하려 하자 미국과 소련 사이에 전쟁 발발의 위기 국면이 조성되었다. 미국은 플로리다주와 근접한 쿠바에 설치된 소련제 핵미사일이 미국 본토를 사정거리에 둘 수 있었기 때문에 심각한 군사적 위협 요소로 받아들였다. 이에 미국은 쿠바에 대한 해상 봉쇄를 단행하는 한편, 전군에 임전 태세를 갖추게 한 후 미사일 즉각 철거와 기지 파괴를 요구했다. 그리고 소련이 요구를 수락하지 않을 때에는 전면전도 불사하겠다는 강경 입장을 천명했다. 결국 소련은 미국이 쿠바를 침공하지 않는다고 약속하면 미사일을 철거하겠다는 제안을 내놓고, 미국이 이를 수락함으로써 쿠바 위기는 해소되었다.

소련공산당의 평화공존 이론을 지지하는 소련파와, 마오쩌둥·중국공산당의 세계혁명론을 지지하는 중국(마오쩌둥)파로 나뉘어 심각한 대립과 분열 양상을 보였다. 중소 대립은 피폭국인 일본이 전 세계로 확산하려 했던 반핵평화운동에도 균열을 가져왔다.

일본의 반핵평화운동은 1963년 미·영·소 3국이 체결한 '부분핵실험금지조약'에 대한 평가를 둘러싸고 내부 대립이 발생했다. 이 조약을 핵무기 감축의 첫걸음이라 평가하는 입장과, 미·영·소가 후발국의 핵실험을 금지해 핵무기를 독점하기 위한 것이라며 반대하는 입장이 대립한 것이다. 소련은 조약 체결 당사국이었고 중국은 조약에 반대하는 입장이었던 탓에, 그 평가는 중국과 소련 중 어느 쪽을 지지하는가의 문제로 이어졌다. 같은 해 8월 히로시마에서 개최된 '제9회 원수폭 금지 세계대회'에서는 조약을 지지하는 사회당·일본노동조합총평의회(총평)계와 이를 비판하는 공산당계가 대립했다. 전자는 대회 참가를 거부하며 원수폭금지일본협의회(원수협)를 탈퇴한 후 '원수폭금지일본국민회의(원수금)'를 결성했다. 이 때문에 일본의 원수폭금지운동은 분열되고 말았다.

1955년 반둥회의로 제3세계의 등장을 세계에 각인시킨 AA회의는 그 후 10년이 지난 1965년에 알제리에서 제2차 AA회의를 개최할 예정이었다. 당시 중국은 소련이 미국과 평화공존 노선을 취하고 있는 것을 이유로 들면서 소련의 AA회의 참가 반대를 주장했으며, 저우언라이 총리는 베트남 인민의 반미투쟁에 대한 명확한 지지를 표명할 것이 아니라면 "회의를 개최하는 의의가 없다"라고 말했다. 천이 외교부장도 제2차 AA회의 개최에 필요한 전제조건을 다음과 같이 내걸었다. 첫째, 공식적으로 미국을 규탄할 것, 둘째 국제연합은 개입하지 말 것, 셋째 비(非)아시아 국가인 소련의 참가를 거부할 것, 이렇게 세 가지였는데, 그는 "이 조건들을 충족할 수 없다면 연기하는 것이 낫다"라며 회의 연기를 주장했다. 이에 개최국 알제리는 "일부 반대가 있어도 개최한다"라는 입장을 표명했지만, 중국이 참가를 거부하고 북베트남, 북한, 캄보디아, 파키스탄 등도 중국의 주장을 지지하는 바람에 결국 AA회의는 무기한 연기되었다. 이에 앞서 1962년에는 중국과 인도가 티베트 문제를 계기로 국경분쟁을 일으키는 등 협력과 유대라는 반둥회의의 정신 또한 퇴색되어갔다.

중국의 문화대혁명

중국에서는 마오쩌둥의 잘못된 상황 판단 아래 1958년부터 '대약진운동'과 '인민공사(人民公社)' 정책이 강행되었다. 여기에 1959년부터 3년간 계속된 자연재해가 더해져 중국의 전 국토는 심각한 식량난에 빠졌으며, 방대한 규모의 아사자가 발생했다. 1959년 마오쩌둥이 국가 주석 직에서 사퇴한 뒤 이를 이은 류사오치와 당서기 덩샤오핑은 개인적 생산과 자유시장을 인정하는 등 사회주의 경제의 수정과 조정을 시도했다. 그리하여 중국 경제는 1963년경부터 가까스로 회복세로 접어들었다. 하지만 중국공산당 주석의 지위에 있던 마오쩌둥은 류사오치 등 '실권파(實權派)'를 수정주의자라 단정하며, 그들을 '부르주아 사령부'로 간주했다.

마오쩌둥은 소련에 대해 마르크스·레닌주의의 세계혁명이론에서 일탈한 '현대수정주의'라는 비판과 함께 '제국주의'라고 규정하면서 "중국이 제2의 소련으로 변질되는 것을 방지하기 위해" 국내 '수정주의자'들을 타도하겠다고 선언했다. 국내의 '수정주의자'란 국가 주석 류사오치를 비롯해 덩샤오핑 등 당시 중국 정부나 공산당을 지휘하던 간부들로, '실권파'라 불리던 인물들이었다. 마오쩌둥은 소련이 국가의 안전을 위협하는 외부의 적이지만 그보다 더 두려운 것은 소련과 결탁한 내부의 적, 즉 수정주의자들에 의한 혁명정권의 전복이라고 생각했다. 이에 마오쩌둥은 또 다른 외부의 적인 미 제국주의와의 대결에 앞서 국내외 수정주의자를 배제하기로 결의를 굳혔다. 이렇게 하여 1966년부터 중국에서 '프롤레타리아 문화대혁명(文化大革命, 문혁)'이 시작되었다.

중국 문화대혁명 중 린뱌오와 '4인방'은 개인의 야망을 실현하기 위해

인민공사
중국이 1958년 농업 집단화를 위해 만든 대규모 집단농장을 일컫는다. 대약진운동이 전개되면서 수리공사와 같은 대규모 사업을 수행하는 데 공동 노동조직이 필요해지자 중국 정부는 인민공사를 조직하기 시작했다. 인민공사는 20~30호가 하나의 생산대(生産隊)를 이루고, 10개 내외의 생산대가 생산대대(生産大隊)를, 또 8~10여 개의 생산대대가 인민공사를 이루는 3단계 조직 방식을 취했다.

4인방
중국의 문화대혁명 시기 4명의 권력자를 일컫는 말로, 마오쩌둥의 부인 장칭, 장춘차오 국무원 부총리, 야오원위안 정치국 위원, 왕훙원 부주석을 가리킨다. 마오쩌둥 사망 후 정권 탈취를 기도했다는 죄목으로 체포되어 숙청되었다.

문화대혁명 시기 포스터 마오쩌둥의
어록이 담긴 붉은 수첩을 든 홍위병
의 모습이다.

중국공산당 중앙위원회
중앙위원회는 중국공산당의 최
고지도기관이며, 중국공산당 전
국대표회의에서 선출된 중앙위
원과 후보위원으로 구성된다. 중
앙위원회의 임기는 원칙적으로 5
년이며, 연 1회 이상 개최되는
중앙위원회 전체회의에서는 당
의 노선과 방침, 국가 발전 계획
등의 중요 안건에 대한 논의와
결정이 이루어진다.

동란의 10년
1976년 문화대혁명은 끝났다. 이
후 덩샤오핑이 이끄는 중국공산
당은 1978년 농업·공업·국방·
과학기술의 발달이란 '4대 현대
화 노선'을 추진함으로써 '개
혁·개방'에 중점을 두는 방향으
로 선회하기 시작했다.

마오쩌둥의 위신을 이용해 당시의 공산당과 정부 간부들
을 '자본주의의 길을 걷는 반혁명 수정주의자'라고 격렬히
비판했다. 그리고 혁명을 모르는 젊은 세대들을 선동해 홍
위병 운동을 조직하고, '혁명파'가 '실권파'와 '주자파(走
資派, 자본주의를 추종하는 무리)'의 권력을 빼앗는 탈권투
쟁(奪權鬪爭)을 전국적으로 전개했다. 이때 국가 주석이
었던 류사오치는 홍위병에게 끌려다니면서 규탄집회 등에
서 박해를 받았으며, 1968년 11월 중국공산당 제8기 중앙
위원회● 제12차 전체회의(8기12중전회)에서 '반역자, 내간
(內奸, 내부의 배신자), 공적(工賊, 노동자 계급의 배신자)'이
라는 죄명으로 당적 박탈과 공직에서 영구 추방을 선고받
았다. 그리고 이듬해 카이펑(開封) 감옥에서 무참히 죽음
을 맞았다.

현재 중국에서 '동란의 10년'●으로 통칭되는 1966년부터 10여 년에 걸
친 문화대혁명으로 중국 전역은 혼란과 비극에 휩싸였다. 1981년 6월 중국
공산당 제11기 중앙위원회 제6차 전체회의(11기6중전회)에서 채택된 '건국
이래 당의 약간의 역사 문제에 관한 결의(역사 결의)'는 "문화대혁명은 지도
자가 잘못 일으키고, 반혁명 집단에 이용되어, 당과 국가와 각 민족 인민에
게 커다란 재난을 초래한 내란"이었다며 문화대혁명을 전면 부정했다. 그
리고 문화대혁명의 타도 대상이었던 주자파는 당과 국가의 지도적 간부이
자 사회주의 사업의 핵심 동력이었으며, 마오쩌둥의 논점은 "당시의 중국
계급 정세 및 당과 국가의 정치 상황에 대해 완전히 잘못된 평가를 내린"
것이며, "문화대혁명은 어떤 의미에서도 혁명이나 진보가 아니었다"라고
평가했다.

'역사 결의'는 문화대혁명이 종결된 이후에도 마오쩌둥 시대의 정책을
견지하려 한 보수파를 겨냥해 승리를 거둔 개혁파 덩샤오핑이 직접 지도해
작성한 것으로, 중국공산당이 문화대혁명을 부정하며, 이를 주도한 마오쩌

둥에 대해 역사적 평가를 내린 중요한 결의였다. 이를 계기로 문화대혁명 이후 정치적·사상적 혼란을 극복하는 데 큰 성과를 거둘 수 있었다.

'소련 주적론'의 입장에 선 중국

소련에서는 1964년 10월 쿠바 문제 처리로 인해 국내외로부터 불평을 사고 내정 문제에서도 부진을 면치 못하던 흐루쇼프가 실각했다. 그 뒤를 이어 소련공산당 제1서기로 브레즈네프가, 총리로 코시긴이 취임했다. 체코슬로바키아에서는 1968년 개혁파 둡체크가 공산당 제1서기가 된 후 '인간의 얼굴을 한 사회주의'라는 슬로건을 내걸고 언론·출판·보도의 자유를 인정하는 등 일련의 '자유화' 정책을 추진했다. 이 개혁운동은 매년 5월에 개최되는 음악제 이름에 빗대어 '프라하의 봄'이라 불렸다. 이에 대해 소련은 동유럽 4개국˚의 군대와 함께 체코슬로바키아를 침공해 군사 개입을 함으로써 '프라하의 봄'을 짓밟았다. 이때 브레즈네프는 "사회주의 공동체의 전체 이익은 각국의 개별 이익에 우선한다"라며, 동맹국들이 소련형 사회주의로부터 이탈하려 할 경우 무력으로 내정 간섭을 할 수 있다는 '브레즈네프 독트린'을 발표했다.

일련의 사태를 지켜본 중국은 소련의 무력 침공 가능성에 대해 우려하며 국경 부근에 수많은 지하참호를 파서 소련의 공격에 대비했다. 중국의 베이징과 톈진 등 중추 도시에서는 소련의 핵공격에 대비해 대학과 공장, 공공건물과 역 등에 핵 대피소와 지하참호를 팠다. 중국과 소련 사이에 긴장감이 고조되면서 수천 킬로미터에 이르는 국경지대에 50만~100만 명의 소련군과 200만 명의 중국군이 배치되었다. 이 때문에 1968년부터 1969년까지 수차례에 걸쳐 두 나라 국경에서 무력충돌이 발생했다.

마오쩌둥, 저우언라이 등 중국 지도자들은 소련과의 적대 관계를 강화하고 소련을 국제적으로 고립시키려 했다. 이들의 의도는 베트남전쟁에서 어려움을 겪으며 국제사회에서 줄어들고 있는 영향력을 중·소 대립을 이용

동유럽 4개국
폴란드·동독·헝가리·불가리아를 일컫는다.

해 유지하려는 미국의 계산과 맞아떨어졌다. 그 결과 1972년 '중·미 접근' 이 도모되어 '중·미 대결'이 냉전의 기축이었던 동아시아에 커다란 영향을 미쳤다.

1973년 8월 중국공산당 제10기 전국대표대회(10전대회)에서 저우언라이 는 "우리는 제국주의가 일으킬 가능성이 있는 침략전쟁, 특히 우리나라에 대한 소련 수정주의·사회제국주의로부터의 불의의 습격에 대해 고도의 경 계심을 갖고 모든 준비를 해두어야 한다"라는 정치 보고를 했다. 이 당시 마오쩌둥이나 저우언라이 등 중국의 지도자들은 '소련 주적론'의 입장에 서 있었다.

이렇듯 동아시아에서는 사회주의 국가인 중국과 소련 두 나라가 적대적 관계로까지 악화되는 한편, '중·미 접근'이 도모되어 동아시아의 냉전 구 조는 크게 변용되어갔다.

북한의 독자 노선

격렬해진 중·소 대립은 조선민주주의인민공화국(북한)에 심각한 영향을 주었다. 북한으로서는 미국, 한국과 직접 대치하면서 일본의 위협에도 대 항하기 위해 중국 등 사회주의권의 지원이 필요했다. 그 때문에 북한은 사 회주의 진영의 단결을 강조하면서 중국과 소련 어느 한쪽으로도 치우치지 않는 독자 노선을 추구해나갔다.

특히 쿠바 위기 이후 미국의 압력에 굴복한 소련이 북한의 군사 지원 요 청을 거절했기 때문에, 북한은 경제적인 어려움에도 불구하고 국방 건설에 힘을 쏟아야 했다. 북한은 소련의 평화공존 노선은 제국주의의 앞잡이가 되는 수정주의이며, '남조선혁명'을 이루기 위해서는 이를 배격해야 한다 고 비판했다.

1963년 북한은 상호 대표단 방문 등 중국과의 교류를 통해 양국의 관계 가 견고함을 강조했다. 하지만 곧이어 1964년 흐루쇼프가 실각하자 소련의 경제적 지원이 필요했기에 브레즈네프와 코시긴 등 새로운 지도부와의 관계 회복을 도모해나갔다. 이에 반해 중국은 '흐루쇼프 없는 흐루쇼프 노선'이라 비판하며 소련과의 대결 자세를 견지했기 때문에, 북한과 중국 사이에 균열이 발생했다. 대외적으로 자주외교를 펼치면서, 국내에서는 자립적이고 민족적인 사회주의 경제를 건설해야 했던 북한은 '주체사상'이라는 새로운 사

평양의 열병식 2008년 9월 5일 평양의 김일성 광장에서 거행되고 있는 노농적위대의 열병식 장면이다. 북한은 일사불란한 열병식을 통해 지도자와 체제의 건재를 내외에 과시하고, 주민의 충성과 단결을 유도하고 있다.

상체계를 만들어갔다. 김일성은 이를 조선노동당이 견지해야 할 '사상의 주체', '정치의 자주', '경제의 자립', '국방의 자위'라 말했다. 이후 북한은 주체사상을 기본으로 삼으며, 이를 대외 관계에도 적용한 독자 노선을 강조했다. 북한은 소련이나 중국보다 제3세계 국가들과의 비동맹 외교에 한층 많은 관심을 기울이고, 아시아·아프리카·라틴아메리카 등의 비동맹 세력과 힘을 합해 반미·반제국주의 투쟁의 전선을 강화하고자 했다.

한편, 1960년대 후반 북한은 국제적 고립을 피하고 한국에 대항하기 위해 국교 수립과 국제기구 가입에 힘썼다. 그 결과 1970년까지 사회주의 국가 이외에 25개국의 아시아·아프리카 신생 독립국가와 총영사 관계를, 프랑스 등 6개 자본주의 국가를 포함한 80여 개국과 무역 및 통상 관계를 맺고, 106개의 국제기구에 가입했다.

이에 대해 박정희 정권도 1960년대 후반부터 비동맹 국가와의 외교를 적극적으로 추진했다. 한국과 북한의 외교전은 1970년대 중반 국제연합을 비롯한 세계 외교무대에서 더욱더 치열해졌다. 1970년대 후반부터 한국 정부가 우위를 점했는데, 그 배경에는 한국의 경제 성장이 있었다.

중국 문화대혁명과 동아시아

[일본에 미친 영향] 중국의 문화대혁명은 마오쩌둥 사상을 기존의 마르크스·레닌주의를 새로운 단계로 발전시킨 현대 최고의 사상이라 간주하면서 세계 각지에서 '문화대혁명'과 같은 투쟁을 전개하도록 제창했다. 이에 세계 각국의 화교가 호응했을 뿐만 아니라, 마오쩌둥 사상에 공감하는 그룹들이 문화대혁명을 지지하는 '홍위병'을 해외에서도 조직했다. 그 규모는 각기 달랐지만 중국 국내와 같은 '탈권투쟁'이 전개되었다.

문화대혁명은 일본에도 충격적인 영향을 미쳤다. 중·소 논쟁 단계에서는 일본사회당이 소련을 지지하고 일본공산당이 중국을 지지하는 경향이 있었지만, 문화대혁명에 대해서는 일본공산당이 비판·반대하는 입장을 명확히 취했다. 이에 대해 중국의 문화대혁명 지도부는 일본공산당을 '미 제국주의·소련 수정주의·일본 반동파'와 함께 '4적(敵)' 가운데 하나로 지목해 '탈권투쟁'을 제기했다. 게다가 당시 중국에 주재하던 일본공산당 간부와 기관지 《적기(赤旗)》의 기자에게 위해를 가한 사건까지 일어나면서 중국공산당과 일본공산당은 단절 상태에 빠졌다.

문화대혁명은 일본의 학생운동 고양기와 시기적으로 겹치면서 이들에게도 영향을 끼쳤다. 마오쩌둥의 '조반유리(造反有理)' 사상에 공감하며 《마오쩌둥 어록》을 소지하고 다니거나, 홍위병의 '무장투쟁'을 모방해 철제 파이프나 각목을 들고 자신들과 대립하는 학생운동 조직을 습격하기도 하는 분파가 출현했다. 하지만 이런 식의 폭력화된 학생운동은 국민의 지지를 잃게 되는 결과를 낳았다.

문화대혁명은 일본의 평화운동과 문화운동, 나아가 노동조합운동과 학생운동, 청년운동에 분열과 대립을 초래했으며, 여러 분야의 운동에 심각한 영향을 미쳤다. 결국 평화운동 조직과 단체, 중국과 관계가 깊었던 우호단체와 민간무역 조직들이 문화대혁명 지지와 반대를 둘러싸고 격렬하게 대립·분열하는 사태에 이르렀다.

[한국에 미친 영향] 한국의 언론은 대부분 문화대혁명을 대약진운동과 인민공사의 실패로 권력을 상실할 것을 두려워한 마오쩌둥이 상황을 역전시키기 위해 일으킨 사건이라고 보도했다. 마오쩌둥이 류사오치를 상대로 권력투쟁을 전개하고, "철부지 어린이들로 조직된 홍위병을 앞세워 …… 피의 아수라장으로 만든 것"이 문화대혁명이라는 논조였다(1967년 1월 11일 자 《조선일보》 사설). 또한 "유혈 사태로까지 치닫고 있는 권력투쟁", "반문명적·반인륜적 홍위병 운동", "현대판 삼국지" 등의 비

판적 표현이 언론에 등장했다. 한국 언론은 문화대혁명을 일으킨 중국이 세계를 대상으로 공세적인 공산주의 운동을 전개하리라고 예상하며 중국에 대한 경계심을 높여 나갔다.

물론 문화대혁명에 대한 부정적 인식만 존재했던 것은 아니다. 예를 들어 언론인이자 학자였던 리영희는 문화대혁명이 서구 자본주의만이 아니라 소련 사회주의까지도 극복하고자 하는 제3의 혁명이라며 높이 평가했다. 그는 이 혁명이 단순한 제도의 혁명이 아닌 '인간혁명'이라는 점에서 마르크스·레닌·스탈린과는 차원이 다른 근본적 혁명이라고 주장했다. 그는 1974년에 그러한 주장을 담아 《전환시대의 논리》를 발행했다. 한국의 지식인과 학생들은 이 책을 읽고 커다란 충격을 받았다. 이 책은 한국에서 반공주의와 냉전의 논리를 넘어 중국 혁명과 사회주의혁명을 새롭게 인식하는 계기가 되었으며, 특히 1980년대 민주화 운동 시기에 널리 읽혔다.

[북한에 미친 영향] 1964년 가을에 소련에서 흐루쇼프가 실각하고 브레즈네프가 집권하자 북한은 곧바로 소련과의 관계를 회복했다. 그러나 중국은 소련을 가까이 하는 북한을 탐탁지 않아 했다. 1966년부터 문화대혁명의 지도자들과 홍위병들은 북한의 김일성을 수정주의자라 비난하기 시작했다. 북한은 이에 맞서 중국 지도부를 교조주의자, 종파주의자라 비판했다. 중국과 북한은 현지 대사를 서로 소환할 정도로 관계가 악화되었다. 홍위병들은 당시 옌볜(延邊) 조선족 자치주 주장(州長)이던 주더하이가 조선·중국 국경을 정할 때 백두산 천지 면적을 북한에 4.5% 더 떼어주어 북한 면적이 54.5%가 되는 등 북한 측에 유리하게 했으며, 마오쩌둥을 비하하고 김일성을 떠받들었다는 등의 허위 사실로 그를 박해하여 죽음으로 내몰았다. 북한 지도부는 혈맹 관계에 있던 중국과 갈등이 심해지자, 전 사회적으로 '내외의 적'에 대처하기 위해 '수령'을 중심으로 일치 단결할 것을 강조했다. 그리고 마오쩌둥 사상에 대응해 북한의 독자적 사상으로서 주체사상을 한층 더 강조했다. 중국에서 마오쩌둥에 대한 개인숭배가 강해질수록 북한도 이에 정면으로 맞서 김일성 개인숭배를 강화했다. 북한은 중국의 문화대혁명에 비판적이었지만, 중국 지도부가 문화대혁명을 통해 중국의 독자적 사상을 강조하고 개인숭배를 심화시킨 모습을 닮아가고 있었다.

2

미일안보조약 개정과
한일기본조약

1960년 미일안보조약 개정과 일본의 안보투쟁

1950년대 말이 되자 미국은 아시아 전략을 기존의 대량 보복 전략이나 동맹국에 대한 군사 원조 편중, 대량 재군비(再軍備) 강요 노선에서 새로운 노선으로 전환해갔다. 이는 후에 케네디와 존슨 두 대통령의 특별고문이 된 경제학자 월트 로스토 등의 제창에 따른 것으로, 중국과 베트남 등 사회주의 국가는 경제적 후진국이므로, 미국 자본을 투하해 저개발국가의 경제를 성장시키고 근대사회로 이행시키면, 가난한 아시아 민중은 공산주의를 지지하지 않게 되어 게릴라전쟁이나 혁명투쟁이 기반을 잃게 되리라는 이론이었다. 미국은 일본을 이 노선의 주요 적용 대상국으로 삼았다. 이에 일본은 미국의 자금을 도입해 생산성본부를 설치하고 세계은행의 차관을 도입하는 등의 조치를 취했으며, 미국은 일본이 고도 경제 성장을 이룰 수 있도록 지원했다. 한편, 미국은 전후 일본 국민에게 뿌리내린 평화주의·비무장중립주의 의식이 반미의식으로 전환되는 것을 경계하여, 당장은 일본의 방위력 증강과 헌법 개정을 피하되 대신 일본 내 군사기지를 자유롭게 사용할 수 있도록 기존의 미일안보조약을 수정하려 했다. 즉, 미국의 군사 부담을 덜기 위해 700곳이 넘는 일본 내 군사기지를 4분의 1로 축소하는 한편, 미군의 시정(施政) 아래 있던 오키나와의 미군기지를 두 배로 확장하려 한 것이다.

1958년 10월, 미국과 일본의 제1차 안보조약 개정 교섭이 시작되었다. 이후 교섭은 미국 측의 초안에 따라 진행되었다. 개정된 신안보조약은 1960년 1월 미국을 방문한 기시 노부스케 수상과 아이젠하워 대통령에 의해 조인되었다. 구안보조약은 체결 당시 일본이 재군비를 하지 않은 상태였기 때문에 일본을 미국의 군사기지로 삼도록 의무화하는 종속성이 강한 조약이었지만, 신안보조약은 체결 당시 일본이 이미 자위대(일본군)●를 보유하고 있었기에 일본과 미국이 상호 의무를 짊어지는 일종의 군사동맹조약이었다. 정식 명칭이 '일본국과 미합중국 사이의 상호 협력 및 안전보장조약'인 신안보조약은, 구안보조약과 미일행정협정에 기초한 미군의 일본 배치 및 특권 공여를 유지하면서 미국의 세계 전략과 아시아 전략에서 자위대의 군사적 역할을 강화했다.

일본 국민은 개정된 미일안보조약이 일본의 비무장과 전쟁 포기를 내건 일본국 헌법에 위배될 뿐 아니라 일본을 다시 군사 국가의 길로 들어서게 할 것이라 우려하며, 평화와 민주주의를 지키기 위해 안보조약 반대투쟁에 나섰다(안보투쟁). 1960년 2월부터 시작된 이른바 '안보국회'에서는 신안보조약 비준안을 둘러싸고 치열한 설전이 벌어졌다. 이즈음부터 안보투쟁은 전국으로 확대·격화되었다. 비준안 심의가 고비를 맞은 4월 하순부터 5월에 걸쳐 국회를 상대로 한 청원시위가 계속되었다. 5월 14일에는 안보조약 개정저지국민회의● 주최로 10만 명의 청원시위대가 국회를 포위했다.

그러나 1960년 5월 19일 자민당 정부는 중의원 안보특별위원회에서 질의 중단을 강행했으며, 중의원 의장이 경찰관 500명을 투입해서 사회당 의원을 배제한 상태로 본회의를 개회해, 5월 20일 새벽에 신안보조약 비준안을 토론 없이 자민당 단독으로 통과시켜버렸다.

자위대
일본의 준(準)군사 조직으로 1954년 창설되었다. 제2차 세계대전 패전 후 일본 헌법에는 군사력을 보유하지 않는다고 명시되어 있었기 때문에 자위대는 엄밀한 의미의 군대는 아니다. 그러나 이후 방위 예산이 증액되고 자위대 전력이 지속적으로 강화되어 현재 자위대는 실질적인 군대의 면모를 갖추고 있다.

안보조약개정저지국민회의
안보조약개정저지국민회의에는 사회당·일본노동조합총평의회·원수폭금지일본협의회·헌법옹호국민연합 등 100여 개의 단체가 결집했으며, 일본공산당 또한 간사단체회의의 참관인으로 참가했다.

안보투쟁 1960년 6월 18일 미일안보조약 개정에 반대한 일본 시민들이 국회의사당을 에워쌌다. 이 투쟁으로 기시 노부스케 내각이 물러났다.

이러한 통과 강행은 반대운동의 불길에 기름을 부은 격이었다. 이후 국회는 공전 상태에 빠졌고, 수만 명에서 수십만 명의 시위대가 국회를 연일 에워쌌다. 6월 15일 안보조약 개정 저지 제18차 통일행동에는 전국에서 580만 명이 참가했는데, 도쿄에서는 신극(新劇, 메이지 이후 전개된 일본의 새로운 연극 장르) 관계자들의 시위대에 우익단체가 난입해서 60명의 부상자가 나오기도 했다. 또한 전일본학생자치회총연합(전학련)을 선두로 한 시위대가 국회 안으로 돌진해 완전무장 상태의 경시청 기동대와 격렬히 충돌하여, 도쿄대 학생 간바 미치코가 사망하는 등 유혈 참사로 치달았다.

6월 19일 오전 0시, 33만여 명이 국회를 포위한 가운데 신안보조약은 중의원 가결 1개월 후에 자연 승인된다는 규정에 따라 자동적으로 성립되었다. 기시 일본 수상은 미국 정부와 비밀리에 비준서를 교환한 6월 23일에 퇴진을 표명했으며, 7월 15일에 기시 내각이 총사퇴함으로써 1960년 안보투쟁도 진정 국면에 접어들었다.

비동맹주의를 주창한 제3세계 세력은 일본의 안보투쟁에 지지와 연대를 보내왔다. 중국에서는 신안보조약이 미일군사동맹이며 일본의 군국주의 부활로 이어질 것이라며 베이징을 비롯한 전국에서 반대집회가 개최되었으며, 중국과 일본 두 나라 인민의 연대가 표명되었다.

제2차 세계대전 이후 일본에서 벌어진 최대 규모의 국민운동인 안보투쟁은 1960년대 반전 평화 운동을 고양하는 선구적 역할을 했다. 원수폭 금지·반핵운동, 미군기지 반대운동, 교원 근무평정 실시에 대한 반대운동, 나아가 모든 민주적 권리의 옹호를 요구하는 운동 등 다양한 흐름이 합류해 일대 국민운동을 형성했다. 노동조합도 정치적 과제에 대해 파업을 벌이며 나섰다. 안보투쟁은 일본 사회당과 공산당의 통일투쟁으로서도 커다란 의의를 지녔다. 또한 지방의 혁신정당과 노동조합, 농민조합, 교직원조합 등으로 구성된 공동 투쟁 조직 결성과, 지역 단체와 조직이 참여한 대중 투쟁 조직의 결성, 주민 차원의 운동 전개 등 새로운 진전을 보였다. 게다가 '안보세대'라 불리며 평화운동과 사회변혁운동에 적극적인 수많은 청년·학생이 등장했다.

한편, 기시 내각의 뒤를 이은 이케다 하야토 내각은 '국민소득배증계획'을 추진해 국민의 관심을 정치에서 경제로 전환시켰다. 즉, 고도 경제 성장을 국가 정책으로 추진하여 국민의 생활을 풍요롭게 함으로써 정치적·사회적 불만을 누그러뜨리려 한 것이다. 이는 1960년 안보투쟁과 같은 사태를 방지하기 위한 정책이었다. 미국은 이듬해 4월에 도쿄 태생의 일본 연구자이자 지일파(知日派)로 알려진 에드워드 라이샤워 하버드대 교수를 주일 대사로 부임시켜 두 나라의 관계 회복을 꾀했다. 라이샤워는 자본주의적 경제 성장을 통한 근대화의 우위를 선전하며, 노동조합 간부와 지식인에 대한 작업을 활발하게 전개했다. 또한 자민당과 재계는 영향력 있는 '진보적 문화인'의 언론활동을 봉쇄하기 위해 언론 대책에 나섰다. 이들은 《쇼쿤(諸君)!》(1969)과 《세이론(正論)》(1973) 등 우파 잡지를 창간하고 '체제파(體制派) 지식인'을 동원해 전후 민주주의 비판을 전개해나갔다.

이렇듯 일본 정부와 재계, 그리고 미국까지 합세해 정치·경제·문화적 공세를 펼친 결과 1969년 12월 총선거에서 사회당은 50석을 잃고 크게 패한 반면 자민당은 압승을 거두었다. 1970년 6월 자민당의 사토 에이사쿠(기시 노부스케의 동생) 내각에 의해 미일안보조약은 자동적으로 연장되었으며, '60년 안보투쟁'과 같은 상황은 재연되지 않았다.

한국의 4월혁명

한국에서는 1960년 3월에 실시된 정·부대통령 선거에서 이승만과 이기붕 두 여당 후보가 80%를 넘는 높은 득표율로 당선되었다고 자유당 정권이 발표했다. 하지만 이는 이승만 정권이 관권(官權)을 총동원해 실시한 부정선거의 결과였다. 마산에서는 3월 15일 부정선거에 분노한 학생과 시민이 선거 무효를 외치며 가두시위를 벌였다. 경찰이 이를 강제로 해산시키려 한 탓에 시위대가 경찰을 향해 돌멩이를 던지며 저항했다. 이에 경찰이 발포와 체포, 구금으로 맞서 8명이 사망하는 등 수많은 희생자가 발생했다. 4월 11일 시위 과정에서 실종된 당시 17세였던 학생(김주열)의 시신이 발견되자 마산의 시민과 학생은 또다시 궐기했다. 마산 시위의 배후에 공산당의 개입 혐의가 있다는 이승만 대통령의 특별담화 발표는 상황을 더욱 악화시켰다. 마산 시위 사건은 부정선거를 규탄하는 데서 나아가 이승만 정권에 반대하는 운동으로 전국으로 확대되어갔다.

마산에서 재차 대규모 시위가 전개되자 고려대 학생들은 더 이상 지체할 수 없다고 판단하여 시위를 계획했다. 4월 18일 고려대 학생 3,000여 명이 국회의사당 앞에서 항의 연좌시위를 하고 학교로 돌아가던 중 여당인 자유당계 정치깡패들의 습격을 받고 50여 명이 부상을 입었다. 이튿날 19일, 이에 격분한 수많은 대학생이 궐기하여 10만 명이 넘는 학생과 시민이 서울의 광화문 광장을 메웠다. 대통령 관저로 향하던 시위대를 향해 경찰이 발포하여 '피의 화요일'이라 불리는 유혈 참사가 일어났다. 시위는 그날로 전국으로 확산되어 사망자가 서울에서만 100명이 넘었고, 전국에서 186명에 달했다. 19일에는 서울을 비롯해 부산·대구·광주·대전에 계엄령이 선포되었고, 계엄군이 출동해 시위 열기를 가라앉히려 했다. 당시 군은 경찰에 비해 3·15부정선거에 조직적으로 개입하지 않았으며, 4월 19일 이후에도 국민에게 발포하지 않는 등 질서 유지 역할을 수행했다.

이승만은 이기붕의 부통령 당선을 취소하고 구속 학생을 석방하는 등 유

화 정책을 펼쳤다. 그럼에도 4월 25일 전국 27개 대학의 교수들이 서울대에 모여 학생들에게 동조하는 시위를 벌이는 등 사회 전 계층으로 시위가 확산되었다. 한국의 정세를 관리하기 어려울 만큼 시위가 급진화할 것을 우려한 미국도 이승만에게 퇴진을 권고했다. 4월 26일 또다시 대규모 민중시위가 일어나자 다음 날 이승만은 퇴진 성명을 발표했다. 이로써 12년간에 걸친 이승만 독재정권은 막을 내렸다. 이는 한국 역사상 학생과 시민이 처음으로 정권 타도에 성공한 사건으로 '4월혁명'이라 불린다.

4월혁명은 정권의 몰락을 가져왔을 뿐 아니라 사회 각 분야의 민주화 운동을 촉진시켜 학생운동과 노동운동의 조직화와 성장을 이끌고, 통일운동과 진보적 사회운동을 활성화하는 계기가 되었다. 또한 반독재·민족자주·반부패·민주주의가 시대적 가치로 자리 잡음으로써 이후 한국 민주화 운동을 추진하는 출발점이 되었다.

한국 군사정권의 등장

이승만 정권의 붕괴와 더불어 여당이던 자유당도 와해되었다. 1960년 7월 치러진 총선거에서 승리한 민주당은 내각책임제를 실시하면서 제2공화국을 발족했다. 장면 내각은 이승만 정권의 유산을 청산하기 위해 부정선거 책임자와 부정축재자 처벌에 나섰으나, 정치권의 분열과 경제계의 압력으로 만족할 만한 성과를 거두지 못했다. 또한 장면 내각은 미국과의 동맹을 공고히 하여 체제 안정을 이루면서 '경제 제일주의' 정책을 펼치고자 했으나, 미처 결실을 얻기도 전에 5·16군사쿠데타를 맞이했다. 1961년 5월 16일 육군 소장 박정희를 중심으로 한국군 장교들이 이끄는 3,500명의 부대가 쿠데타를 결행했다.

쿠데타 주체 세력은 장면 내각의 무능과 이에 따른 사회 혼란을 명분으로 거사했지만, 이들은 오래전부터 정치에 참여하려는 성향이 강했고, 군 내부의 진급 적체에 대해 커다란 불만을 품고 있었다. 이들은 쿠데타 성공 직후 방송을 통해 '군사혁명위원회' 이름으로 혁명 공약을 발표하며 '반공'을 국시로 표방하고 계엄령을 선포했다. 혁명 공약으로는 반공 체제의 재정비, 미국과의 유대 강화, 부패와 사회악 일소, 자립경제의 확립 등을 내걸었다.

군사혁명위원회는 입법·행정·사법의 3권을 장악하고 포고 제1호를 공포했다. 그 내용은 실내외 집회 금지, 해외여행 불허, 언론에 대한 사전검열 실시, 야간 통행금지 시간의 연장(밤 7시부터 새벽 5시까지) 등이었다. 위원회는 곧바로 '국가재건최고회의'로 개칭하여 국가의 최고권력기관이 되었고, 이윽고 군사 독재 체제를 정비해갔다. 혁명재판소와 혁명검찰부를 통해 '용공분자' 색출을 명령하고 혁신 세력을 대대적으로 검거하는 한편, 4월혁명 이후에 등장한 각종 민주주의 정당과 사회단체·언론기관·노동조합을 강제해산하는 등 민주 세력에 대한 탄압을 강화했다.

미국의 민정 이양 압력에 박정희는 1963년 대통령 선거에 직접 출마하여 윤보선 후보를 이기고 대통령에 당선되었다. 선거를 통해 합법성을 얻은 박정희 정권은 경제 발전을 이루는 것으로 집권의 정당성을 입증하고자 했다. 한국뿐만 아니라 당시 동아시아와 동남아시아에서는 냉전 체제 아래

'열전'을 경험한 국가들에서 개발주의를 최고 목적으로 하는 독재정권이 등장했다. 타이완은 1945년부터 시작된 국민당의 일당 독재가 1960년 이후에도 계속되고 있었으며, 싱가포르에서는 말레이시아로부터 독립한 1965년 이후 리콴유가 이끈 인민행동당 정권이, 인도네시아에서는 1965년에 수하르트 체제가 성립되었다. 이들 개발독재 정권은 민족분쟁과 국내 공산주의자들의 도전에 대항하기 위해 미국의 원조를 받아 경제 성장 제일주의를 펼쳤다.

한일기본조약

박정희 정권은 쿠데타 직후부터 일본과의 관계를 개선하기 위해 적극적인 태도를 보였다. 또한 미국으로부터 아시아 반공 진영의 보루라는 가치를 재확인받음으로써 지속적인 대한 원조를 끌어내고, 심각한 경제난을 해결하여 쿠데타를 정당화하려 했다. 경제 문제를 해결하려면 외자 도입이 필요했기 때문에 일본 자본을 확보하기 위해서라도 일본과 국교를 수립해야 했다. 일본의 정계와 재계도 고도성장을 뒷받침해줄 수출시장을 확보하기 위해 한국과의 국교 수립을 바라고 있었다.

한편, 한국 국민은 식민지 지배에 대한 일본의 성실한 반성이 전제되어야만 일본과의 관계가 개선될 수 있다고 생각했다. 하지만 박정희 정권은 반공안보 논리와 경제 논리만으로 한일기본조약 체결을 강행했다. 결국 국민의 요구를 무시한 박정희 정권의 졸속적인 한일기본조약 체결에 대해 전국민적 반대운동이 일어났다.

일본에서도 한일기본조약이 남북한의 분단을 고착화하고, 한국·미국·일본·타이완의 반공 군사 체제를 강화하고, 일본의 재군비 강화로 이어지는 것이라 하여, 한일기본조약 반대운동이 전개되었다. 이 운동은 미일안보조약 반대운동, 헌법 개악 반대운동, 미국의 베트남 침략전쟁 반대운동과 하나가 되어, 미국의 극동 정책에 반대하고 동아시아 냉전 구조의 변화를 압박했다.

한일기본조약 체결에 반대하는 시위
행렬 1964년 3월 대학생들의 '굴욕
적인 한일회담 반대' 시위를 시작으
로 계속되던 반대투쟁은 6월 3일 1
만여 명이 참가하는 시위로 절정에
이르렀다. 박정희 정권은 그날 저녁
비상계엄령을 선포하고 시위를 진압
했다.

한일기본조약은 1965년 6월에 조인, 12월에 비준되었다. 한국의 대학생
들은 비준저지투쟁을 전개했지만 경찰과 군은 힘으로 시위를 봉쇄했다. 한
일기본조약은 식민지 지배에 대한 사죄 내용 없이 제2조에서 한국병합조약
이전에 체결된 "조약 및 협정은 이미 무효이다(already null and void)"라는
규정만 두었다. 이 조항에 대해 한국 측은 한국병합조약이 원천무효이며 위
법이라고 해석했지만, 일본 측은 한국이 독립한 후에는 무효가 되었지만 병
합조약이 체결된 당시는 유효했다고 해석하고 있다.

이처럼 애초 과거사 청산을 대전제로 한일회담에 임한 한국과, 청산할
과거사가 없다는 인식을 가진 일본이 체결한 한일기본조약이었기 때문에
조약에 대한 해석도 상이했다. 일본이 제공한 유상·무상 총 8억 달러에 대
해서도 양국은 달리 해석했다. 특히 무상 3억 달러에 대해 한국은 '배상적
성격'의 자금이라고 규정한 반면, 일본은 '독립축하금'과 '경제협력금'으로
해석했다. 또한 독도가 미해결 문제로 '분쟁 처리에 관한 교환 공문'의 대

상이 되는지가 불분명했기 때문에 문제가 되었다. 한국 정부는 독도는 애초부터 분쟁 대상이 아니므로 한일회담에서 다룰 문제가 아니며, 따라서 미해결 문제가 아니기 때문에 교환 공문의 대상이 아니라고 보았다. 반면 일본 정부는 한국과 해결하지 못한 문제는 독도 문제 하나이며, 따라서 교환 공문의 대상이라고 주장했다.

미국 정부는 베트남전쟁의 장기화에 따른 비용 증대를 고민하는 한편, 대외 원조를 삭감해야 할 만큼 침체된 경제 문제를 안고 있었다. 그래도 동아시아 냉전에서 승리를 거두기 위해서는 동아시아의 반공 진영을 강화할 필요가 있었다. 이에 미국은 '한·일 관계 개선'을 적극적으로 요청했다. 군사동맹국인 일본으로 하여금 한국에 대한 원조 부담을 분담하게 하여, 한국의 정치와 경제적 안정을 꾀하려 한 것이다. 일본의 대기업도 미국을 대신해 경제 원조를 실시하고 군사정권을 지탱하면서 경제 진출에 따른 이익을 추구하려 했다.

3

베트남전쟁과 동아시아

미국의 베트남전쟁

제네바협정

1954년 7월 스위스 제네바에서 조인된 인도차이나 휴전협정을 일컫는다. 제2차 세계대전이 끝난 후 과거 프랑스가 지배했던 인도차이나에서는 호찌민이 베트남의 독립을 선포했다. 그러나 프랑스가 이를 인정하지 않음으로써 인도차이나에서 전쟁이 발생했다. 1954년 프랑스군의 패색이 짙어지자 미국·프랑스·남베트남·북베트남·라오스·캄보디아 등 9개국이 제네바에 모여 휴전을 모색했다. 그 결과 베트남은 남북으로 분할되었고, 프랑스는 인도차이나에서 완전히 철수했다.

1954년의 제네바협정●에 의해 남북으로 분단된 베트남에서, 남베트남을 자유세계의 세력권으로 삼아 친미정권을 유지하려 한 미국과, 남쪽의 친미정권을 타도하고 분단된 베트남을 통일하려는 베트남 공산주의자를 중심으로 한 혁명 세력 간에 전쟁이 전개됐다. 베트남전쟁은 과거에 베트남과 함께 프랑스령 인도차이나를 구성했던 이웃나라 라오스와 캄보디아에도 파급된 탓에 '인도차이나전쟁'이라고도 불린다.

1960년 남베트남민족해방전선이 수립되어 베트남공화국(남베트남)의 약화가 명백해지자, 미국은 대규모 군사고문단을 파견해 남베트남 정부군을 지원하고자 했다. 1964년 8월, 미 국무성은 베트남민주공화국(북베트남)의 통킹만에서 미국 구축함이 북베트남 어뢰정의 공격을 받았다고 발표했다. 존슨 미국 대통령은 항공모함 탑재기로 보복 폭격을 가한 데 이어, 다음 해 1965년 2월부터는 북베트남에 대규모 폭격을 개시했다(이후 통킹만 사건은 미국이 꾸민 것이었음이 밝혀졌다). 이어서 3월에 미군 해병대가 남베트남 다낭에 상륙한 것을 시발로 대규모 미군 전투부대를 투입하여, 냉전 시대 최대의 국지전인 베트남전쟁이 본격적으로 시작되었다. 1966년 6월에는 북베트남의 수도 하노이와 하이퐁이 폭격당하고, 같은 해 12월에는 하노이의 주택 밀집 지역이 폭격당했다.

베트남 혁명 세력은, 한국전쟁 당시 북한의 정규군이 남북 분단선인 38도선을 공공연히 돌파한 탓에, 미군을 중심으로 한 국제연합군의 개입을 초래해 막대한 희생을 치러야 했을 뿐 아니라 남북 분단을 고착화했다고 판단했다. 이러한 '교훈' 아래 베트남에서는 북베트남 정규군이 분단선인 17도선을 공공연히 넘어 남쪽으로 들어가는 것이 아니라 남베트남 민중이 친미정권을 몰아붙이는 구도로 사태를 진전시키겠다는 전략이 채택되었다. 그리하여 남베트남민족해방전선이라는 '남'의 틀을 강조한 조직이 결성되었다.

미국 또한 한국전쟁에서 미 지상군 부대가 38도선을 돌파하고 북진해 북한 체제의 존재 자체를 위기로 몰아넣은 것이 중국군의 개입을 초래했고, 그 때문에 대규모 지상전으로 번져 미군도 큰 희생을 치른 것이라 판단했다. 그러한 '반성'에서 미국은 베트남전쟁에서는 지상군의 투입을 17도선 이남의 남베트남으로 한정시키고, 북베트남에 대해서는 공중 폭격을 하는 데 그쳤다. 그뿐 아니라 한국전쟁의 경험과 교훈을 통해, 미군의 지상부대가 17도선을 넘지만 않는다면 중국도 출병하지 않을 것이라는 '암묵적 양해'가 중국과 미국 사이에 있었다. 이 때문에 베트남전쟁이 일어난 이듬해부터 중국에서는 문화대혁명이 시작될 수 있었다.

이렇듯 베트남전쟁의 전투를 베트남과 주변의 인도차이나로 한정시키고 대국이 직접 전쟁터에서 대결하는 상황은 만들지 않는다는 '암묵적 합의'에 따라, 동아시아 주변 국가들은 전쟁이 자국에 파급될지 모른다는 우려 없이 각자 자국의 이해관계에 따라 베트남전쟁에 관여해나갔다.

구분	1964	1965	1966	1967	1968	1969	1970	1971	1972
미국	17,200	161,100	388,568	497,498	548,383	475,678	344,674	156,975	29,655
한국	140	20,541	45,605	48,839	49,869	49,755	48,512	45,694	37,438
타이	0	16	244	2,205	6,005	11,568	11,586	6,265	38
필리핀	17	72	2,061	2,020	1,576	189	74	57	49
오스트레일리아	200	1,557	4,525	6,818	7,661	7,672	6,763	1,816	128
뉴질랜드	30	119	155	534	516	552	441	60	53
타이완	20	20	23	31	29	29	31	31	31
에스파냐	0	0	13	13	12	10	7	0	0
계	17,607	183,425	441,194	557,958	614,051	545,453	412,088	210,898	67,392

출처 : 국방부 군사편찬연구소, 《통계로 본 베트남전쟁과 한국군》, 2007.

한국군의 파병과 북한의 대남 공세

베트남전쟁에 파병된 한국군 수는 남베트남 정부를 지원하는 파병국 중에
서 오스트레일리아와 뉴질랜드를 포함한 동남아시아조약기구 국가 전체의
파병 규모를 능가해(약 4배) 미국에 버금가는 군사적 지위를 차지했다. 한국
은 1965년부터 1973년 철수할 때까지 상시 약 5만 명, 총 34만 6,393명의 병
력을 남베트남에 파견하고 약 5,000명의 전사자를 냈다. 한국군의 파병에
대해서는 당초 미국보다 한국이 더 적극적이었다. 쿠데타로 실권을 장악한
박정희는 1961년 11월 첫 미국 방문 당시 케네디 대통령에게 파병을 제안했
다. 그 이후에도 한국 정부는 미국의 관리들에게 파병 의사를 밝혔다. 베트
남전쟁에 깊이 빠져든 존슨 대통령은 1964년 5월 한국을 비롯한 25개국에
남베트남 정부에 대한 지원을 촉구하는 서한을 보냈다. 특히 미국은 한국 정
부에 파병의 대가로 한국군의 전력 증강과 경제 개발에 필요한 차관을 제공
하기로 약속했다.

　박정희 정권은 베트남 파병을 통해 대내적으로는 국내의 불만을 다른 곳
으로 돌리고, 대외적으로는 국제적 위신을 높임으로써 군사정권의 강화와
안정을 확보하고자 했다.

한국에서는 군대 파병과 아울러, 베트남에 주둔하는 미군과 한국군에 필요한 군수물자 및 서비스, 항만·도로 건설 공사의 한국 기업 수주와 그에 부수해 파견된 한국인 노동자의 본국 송금으로 특수가 발생했다. 건설을 수주한 '현대'나 해운을 수주한 '한진'은 베트남 특수로 급성장한 대표적 재벌이다.

한국이 1965년부터 1972년까지 베트남전쟁 동안 무역(수출, 군납)과 무역 외(건설업, 장병과 근로자 송금, 사상보상금, 서비업 등)로 획득한 외화는 10억 3,600만 달러에 이르렀다. 또한 수출 지향의 공업화가 본격적인 궤도에 오르게 되었다.

베트남전 고엽제 살포 미국은 베트남전쟁에서 게릴라전을 막고 군량 보급을 차단하기 위해 '오렌지 작전'의 일환으로 고엽제를 살포했다. 1994년 현재 베트남에서는 약 2백만 명이 고엽제 후유증으로 고통받고 있다. 한국의 베트남 참전 군인 중에도 고엽제 관련 질환으로 고통을 호소하는 이들이 많다.

그러나 치러야 할 대가도 컸다. 베트남전쟁에 병사로 파견된 수많은 젊은이가 희생되었을 뿐 아니라 파병 군인의 고엽제 후유증은 오늘날까지도 심각한 문제가 되고 있다. 또한, 한국군이 자행한 주민 학살로 인해 베트남 사람들의 반감을 산 것은 물론, 한국에서도 베트남전쟁에 대한 '전쟁 책임'을 묻고 반성을 촉구하는 목소리가 높아지고 있다. 2001년 8월 김대중 대통령은 방한한 베트남 국가 주석에게 "우리는 불행한 전쟁에 참여해 본의 아니게 베트남 국민에게 고통을 준 데 대해 미안하게 생각하고 위로의 말씀을 드린다"라고 공식 사과했다.

1964년 한국이 의료부대와 태권도 교관단을 베트남에 파견하자, 북한은 북베트남 지원운동을 국내에서 전개하고, 1965년에는 남베트남민족해방전선의 요청만 있으면 남베트남에 지원군을 파견하겠다고 발표했다. 같은 해에 북한은 북베트남에 경제·기술적 원조를 제공하는 협정에 조인했다.

이어 1965년 한국이 남베트남에 전투부대를 파병하자 북한은 미국이 베트남에서 고전할수록 한국 내 미국의 기반이 약화되거나 또는 한국군도 베트남 파병으로 세력이 분산될 것이므로 '남조선 혁명'의 가능성이 커질 것이라 기대했다. 그리하여 한국에서 베트남과 유사한 혁명적 상황을 조성할 것을 계획해나갔다. 한국에 무장 게릴라를 파견해 한국의 혁명당으로 하여금 지역혁명인 '남조선 혁명'을 수행하고, 그들과 북측 사회주의 세력이 결합해 한반도를 통일하겠다는 것이었다.

1968년 1월, 대통령 관저(청와대) 습격과 정부 요인 암살 명령을 받은 북한 특수부대원 31명이 한국군 군복을 착용하고 휴전선을 넘어 서울까지 침투하는 데 성공했다. 그러나 이들은 경찰 검문을 받고 정체가 발각되었으며 한국군과 경찰과의 총격전 끝에 대부분 사살되었다. 이 사건은 한국 국민의 군사적 위기의식을 고조시켰다. 이를 계기로 향토예비군이 창설되고, 학생들을 대상으로 한 군사 훈련이 시작되었다.

아울러 1968년 1월 북한이 미국의 정보수집함 푸에블로호를 나포한 사건과, 이듬해 1969년 4월에는 북한 영공을 침범했다는 명목으로 미국의 정찰기를 격추한 사건이 발생했다. 이것은 한국이 미국의 후원을 받으며 1965년에 한일기본조약을 체결한 후 같은 해 베트남전쟁에 전투부대를 파병하고, 또 미국과 일본의 군사동맹 체제가 강화된 것 등에 대항한 북한의 강경 정책이었다. 1960년대 후반 군사모험주의로 치달은 북한은 과중한 국방비 부담으로 한국과의 경제 경쟁에서 점차 뒤처지게 되었다.

일본의 전쟁 가담

베트남전쟁이 일어나자 당시 미군의 군정 아래 있던 오키나와는 베트남 폭격을 맡은 B52 전략폭격기의 기지가 되었다. 검고 거대한 기체(機體)로 '검은 살인청부업자'라는 별칭을 지닌 B52는 가데나(嘉手納)기지에서 북베트남 폭격을 위해 정각에 출격한 탓에 '베트남 정기편'이라 불리기도 했다. 당시 미군 병사들은 오키나와 북부의 산악 삼림지대를 베트남의 정글로 가정해 게릴라전에 대비한 훈련을 실시했다. 1965년 11월 미태평양연합군사령관이 한 인터뷰에서 "오키나와 없이는 베트남전쟁을 수행할 수 없다"라고 발언할 정도로 오키나와는 미국의 베트남전쟁에서 중요한 병참기지 역할을 담당했다.

베트남을 해상에서 공격하는 엔터프라이즈호 등 항공모함 6척, 함정 160척, 함재기(군함 탑재 비행기) 700기를 보유한 미해군 제7함대는 일본의 요코스카(横須賀), 사세보(佐世保), 나하(那覇)를 기지로 삼고 있었다. 부대는 이곳으로 돌아와 무기와 탄약, 식량, 연료 등을 보급받고, 병사들은 환락가에서 피로를 풀고 기력을 충전한 후 다시 전쟁터로 향했다. 아울러 다치카와(立川)기지, 요코타(横田)기지, 아쓰기(厚木)기지 등 일본의 미군기지는 베트남 공격용 폭격기의 보급과 수리, 훈련, 통신 등의 역할을 맡았다.

하지만 일본 내에서는 총평과 중립노동조합연락회의(중립노련) 등 노동조합과 '베트남에 평화를! 시민연합(통칭 '베헤이렌ベ平連')' 등의 시민운동, 전학련 등 학생운동으로 베트남 반전운동이 고양되었고, 헌법상 자위대를 인정할 수 없다는 여론도 강했다. 때마침 일본에서는 1970년, 미일안보조약의 10년 기한이 종료되는 시기를 앞두고 조약을 연장하려는 정부 자민당과 이에 반대하는 야당의 대립이 격해진 가운데 조약의 파기를 요구하는 노동조합, 학생운동, 시민운동이 크게 고조되고 있었다. 또한 오키나와에서는 미일안보 반대운동, 베트남전쟁 반대운동에 호응하여 오키나와현의 일본 복귀운동이 대단히 활발히 전개되었다. 이러한 운동의 격화를 두려워한 일본 정부는 미국의 강한 요청에도 불구하고 베트남에 자위대를 파병하지 않았다.

한편, 일본 경제는 베트남 특수로 호황을 누렸다. 미군의 물자 구매와 베트남전쟁 귀휴병을 포함한 주일 미군 병사의 개인 소비 등 직접 특수와 함께, 전쟁 확대로 늘어난 미국 방위비와 대외 원조가 수요를 자극해 수출 증대로 이어지면서 간접 특수의 혜택까지 누렸다. 1965년 일본의 대미 수출은 당초 수출 목표를 초과 달성했고, 한일기본조약이 체결되어 일본의 한국 수출 또한 전년 대비 66% 가까이 증가했다. 당시 한국도 베트남 특수로 일본으로부터 원자재 수입이 늘어난 상황이었다.

그 후 오키나와 반환운동이 고조되자 미국과 일본 정부 간에 여러 차례 협의가 이어졌다. 1967년 11월 사토 수상과 존슨 대통령의 회담에서 조기 반환이 확인되었고, 1969년 11월 사토·닉슨 공동성명을 거쳐 1972년 오키나와의 일본 반환이 실현되었다. 하지만 이는 미군기지의 기능은 조금도 훼손하지 않는다는 절대적 조건 아래 이루어진 시정권(施政權) 반환일 뿐이었다.

베트남전쟁과 중국·소련

냉전 구조가 확립된 이후 미국의 행동은 소련과 중국을 비롯한 사회주의 진영에 의해 제한받았다. 그런데 베트남전쟁이 격화된 1960년대에 사회주의 진영 내에서 중국과 소련의 대립이 격화되어, 진영 전체가 통일된 행동을 취할 수 없는 상태가 되었다. 중국과 소련은 미국과의 직접 대결이라는 위험 부담을 베트남에 떠넘긴 채 자국에 전화(戰禍)가 미치지 않는 범위 내에서 신중하게 베트남을 지원했다.

1965년 중국은 북베트남이 소련의 원조를 거절한다면 전면적으로 지원하겠다고 제안했다. 곧이어 같은 해 6월 이후 북베트남에 방공·철도·공병 부대 등을 중심으로 한 후방 지원부대를 비밀리에 파견하여, 주로 중국과 인접한 지역에서 수송과 국방시설 방위 및 보수를 맡았다. 그 수는 1968년까지 32만 명에 이르렀으며, 베트남전쟁 전 시기를 통해 사망자 1,100여 명과 중상자 4,200여 명 규모의 희생자를 냈다. 한편, 소련은 1965년 4월 이후 지대공 미사일 조작 요원을 중심으로 1974년 말까지 총 6,359명의 병사를 파견하고, 13명의 희생자를 냈다.

그러나 북베트남이 중국과 소련의 대립에 중립적인 입장을 취하며 소련의 원조를 받아들이고 있던 것에 불만이었던 중국은 베트남 지원에 소련과 공동 행동을 취하지 않겠다고 선언했다. 1969년 호찌민 베트남 주석이 사망하자 중국과 베트남의 관계는 변화하기 시작했다. 1970년, 중국은 베트남 지원부대를 철수하기 시작했다. 또한 소련과 접한 국경에서 군사적 충돌이 발생하자 소련을 봉쇄하기 위해 미국에 접근하기 시작했다. 미국의 닉슨 대통령도 수렁에 빠진 베트남전쟁에서 어떻게든 빠져나오기 위해 대중 무역 제한 조치를 완화하는 등 중국에 계속 신호를 보냈다. 중국이 미국의 접근을 받아들임에 따라, 1971년 미국 대통령 보좌관 키신저가 비밀리에 베이징을 방문하여 이듬해 닉슨 대통령의 중국 방문을 결정했다. 이로써 중·미 수교를 향한 접근이 시작되었다.

베트남은 이러한 중국과 미국의 접근을 '베트남혁명과 인도차이나혁명을 배신하고, 세계의 혁명을 배신한 노골적인 전환점'으로 받아들이고, '미국에 베트남을 팔아넘겼다'라며 강한 불신감을 드러냈다. 한편, 중국은 베트남의 불신감을 달래기 위해 무기와 식량을 계속해서 지원했다.

베트남전쟁의 종결

북베트남과 남측 해방전선은 막대한 희생을 치르면서도 미군에 맞서 과감하게 저항했다. 특히 1968년 뗏 공세●는 미국에 심한 충격을 주었다. 미국 국민은 그때까지 전쟁에 대해 낙관적 전망을 퍼뜨리고 있던 정부를 크게 불신했으며, '이길 수 없는 전쟁'이라면 손을 떼야 한다는 의견이 다수를 차지하게 되었다. 반전운동이 고양됨에 따라 미국 국민은 베트남전쟁에서 싸울 의지를 잃어버렸다.

1968년부터 전쟁 당사자들의 파리평화회담이 시작되었다. 1969년 6월에는 남베트남민족해방전선과 평화세력연합이 중심이 되어 남베트남공화국 임시혁명정부를 수립했다. 베트남 반전운동이 국제적으로 고조되고, 베트남에서 미군 철수를 요구하는 미국 내 반전운동이 격렬해지자, 1973년 1월에 미국·남베트남 정부 대표·북베트남 정부 대표·남베트남 임시혁명정부 대표가 '파리평화협정(베트남평화협정)'을 체결했다. 그해 3월 닉슨 대통

뗏 공세
뗏(Tet)은 베트남의 음력설로, 베트남전쟁이 한창이던 1968년 북베트남군과 남베트남민족해방전선군이 이날 대대적인 공세를 전개했다. 이때 미국 대사관을 둘러싸고 벌어진 6시간의 교전 상황이 방송으로 중계되면서 미국 시민들은 그들의 정부가 지금까지 자신들을 속여왔다는 것을 알게 되었고 반전 여론은 극에 달했다. 뗏 공세로 북베트남군과 남베트남민족해방전선은 막대한 인명 피해를 입으며 물리적으로는 패배했지만 정신적·심리적·정치적으로는 승리했다.

령은 미국의 베트남전쟁 개입 종결을 선언하고, 남베트남에 주둔했던 미군도 모두 철수했다고 발표했다.

1975년 봄, 북베트남과 남측 해방전선의 군사적 공세로 베트남공화국이 붕괴되었으며, 마침내 4월 30일 전쟁은 종결되었다. 이로써 남북 베트남이 통일되어 1976년에는 베트남사회주의공화국이 수립되었다. 이 전쟁의 여파로 라오스와 캄보디아에도 1975년 사회주의 정권이 들어섰다.

베트남전쟁에 동원된 미군 병사의 총수는 300만 명에 달했으며, 전사자는 5만 8,000명이 넘었다. 살아 돌아온 병사들 중에도 부상당하거나 고엽제 등 독극물 살포의 후유증과 정신적 장애로 고통받는 사람이 다수에 달했다. 무엇보다도 전쟁으로 가장 큰 희생을 치른 것은 베트남이었다. 미국은 핵무기를 제외한 온갖 신형 무기를 베트남 전장에 투입해 막대한 전쟁 피해와 희생을 초래했다. 전투 요원 사망자는 북베트남 인민군과 남측 해방전선이 110만 명, 남베트남 정부군이 22만 명에 이르렀다. 여기에 민간인 피해자를 더하면 희생자는 300만 명에 달하는 것으로 알려져 있다. 베트남전쟁은 승자에게도 지극히 처참한 전쟁이었다.

패권국인 미국에게는 위신이 달린 전쟁이었기 때문에 베트남전쟁의 패퇴로 미국은 패권에 큰 상처를 입었다. 게다가 전쟁 기간 중 달러의 대량 살포와, 서유럽과 일본의 대두로 인한 미국 경제의 국제 경쟁력 저하로 심각한 달러 위기에 처했다. 미국은 1971년 달러 방위를 위해 금·달러 교환 정지를 발표하여 전 세계에 달러 쇼크를 불러일으켰다. 그로 인해 결국 1973년 국제통화기금(IMF)의 고정평가 체제가 막을 내리고 변동환율제로 이행했다.

동아시아에서 일어난 베트남전쟁 반대운동

[일본] 1964년 8월 4일, 미국이 통킹만 사건을 구실 삼아 북베트남 해군기지를 보복 폭격하자, 일본에서는 곧바로 8월 10일 사회당과 공산당, 총평 등 137개 단체가 미국의 베트남 군사 개입에 대한 일본 정부의 지원을 반대하며 베트남전쟁 반대집회를 개최했다. 이어 1965년 4월에 작가인 오다 마코토, 가이코 다케시, 평론가 쓰루미 순스케 등 38명의 제안으로 '베트남에 평화를! 시민연합(통칭 '베헤이렌')'이 결성되었다. 베헤이렌은 일본의 시민운동으로서 획기적인 의의를 지니며 베트남 반전운동에 새로운 형식을 도입했다. 베헤이렌의 운동은 참가자의 자발성을 중시하는 평화운동이었다.

1966년 6월, 미국이 북베트남의 수도 하노이와 하이퐁을 폭격하자, 이를 계기로 일본에서는 베트남전쟁 반대운동이 본격적으로 펼쳐졌다. 같은 해 7월에 열린 총평 정기대회에서 10월 중순의 항의파업을 포함한 '하노이·하이퐁 폭격에 항의하는 투쟁' 결의가 채택되었고, 10월 임시대회에서 '10·21반전파업'이 결정되었다. 이러한 통일행동에는 총평, 중립노련 등 91개 단일 산업별 노조의 210만 6,000명이 파업 참가자로 함께했다. 일본 노동자가 당시 진행 중인 전쟁에 항의해 파업을 실시한 것은 처음 있는 일이었다. 이는 세계 노동운동 역사에 남는 반전파업이었다. 총평은 또한 국제적 공동 행동을 제안하여 '10·21'은 베트남 반전의 국제적 통일행동으로 발전했으며, 이후 국제 반전의 날로 자리 잡았다.

안보투쟁을 담당한 혁신정당과 노조, 여러 단체, 그리고 새로운 발전을 보인 시민운동 조직이 베트남전쟁 반대운동을 전개한 데에는 미국과 맺은 군사동맹으로 일본이 또다시 전쟁에 휘말리는 것에 대한 두려움이 있었다. 일본 국민에게는 전쟁에 의한 비참한 피해와 희생의 기억이 짙게 남아 있어 미국의 베트남전쟁에 반대하는 여론이 강했던 것이다.

[중국] 미국이 본격적으로 베트남전쟁을 개시한 1965년, 일본의 청년·학생단체를 대표하는 500명이 8월과 11월 두 차례에 걸쳐 당시 국교가 없던 중국을 방문해 '중일청년우호대교류회'에 참가했다. 일본 청년대표단 제1진은 9월 12일 상하이에서 10만 명의 중국 청년·학생과 베트남전에 반대하는 대규모 시위 행진을 하며 "중·일 양국 청년은 하나로 단결하여 미 제국주의의 베트남 침략에 반대하자" 등의 구호를 외쳤다. 제2진 일본 청년대표단은 일본 정부가 여권 발급을 방해한 탓에 몇

개월간 투쟁한 뒤에야 비로소 중국을 방문할 수 있었다. 1965년 11월 16일, 베이징 청년 1만여 명과 일본 청년대표단이 베이징의 인민대회당에 모여 미국의 베트남 침략전쟁과 한일기본조약에 반대하는 대규모 집회를 개최했다. 집회에서 후치리 중국 전국청년연합회 부주석은 미국과 일본의 반동파가 베트남 침략전쟁 수행의 한 수단으로 체결한 한일기본조약에 대해 중국·일본·조선의 청년과 아시아 청년이 단결해 투쟁할 것을 호소했다(《인민일보》, 1965년 11월 17일 자).

당시 중국 정부 지도자는 베트남전쟁이 한국전쟁처럼 중국과 미국의 전쟁으로 번지는 것을 경계하여, 베트남전쟁에 대한 미국의 궁극적 의도를 알기 위해 정보를 수집함해 분석함과 동시에, 미국 비난과 내미 대결 자세를 강화하고 있었다. 그리고 국내에서 "중국 인민은 베트남 인민의 항일구국투쟁을 최대한 지원한다"라고 표명하고, 국제사회를 향해 "베트남 인민과 인도차이나 인민의 반미무장투쟁을 단호히 지지해야 한다"라고 호소했다.

[한국과 북한] 한국에서는 1964년 말부터 베트남 파병 문제에 대해 정계와 언론계에서 많은 논의가 이루어졌다. 언론계에서는 파병이 한국에 심각한 문제를 남기게 되리라는 비판적인 의견이 많았다. 그러나 파병 반대 여론을 드러낸 용기 있는 언론은 없었다. 아주 드물게 외신란에서 미국의 베트남전쟁에 반대하는 외국 지식인의 발언을 싣는 정도가 고작이었다. 반공주의의 영향으로 한국에서 미국의 베트남전쟁은 공산 세력에 대항해 자유를 수호하는 전쟁으로 받아들여졌다. 그리고 한국군의 베트남 파병은 한국전쟁 당시 한국이 자유세계에 진 빚을 갚는 행위로, 파병 군인은 '자유의 십자군'으로 비유되었다.

한국과 정반대로 북한은 1964년부터 미국의 베트남전쟁을 강력히 반대하기 시작했다. 그해 6월, 북한 외무성은 미국의 베트남전쟁을 제국주의 침략이라고 규탄하는 성명을 발표했다. 1965년 3월에는 15만 명이 참가해 미국의 베트남전쟁을 반대하고 베트남 인민의 투쟁을 지지하는 평양시 군중대회가 열렸다. 북한은 1967년 한 해에만도 미국의 베트남전쟁을 규탄하고 베트남 인민을 지지하는 군중대회를 60여 차례 개최했다.

이렇듯 한국과 북한의 정부와 국민은 베트남전쟁에 대해 전혀 상반된 자세를 취했다. 한국전쟁 이후 한국에는 반공주의가, 북한에는 반미주의가 뿌리내린 결과였다. 한국에서는 1980년대 이후 베트남전쟁을 비판적으로 바라보기 시작했으며, 1992년 베트남 정부와 수교한 이후에는 한국군이 베트남에서 자행한 학살 문제 등을 다루기 시작했다.

4

데탕트와 한·중·일 관계의 변화

미·소 데탕트와 중·미 화해

1969년 1월 미국 대통령으로 취임한 닉슨은 취임 연설에서 소련과 '협상의 시대'를 열어가겠다고 강조했다. 당시 미국은 대외 원조와 베트남전 전쟁 비용으로 인한 재정 부담과 달러 위기 등에 직면해 있었다. 닉슨은 국가안전보장 문제 대통령 특별보좌관으로 하버드대 교수 키신저를 임명하고, 출구가 막힌 미국 외교에 대해 재검토해나갔다. 최우선 외교 과제로 베트남에서의 '명예로운 철수'를 실현하기 위해서는 소련과 중국에 대한 정책을 수정할 필요가 있다고 생각하여, 중·소 대립을 이용해 새로운 미·중·소 관계를 구축하고자 했다.

한편, 소련도 중·소 대립 격화와 경제 악화 등으로 인해 대미 관계 시정에 적극적이었다. 미국과 소련은 1969년 11월부터 전략무기제한협상(SALT, Strategic Arms Limitation Talks)의 예비협상을 개시하고, 같은 달에 양국은 핵확산방지조약을 비준했다. 1972년 5월, 모스크바를 방문한 닉슨 대통령은 브레즈네프 소련 서기장과 회담하여 SALT I을 체결했다. 이는 미국과

전략무기제한협상
미국과 소련 사이의 전략 핵무기 제한에 관한 협상으로, 1972과 1979년에 각각 'SALT I'과 'SALT II'라고 불리는 제1, 2차 협정을 조인한 바 있다. 냉전 체제에서 핵군비 경쟁을 벌이고 있던 양국은 군사적·경제적으로 불안과 부담을 안고 있었다. 이 같은 상황에서 1972년 체결된 'SALT I'은 미국과 소련 사이에 체결된 최초의 군비제한조약으로 데탕트의 상징이 되었다.

닉슨과 마오쩌둥 1972년 2월 21일 베이징에서 마오쩌둥 중국공산당 주석이 리처드 닉슨 미국 대통령과 만나 악수를 하고 있다.

소련 간에 체결된 최초의 군비제한조약으로, 데탕트의 상징이 되었다.

또한 닉슨은 1969년 7월에 발표한 '괌 독트린'에 근거해 남베트남에서의 미군 철수를 단계적으로 추진하는 한편, 중국과 관계를 개선하는 데도 적극적으로 나섰다. 닉슨은 기신지를 중심으로 이 문제를 검토한 후 대중국 접근을 극비리에 진행했다. 1971년 7월 키신저는 파키스탄을 경유해 극비리에 중국을 방문해, 이듬해 닉슨의 중국 방문을 결정했다. 키신저는 10월에 다시 중국을 방문하여 타이완 문제와 국제연합 대표권 문제, 그 외 베트남전쟁 종료 문제에 대해 논의했을 뿐만 아니라, 중국 국경에 배치된 소련군의 상황을 찍은 위성사진을 중국에 건네주는 등 중국에 대한 협력 자세를 보였다.

미국의 이러한 대중국 접근은 동아시아 냉전 구조의 기축이었던 미국의 '중국 봉쇄' 정책을 180도 전환한 것이었다. 그때까지 미국을 중심으로 한 자본주의 국가들은 중화인민공화국을 인정하지 않았으며, 국제연합에서는 타이완 정부를 가입국으로 간주했다. 국제연합에서도 '중국 봉쇄'가 실시되어 1955년에는 중국의 국제연합 가입 문제를 거론하지 않기로 한 '보류안'이 통과되었다. 1961년 이후 '보류안'을 유지하기 어렵게 되자 중국 대표권 문제를 국제연합헌장 제18조에 의거해 구성국의 3분의 2의 찬성이 필요한 중요 사항으로 지정했다. 이런 조치를 통해 미국은 일본과 함께 중화인민공화국이 안전보장이사회 상임이사국으로 국제연합에 가입하는 것에 반대하는 활동을 펼쳤다.

그러나 1970년대 들어 국제사회에서 중국의 존재감이 커지면서 국제연합 가입을 인정하는 흐름이 강해졌다. 미국이 중국 고립 정책을 폐기함에 따라 키신저가 중국을 다시 방문한 1971년 10월, 제26회 국제연합 총회에서 '중국 초청, 타이완(중화민국) 추방'이라는 알바니아의 안이 통과되었다. 이에 따라 중화인민공화국은 국제연합에 복귀하며 안전보장이사회 상임이사국이 되었다. 동시에 타이완 정부는 중국의 정통 정부 대표권을 상실해 국제연합을 탈퇴했다.

1972년 2월 닉슨 대통령이 중국을 방문했다. 닉슨 대통령은 마오쩌둥 주석과 저우언라이 총리 등 중국 지도자와의 회담을 통해 관계 정상화를 도모하기로 합의하며 중·미 화해를 달성했다. 당시 발표된 공동성명(상하이 성명)에는 소련의 영향력 확대를 견제하기 위한 '반패권' 조항이 포함되어 있었다. 이렇게 미국과 중국의 화해로 자본주의 국가와 사회주의 국가의 적대 관계라는 냉전 구조가 동아시아에서는 변용되었다.

중·일 국교 회복

1972년 중·미 화해는 미국과 중국의 대립을 전제로 삼고 있던 동아시아 국가들에 커다란 충격을 주어, '닉슨 쇼크'라고 불렸다. 당시 일본에서는 사토 에이사쿠 내각이 미국의 중국 적대 정책을 따라 타이완 지지 정책을 강력히 추진하고 있었다. 그동안 중국과의 간극을 벌려왔던 사토 내각은 미국의 중국 정책 전환에 대응하지 못하고 우왕좌왕할 뿐이었다. 광대한 중국 시장을 염두에 둔 일본 재계는 중국을 적대시하는 사토 내각에 대해 불안해했다. 1970년 12월, 초당파로 발족한 일중국교회복촉진의원연맹(회장 후지야마 아이이치로, 가입 의원 379명)도 사토 정권의 대중 정책에 대해 비판의 수위를 높였다. 사토 내각은 1972년 5월 오키나와 반환 문제 해결을 끝으로 총사퇴했다.

1972년 7월에 성립된 다나카 가쿠에이 내각은 중국과의 국교 회복을 최대 과제로 삼았다. 중국 입장에서도 일본과의 관계 개선이 자국의 국제 사회 참여를 앞당길 것으로 판단했기 때문에, 일본과의 국교 회복에 적극적으로 대응했다. 같은 해 9월, 다나카 가쿠에이 수상이 중국을 방문하여

'중일공동성명'에 조인함으로써 두 나라 사이의 전쟁 상태가 종결되었다. 또한 1952년에 맺은 '화일(華日)평화조약 ●도 효력을 상실하여 일본과 타이완의 외교 관계가 종료됨으로써 일본과 중국의 국교 회복이 달성되었다.

'중일공동성명'에서 "일본 측은 과거에 일본국이 전쟁을 통해 중국 국민에게 중대한 손해를 입힌 것에 대한 책임을 통감하고 깊이 반성한다"라고 표명했다. 이를 전제로 중국 정부는 국가 차원의 대일 배상 청구권을 포기했다. 그 이유에 대해 저우언라이는 "① 타이완의 장제스 정부가 이미 배상 청구를 포기한 바 있으므로, 공산당의 도량이 장제스보다 좁아서는 안 된다, ② 행여 일본에 배상을 요구한다면, 그 부담은 최종적으로 광범위한 일본 인민이 지게 되는데, 이는 중앙에서 제기하고 있는 일본 인민과의 우호라는 바람에 합치되지 않는다"라고 국민에게 설명했다.

1978년 8월 양국은 정식으로 '중일평화우호조약'을 맺고, 이를 기초로 1998년 11월에는 '중일공동선언'을 발표했다. '중일공동성명', '중일평화우호조약', '중일공동선언' 이 세 공문서를 통해 확약된 기본 원칙은 양국이 우호 관계를 유지하는 데 기초가 되었다. 중·일 국교 정상화는 아시아·태평양 지역의 번영과 세계 평화에도 크게 기여했다. 국교 회복 이후 중국과 일본의 경제·문화 교류는 더욱 긴밀해지고 민간 교류도 더욱더 활발해지면서 양국 관계는 발전기로 접어들었다. 중국과 일본은 서로 '원조를 하는 나라와 받는 나라'라는 구도를 기본적으로 인정했으며, 일본 경제 또한 이를 감당할 수 있는 상황이었다.

1979년부터 일본 정부는 중국에 대해 정부개발원조(ODA, Official Development Assistance)를 제공하고, 저금리 엔 차관, 무상 자금 원조, 기술 제공 등으로 중국의 에너지 개발과 인프라 정비, 환경보호 등의 활동을 원조했다. 이는 중국의 개혁·개방 정책과 경제 건설을 발전시키는 역할을 했다. 한편, 일본의 기업도 자본과 기술의 직접 투자로 중국 시장을 개척·확대하게 되었고, 대중국 무역액이 증가되어 중·일 경제의 상호 의존 관계가 깊어졌다.

화일평화조약

타이완으로 건너간 중국국민당의 중화민국 정부와 일본 정부가 맺은 조약으로, 정식 명칭은 '중화민국과 일본 간의 평화조약'이다. 샌프란시스코강화조약과 동일한 내용을 담은 이 조약으로 중·일 간 전쟁 상태는 법적으로 종료되었다. 일본은 이 조약을 통해 공산정권인 중화인민공화국과는 조약을 체결하지 않겠다는 의지를 드러냈다.

중·일 국교 회복 이후 중국에 대한 일본 국민의 호감도도 높아졌다. 1978년 내각부 여론조사에서 '중국에 친근감을 느낀다'가 62.1%, '중국에 친근감을 느끼지 않는다'가 25.6%였던 것이, 1980년 조사에서는 전자가 78.6%로 높아지고 후자는 14.7%로 감소했다. 그 이유 가운데 하나로 중국 정부가 국교 정상화 당시 대일 배상 청구권을 포기한 점을 들 수 있다. 아울러, 중국 정부는 미일안보조약에 대해 소련의 '패권주의'에 대항하는 조치이며 일본의 군사력 억제 수단으로도 작용하리라는 생각에서 긍정하는 입장을 취했는데, 이러한 점들을 일본 정부와 재계는 물론 국민들도 좋은 감정으로 바라보았다. 하지만 1990년대 이후 중국 국민들 사이에서는 대일 배상 청구권 포기가 국민의 합의에 기초하지 않은 것이라며 불만과 비판이 강해졌다. 중국 정부도 국가의 대일 배상 청구권을 포기했을 뿐 전쟁 피해에 대한 민간인의 배상 청구권은 포기한 것이 아니라는 견해를 피력했다.

한반도의 남북 관계와 한국의 유신 체제

1970년 2월, 닉슨 대통령은 외교 교서 '평화를 위한 신전략(닉슨 독트린)'을 의회에 제출했다. 이는 괌 독트린을 더욱 명확히 한 것으로, 베트남전쟁에서 철수를 고려하던 미국은 동아시아에서도 냉전 체제의 데탕트를 추진하려 했다. 미국은 주한미군의 규모를 줄이기 위해 남북한의 군사적 긴장 완화가 필요하다고 보고, 박정희 정권에게 남북 관계 개선을 촉구했다.

　1972년 7월 4일, 서울과 평양에서 동시에 '남북공동성명'이 발표되었다. "남북한의 갈등을 해소하고 조국을 자주적·평화적으로 통일하자"는 내용의 남북공동성명은 한반도 분단 이후 최초로 남북이 통일 문제에 관해 합의하고 발표한 성명이었다. 이 성명을 통해 한반도의 통일 원칙으로 '자주·평화·민족 대단결'이라는 3원칙이 정립되었다. 그리고 11월 남북공동성명의 합의사항을 추진하고 남북 관계와 통일 문제를 협의할 목적으로 남북조절위원회가 설치되었다. 남북공동성명은 1972년 5월, 한국의 중앙정

평화를 위한 신전략(닉슨 독트린)
닉슨 독트린은 미국의 아시아 정책의 변화를 의미한 것으로, 동맹국들의 자주국방 능력 강화와 미국의 역할 감소를 주 내용으로 하고 있었다. 베트남에서는 미 지상군을 철수시키는 대신 남베트남의 국방력을 강화시키는 전략으로 나타났다.

보부장 이후락과 북한 제2부수상 박성철이 서울과 평양을 극비리에 오가며 결정한 것이었다.

남북공동성명은 남북한의 내부적 필요성과 한반도의 긴장 완화를 비롯한 국제 환경의 변화가 가져온 결과물이었다. 한국은 주한미군 철수와 함께 변화된 국제 정세를 수용하고, 미국에 의한 남북한 긴장 완화 요구에 대응할 필요가 있었다. 북한도 동아시아에 조성된 데탕트 분위기 속에서 중·미 관계 개선, 중·일 국교 회복, 중·소 분쟁으로 인한 국제 공산주의 운동의 분열 등 국제 정세의 영향을 받았다. 또한 박정희 정권에 대한 반대투쟁을 고무하여, 후계 체제 확립을 둘러싼 내부 갈등을 조정할 필요가 있었다. 결국 남북한은 국제 정세에 대응하는 한편 각자의 대내적 필요에 의해 남북 권력자들이 자신들의 권력 기반에 이용하려고 비밀리에 대화와 협상에 나서게 되었던 것이다. 이에 따라 각자의 정치적 의도에 따라 통일 문제를 형식적으로만 처리했다는 한계를 지니고 있었다.

1972년 10월 17일, 박정희 대통령은 비상계엄을 선포하고, '국회 해산, 정치활동 금지, 헌법 효력 정지'를 포고하는 대통령 특별선언을 발표했다. "남북 대화의 적극적인 전개와 주변 정세의 급변하는 사태에 대처하기 위해 우리 실정에 가장 적당한 체제 개혁을 단행해야 한다"라는 것이 그 이유였다. 이는 "새로운 체제로의 일대 유신적(維新的) 개혁"이 필요하다는 뜻에서 '유신 체제'라 명명되었다. 그는 남북 관계의 긴장 완화를 촉구하는 미국 등의 압력을 역으로 이용해, 평화통일을 위한 민족 주체 세력을 형성하기 위해 유신 체제가 필요하다고 주장했다.

유신 체제는 국민의 정치적 선택권을 실질적으로 박탈하고 종신 집권을 위해 헌정질서를 파괴하는 것이었다. 이는 국민투표와 삼권분립, 의회민주주의 등의 원칙과 상치되는 '유신헌법'으로 구체화되었다. '유신헌법'을 통해 대통령은 국민의 직접선거가 아닌 통일주체국민회의의 간접선거로 선출하게 되었을 뿐만 아니라 대통령의 임기도 4년에서 6년으로 연장되고, 중임 제한 조항도 철폐되었으며, 국회 해산권까지 갖게 되었다.

유신 체제 수립 기간 중에는 긴급조치가 선포되어 정치에 대한 비판적 의견이 허용되지 않았다. 언론도 철저히 통제되었기 때문에 체제에 대한 저항은 거의 보도되지 않았다. 그러나 학생과 지식인, 야당 정치인, 종교인들이 벌인 반체제 정치투쟁과, 산업화와 더불어 파생된 노동자들의 생존권 요구투쟁이 함께 결합되어 반유신운동이 전개되기 시작했다. 1970년대의 반유신체제운동은 이후 한국 민주화 운동의 원동력이 되어 1980년 5·18 광주민주화운동과 1987년 6·10민주화운동을 가능하게 만들었다.

한국의 민주화 투쟁

1972년에 성립된 유신 체제에 대한 저항은 먼저 대학생들의 시위로 나타났다. 학원과 언론의 자유를 보장하라는 요구가 속출하는 가운데, 100만 명 헌법 개정 청원운동이 전개되었다. 유신헌법에 대한 이의 제기조차 불법인 상황에서도 개헌 청원운동은 전국적으로 큰 호응을 일으키며 국민의 지지를 받았다. 박정희 정권은 민주화 운동을 원천봉쇄하려 했다. 그러나 박정희 정권은 국내 문제뿐만 아니라 미국과의 관계에서도 위기에 처하는 등 대내외적으로 시련에 직면했다. 1977년 새로 취임한 미국의 카터 대통령은 주한미군 철수와 인권을 강조하며 박정희 정권의 인권 탄압에 반대했다.

한편, 일본과 한국의 활동가와 지식인들은 협력을 통해 한국에서의 군부 지배와 '한·일유착'에 대해 비판을 전개했으며, 이는 한국의 민주화 운동에 중요한 역할을 했다. 예를 들어 잡지 《세카이(世界)》는 1973년 5월호부터 〈한국으로부터의 통신〉*을 연재해 박정희 정권의 노골적인 인권 탄압 실태와 희생을 강요당하면서도 민주화 요구 투쟁을 멈추지 않는 한국의 지식인과 학생, 시민의 모습을 상세히 소개했다. 또한 상호 의존 관계 속에서 박정희 정권을 특히 경제적으로 지원하던 일본 정부의 한국 정책도 잡지를 통해 폭로함으로써 일본에서는 지식인을 중심으로 박정희 정권의 폭력적 탄압과 일본 정부의 유착을 규탄하는 움직임이 강화되었다. 잡지에 연재되

〈한국으로부터의 통신〉
일본 잡지 《세카이》에 'TK생'이 라는 필명으로 1973년 5월호부터 15년간 연재된 글이다. 당시 한국의 민주화투쟁을 세계에 알리는 데 큰 역할을 했다. 이 글의 저자인 TK생은 나중에 신원이 밝혀졌는데, 1972년부터 1993년 까지 도쿄여자대학 객원교수를 지낸 지명관이었다.

었던 〈한국으로부터의 통신〉은 이후에 세 권의 문고판 도서로 발행되었으며, 영문판도 발행되어 국제사회에 커다란 반향을 불러일으켰다.

일본 지식인들의 지원은 한국의 민주화 운동에 공감했기 때문이지만 여기에는 일본의 식민지 지배에 대한 반성과 한국의 민주화와 한반도의 평화적 통일을 바라는 마음도 포함되어 있었다. 또한 일본의 기독교계 지도자 가운데는 식민지 시대에 일본 목사들이 조선인 기독교도들에게 천황 숭배를 폭력적으로 강요한 것에 대한 속죄 의식으로 한국 민주화를 지원한 이들도 있었다.

반유신투쟁은 국민의 생활고와 저임금 등에 대해 이의를 제기하다가, 1970년대 후반부터는 노동자·농민·도시빈민의 생존권투쟁과 결합되기 시작했다. 박정희 정권은 1979년 8월 YH무역 여성 노동자들이 야당인 신민당을 방문해 연좌농성을 벌이자, 그 사태를 수습하는 과정에서 이미 파국의 조짐이 나타나기 시작했다. 여성 노동자들은 경찰의 폭력적 진압으로 해산당했지만, 그 와중에 노동자 한 명이 사망하고 신민당 국회의원과 기자들이 다수 부상을 입었다. 그리고 박정희 정권은 이들의 농성을 적극 지지한 신민당 총재 김영삼을 국회에서 변칙적으로 제명했다. 이에 항의하는 시위가 김영삼의 정치적 고향인 부산과 마산에서 시작되자 비상계엄령과 위수령이 선포되었다. 그러나 이미 시위를 막을 수 있는 상황이 아니었다. 그리고 같은 해 10월 26일, 박정희 대통령이 만찬 석상에서 김재규 중앙정보부장에 의해 사살됨으로써 유신 체제는 막을 내렸다.

1980년대의 한국은 분단과 전쟁을 거친 후 개발독재를 통해 강고하게 구축됐던 권위주의 체제가 민주항쟁을 통해 민주주의 체제로 이행되는 전환기였다. 그 과정에서 일어난 1980년 5·18광주민주화운동과 1987년의 6·10민주화운동은 결정적인 계기가 되었다. 서울이 아닌 지방도시 광주에서 '항쟁'이 전개된 것은 민주화를 요구하는 시위를 전두환을 위시한 신군부가 무자비하게 과잉 진압했기 때문이다. 잔혹한 진압은 오히려 광주 시민과 인근 지역 민중까지 자발적인 저항 세력으로 만들었으며, 결국 무장

투쟁으로 나서게 했다. 이들의 투쟁은 생존을 위한 저항이었지만, 신군부는 미국과 협력해 유혈 진압을 감행했다.

전두환 신군부 세력은 5·18광주민주화운동을 폭력적으로 짓밟은 후 새로운 집권 세력으로 등장했다. 이들은 대통령 간접선거제를 주된 내용으로 하는 헌법 개정안을 통과시키는 등 이전과 다르지 않은 권위주의 체제를 지속해나갔다. 전두환 정권은 민주통일민중운동연합(민통련)을 강제해산하고, 고문과 폭력을 동원하여 민주화 열기를 잠재우려 했다. 결국 1987년 1월, 박종철 고문치사 사건이 발생하자 전 국민의 분노는 더욱 높아졌다.

1987년 4월 13일, 전두환은 특별담화를 발표해 "평화적 정권 이양과 서울올림픽이라는 국가적 대사업을 성공리에 마치기 위해서는 국력을 낭비·소모시킬 뿐인 개헌 논의를 일시 중단한다"라고 선언했다. 더불어 현재의 헌법에 따라 대통령 선거인단 선거(간접선거)에 의한 대통령 선거를 연내에 실시하고, 1988년 2월에 새 대통령에게 정권을 이양하며, 개헌 논의는 올림픽 이후에 진행해야 한다고 밝혔다(4·13호헌조치). 이는 대통령 직접선거로 헌법을 개정하기 위해 대대적인 운동을 전개해온 민주화 운동을 전면 부정하는 것이었다. 따라서 전두환 정권의 '4·13호헌조치'에 반대하는 목소리가 높아져 '독재 타도, 호헌 철폐'를 요구하는 민주화 시위가 전국을 뒤덮었다(6·10민주화운동). 마침내 여당의 대통령 후보 노태우는 대통령 직선제를 전면 수용한다는 '6·29선언'을 발표하지 않을 수 없었다. 이때 민주화 운동이 유혈 사태로 이어지지 않은 데에는 5·18광주민주화운동의 경험을 숙고한 미국이 일정한 역할을 했기 때문이다. 또한 전두환 정권이 이듬해 1988년에 개최될 서울올림픽을 앞두고 국내외 여론을 고려했기 때문이기도 하다. 민주화 세력의 분열로 민주화 운동의 열기가 정권 창출로까지 연결되지는 못했지만, 독재 세력의 장기 집권 계획을 저지하는 최소한의 정치적 민주화를 달성함으로써 민주주의 질서를 진전시켰다.

동아시아의 네 마리 작은 용

1970년대부터 80년대에 걸쳐 세계은행이 '동아시아의 기적'이라 칭한 한국·타이완·홍콩·싱가포르의 수출 지향 공업화의 성공은 동아시아의 냉전 구조를 변용시킨 요인 가운데 하나였다. 이 네 나라와 지역이 공업국으로서 급격한 경제 발전을 이룬 양상을 '용의 승천〔昇龍〕'에 빗대어 '동아시아의 네 마리 작은 용'이라고 불렀다. 국제적으로는 '아시아NICs(Newly Industrializing Countries, 신흥공업국)'라 부르다가, 타이완과 홍콩을 '국가 (Country)'라 칭하는 것은 중국과의 외교상 부적절하다는 의견이 제시되어, 현재는 '아시아NIEs(Newly Industrializing Economies, 신흥공업 경제 지역)' 라 부르고 있다.

이들 나라와 지역에서는 공업제품의 수출이 증가하여 GDP(국내총생산) 에서 제조업이 차지하는 비율이 상승하고, 1인당 국민소득 또한 지속적으 로 증가했다. 동아시아의 네 마리 작은 용이 근대적 공업화에 성공한 공통 요인으로 첫째, 동아시아 냉전 대립의 최전선에 위치한 동아시아 국가들에 대해 사회주의 세력의 확대를 저지하고자 미국이 개발 자원을 대량으로 제 공한 점, 둘째 분단 상황에 놓인 국가나 지역으로서 주변 강대국에 흡수되 지 않도록 근대화를 급속히 추진할 필요가 있다고 의식한 점 등을 들 수 있 다. 이러한 공통 요인은 동아시아의 냉전 구조에서 비롯된 것이기도 했다.

동아시아의 네 마리 작은 용이 실현한 공업적 약진은 세계에 커다란 영 향을 주었다. 특히 사회주의 경제 제도를 채용해온 중국과 베트남은 큰 충 격을 받았다. 이에 자극을 받은 중국은 개혁·개방 정책을 가속화했으며, 베트남에서도 마찬가지로 개혁·개방을 표방한 도이모이 정책을 추진해나 갔다.

동아시아에서 냉전 구조는 유럽과 달리, 중·소 대립에서 나타나듯 사회 주의 진영이 분열해 적대 관계로까지 치달으면서 제각기 미국과의 관계 회 복을 도모했다. 그 결과 동아시아 냉전 구조의 변용은 유럽보다 일찍 시작 되었다. 동아시아 냉전 체제가 변용됨에 따라 강권적 국가 체제가 서서히 무너지기 시작하고 각국에서 시민운동이 대두했다. 한·중·일 3국에서 일 어난 한일기본조약 반대운동, 베트남전쟁 반대운동 등이 간접적으로나마 3 국의 연대 역할을 담당해나갔다.

8

냉전 체제 붕괴 후의 동아시아

1989년부터 91년에 걸쳐 진행된 동유럽과 소련의 사회주의 체제 붕괴로 세계 냉전 체제도 무너졌다. 냉전 시대가 끝난 후 미국이 경제·군사·정치적 초강대국이 되면서 일극주의적으로 세계의 패권을 장악한 시대가 도래한 것처럼 보였다. 한편 동서 진영의 대립이 해소됨에 따라 세계화가 급속히 진전되고, 국가의 틀을 넘어 유럽연합과 같은 광역 지역공동체가 출현하는 시대가 되었다. 냉전 체제의 변화를 이미 겪고 있던 동아시아에서는 사회주의 국가들이 붕괴된 유럽과는 다른 방식으로 냉전 시대가 끝났다. 또한 세계화 시대를 맞이했음에도 미국의 영향력이 강화되고 있다. 동아시아 국가들 간의 경제 관계는 해마다 긴밀해져 동아시아 경제권의 형성이 현실화되고 있다.

그러나 동아시아에서는 유럽연합과 달리 여전히 한반도가 남북으로 분단된 상태이며, 대륙 중국과 타이완의 관계도 정상화되지 않은 채로 남아 있다. 또한 한국·중국·일본의 관계가 유럽연합의 영국·독일·프랑스와 같이 긴밀한 협력 관계를 이루지 못하고 있다. 여기에는 일본이 침략전쟁과 식민지 지배에 대한 '과거 청산'을 제대로 하지 않은 탓에 중국, 한국과 신뢰 관계를 구축하지 못한 점이 크게 작용했다.

이 장에서는 '전쟁의 시대'이자 '냉전 시대'였던 20세기의 동아시아 역사를 극복하고, 21세기 동아시아의 평화 구축과 공동체 형성을 위한 과제에 대해 생각해보고자 한다.

1

냉전 체제의 붕괴와 동아시아

동유럽 사회주의와 소련의 해체에 따른 냉전 체제 붕괴

1989년, '동유럽 혁명'의 물결이 동유럽 국가들을 덮쳤다. 냉전 시기 소련의 지도 아래 성립했던 동유럽 사회주의 국가에서 공산당의 일당독재, 당과 국가가 하나인 체제, 중앙집권적 계획경제, 군사 중심 국가 체제 등이 차례로 무너져갔다. 그 이유의 하나로 기존의 소련식 사회주의 국가 체제가 군비 확장 경쟁으로 군사경제를 비대화하고 소비 부문을 경시한 탓에 민중의 지지를 잃은 점을 들 수 있다. 또한 정보화의 진전과 병행된 세계 경제의 구조 변화에 적응하지 못함으로써 시민 생활의 다원화에 대응하지 못한 점 등도 문제였다. 제2차 세계대전을 거쳐 탄생한 많은 사회주의 국가에서는 공산당과 군이 일체가 되어 권력을 집중시키고 민중을 반파시즘 전쟁에 동원했는데, 냉전 체제 아래에서도 그러한 전시 공산주의 체제를 계승할 수밖에 없었던 탓에 붕괴로 이어진 것이다.

그 상징적 사건이 1989년 11월 베를린 장벽의 붕괴였다. 1961년 8월, 동독 정부가 자국민의 서독 유출을 막기 위해 동서 베를린 경계에 장벽을 세

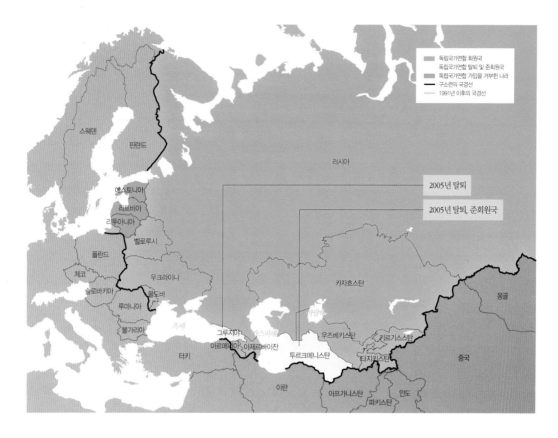

독립국가연합 회원국
독립국가연합 탈퇴 및 준회원국
독립국가연합 가입을 거부한 나라
구소련의 국경선
1991년 이후의 국경선

스웨덴
핀란드
러시아
2005년 탈퇴
2005년 탈퇴, 준회원국
엣스토니아
라트비아
리투아니아
벨로루시
폴란드
체코
우크라이나
카자흐스탄
몽골
슬로바키아
몰도바
루마니아
불가리아
흑해
그루지야
카스피해
우즈베키스탄
키르기스스탄
터키
아르메니아 아제르바이잔
투르크메니스탄
타지키스탄
중국
이란
아프가니스탄
인도
파키스탄

우고 검문소를 설치했는데, 동독의 민주화 운동 열기가 고양되면서 이 장벽이 개방된 것이다. 동독 사람들은 물밀듯이 서독으로 흘러 들어가고, 브란덴부르크 문 앞의 두터운 장벽 위에는 동서독 청년들이 기어 올라가 악수와 포옹, 만세를 반복했다. 이듬해 1990년 10월 동서독은 통일되어 냉전의 상징이었던 베를린 장벽이 철거되었다.

동유럽 혁명에 의한 동유럽 사회주의 체제의 붕괴는 소련에도 파급되었다. 1990년 2월, 소련공산당 확대중앙위원회 총회에서는 헌법에 명시된 '공산당의 지도적 역할'을 삭제하고, '대통령제'의 도입을 채택함으로써 일당독재에 종지부를 찍었다. 아울러 당에 의한 정치 운영 대신 대통령이 국가 대표가 되어 정치를 담당하기로 하고, 고르바초프가 초대 대통령으로 취임했다. 고르바초프는 1985년 소련공산당 서기장으로 취임한 이래, '위로

소련 해체 이후 독립국가연합 1991년 소련이 해체되면서 러시아를 비롯해 15개국의 독립국가가 탄생했다. 같은 해 독립국가 중 일부가 모여 정치공동체인 독립국가연합(CIS)을 만들었다. 현재 회원국은 10개국이며, 투르크메니스탄은 준회원국으로 참여하고 있다.

부터의 개혁'을 통해 소련 사회주의 사회의 난관을 타개하고자 했다. 페레스트로이카('재건'이라는 의미)라 부른 개혁과 민주화 정책을 통해 국가검열국의 권력을 축소하고 비판의 자유를 인정했다. 정보 공개(글라스노스트)를 추진함으로써 기존 소련공산당에 의한 정보 독점과 통제 방식을 개선했으며, 소련과 공산당의 과거 잘못을 규탄하는 '역사 재검토'도 진행했다. 또한 복수입후보제와 비밀투표 등과 같은 정치 개혁도 잇달아 추진했다.

그러나 변혁의 불결은 고르바초프의 의도를 넘어서 확대되었다. 1991년 8월에 소련공산당이 해체되고, 1991년 12월 소비에트사회주의공화국연방을 구성하고 있던 15개 공화국이 차례로 독립을 선언한 것이다. 이로써 같은 달에 러시아연방공화국이 탄생하고 소련은 해체되었다.

이에 앞서 1991년 6월에는 소련과 동유럽 국가들로 구성된 경제상호원조회의(COMECON, 1949년 창설)가 창설된 지 42년 만에 해산되고, 7월에는 북대서양조약기구에 대항하는 소련과 동유럽의 상호안전보장기구인 바르샤바조약기구도 해체된 상태였다. 소련의 해체로 소련과 동유럽의 사회주의 체제가 해체되고, 동서 대립의 한 축인 동쪽이 소멸함에 따라 냉전 시대는 종언을 맞았다.

미국의 새로운 세계 전략과 일본

냉전 체제의 붕괴는 새로운 시대의 시발점이 되었다. 소련의 붕괴로 유일한 초강대국이 된 미국이 일극주의에 기초한 세계 전략을 추구하기 시작한 것이다. 냉전 시기 미국은 소련과 공산주의의 위협에 대항해 민주주의와 자유의 고취자로서 '자유주의 세계'에서 헤게모니(패권)를 유지하려 했다. 이를 위해 세계에 미군기지 네트워크를 펼치고 있었다. 그런데 소련의 해체로 미국이 승자로 살아남은 형국이 되면서 미국의 일극패권 시대가 도래한 듯이 보였다. 하지만 미국은 자국의 패권에 대한 잠재적 도전자로서 유럽연합과 중국 파워가 대두하자 '잠재적 위협'을 의식하게 되었다.

군사 전략·구상은 '적'의 존재 없이는 성립할 수 없다. 소련의 위협을 대신해 미국이 구상한 것은 지역분쟁, 즉 '불량국가'에 의한 주변국 침략이라는 위협이었다. 이라크·이란·리비아·시리아·북한 등을 '불량국가'로 지목하고, 그에 대한 대비를 명분으로 내걸었다. 미국은 '불량국가'의 무법 행동을 제어하기 위해 '세계의 경찰관'으로 행동할 것이며, 그러기 위해서는 강대한 군비를 갖추고 이를 세계적으로 전개할 수 있도록 유지하는 것이 필요하다고 주장했다.

1991년의 걸프전은 '세계의 경찰관'으로서 미군의 필요성과 효용을 어필하는 기회가 되었다. 1990년 8월 이라크의 후세인 대통령이 쿠웨이트를 점령하고 병합하자, 미국은 다국적군의 편성을 주도해 1991년 1월 이라크 폭격을 감행하며 걸프전을 개시했다. 같은 해 2월에 50만 명이 넘는 다국적군을 파견한 결과, 이라크군이 쿠웨이트에서 철수하며 전쟁이 종결됐다. 걸프전에서는 영국과 프랑스가 군사력을 분담하고, 일본·독일과 걸프 지역 왕족 국가가 전쟁 비용을 부담했다. 일본이 전쟁 비용을 부담한 행위는 미·일 군사동맹 강화를 향해 새로운 걸음을 내디뎠음을 의미했다. 미군은 동맹국으로부터 편의를 제공받거나 전쟁 비용을 갹출함으로써 더욱 강력한 공격력을 발휘할 수 있게 되었다.

미국은 군사 초강대국이 되었으나 한편에서 재정 적자와 무역 적자가 누적되었다. 그로 인해 군사비 삭감은 불가피했으며, 대규모의 장기적 군사 행동을 단독으로 취할 수 없는 상태였다. 이에 냉전 후의 새로운 전략으로서 동맹국의 군사력을 육성해 역할을 분담시키고, 지구 규모의 미국 전력 부족분을 보충한다는 구상을 하게 되었다. 소련의 위협이 소멸한 유럽에서는 미군 주둔 규모가 3분의 1 정도로 축소되었지만, 아시아·태평양 지역에서는 미군의 병사 수나 군사력에 변화가 없었다. 제2차 세계대전 이후 발생한 대규모 전쟁은 한국전쟁·베트남전쟁·걸프전쟁 등 모두 아시아 지역에서 일어난 전쟁으로, 미국에 아시아는 군사적으로 아주 중요한 지역이었다.

1991년에 필리핀 상원의회가 미군기지 존속을 내용으로 하는 미국–필리핀우호협력안전보장조약의 비준을 거부하자, 그로부터 1년 후에 미군은 필리핀에서 완전히 철수했다. 대신 미국 태평양군사령부(CINCPAC) 예하 미군은 일본과 한국에 집중적으로 주둔하게 되었다. 그중에서도 주일 미군 부대는 광역 전략 기동을 목적으로 제7함대·제3해병원정군·제5항공군 등으로 구성되었다. 이는 아시아·태평양 지역에 대한 미국의 패권 전략에서 미·일 안보 체제가 중심축으로 자리 잡게 되었음을 의미한다.

1992년 부시 대통령과 미야자와 기이치 수상이 만난 미·일 정상회담에서 핵심어는 '범지구적 제휴 관계(Global Partnership)'였다. 당시 발표된 '도쿄선언'은 "일본과 미국은 아시아·태평양 지역에서 사활을 가르는 이해 관계를 지닌 나라로서, 양국의 방위 관계가 광대하고 다양성이 풍부한 이 지역의 평화와 안정을 위해 여전히 중요함을 인식한다"라고 밝히고 있다. 아시아·태평양 지역을 '사활을 가르는 이해관계'가 존재하는 지역으로 자리매김하면서, 이 지역에 대한 양국의 군사 협력을 확인한 것이다. 그 때문에 일본의 방위를 명분으로 삼았던 기존의 미·일 군사 협력은 수정이 불가피했다.

1993년 9월 클린턴 대통령은 국제연합 연설에서 "새로운 시대에 부응하는 우리의 최우선 목표는 시장을 기초로 한 민주주의 국가들의 세계 공동체를 확대·강화하는 것"이라고 밝히면서, 미국은 소련 붕괴를 감안해 '확장 전략'으로 전환할 것임을 강조했다. 이후 미국은 '확장 전략'이라는 공세적 전략으로 이행하여, 필요하다고 판단되면 세계의 지역분쟁이나 내전에 일방적으로 군사 개입을 실시하는 선제공격 전략을 추구했다. 이 때문에 미일안보조약은 기존의 극동 지역만이 아니라 아시아·태평양 지역을 대상으로 선제공격 전략을 담당하는 군사동맹으로 크게 전환되었다.

1996년 4월 도쿄에서 열린 클린턴 대통령과 하시모토 류타로 수상의 미·일 정상회담 결과, '21세기를 향한 동맹'이라는 부제를 단 '미일안전보장 공동선언'이 발표되었다. 여기서는 아시아·태평양 지역의 안전보장 정세를 보다 평화적이고 안정적으로 만들기 위해 "미국과 일본의 안전보장적

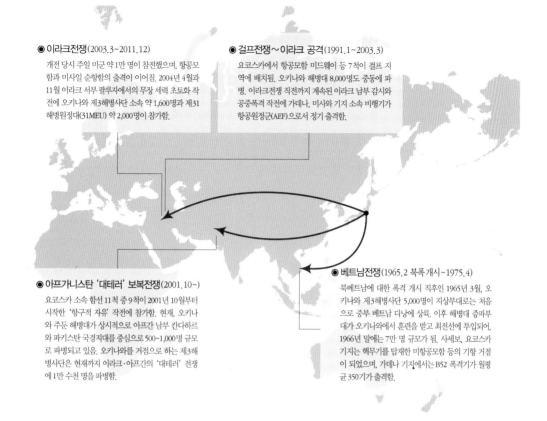

● 이라크전쟁(2003.3~2011.12)

개전 당시 주일 미군 약 1만 명이 참전했으며, 항공모
함과 미사일 순항함의 출격이 이어짐. 2004년 4월과
11월 이라크 서부 팔루자에서의 무장 세력 초토화 작
전에 오키나와 제3해병사단 소속 약 1,600명과 제31
해병원정대(31MEU) 약 2,000명이 참가함.

● 걸프전쟁 ~ 이라크 공격(1991.1~2003.3)

요코스카에서 항공모함 미드웨이 등 7척이 걸프 지
역에 배치됨. 오키나와 해병대 8,000명도 중동에 파
병. 이라크전쟁 직전까지 계속된 이라크 남부 감시와
공중폭격 작전에 가데나, 미시와 기지 소속 비행기가
항공원정군(AEF)으로서 정기 출격함.

● 아프가니스탄 '대테러' 보복전쟁(2001.10~)

요코스카 소속 함선 11척 중 9척이 2001년 10월부터
시작한 '항구적 자유' 작전에 참가함. 현재, 오키나
와 주둔 해병대가 상시적으로 아프간 남부 칸다하르
와 파키스탄 국경지대를 중심으로 500~1,000명 규모
로 파병되고 있음. 오키나와를 거점으로 하는 제3해
병사단은 현재까지 이라크·아프간의 '대테러' 전쟁
에 1만 수천 명을 파병함.

● 베트남전쟁(1965.2 북폭 개시~1975.4)

북베트남에 대한 폭격 개시 직후인 1965년 3월, 오
키나와 제3해병사단 5,000명이 지상부대로는 처음
으로 중부 베트남 다낭에 상륙. 이후 해병대 증파부
대가 오키나와에서 훈련을 받고 최전선에 투입되어,
1966년 말에는 7만 명 규모가 됨. 사세보, 요코스카
기지는 핵무기를 탑재한 미항공모함 등의 기항 거점
이 되었으며, 가데나 기지에서는 B52 폭격기가 월평
균 350기가 출격함.

관계를 바탕으로 아시아·태평양 지역에 미국이 관여하는 것"이 필요하다
는 인식이 확인되었다. 미국과 일본 양국 정부는 미·일 안보 체제를 기축
으로, 중국·한국·북한·러시아와의 관계를 조정해나가겠다고 한 것이다.
나아가 이 선언은 "지구적 규모의 문제에 대한 미·일 협력"을 내걸고, 일본
이 중동 문제나 구유고슬라비아 문제에 이르기까지 미국의 세계 전략에 협
력할 것을 약속했다.

이렇듯 미일안보조약이 일본의 방위라는 범위를 넘어 미국의 일극주의
적 세계 전략을 뒷받침하는 내용으로 확대된 탓에, 1978년 '미·일 방위 협
력을 위한 지침(가이드라인)'이 수정되어 1997년 9월에 새로운 '미·일 방위
협력을 위한 지침(신가이드라인)'이 결정되었다. 신가이드라인은 기존의 "일

본에 대한 무력공격이 행해진 경우"만이 아니라, "일본 주변 지역의 사태(주변 사태)"에 대응하게 되었다. "주변 사태라는 개념은 지리적인 것이 아니라 사태의 성질에 착안한 것"이라고 규정하고 있듯이, 일본은 미국의 전략에 대해 지구적 규모, 즉 세계 규모로 적극 가담하게 되었다. 그 후 일본 정부는 미국의 전쟁을 지원하기 위해 일본 국내의 지방자치단체나 민간인을 총동원할 수 있도록 하는 '신가이드라인' 관련 법안을 1999년 5월 국회에서 강행 통과시켰다.

미·일 동맹의 강화와 일본의 우경화

신가이드라인으로 미·일 안보 관계가 다시 정의되면서, 일본은 선제공격 전략을 중심으로 하는 미국의 지구적 규모의 네트워크에 편입되었다. 그러나 국가의 교전권을 인정하지 않고 전쟁 포기를 주창하고 있는 일본국 헌법 아래에서는 여러 가지 제약이 있었기 때문에, 정부 여당은 헌법 개정 책동에 속도를 올렸다. 신가이드라인이 결정된 1997년 5월에는 개헌단체인 '일본을 지키는 국민회의'와 우익종교단체인 '일본을 지키는 모임'이 조직을 통합하여, 개헌을 기본 운동 방침으로 한 일본 최대 우익조직 '일본회의'를 발족시켰다. 이에 연동해 '일본회의 국회의원 간담회(초당파, 약칭 '일본회의의련')'가 결성되면서 자민당 국회의원의 50% 이상이 구성원으로 참여했다. 또한 개헌을 본격적으로 추진하기 위해 '헌법조사위원회 설치 추진 의원 연맹(초당파, 약칭 '개헌의련')'이 발족했다.

이에 호응하여 정계를 중심으로 '아름다운 나라 일본', '일본의 긍지', '일본 문화의 우수성' 등을 강조하는 전통적 일본주의를 고취하게 되었다. 이는 전쟁을 미화하고 일본의 침략전쟁을 긍정하는 방향으로 역사교육은 물론, 일본 국민의 전쟁 인식과 역사 인식까지도 바꾸기 위한 움직임으로 이어졌다. '새로운 역사 교과서를 만드는 모임' 결성(1월)과, 자민당 국회의원들의 '일본의 전도(前途)와 역사교육을 생각하는 젊은 의원 모임'의 결성

(2월)은 그 예이다. 그 결과, 일본 역사 교과서에서 일본군 '위안부' 기술이 말소되고 난징 대학살 사건에 관한 기술이 후퇴되는 등 전후 일본의 제3차 교과서 공격이 본격적으로 발동되었다. 고이즈미 준이치로 수상(2001년 4월 취임)의 야스쿠니신사(靖國神社) 참배도 이러한 개헌 움직임의 선두주자 역할을 의도한 것이었다.

그러나 미·일 동맹을 강화한 뒤 막대한 경제력을 바탕으로 아시아·태평양 지역에서 영향력을 확대하려는 일본의 움직임은 중국과 한국의 경계심을 불러일으켰으며, 역사 인식 문제를 둘러싼 역사수정주의의 대두 또한 비판과 반발을 초래했다.

2001년 미국의 경제와 군사의 상징인 세계무역센터와 펜타곤이 '자폭' 공격의 표적이 된 9·11사건이 일어났다. 이에 부시 대통령은 테러리즘과의 투쟁이 미국의 국가 목적이라며 '선제공격 전략'을 주장하고, 테러리스트 지원 국가를 군사적 수단으로 전복시킨다는 전략을 채택했다. 이는 국제사회에서 인정되고 있는 자위적 전쟁의 범위를 넘어서는 것이었다. 부시 대통령은 9·11사건이 미국을 향한 '전쟁'이라고 선언하며 아프가니스탄에 대한 보복전쟁을 발동하고, 이어 이라크 침공을 개시해 '테러와의 전쟁'을 본격화했다. 주일 미군기지는 미국 '기동전개부대'의 출격·후방기지가 되어, 전쟁 지역과 본국인 미국을 잇는 중계기지가 되었다. 일본 정부는 미군의 테러 보복공격을 지원하기 위해 자위대를 파견할 수 있도록 한 '테러대책특별조치법'을 제정하고(2001년 10월), 전후 처음으로 전쟁 중인 타국 군대에 대한 군사 지원을 목적으로 자위대를 인도양에 파견했다. 이어 미국의 이라크전쟁을 지지하며 '이라크복구지원특별조치법'을 제정해(2003년 7월), 자위대를 이라크 전쟁터에 파견해 미군의 후방 지원을 맡게 했다.

이후 미국이 세계적으로 '해외 주둔 미군의 재편(Transformation)'을 실시함에 따라, 주일 미군기지가 서태평양부터 인도양, 페르시아만 연안까지의 아시아 전체 사령부 기능을 담당하게 되었다. 미군과 자위대 간의 사령부 통합이 추진되고, 일본의 '전진기지화'가 시도되는 등 군사 차원에서

'미·일 일체화'가 진행되었다. 미국 정부 내에서 '헌법 9조는 미·일 동맹의 장애요인이다', '일본국 헌법에 근거한 집단적 자위권의 부정은 미·일 동맹을 속박하고 있다'라는 생각이 강해지면서, 일본의 개헌을 요구하는 압력으로도 작용하고 있다. 이처럼 미·일 동맹의 강화는 일본 정치와 사회의 우경화를 촉진하는 요인이 되고 있다.

이에 대해 중국은 미·일 동맹 지배 체제에 대한 대결 자세를 유지하면서, 이란과 아랍 등 이슬람 세계와 러시아 등의 연합에 기초해 국제안전보장 체제의 틀을 형성하는 것을 지향하고 있다.

한·미 동맹의 변화

미국 국방성은 1990년 4월 보고서에서 아시아·태평양 지역에서 미군을 점진적으로 철수시키기 위한 방침을 제시하고, 1992년 12월까지 주한 미군 6,987명을 철수시켰다. 그러나 북한의 핵 개발 문제가 발생하자, 동아시아에 대한 미군의 전진 배치가 미국의 국가 안전 이익에 관련된다는 점을 재확인하고 2단계 주한 미군 철수 정책을 보류했다. 이후 클린턴 정권은 동아시아 지역의 안전보장과 지역균형자(a security guarantor and regional balancer)로서 핵심적 역할을 수행하기 위해 약 10만 명의 병력을 배치했는데, 그중 50%는 일본에, 40%는 한국에 주둔시켰다.

한국에서는 민주화 이행기이던 1987년에 대통령 후보가 된 노태우가 당시의 반미 여론을 감안해 서울 용산의 미군기지를 지방으로 이전하겠다는 공약을 내걸었다. 미국은 주한 미군의 안정적인 주둔 여건을 확보하고 한·미 군사동맹을 유지하기 위해 이 요구를 받아들이고 협의에 응했다.

1998년 북한에 대한 '햇볕 정책'을 내건 김대중 정권이 출범하면서 한반도의 냉전 구조는 완화되었다. 북한 핵 문제와 1998년 북한의 미사일 발사로 초래된 긴장 상황은 2000년 6월 역사적인 남북정상회담으로 완화되었다. 6월 15일에 발표된 남북공동선언은 남북 양측의 최고지도자가 통일 정

책에 대해 서로의 공통점과 합의가 가능한 지점을 모색하는 자세를 확인했다는 점에서 획기적이었다. 이는 남북 화해 방침이 쌍방에게 역행할 수 없는 것으로 확정되었음을 의미했다. 이어진 남북 교류의 진전으로 화해와 협력의 시대가 열렸다.

그러나 한국과 미국 사이에서는 한·미 동맹의 중요성에 가려져 있던 문제가 제기되기 시작했다. 주한 미군의 범죄에 대한 재판권 관할 문제를 둘러싼 '주둔군지위협정(SOFA)' 개정 문제, 매향리 사격장 주민들의 문제, 노근리 학살 사건의 공표, 주한 미군의 환경오염 문제 등이 제기되었다.

부시 대통령은 9·11사건 이후 북한을 이란, 이라크와 함께 '악의 축 국가'로 지목하며 대북 강경책을 강화했다. 이에 북한도 벼랑 끝 전술로 맞서 미국과 북한의 관계가 악화되자, 미국과 한국 사이에도 대북 문제 인식과 타개 방책을 둘러싼 의견 차이가 표출되었다. 부시 정권이 북한에 대해 양자택일을 강요하는 강경책을 추진한 것과 달리, 김대중 정권은 화해와 협력을 추구했고, 노무현 정권도 이를 계승해 북한에 대한 대규모 지원을 통해 한반도를 평화·번영지대로 만들어 동아시아 경제 중심지로 만든다는 계획을 구상했다. 한국의 이런 대북 정책은 미국의 강경책과 충돌했다.

노무현 정권은 미국에 대한 일방적인 의존 관계에서 벗어나 미국과 대등한 동맹 관계를 실현하고, 나아가 동아시아에서 어느 한쪽에 치우치지 않는 균형자 역할을 담당하고자 했다. 노무현의 동북아시아 구상은 한국이 지리적으로 동아시아의 중심에 자리 잡고 있으며 대륙과 해양을 잇는 위치에 있으므로, 동아시아 공동체 형성 과정에서 허브(Hub) 또는 균형자 역할을 수행하는 존재가 되겠다는 것으로 요약할 수 있다. 이를 위해 자주국방을 실현하고 한·미 동맹을 유지하여 동아시아 집단안전 체제를 추구하려 했다.

노무현 정권은 미군기지를 대형 허브기지로 만들어 여러 곳에 분산돼 있던 기지를 통폐합하려고 했다. 미국도 해외 주둔 미군을 줄이고, 장거리 타격 능력에 기초한 가상적국의 사정권보다 더 멀리 떨어진 후방으로 미군을 이전시킬 구상을 하고 있었기 때문에, 합의는 비교적 쉽게 이루어졌다. 그러나 한국에서는 정부의 조급성 때문에 과도한 이전 비용을 부담하게 되었다는 비판이 일었다. 또한 미국의 이라크 침공 정책을 지원하기 위한 한국군 파병 결정은 국내 여론의 격렬한 비판을 받았다. 이라크전쟁을 일으킨 미국의 목적과 절차가 정당하지 않다는 국내외 비판 속에서 한국군 파병 결정이 이루어졌을 뿐 아니라, 파병에 상응한 보상도 얻을 수 없었기 때문이다.

그런 가운데, 2006년 보수 세력의 격렬한 반대에도 불구하고 한국전쟁 당시 미국에 이양했던 전시작전통제권을 환수하기로 결정했다. 이렇듯 1990년대 이후의 한·미 관계는 '동맹'의 중요성이 공평성과 정당성을 압도해왔던 기존의 관계에서 탈피하기 시작했다. 여기에는 미국에 대한 한국 국민의 인식 전환도 일정한 역할을 했다. 반공동맹이란 미명 아래 자행되는 주한 미군의 범죄나 미군기지의 환경오염 문제를 더 이상 묵인할 수 없다는 인식과, 남북 관계에서 당사자인 남북한이 주도권을 쥐어야 한반도에 평화를 구축할 수 있으며 진정한 의미의 한·미 동맹도 실현할 수 있으리라는 인식이 정착한 것이다.

2

동아시아 지역의 세계화와
정치변동

한·소, 한·중 국교 수립과 중·소 대립의 해소

세계 냉전 체제의 붕괴로 한편에서 사회주의 경제권이 소멸하자, 자본주의 시장경제의 세계화에 속도가 붙기 시작했다. 정보·통신·교통 기술의 비약적인 진보로 자본과 노동, 통화가 국경을 넘어 손쉽게 이동할 수 있게 되고, 시장의 세계화가 전면화되었다. 경제가 국경을 넘어 결합되면서 무역·투자·금융 등은 하나의 글로벌 시스템을 이루게 되었다. 이에 한 국가가 경제적으로 성장해 경제 효율을 높이기 위해서는 세계화에 동참하는 것이 필수적이 되었다.

냉전 체제의 붕괴와 세계화의 진전은 동아시아에서 한국 대 소련, 한국 대 중국이라는 국가 대립구조에 변동을 가져왔다. 소련(1991년 이후 러시아)과 중국도 자국의 경제 성장을 위해 한국과 마찬가지로 세계 자본주의 시장경제에 참여하게 되었기 때문이다. 시장경제 원리를 받아들여 경제 발전을 도모하기 위해서는 경제 개방과 자유화 정책을 적극적으로 추진하고, 경제 영역을 주변국으로까지 확대할 필요가 있었다. 따라서 중국, 한국, 소련(러시아) 사이에 국교가 단절돼 있다는 점은 장애가 되었다.

한국은 이러한 냉전 체제의 변화를 받아들여 적극적인 외교 정책을 전개했다. 1988년 2월에 출범한 한국의 노태우 정권은 '북방 정책'을 추진했다. 이는 북한을 포함한 북쪽 사회주의 국가와의 관계 개선을 통해 서방 측의 무역구조를 다각화하고, 나아가 한반도의 평화와 안전을 확보하려는 것이었다. 그와 동시에 북한과 직접 교섭을 통한 화해가 이루어지지 않은 상황에서 동유럽이나 소련, 중국과 국교를 맺어 민족의 동반자인 북한에 압력을 가하려 했다. 1989년 베를린 장벽의 붕괴와 그에 이은 동서 독일의 통일은 많은 한국인들에게 자극을 주었다. 유럽에서 냉전이 종식되고 화해가 실현된 것처럼 동아시아와 한반도에서도 가까운 미래에 화해와 통합이 실현되리라 기대했다.

한국은 1989년 2월에는 헝가리와, 11월에는 폴란드와 국교를 수립했다. 같은 해 12월에는 소련과 영사관 설치에 합의했다. 한편, 소련은 북한과 '조소우호상호원조조약'을 체결(1961)한 이후 북한을 동맹국이자 한반도에서 유일하게 정통성을 가진 정부로 인정하고 있었다. 하지만 고르바초프는 '신사고(新思考)' 외교[*]를 통해 한국과의 관계 개선에 신중히 나서기 시작했다. 한국과의 관계 개선이 자국에 경제적 실익을 가져오고, 위기에 빠진 소련 경제를 재건하는 데 필요하다고 판단했기 때문이다. 그 이면에는 당시 일본이 남쿠릴 영토 문제에 집착하여 소련에 대규모 경제 지원을 거부했기 때문에, 대신 한국에 접근한다는 속사정도 있었다. 미국도 한국과 소련 사이에 국교가 정상화되도록 후원했다. 세계 자본주의 시스템을 극동 지역으로 확대하고 안정시키는 데에 도움이 되리라고 생각했기 때문이다.

1990년 6월, 고르바초프 대통령과 노태우 대통령은 북한의 반발을 최대한 피하기 위해 샌프란시스코에서 역사상 처음으로 전격적인 한·소 정상회담을 가졌다. 이어 9월 30일 국제연합 본부가 있는 뉴욕에서 한·소 양국의 외상이 국교를 수립하는 외교 문서에 조인했다.

한·소 국교 수립을 지켜본 중국은 한국과 국교를 수립할 경우 북한이 더

신사고 외교
1985년 소련공산당 서기장 고르바초프의 새로운 외교 정책을 일컫는다. 고르바초프는 국제 관계에서는 영원한 적도, 영원한 친구도 없으며, 오직 영원한 이익만 있을 뿐이라며 소련은 탈이데올로기적 국가 이익을 추구할 것이라고 천명했다. 이러한 국가 이익은 전 인류애적 휴머니즘을 바탕으로 한 '신사고(New Thinking)' 개념에서 출발한다고 강조했다. 신외교 정책은 군비 축소, 동유럽의 체제 선택의 자유 보장 등으로 나타났고, 그 결과 베를린 장벽 붕괴, 동유럽 공산정권의 붕괴 등 냉전 종식에 기여했다.

욱 고립되어 동아시아가 불안정해질 가능성이 높다고 생각해서 신중한 태도를 취했다. 하지만 중국의 경제 발전을 위해서는 '아시아의 네 마리 작은 용'으로서 급속한 경제 성장을 달성하고 수출 지향 공업화 정책을 추진하고 있는 한국과 경제 협력을 이루고 무역 관계를 수립하는 것이 중요하다고 판단했다. 1992년 8월, 중국과 한국은 종래의 적대 관계를 청산하고 국교를 정상화했다. 당시 중국 외교부 대변인은 북한과의 우호 관계는 계속 유지할 것이며, 양국이 체결한 조약과 협정에는 변화가 없으리라고 강조했다.

한·중 국교 수립으로 한국과 중국의 경제 관계는 유례없는 기세로 진전되었으며, 양국 정상의 상호 방문도 활발히 이루어졌다. 같은 해 12월에 한국은 베트남과도 국교를 수립하여 경제 협력을 추진했다. 당시 베트남은 시장경제 원리를 도입하고, 경제 발전을 위해 대외 개방을 지향하고 있었다.

소련과 동유럽 사회주의 체제의 붕괴로 냉전 체제가 종언을 맞이하던 그당시 중국과 베트남은 탈이데올로기화를 추진하며 자본주의 체제와 정치 사상을 받아들이고 있었다. 한때 사회주의 진영의 패권을 둘러싸고 전개되었던 중·소 대립의 정치·사상사적 기반은 이미 상실된 상태였다. 오히려 세계 경제와 결합해 경제 개방을 추진하는 데 외교 관계의 대립이나 단절은 양국에 장애요인이 되었다. 1989년 5월, 소련 정상이 30년 만에 베이징을 방문했다. 고르바초프 소련공산당 서기장과 덩샤오핑 중앙군사위원회 주석은 정상회담을 통해 역사적인 화해의 악수를 나누었다. 이로써 여러 해 동안 지속된 중·소 대립에 종지부를 찍으며 중·소 관계의 정상화를 확인했다.

중국과 소련의 국경분쟁은 국경 지역 군사력 감축 협정·신뢰 구축 협정(1990년 4월), 동부 국경 확정 협정(1991년 5월)이 체결됨에 따라 기본적으로 수습되었다. 이어 1992년 12월에는 옐친 대통령이 베이징을 방문해 소련 붕괴 후 러시아와 중국의 관계가 안정적임을 확인했다. 1994년 9월에는 장쩌민 중국 국가 주석이 모스크바를 방문해 옐친과의 공동성명 발표를 통해 중국·러시아의 '건설적인 파트너십'을 제창했다. 중국과 러시아의 국경

지대는 양국의 대립 시기에 무력충돌의 공포에 시달렸으나, 이후 소련의 붕괴와 중국의 개혁·개방 정책의 진전으로 양국 상인과 민간인의 교역시장으로서 유례없는 전성기를 맞이했다.

중국의 개혁·개방과 글로벌화

중국은 문화대혁명 이후 덩샤오핑이 제창한 개혁·개방 정책을 추진했다. 덩샤오핑은 계획경제를 실시하지 않아도 사회주의 사회의 존속은 가능하며, 중국은 사회주의 시장경제의 구축을 지향할 것이라 했던 기존의 이론을 수정하여, 경제 개발을 통한 생산력 증대를 우선하면서 경제 성장으로 국민 생활을 향상시키고자 했다. 중국은 중국공산당 제11기 중앙위원회 제3차 전체회의(11기3중전회, 1978년 말)에서 개혁·개방 정책을 결정한 이후, 그때까지 부정하던 자본주의 국가의 외자 도입을 단행하여 서방 측의 선진 기술과 설비, 자금·경제 관리 등을 적극적으로 유치했다. 중국은 동서를 불문하고 모든 나라와 우호·협력 관계의 안정적 발전을 중시했다. 이는 경제 세계화의 급속한 진전으로 자본·노동·기술이 국경을 초월해 활발하게 이동하고, 통상은 물론 생산도 국제화된 세계 경제가 형성됨으로써, 국제적 상호 의존 관계가 비약적으로 강화된 시대에 적응하는 조치였다.

1987년 가을 제13차 당대회에서는 정치 개혁 구상도 채택되었다. 당과 정부의 분리, 당으로부터 대중단체의 자립, 정무공무원(정치가)과 업무공무원(관료)의 구별, 당·정부와 대중·이익단체 간의 협의대화제 확립 등 사회주의 민주 제도의 개혁을 제기한 것이다. 이후 중국에서는 개혁·개방 정책이 정착됨에 따라, 경제 체제뿐만 아니라 정치 체제의 개혁과 공산당 정치 체제의 민주화를 요구하는 운동이 학생과 지식인 사이에서 확산되었다. 민주화 요구로 대립하던 중 갈등이 격화되었다. 1989년 4월부터 6월에 걸쳐 중국 정치는 요동치며 각 방면에 걸쳐 정치 소동이 일어났다. 이때 톈안먼 사건●이 발생했다.

톈안먼 사건
1989년 중국 베이징 톈안먼 광장에서 민주화를 요구하는 시위가 일어났다. 그러나 중국 정부는 계엄군을 동원해 시위대를 강제로 해산시켰고, 이 과정에서 많은 사상자가 발생했다. 중국의 개혁·개방 정책에 따른 정치·경제적 부작용에 대한 비판이 정치 개혁에 대한 요구로 나타난 것이었지만, 중국 정부는 이를 '반혁명폭동'으로 규정했다.

이에 서방 국가들은 중국에 대한 제재 조치를 취했지만, 일본은 달리 대응해 사태의 진정을 요구하면서도 경제 협력 등 개혁·개방 노선에 대한 전면적 협력 방침을 유지했다. 중국은 톈안먼 사건으로 정치 개혁이 좌절되고, 경제도 일시적으로 침체되었다. 덩샤오핑은 1992년 1월과 2월에 걸쳐 중국의 여러 남방 도시를 시찰하고 경제 개혁과 대외 개방을 확대하자며 '남순강화(南巡講話)'를 발표했다. 이를 계기로 중국에 세계화의 물결이 밀려들었다. 거대한 수출시장이자 투자시장이 된 중국에 해외로부터 새로운 정보와 기술 등이 도입되었다. 이로써 중국도 세계 경제에 진출하게 되었으며, 중국 경제는 고도성장으로 전환을 맞았다.

소련과 동구의 사회주의 권력이 '평화적으로', 그러나 충격적으로 붕괴한 것은 중국에도 큰 영향을 미쳤다. 그러한 상황을 지켜본 중국 지도부는 경제 성장을 가속화해 국민의 생활 향상과 문화 발전을 도모하는 한편, 애국주의 교육으로 국민의 결집을 꾀하고자 했다. 1994년 9월, 당 중앙선전부의 이름으로 '애국주의 교육 실시 요강'이 공포되었다. 요강은 "민족정신을 진작시키며 민족의 응집력을 강화하고 민족의 자존심과 긍지를 확립하여, 보다 광범위한 애국통일전선을 강화"한다는 내용으로, 국가의 통일과 현대화·강국화를 목표로 국민을 결집시키려 했다.

이후 중국은 경제 성장을 지속하면서 주변국과의 협조외교를 통해 점차 국제사회에서 영향력을 증대시켰다. 1994~95년에는 "중국의 경제력은 구매력 면에서 미국에 이어 세계 제2위"라는 세계은행의 평가를 얻기에 이르렀다. 또한 중국은 세계무역기구(WTO) 가입을 앞두고 1999년부터 국무원의 기구 개혁과 국내 경제 관련 제도 및 법률 제도의 개혁을 이루었으며, 정치의 국제화라 할 수 있는 국제인권규약에 가입했다. 중국은 이러한 과정을 거쳐 마침내 2001년 WTO에 가입했다.

한편, 1997년 타이 정부가 자국 통화인 바트(BART)에 대해 실질적인 평가절하 조치를 취함에 따라 바트화가 폭락하는 사태가 일어났다. 이로 인해 여타 동남아시아 국가들에서도 통화 폭락 사태가 초래되었다. 사태는

중국의 경제특구 모델이 된 선전 일찍이 홍콩에서 중국으로 들어오는 길목의 작은 국경 마을이었던 선전(深圳)은 경제특구로 발전하여 근대적인 빌딩이 늘어선 현대 도시로 탈바꿈했다.

동북아시아와 러시아로도 전파·확산되어 금융시장을 뒤흔들며 아시아 통화 위기를 불러일으켰다. 이러한 상황은 중국이 아시아 지역외교와 동아시아 지역경제를 중시하게 되는 전기가 되었다. 중국은 2002년부터 국제협력기구에 한층 적극적으로 참가하게 되었다. 같은 해 10월 장쩌민 주석은 멕시코에서 개최된 아시아·태평양경제협력체(APEC)의 비공식 정상회의에 출석하여, 무역·투자 자유화와 원활화를 요구하는 APEC 정상 성명에 서명했다. 11월에는 주룽지 수상이 캄보디아에서 개최된 동남아시아국가연합(ASEAN) 정상회의에 출석해, 중국과 ASEAN 간의 자유무역협정(FTA)를 포함하는 포괄적 경제 협력 체제 협정 및 스플래틀리 군도(난사南沙 군도)를 둘러싼 영유권 분쟁 방지를 위한 '남중국해 행동선언'에 서명했다. 중국은 이를 계기로 ASEAN의 일체화를 적극적으로 지지하면서 ASEAN과의 다양한 경제 무역 협력을 중시하게 되었다. 마찬가지로 11월에 개최된 중국공산당 제16차 당대회에서는 대외 관계를 선진국·주변국·개발도상국의 세 층으로 나누어 국제사회와의 관계를 한층 강화하고, 동아시아 지역을 근린외교 대상으로 삼아 중시하기로 결정했다.

그런데 중국 경제가 고도성장을 이루면서 부유층과 빈곤층, 도시와 농촌, 연해부와 내륙부 등의 양극화 현상이 나타났다. 2003년 중국공산당은 '과학적 발전관'과 '허셰(和諧, 조화) 사회 건설'을 내걸고 조화로운 사회구조 창출을 목표로 삼을 것을 선언했다. 2006년 중국은 경제 규모와 무역 규모가 세계 5위 안에 들었으며, 불과 4년 후인 2010년에는 세계 제2의 경제 대국이 되었다. 또한 중국은 국제연합 안전보장이사회 상임이사국으로서 평화유지활동 등에 많은 인원을 파견했다. 북한의 핵 개발 문제에 관한 6자 회담에서 의장국 역할을 수행하는 등 국제분쟁 해결에도 영향력을 행사하는 글로벌 파워 국가가 되어가고 있다.

한편, 타이완에서는 1949년 5월 장제스 국민당 정권의 계엄령 실시로, 장기간에 걸쳐 인민의 언론·출판·집회·결사의 자유가 제한되었다. 장제스의 뒤를 이은 아들 장징궈 총통은 1987년 7월에 계엄령 해제를 선언하고, 정당 결성과 신문 발행에 대한 금지 조치를 해제했다. 1988년 장징궈가 사망하자, 리덩후이가 총통 직을 계승했다. 그는 총통·부총통의 국민 직접 선거와 헌법 개정 등 일련의 민주화 정책을 추진했으며, 1996년에는 타이완 최초로 민선 '총통'이 되었다. 타이완에서 나고 자란 리덩후이는 국민당이 견지해온 기존의 '하나의 중국'이라는 원칙 대신 대륙과 타이완의 관계를 국가와 국가의 관계라 규정한 '양국론'을 주장했다. 이후 2000년의 총통 선거에서 민주진보당(민진당)의 천수이벤이 당선되어 타이완 독립파 세력이 확대되었으나, 2008년의 총통 선거에서는 이들과 다른 정치적 입장을 지닌 국민당이 다시 여당이 되었다.

중국의 양안 관계와 관련해, 타이완은 1991년 '국가통일강령'을 가결시켜 교류와 호혜, 신뢰, 협력에 의한 평화통일에 대한 희망을 표명했다. 중국공산당은 1국2제도에 기초한 타이완의 평화통일을 주장하면서 먼저 경제 관계의 회복에 힘써, 중국 대륙과 타이완의 교류가 진전되고 있다. 마찬가지로 중국 정부는 1국2제도의 원칙 아래, 1997년에 영국으로부터 홍콩을 반환받고, 1999년에는 포르투갈로부터 마카오를 반환받았다.

한국 정치의 민주화와 글로벌화

1987년 6·10민주화운동 이후, 한국의 민주화는 대세로서 정착하기 시작했다. 노태우 정권은 제5공화국에 대한 청문회 요구를 받아들이지 않을 수 없었고, 5·18광주민주화운동과 언론통폐합 등에 대한 진상규명에도 착수했다. 국민들 사이에서는 미국에 대한 인식도 변화하기 시작했다. 미국이 한국의 군사 작전권을 가지고 있으므로, 5·18광주민주화운동에 대한 군사 진압 책임 또한 미국에 있다는 인식이 확산되었다. 이로 인해 '반미 의식'이 형성되고, 왜곡된 한·미 관계를 바로잡으려는 사회운동이 일어났다.

학생운동은 자주·민주·통일이라는 기본 방향을 확립했다. 노동운동과 농민운동은 전국 차원의 자연발생적인 형태에서 각 지역의 조직적 운동으로 변화했다. 1992년 12월 대통령에 당선된 김영삼은 이듬해 문민정부를 출범시켰다. 김영삼 정권 아래 한국 사회는 절차상의 민주주의가 일정 정도 실현되었다. 헌법이 보장하는 국민의 자유와 권리가 착실히 확산되었으며, 노동자와 여성은 더 이상 사회적 약자라는 굴레에 갇혀 있지 않았다. 민주화 운동도 다양해지고, 여러 시민운동단체들이 조직되었다. 또한 식민지 지배와 전쟁의 피해자가 일본 정부에 배상을 요구하는 운동(재판)이 잇따랐다.

한국의 민주화 운동 과정에서 또 하나 주목되는 현상은 통일운동이 활발하게 전개되기 시작했다는 점이다. 그동안 반공 이데올로기와 국가보안법으로 인해 일반인의 '통일' 논의는 금기시되었으며, 정권에 독점돼 있었다. 민주화 운동 과정에서 많은 사람들이 한국의 민주주의는 궁극적으로 한반도의 평화 정착으로 실현될 수 있다는 것을 자각하게 되었다. 이를 위해서는 외세의 간섭을 극복하고 민족통일 문제에 대응해나가야 한다는 인식을 공유했다. 1989년 3월 문익환 목사와 6월 학생대표 임수경의 북한 방문은 통일운동의 새로운 전기가 되기에 충분하리만큼 한국 국민과 전 세계에 강한 인상을 남겼다. 1991년 11월, 서울에서 개최된 '아시아의 평화와 여성의 역할' 회의에 북한최고인민회의 부의장 여연구(여운형의 딸)를 비롯해 북한 대표 15명이 참가해, 분단 후 처음으로 남북 여성 대표의 교류가 이루어졌다. 일본 대표도 참가한 이 회의에서는 동아시아의 남녀 불평등의 기원과 그 해결 방법이 토론되었고, 이듬해 9월 평양에서 개최된 제2차 회의에서는 일본군 '위안부' 문제 해결을 위한 연대활동이 합의되었다. 한국 내 남북 관계와 통일 문제에 대한 관심 고조와 인식의 확대는 김대중 정권이 들어선 후 남북 관계의 호전으로 이어졌다.

1995년 한국은 국민소득이 1만 달러를 넘어섰고, 1996년에는 경제협력개발기구(OECD)에 가입했다. 한국의 '세계화' 전략이 효과를 거두어 선진국 대열에 들어서는 듯했지만, 1997년 한국 경제는 잇단 기업 도산과 금융기관의 부실채권 증가로 경제 위기에 빠졌다. 마침 한국과 마찬가지로 경제적으로 급성장을 지속하고 있던 타이에서 거품경제가 붕괴되어 바트화가 폭락하면서 아시아 통화 위기가 초래되었다. 이는 한국 경제에 직격탄이 되었다.

1997년 경제 위기 상황에서 치러진 대통령 선거에서 김대중이 당선되었다. 국제통화기금으로부터 거액의 자금 원조를 받아 긴급히 위기의 극복에 나서 4대 구조 개혁(금융구조 개혁·기업구조 개혁·행정 개혁·노동 개혁)을 단행하는 한편, 외국인의 투자 제한을 철폐하는 등 세계 자본 시장을 향한 자유화도 추진했다. 또한 '금모으기운동' 같은 전 국민의 단결된 힘으로 위기를 극복하고자 하는 움직임이 일어나 경제 위기는 점차 진정 국면으로 들어섰다. 1999년부터 한국 경제는 크게 되살아나 무역수지도 흑자를 기록하게 되었다.

김대중은 1998년 2월 대통령 취임 연설에서 대북 정책 3원칙을 밝혔다. 첫째, 한반도에서 무력도발을 일체 허용하지 않을 것이고, 둘째 북한을 흡수통일 하는 일은 없을 것이며, 셋째 남북 간의 화해·협력을 추진한다는 내용이었다. 이후 김대중 정권은 '햇볕 정책'이라 불리는 남북 화해 정책을 추진했다.

2000년 6월 김대중 대통령은 평양을 방문하여 북한의 김정일 국방위원장과 남북정상회담을 실시했다. 한반도 분단 이래 처음으로 개최된 정상회담의 결과 남북공동성명이 발표되었다. 거기서는 남측의 연합 제안과 북측

의 느슨한 연방 제안의 공통분모인 평화적 수단에 기초한 남북 통일의 원
칙과 남북 이산가족의 상호 방문 실시, 남북의 다각적 교류, 남북 각료급
회담 개최 등이 합의되었다.

이 성명은 한국전쟁 이래 분단 체제의 극복을 위해 치러진 노력과 희생
의 축적물이었다. 김대중 대통령은 50년 동안 남북 분단으로 쌓인 상호 적
대 관계를 극복하는 데 도전하고, 북한을 방문해 남북 긴장 완화에 탄력을
받게 한 점을 평가받아, 그해 노벨평화상을 수상했다.

당시 미국은 북한의 핵 개발 의혹을 중심으로 한반도 위기를 강조하면서
제2차 한국전쟁까지 상정하고 있었다. 또한 1996년의 '미·일 안보 재정
의'와 97년의 '신가이드라인'에 보듯 일본에 미·일 안보 체제의 강화를 압
박하면서, 한국에 대해서도 한국군·주한 미군·주일 미군의 군사적 일체화
를 요구하고 있었다. 그러한 현실에 대해 '햇볕 정책'은 미국의 전략적 대
응을 재검토하도록 촉구하는 것이기도 했다.

한국과 일본과의 관계를 살펴보면, 김대중 대통령은 1998년 10월에 일

본을 방문하여 역사적 화해의 발걸음을 내디뎠다. 당시 발표된 한일공동선언에서는 '21세기를 향한 새로운 파트너십'이라는 기본 방침이 제시되었다. 일본 정부는 역사 문제와 관련하여 "금세기의 한·일 관계를 회고하며 우리나라가 과거의 한 시기에 한국 국민에 대해 식민지 지배로 다대한 손해와 고통을 준 역사적 사실을 겸허히 받아들이고, 이에 대해 통절한 반성과 마음으로부터의 사과"를 했다. 이에 대해 한국 정부는 일본의 식민지 지배에 대한 역사 인식의 표명을 진지하게 받아들여, "공동선언 발표로 새로운 시대의 우호 관계가 열렸다"라며, 그때까지 금지하고 있던 일본 대중문화 금지 조치를 해제하기로 했다.

IMF 구제금융 위기를 거친 후 한국 경제는 수출산업의 성장과 부동산 시장의 활성화 등으로 다시 성장세를 강화했다. 2008년 현재, 한국의 제조업은 조선 생산 1위, 반도체 생산 1위, 휴대전화 생산 2위, 자동차 생산 5위, 철강 생산 6위 등 세계적 수준에 달했으며, 국민총생산은 세계 13위를 기록했다. 그러나 이러한 경제 성장은 주로 수출 대기업의 소수 대주주와 외국인 투자자에게 이익이 분배되는 파행을 남겼을 뿐, 비정규직 노동자의 확대 등 국내 계층 간 소득 격차는 한층 심화되었다.

2009년을 기준으로 한국에 들어와 있는 외국인은 100만 명을 넘어섰다. 외국인 노동자의 증가, 농촌의 독신 남성과 결혼하는 외국인 여성의 증가 등으로 한국은 바야흐로 '다문화사회'로 진입하고 있다.

북한을 둘러싼 긴장 관계의 지속

북한에게 소련과 동유럽 사회주의 국가의 붕괴는 이들 국가와 진행하던 '우호적인' 경제 교류와 무역 거래가 파탄하는 것을 의미해, 경제 쇠퇴의 직접적 계기가 되었다. 특히, 소련 붕괴 후 러시아로부터 원유 공급이 끊긴 탓에 심각한 석유 에너지 부족을 겪었다. 게다가 한국이 소련(1990)에 이어 중국(1992)과도 외교 관계를 맺은 탓에 이들 국가와의 동맹 관계는 사실상

빛이 바래게 되었다. 북한은 자국을 지지하던 사회주의 동맹국들을 잃고 자본주의 진영의 '압박과 위협'에 직면했다.

한편, 1991년 9월에 한국과 북한은 국제연합 동시 가입을 실현했다. 동시 가입을 요구하던 한국 정부가 '두 개의 조선을 인정'하며 북한의 반대를 제치고 단독 가입을 추진하자, 북한은 기존 태도를 바꿀 수밖에 없었다. 한국과 북한의 관계에서도 긴장 완화가 진행되어, 같은 해 12월에는 '남북 사이의 화해와 불가침 및 교류·협력에 관한 합의서'와 '한반도의 비핵화에 관한 공동선언'이 체결되었다.

그러한 시기에 1994년 김일성 주석이 사망했다. 그 후 3년간 북한은 심각한 자연재해를 입고 농업생산에 막대한 타격을 받아 심각한 식량 위기에 봉착했다. 이렇듯 1995~98년까지 혹독한 경제난을 겪은 시기를 북한에서는 '고난의 행군'이라 부른다. 이 때문에 중국의 옌볜 지역으로 탈출하는 사람들(탈북자)이 급증했다.

그사이 김일성의 아들 김정일은 상중이라는 이유로 공식 석상에 모습을 드러내지 않다가, 1997년 10월에 노동당 총서기로 취임했다. 북한은 이듬해 헌법을 개정하여 국가 주석과 중앙인민위원회라는 국가 체제를 폐지하고 국방위원회를 국가의 지도기관으로 삼는 헌법을 개정했다. 이때 김정일을 최고지도자인 국방위원회 위원장으로 추대하는 체제를 정비했다. 이러한 체제를 '선군(先軍)정치'라고 불렀다. 선군정치는 1980년대 말부터 1990년대 초에 이르는 불과 몇 년 사이에 소련과 동유럽 사회주의 국가들이 붕괴하는 것을 지켜본 김정일이 선택한 정치 체제였다. 이는 군대를 수중에 넣어두지 못하면 반혁명을 누르고 '제국주의자와 반동들의 반사회주의 책동'을 무력화시킬 수 없다고 믿었기 때문인 것으로 보인다.

1998년 8월 말, 북한은 3단식 로켓을 일본 상공에 발사했다. 이는 대포동형 장거리 미사일로 추정되었지만, 북한은 인공위성을 발사한 것이라고 발표했다. 일본 정부는 제재 조치를 취했고, 미국 정부도 경계를 강화했다. 11월에는 금창리(金倉里)의 지하시설이 핵 개발시설이라는 의혹이 제기되자 미국은 북한에 사찰을 요구했다. 미국은 북한의 핵무기 개발을 둘러싼 의혹을 사사건건 문제시하며 북한을 국제사회에서 고립시키려 했다. 나아가 주일 미군기지와 일본에 대한 탄도 미사일 공격에 대응하는 요격 시스템인 미사일방어체제(MD)를 수립할 것이라고 밝혔다.

9·11사건 이후 부시 정권은 이란, 이라크와 함께 북한을 '악의 축'으로 거명하고, 테러리스트 지원 국가로 지목해 대결자세를 강화했다. 또한 세계를 향해 '테러와의 전쟁'에 동참할 것을 호소했다. 한편, 고이즈미 일본 수상은 미국과 충분한 조정도 거치지 않은 채 2002년 9월 평양을 방문하여, 조일평양선언에 조인하고 국교 수립의 조기 실현을 약속했다. 이 선언에서 일본 측은 식민지 지배에 대하여 "통절한 반성과 마음으로부터의 사과"를 표명했다. 북한 측은 "일본 국민의 생명과 안전에 관계되는 현안 문제"가 있었음을 인정하고 앞으로의 재발 방지를 약속했는데, 이는 일본 민간인을 납치했음을 인정한 것이다. 납치 피해자 가운데 5인은 일본으로 돌려보냈다. 그리고 식민지 지배에 대한 보상 요구와 청구권 주장을 접고, 경제 협력을 받아들이겠다고 표명했다. 그러나 미국 정부는 조·일 정상회담에 대한 강한 우려와 함께 북한의 핵무기 개발 문제를 거론하며 일본을 견제했다. 또한 일본 국내에서도 납치 문제를 이용한 민족 감정을 부추기는 움직임으로 인해 북한 제재론이 강해지면서 조·일 교섭은 결렬 상태에 빠졌다. 이에 대해 한국 정부와 국민은 북한을 둘러싼 핵 문제를 평화적 수단으로 풀어갈 것을 강하게 요구하고 있다.

한편, 이라크전쟁은 북한에 커다란 충격을 주었다. 이라크전쟁 당시 미국이 후세인 대통령 자체를 공격 대상으로 삼아 체제를 붕괴시킨 것은, 일단 전쟁이 시작되기만 하면 미국이 김정일 체제 자체의 붕괴를 목표로 군사행동을 일으킬 가능성이 높다는 것을 보여주었기 때문이다. 또한 이라크가 대량 살상무기에 대한 국제적 사찰을 수용했음에도 불구하고 미국의 공격을 받았기 때문이다.

북한은 미국이 적대시 정책을 포기하도록 하는 데 집착하여, 미국에 직접 교섭과 불가침조약의 체결을 요구하며 핵을 이용한 벼랑 끝 외교를 추진했다. 하지만, 부시 정권의 이데올로기에서 보면 '악의 축'을 타도하는 것이 미국의 '정의'를 위해 바람직한 것이었다. 또한 북한과 미국의 직접 교섭을 통해서는 안정적인 관계가 형성될 수가 없다는 것이 미국의 입장이었다. 북한은 북한대로 미국의 강경 정책에 대항하는 '최후의 선택지'로서 '핵 카드'를 꺼내들고서 미국의 위협을 막고 정책을 전환시키는 수단으로 이용하려 했다. 한편 중국은 에너지 재정 지원을 통해 북한의 경제 개혁을 촉구하면서, 6자회담(중국·한국·북한·일본·미국·러시아)의 의장국 역할을 맡아 북한의 핵무기 개발 포기와 북한에 대한 테러리스트 지원 국가라는 미국의 지명을 해제시키기 위해 힘쓰고 있다. 미국도 북한 문제와 관련해 전술상 혹은 정책상 중국의 협력이 필요한 탓에 중·미 관계는 표면적으로는 양호한 상태이다.

분쟁에서 교역으로
─중국·러시아 국경의 섬

중·소 대립의 격화는 중국과 소련의 국경 영유를 둘러싼 분쟁으로까지 치달았다. 1960년대 말에는 4,380km 길이의 국경선 양측에 66만여 명의 소련군과 80만여 명의 중국인민해방군이 대치하는 사태가 벌어졌다. 긴장이 격화됨에 따라 국경지대에서의 발포 사건 등 충돌이 빈발한 가운데, 1969년 3월에 전바오섬(珍寶島, 다만스키섬) 사건이라는 대규모 군사 충돌이 일어났다.

전바오섬은 중국과 러시아의 동부 국경을 흐르는 우수리강 가운데 있는 모래섬으로, 하바롭스크와 블라디보스토크의 거의 중간에 위치한다. 이 섬에서 1969년 3월 2일, 소련 측 경비병과 중국인민해방군 병사가 충돌하여 양측에 많은 수의 사상자가 발생했다. 3월 4일 자 《인민일보》는 '새로운 관광여행(tourism)을 타도하자'라는 사설을 발표하고 "소련 수정주의 집단은 중국의 영토를 침략, 점령하려 하고 있다"라고 비난했다. 3월 15일에 또다시 무력충돌이 일어나, 소련 측은 다만스키섬에 부대를 투입했다. 이 충돌로 역시 양측에 적지 않은 사상자가 나왔다. 1989년 중국과 소련의 국교가 정상화됨에 따라 전면적인 국경 재검토가 시작되었다. 소련 붕괴 직전인 1991년 5월에 중소동부국경협정이 체결되어 전바오섬은 중화인민공화국에 귀속하는 것으로 합의가 이루어졌다.

헤이샤쯔섬(黑瞎子島, 대우스리섬)은 헤이룽강과 우수리강의 합류 지점에 떠 있는 모래섬인데, 그 옆의 인룽섬(銀龍島)과 합하면 총면적이 335km²로, 도쿄도의 7분의

79년 만에 확정된 새로운 국경선

반환된 두 개의 섬

헤이룽(아무르)강

인룽섬

볼쇼이우스리스크섬

헤이샤쯔섬

종전 러시아 주장 국경선

중국

러시아

1에 상당한다. 중·소 국경분쟁이 격화되었을 때, 소련은 동쪽 기슭에 있는 하바롭스크를 방위하기 위해 헤이샤쯔섬에 대규모 부대를 배치하고, 섬의 서쪽 기슭에 진지를 구축한 중국군 부대와 계속 대치했다. 냉전 후 중국과 러시아의 국경 책정 작업에서 마지막까지 난항을 겪은 이 섬의 귀속 문제는 '50 대 50의 원칙'으로 해결하기로 합의해, 2008년 중국과 러시아가 거의 이등분하는 형태로 완전히 마무리되었다.

헤이샤쯔섬의 중심에 남북으로 곧게 국경선이 그어졌다. 이등분된 섬의 서쪽은 중국 정부가 '경제무역개발구'로 지정했다. 이에 대응해 건너편의 하바롭스크에도 상업센터가 건설될 예정이다. 중·소 국경분쟁의 최전선이었던 헤이샤쯔섬은 이제 중국과 러시아의 경제 교류와 상업활동을 중심으로 양국 민중의 교류의 장으로 다시 태어나려 하고 있다.

무력충돌까지 발생한 영토 문제를 외교를 통해 평화적으로 해결하고 국경선을 획정한 중국과 러시아의 사례는 동아시아에서 미해결 과제로 남아 있는 영토 문제를 해결하는 데 선구적인 사례로서 의의가 있다.

3

동아시아 경제 협력과 민간 교류

동아시아 자유무역지역의 창설로

21세기 들어 유럽연합이나 북미자유무역협정(NAFTA)으로 대표되는 세계의 지역통합이 확대되어가는 역사적 흐름 속에서, 북한을 중심으로 한 군사적 긴장 관계가 지속되고 있는 동아시아에서도 지역통합의 움직임이 차츰 활발해지고 있다. 1980년대 이후 동아시아 경제의 역내 통합이 진행되어 전체 무역의 절반을 역내 무역이 차지하게 되었으며, 대량의 일본 자본이 이 지역에 투입되어 생산을 담당하게 되었다. 그리고 1990년대부터는 동아시아 국가들 사이에서도 정부 차원의 FTA를 중심으로 경제동반자협정(EPA)을 체결하려는 교섭이 진행되기 시작했다. FTA란, 2국 간 혹은 지역 내에서 관세나 수출입 제한 등의 무역 장벽과 외자 규제 등을 철폐하여 무역과 투자 등을 자유화하는 것을 목표로 하는 협정을 가리킨다. 세계화 시대에 국경을 초월한 문제에 근린 국가들이 협력하여 대처하고자 할 때, 국제연합을 통한 글로벌 거버넌스(Global Governance)가 아직 불충분한 상태라면 광역 거버넌스를 형성하는 것 외에는 달리 효과적인 방법이 없

글로벌 거버넌스
'거버넌스'란 일을 관리·운영하기 위한 여러 규칙의 체계를 이르는 용어로, 국정 관리·네트워크 통치·공치(共治)·협치(協治) 등으로도 불린다. 2000년대 이후 국가 단위를 뛰어넘는 세계적 현안을 해결하는 대안으로 '글로벌 거버넌스'에 대한 관심이 증대되고 있으며, 국제연합 안전보장이사회, 국제통화기금, 세계은행(IBRD), 세계무역기구, 경제협력개발기구 등과 같은 각종 국제기구가 글로벌 거버넌스의 주체로 주목받고 있다.

다. 통상 규칙에서 WTO의 권위가 높아지고 있다고는 해도, 각 개별 국가 간의 무역을 촉진시키는 데에는 특정 지역의 FTA가 최선의 선택이 되고 있다.

1990년대 이후 한·중·일 3국과 ASEAN 국가들 간의 경제 관계가 점점 더 긴밀해지고 있으며, 동북아시아와 동남아시아를 포괄하는 광역 거버넌스로서 동아시아라는 공간 개념이 국제적으로 정착하게 되었다.

동아시아의 FTA는 1997년 타이에서 시작된 아시아 통화 위기를 계기로 움직이기 시작했다. 위기가 한창이던 1998년 10월, 김대중 대통령은 일본을 공식 방문하여 경제 협력에 관한 공동 연구를 제안했고, 이어 11월에는 한·일 FTA의 공동 연구에 합의했다. 이때 이후로 일본의 통상 정책은 2개국·다국 간 FTA의 수용으로 전환되었다. 같은 해 12월, ASEAN이 한·중·일 3국 정상을 초청하여 실현된 ASEAN+3(ASEAN Plus Three, APT) 회의는 동북아시아와 동남아시아를 아우르는 동아시아 광역 경제권의 형성에 중요한 계기가 되었다.

이듬해 1998년, ASEAN의 초대로 다시 모인 ASEAN+3 정상들은 정상회담을 정례화하기로 결정했다. 회의에서 한국의 김대중 대통령은 미래의 동아시아 협력의 가능성과 방향성을 모색하는 '동아시아비전그룹(EAVG)'을 설치하자고 제안했고, 이듬해 1999년 정상회의에서 정상들은 이 지역에서 역사상 처음으로 '동아시아 협력에 관한 공동성명'을 발표했다.

FTA 체결에 중국이 본격적으로 참여하면서 동아시아 규모의 FTA가 결정되었다. 중국은 2000년 11월 개최된 ASEAN과의 정상회의에서 FTA를 제안하고, 2002년 11월 WTO에 가입한 뒤 ASEAN과 경제협력기본협정에 조인하며 10년 이내에 FTA를 체결하기로 합의해 일본을 앞질러갔다. 또한 중국은 특정 농산물의 자유화를 2003년에 앞당겨 개시하고, 2006년 1월에는 특정 농산물의 관세를 철폐하기로 양보해 합의를 이끌어내는 동시에, 한국과 일본에도 FTA를 제안했다. 한편, 2000년 제4회 ASEAN+3 정상회의에서는 '동아시아연구그룹(EASG)'의 설치가 결정되었다. EASG는

ASEAN +3 정상회의를 장차 동아시아 정상회의로 발전시키고 동아시아 FTA를 창설하도록 제안하는 내용의 최종 보고서를 작성해, 2002년 11월 정상회의에 제출했다. 그 제안에 따라 2002년 9월 베이징에서 '동아시아싱크탱크네트워크(NEAT)'가 ASEAN +3의 싱크탱크 연합체로 설립되어 동아시아 공동체 구상을 현실화하기 위한 활동을 개시했다.

한국도 2003년 11월에 열린 ASEAN과의 정상회의에서 공동성명을 발표해, 본래 가맹국과는 2009년에 적어도 제품의 80%를 무관세로 할 것을 명시했다. 그리고 2005년 12월에는 ASEAN +3에 호주, 뉴질랜드, 인도가 참여하여 최초의 동아시아정상회의(EAS)가 개최되었다. EAS는 FTA 기본 협정에 조인하고 동아시아 공동체의 창설을 위해 노력할 것을 약속했다.

이에 대해 미국은 APEC 회원국 간의 FTA 구상을 제안했지만, 동아시아 국가들은 달가워하지 않았다. 1989년에 창설된 APEC은 미국을 중심으로 아시아·태평양 국가들의 경제적 이익의 성장과 발전을 지속시키고, 세계 경제의 성장과 발전에 기여하기 위해 상품·서비스·자본·기술의 이동을 '관세 및 무역에 관한 일반협정(GATT)'의 원칙에 입각해 장려하며, 개방적인 다각적 무역 체제를 추진·강화할 것을 목적으로 하고 있다. 많은 동아시아 국가들의 최대 수출 대상국이기도 한 미국은 자국을 제외한 동아시아 FTA 구상에 불쾌감을 표시하며 경계심을 강화하고 있다. 그러면서도 미국은 동아시아 국가들 간에 강화되고 있는 지역 협력에 동참하고자 2010년부터 동아시아 정상회의에 참가했다. 일본도 미·일 동맹에 기초한 군사·외교 전략으로 인해 동아시아 지역통합의 흐름에 본격적으로 뛰어들지는 않고 있다. 또한 동아시아 FTA를 실현하기 위해서는 동아시아 각국 정부가 상호 신뢰에 근거하여 정치적 결단을 내리는 것이 불가결하지만, 일본 정부가 일본의 침략전쟁과 식민지 지배의 과거를 극복하기 위한 성실한 노력에 등을 돌려온 탓에 큰 장애가 되고 있다.

민간 교류와 대중문화 교류의 촉진

동아시아의 경제 관계는 21세기가 되어 더욱 활발하고 긴밀해졌다. 그리고 활발한 투자활동과 기업활동이 이루어짐에 따라 많은 기업 관계자가 이동하고 교류하게 되었다.

2007년 한 해 동안 약 398만 명의 일본인이 중국을 방문했고, 약 114만 명의 중국인이 일본을 방문했다. 일본에 재학 중인 중국인 유학생은 약 10만 명에 달한다. 또한 일본에서 생활하는 화인(華人)·화교(華僑)●는 2007년 현재 60만 6,889명으로 외국인 등록자 총수의 28.2%를 점하고 있다. 마찬가지로 2007년에 일본인과 한국인의 상호 왕래는 484만 명에 달했고, 그해 한국인의 일본 방문 수가 일본인의 한국 방문보다 많았다. 한국에 거주하고 있는 일본인은 2만 3,217명이며, 일본에서는 재일코리안이 59만 8,129명(2006년 현재 외국인 등록자 수)으로 영주하는 외국인의 과반수를 화인·화교와 재일코리안이 점하고 있다. 일본을 방문하는 중국인과 한국인의 급격한 증가를 반영해, 일본의 많은 도시에서 역과 도로 표지나 안내판에 중국어와 한국어를 병기하고 있다.

한국·북한에서는 남북 정상회담이 열린 2000년 한 해 동안 남북을 왕래한 사람이 7,986명이었지만, 5년 후인 2005년에는 8만 8,341명이 되어 11배 이상으로 늘었다. 또한 2005년 6월에는 금강산 관광객이 100만 명을 돌파했고, 판문점의 북서쪽에 위치한 개성공업단지에는 15개 한국 기업이 들어가 생산활동을 하게 되었다.

21세기에 들어 일본·한국·중국 사이에서 젊은이들을 중심으로 대중문화가 국경을 넘어 서로 넘나드는 현상이 급속히 진행되고 있다. 한국에서 크게 히트한 영화 〈쉬리〉가 2000년에 일본 텔레비전에서도 방영되어 한국 영화가 일본에도 알려지게 되었다. 또한 2002년 월드컵 한·일 공동주최를 계기로 일본 젊은이들이 이웃 나라 한국에 관심을 보이게 되었다. 이듬해에는 한국의 TV 드라마 〈겨울연가〉가 일본에서 크게 히트하여 DVD나 드

화인·화교
현지 국적 취득자는 화인이라 하고, 중국 국적 보유자는 화교라 부른다.

라마를 소설화한 책이 폭발적으로 팔렸다. 주인공 배용준이 큰 인기를 모아 '욘사마 붐'이 일어났다. 그가 2004년에 일본을 방문했을 때에는 하네다(羽田)공항에 5,000명의 팬이 몰려들고, 한국의 촬영지에는 일본 여성 관광객이 몰려들기도 했다. 그 후 〈대장금〉을 비롯한 한국 TV 드라마와 영화가 일본에 속속 소개되어 인기를 모으면서 '한류'라 불리는 한국 붐이 정착했다. 음악에서도 케이팝(K-pop, Korean pop)이라는 말이 일본 젊은이들 사이에서 유행하고, 한국의 대중가수도 적극적으로 일본어를 익히고 일본에 진출하여 큰 인기를 모으고 있다.

한국에서는 젊은 층을 중심으로 일본 만화와 애니메이션, 소설이 '일류(日流)'로 확산되었고, 일본 만화가 원작인 한국 영화가 인기를 끌었다. 한국과 일본이 공동으로 인기 온라인게임을 애니메이션으로 만들고, '한류' 드라마가 일본과 중국에서 성공을 거두기도 했으며, 중국의 록밴드가 일본 공연으로 인기를 모으는가 하면, 일본 록그룹 '글레이(GLAY)'가 중국 공연으로 팬을 열광시키는 등 한·중·일 3국에서 대중문화의 상호 수용이 진행되고 있다.

그러나 중국에서의 '한류' 붐은 일본을 웃돌고 있으며, 실제로 한국 음악이 일본 음악보다 인기가 있다. 이는 일본의 역사 인식에 문제가 있다고 생각하는 중국 젊은이들의 반응이기도 하다.

도쿄·서울·베이징 올림픽의 시대

[도쿄 올림픽] 1964년 10월 10일부터 24일까지 15일간 개최된 도쿄 올림픽은 종래 최대 규모인 94개국 5,558명의 선수가 참가했다. 일본이 제2차 세계대전에서 패전한 뒤 약 20년이 지난 시점에 개최된 도쿄 올림픽은 샌프란시스코강화조약에 의해 미국과 서방 측에 종속하는 일종의 '탈아입구'와 같은 형태로 국제사회에 복귀했음을 의미했다. 또한 미국의 원조를 발판 삼아 경제 부흥을 이루어낸 일본 정부와 재계는 올림픽을 유치해 일본을 세계에 알리고, 국민들의 내셔널리즘을 고양하는 기회로 삼으려 했다. 뿐만 아니라 올림픽을 기회로 공공투자에 의한 사회간접자본의 충실화를 꾀하고, 외국인 관광객의 방문을 통해 외화 수입을 증대하고자 하는 목적도 있었다. 이처럼 일본의 올림픽 개최는 '선진국' 대열에 올랐음을 보여주려는 국가적 목적도 있었지만, 시민 생활 면에서도 국제화 시대에 합류하는 계기가 되었다.

미일안보조약 반대운동의 격화로 기시 노부스케 내각이 퇴진한 뒤 자민당의 이케다 하야토 내각이 들어섰다(1960년 7월~1964년 11월). 이케다 내각은 '국민소득배증 계획'을 내걸고 고도 경제 성장 정책을 국가 정책으로서 본격적으로 추진했다. 미국의 케네디 대통령과 존슨 대통령의 보좌관을 지낸 로스토의 이론에 따라, 아시아의 공산주의화를 막기 위해 미국 정부도 일본의 고도 경제 성장 정책을 원조했다. 일본 정부는 올림픽 관련 사업을 국가적 사업으로 추진하면서 고도 경제 성장의 계기로 삼고자 했다. 그에 따라 고속열차 신칸센(新幹線) 개설, 수도 고속도로 건설, 지하철 확충 등 건설사업을 벌여 도쿄를 온통 헤집어놓았다. 또한 올림픽을 치르는 데 가장 중요한 종합 체육시설이 도쿄 중심에 없었기 때문에, 예전 일본 육군의 요요기(代代木)연병장 터에 건설된 미군기지 워싱턴하이츠를 반환받아, 올림픽 관련 시설을 건설했다.

[서울 올림픽] 1988년 9월 17일부터 10월 2일까지 16일간 개최된 서울 올림픽은 159개국 8,465명의 선수가 참가했다. 당시 참가국과 선수단의 규모는 역대 최고였다. 1980년 모스크바 올림픽과 1984년 로스앤젤레스 올림픽은 냉전으로 인해 지구촌의 반만 참가한 행사로 치러졌다. 그런데 서울 올림픽을 앞두고 국제 정세는 탈냉전의 흐름을 타기 시작했다. 소련의 고르바초프 정부는 '신사고 외교'를 표방하며, 대미 신데탕트, 대중 화해, 대일 관계 개선에 힘써 동북아시아 지역을 화해와

협력의 분위기로 변화시켰다. 국제 정세가 변화하자 노태우 정권은 한반도의 남북 간 화해와 협력을 추구하고, 이를 위해 소련·중국 등 사회주의 국가들과 관계를 개선하겠다는 내용의 7·7선언(정식 명칭은 '민족자존과 통일 번영을 위한 특별선언')을 1988년에 발표했다. 동아시아에서 탈냉전 분위기가 조성되면서 서울 올림픽은 동서 진영의 거의 대부분의 국가가 참가한 전 인류의 스포츠 제전이 되었다.

서울 올림픽은 당시 노태우 정권에 비판적이던 국민의 시선을 스포츠 행사로 돌리고, 한국의 경제 성장을 전 세계에 알리며 경제 성장의 활로를 여는 데 도움이 되었다. 올림픽을 전후해 오락·문화산업, 음식·숙박업, 관광산업, 스포츠·여행 장비 산업 등 여가산업이 급격하게 팽창했다. 서울에서는 올림픽의 성공적 개최를 위해서라는 명분 아래 강권적인 도시 개발이 진행되었다. 화려한 서울 올림픽의 이면에는 민중의 생존권 박탈과 국민의 혈세 남용이라는 어둠이 공존했다.

[베이징 올림픽] 베이징 올림픽은 2008년 8월 8일부터 24일까지 17일간, 사상 최다인 204개국에서 11,000명의 선수가 참가하여 개최되었다. 고도 경제 성장을 지속하고 있는 중국은 베이징 올림픽을 통해 중국의 개혁·개방 30년이 이룩한 성과를 세계에 보여주었다. 공항·고속도로를 비롯해 지하철 확장, 도시 녹화와 환경 개선 공사 등 도시 개조 사업이 중점적으로 추진되어, 베이징 시민의 생활 환경이 새로워졌다. 시민들 사이에 자원봉사 의식이 생겨나 베이징 올림픽 기간 중에 수백만 명이 자원봉사자로 활동한 것으로 알려졌다.

통계에 따르면 올림픽으로 중국에 총 210만 건의 취업 기회가 생겼다. 또한 올림픽 개최에 맞춰 최고시속 350킬로미터에 달하는 베이징·톈진 간 고속철도가 개통되었다. 이는 중국 최초의 고속여객철도 전용 노선이었다. 이 철도는 중국의 자주적인 기술 발전을 촉진했을 뿐 아니라, 베이징과 항구 도시 톈진의 연계를 강화함으로써 거대한 경제 효과를 낳았다. 그러나 한편에서는 환경보호 문제와 경제의 지속적 발전, 그리고 올림픽 이후 각 시설의 효과적 이용에 관한 문제 등을 남겼다.

이처럼 도쿄, 서울, 베이징에서 약 20년 간격으로 개최된 올림픽은 각국의 고도 경제 성장을 위한 국가 행사로 치러지면서 국제화에 성공하고, 국내적으로는 국가 의식과 국민 의식을 고양시키는 데 일정한 효과를 가져왔다는 공통점이 있다.

4

동아시아의
평화 구축을 위한 과제

동아시아에 잔존하는 냉전 구도

세계 냉전 체제가 붕괴한 뒤, 유럽연합을 비롯해 평화적 국제 관계를 기초로 하는 광역 지역공동체가 출현하기 시작했다. ASEAN도 2008년의 정상회의에서 서명한 헌장을 통해 평화적 광역 지역공동체의 창설을 내걸게 되었다. 또한 2010년 2월 멕시코에서 개최된 중남미·카리브해 국가통일정상회의는 카리브해의 33개국 모두가 참가한 가운데 이 지역의 평화공동체 설립을 선언했다. 동아시아에서도 지금까지 살펴보았듯이 세계화가 급속히 진전됨으로써 실질적인 동아시아 경제권이 형성되었으며, 경제·교육·문화·예술 등 여러 분야에서 민간 교류도 활발해지고 있다.

현재 한·중·일 3국의 정부와 국민들은 '동아시아 공동체' 또는 '동북아시아 공동의 집' 등을 형성하기 위한 전망을 이야기하고 있지만, 이를 실현하기는 쉽지 않다. 그 이유는 세계 냉전 체제가 붕괴됐음에도 불구하고 한반도에서는 북한=사회주의 국가와 한국=자본주의 국가라는 냉전의 대립 구조가 남북 대립의 형태로 남아 있기 때문이다. 지금까지 남북 대립과 남북 분단을 극복하기 위한 외교적 노력이 있었지만, 현실은 유사 전쟁 상태라고도 할 만한 극단적 대립 관계에 놓여 있다. 냉전 시대에 동아시아에서는 자본주의 진영인 미국의 주도 아래 일본과 한국 등이 사회주의 진영인 중국과 북한을 봉쇄 정책의 대상으로 삼았다. 그러다가 미국과 중국이 화해하면서 냉전 체제가 이완되고, 냉전 체제 붕괴 후에는 한국과 중국이 국교 정상화를 이루자 북한만 국제사회에서 고립되기 시작했다. 현재까지도 북한은 자본주의 국가들의 정치·군사·경제적 봉쇄의 대상이 되고 있다.

유럽에서는 사회주의 국가들의 붕괴로 냉전 체제가 붕괴되었지만, 동아시아에서는 상황이 달랐다. 일본, 한국, 미국은 북한과 국교 관계를 정상화시키지도, 평화협정도 체결하지 않았다. 따라서 일본은 북한을 식민지로 지배한 것에 대해 역사적 매듭을 짓지 않은 상태이다. 한국도 한국전쟁에 따른 전쟁 상태를 완전히 종결시키지 않았다. 미국은 냉전 시대에 소련과 중국, 북한을 봉쇄하기 위해 일본, 한국과 군사동맹을 체결하고, 타이완과 필리핀, 베트남, 타이를 포함한 동아시아에서 미군기지 네트워크를 완성시켰다. 세계의 냉전 종료와 더불어 미국은 세계 미군기지를 삭감하고 재편을 강화해 동남아시아의 타이와 필리핀에 있던 미군기지를 철수시켰다. 하지만 한편에서 미국은 북한을 '악의 축' 국가로 지목하고, 반테러를 구실 삼아 동아시아에서 정보기관과 경찰기관의 연계를 강화했다. 또한 일본, 한국과 자국을 중심으로 한 군사 네트워크를 강화하고 있다. 군사적으로 압도적 우위에 서 있는 미국이 동맹국인 일본과 한국의 군사기지를 강화해 북한을 봉쇄하고 있는 구도는 냉전 시대와 마찬가지이다.

냉전 시대 유럽에서는 핵무기를 중심으로 한 군사력의 균형을 바탕으로 유럽에서의 전쟁을 회피해왔다. 그와 유사하게 동아시아의 국제 관계는 미·일 동맹과 한·미 동맹을 바탕으로 북한을 군사적·경제적으로 봉쇄하는 '냉전 구도'를 통해 일시적인 안정 관계에 놓여 있다. 중국은 최대의 군사적 위협 국가인 미국과의 관계에서 반테러나 북한 문제로 협조 노선을 추진하면서, 6자회담 체제에서 볼 수 있듯이 최대의 동반자로서 외교 협력 관계를 이루고 있다.

또한 중국은 미국의 새로운 세계 전략에 일본을 편입시키는 형태로 강화된 미일안보조약에 대해서도 직접적으로 자신을 겨냥한 조약이 아니라는 점과 현재의 중·미 관계가 안정적이라는 점을 이유로, 오히려 미국이 미일안보조약을 통해 일본의 독자 행동을 억지할 것을 기대하고 있다. 일본은 일본 나름대로 잠재적 위협국인 중국에 대해 미국과 협력해서 대항하기를 기대하고 있다.

따라서 미국이나 일본, 중국을 포함한 주변 국가들은 한반도의 통일보다는 남북 분단의 현상 유지를 바라고 있으며, 이를 뛰어넘는 새로운 안전보장 체제를 형성하기 위해 주도권을 잡으려는 나라도 없어서 미국을 중심으로 한 동아시아의 '냉전 구도'에 따른 군사적 긴장은 여전히 남아 있다. 미국 주도의 군사력과 동맹의 강화를 통해 공통의 위협에 대응한다는 현재의 안전보장 방식은 냉전 시대 그대로의 낡은 안전보장 개념에 기초한 것이다. 북한의 핵 문제라는 공통 문제에 대해 미국과 중국·한국·일본·러시아 등 동북아 국가들이 협력하는 형태를 띠고 있지만, 애당초 미국과 러시아는 핵무기 보유 대국이고 중국도 핵무기를 보유하고 있어 핵 공격의 위험성이 잠재되어 있다는 모순이 존재한다. 또한 6자회담 체제는 북한이 어떻게 나오는가에 따라 변화하기도 하고, 미국의 정권 교체나 극동 정책 변경에 좌우되는 불안정한 안보 협력 관계로, 동아시아의 평화 구축을 보장할 수 있는 체제는 아니다.

동아시아의 평화 구축을 향해

탈냉전 시대의 새로운 지역질서 모색과 유럽연합, 북미자유무역협정 등 지역화 경향은 동아시아에도 영향을 미쳤다. 1990년대에 논의가 시작된 동아시아 공동체론은 아시아 통화 위기 이후 정책 차원에서 본격적으로 모색되기 시작했다. 동아시아 국가들 간에는 경제 문제를 중심으로 협력 관계의 제도화가 진전되었다. 1989년 APEC, 1993년 ASEAN지역안보포럼(ARF), 1997년 ASEAN에 한·중·일 3국이 참여하는 ASEAN+3, 2005년 EAS 등이 그 예이다.

동아시아의 안전보장 체제 구축에 대한 구상은 1976년 5개국이 참가한 ASEAN 첫 정상회담에서 동남아시아우호협력조약(TAC)으로 나타났다. 이 조약은 주권과 영토 보전, 내정 불간섭, 분쟁의 평화적 해결, 경제·사회·문화 협력 등을 규정했다. 1998년에 ASEAN 역외 국가들의 가맹도 가능해짐에 따라 2003년 중국이 가입하고, 이듬해에는 미국과의 관계를 고려해 가입을 유보하던 일본도 중국의 대아세안 관계 강화를 견제하기 위해 이 조약에 가입했다. 이어 2004년에 한국, 2008년에 북한, 2009년에 미국도 가입하는 등 세계 54개국이 가입함으로써 세계 인구의 약 70%가 이 조약의 영향을 받고 있을 정도로 확대되고 있다. 특히 미국은 TAC의 내정 불간섭 조항을 꺼려해 가입을 유보해왔으나, 중국이 ASEAN 국가들과의 관계를 급속도로 강화시키자 이를 견제하기 위해 가입하게 되었다.

'동아시아 공동체' 구상은 1991년에 말레이시아의 마하티르 수상이 내걸었던 '동아시아 경제그룹(EAEG)' 구상이 실마리가 되었다. 이에 대해 미국은 아시아·태평양을 분단시키는 것이라며 강경하게 반대하고, 일본도 그 반대에 적극적으로 동조했다. 한국은 공식 입장을 밝히지 않았지만 APEC의 틀 안에서 경제 협력 문제도 논의하자는 기본 방침 아래 적극적인 참가를 보류했다. 초기 구상은 인도네시아의 제안에 따라 보다 느슨한 연합체인 '동아시아경제협의체(EAEC)' 구상으로 바뀌었지만, APEC의 틀 안에서 부정기적으로 개최되는 방향으로 축소된 데다가 한 번도 개최되지 않은 탓에 흐지부지되고 말았다. 그 후 ASEAN 역내의 협력이 더욱 진전됨에 따라 정치와 안전보장 분야에서도 지역 협력이 추진되어, 1993년에는 ARF가 창설되었다. ARF는 ASEAN 국가들을 축으로 일본·중국·한국·북한과 미국·러시아·유럽연합 등을 참여시켜 아시아·태평양 지역 안전보장 문제에 관한 각료들 사이의 대화의 장이 되고 있다. 냉전 후 아시아·태평양 지역에서 다국 간 안전보장 협의의 장으로서 주목 받고 있는 ARF는 군사를 중심으로 한 이제까지의 낡은 안전보장론에서 탈군사주의적이고 협조적인 새로운 안전보장론으로 전환되었음을 의미한다.

TAC과 ARF의 부상은 동아시아 지역 일대의 안전보장 체제, 즉 부전(不戰) 공동체의 형성과 동아시아 평화 구축을 위한 원형이 될 수 있는 잠재성을 내포하고 있다. 또한 TAC과 ARF는 동아시아 지역의 안전보장에 대한 미국의 관여를 약화시키는 성격을 지니고 있다. 하지만 일본의 안전보장 정책은 '핵억지론'에 입각해 세계 제일의 핵무기 보유국이자 군사 초강대국인 미국과 맺은 군사동맹을 기축으로 미국의 패권과 지도력에 의거해 동아시아의 국제질서를 유지하려는 것이다.

중국은 1990년대 말부터 동맹이나 군사력에 의한 억지를 구안전보장론이라고 규정하고, 상호적인 안전보장·신뢰·무력행사의 포기 등을 핵심 개념으로 한 신안전보장론을 주장했다. 그리고 ASEAN과의 협력 관계를 강화해나갔다. 이에 대해 일본은 미·일 동맹을 중시하며, 중국의 신안전보장론에 대해 수동적 입장을 취했다. 한편, 2003년 한국·북한·미국·중국·일본·러시아 6개국으로 구성된 6자회담이 출범했다. 6자회담은 북한 문제를 해결하기 위해 시작되었지만, 점차 지역안보 문제를 논의하는 틀로 변화해갔다.

동아시아의 경제 협력체와 안보 협력체에 대한 구상은 당위성을 강하게 띠고 있지만, 그 실현 과정은 지난할 것으로 예상된다. 중국과 일본은 각자의 공동체 전략을 통해 동아시아 지역의 주도권을 차지하기 위해 경쟁에 돌입한 상태이다. 중국은 지리적 개념에 기초하여 동아시아 지역을 인식하면서, 미국과 러시아 등이 포함되는 동아시아의 영역 확대를 경계하며 동아시아 국가, 즉 동북아시아와 동남아시아만의 공동체 건설을 목표로 상정하고 있다. 즉, 주변국과의 교역에 유리한 환경을 조성해 시장을 확보하면서, 미국의 패권을 견제해 동아시아 지역 내에서 힘의 균형을 취한다는 전략적 판단을 하고 있는 것이다. 반면, 일본은 동북아시아와 동남아시아를 묶은 단위에 오세아니아와 남아시아 일부를 포함시키는 확대된 동아시아를 상정하고 있다. 이는 중국을 견제하고 지역의 세력균형을 이루기 위해서는 확대된 동아시아가 유리하다는 판단 때문이다. 이처럼 중국과 일본은 미래에 실현될 동아시아 공동체의 주도권을 놓고 상호 경쟁하고 있다. 한편, 한국은 동아시아 공동체 구상에 대해 아직 정치적 합의를 도출하지 못한 상태이다. 한국 정부는 동아시아 관련 국가들의 이해관계를 조정하는 균형자 역할을 자처하며 동아시아 공동체 형성에 적극 나서고자 했지만, 다른 한편으로는 미국과의 동맹을 통해 안전을 보장받는 것을 중시하여 정권에 따라 수세적 자세를 취하는 등 유동적인 모습을 보이고 있다.

체제와 국력, 역사 인식과 외교의 기본 방향에서 큰 차이를 보이고 있는 한·중·일 3국이 동아시아 공동체 수립에 쉽게 합의하기는 어려울 것이다. 오늘날의 동아시아에서는 과거처럼 어느 한 국가의 패권이 인정되는 질서가 받아들여질 수는 없으며, 그렇다고 유럽이나 ASEAN처럼 비교적 차이가 적은 국가들 사이에 상호 대등한 균형적 공동체의 수립을 추구하기도 여의치 않은 것이 현실이다. 그럼에도 불구하고 국제화의 물결 속에 동아시아 각국의 상호 관계는 날로 심화되고 있다. 이러한 바탕 위에서 서로의 차이를 인정하면서도 상호 존중과 호혜를 추구하는 다원적이며 유연한 동아시아 공동체의 길은 열려 있다.

ASEAN 공동체 형성으로 가는 길

ASEAN은 "동남아시아 국가들의 풍요롭고 평화로운 공동체가 형성되는 기반을 강화"(결성 선언)할 목적으로 1967년에 결성되었다. 현재 동남아시아 국가 가운데 총 10개국이 가맹하고 있다.

세2차 세계대전 이전의 동남아시아는 타이를 제외한 모든 나라가 구미 열강의 식민지 통치를 받았으며, 아시아·태평양전쟁에서도 타이를 제외한 모든 나라가 일본군의 침략을 받아 군사 점령을 당했다. 또한 제2차 세계대전 이후 식민지 종주국에 대한 독립전쟁과 미국의 베트남전쟁을 비롯해 영유권을 둘러싼 국가 간 분쟁과 내전 등 전쟁의 참화를 여러 차례 경험했다. 한편에서는 동남아시아에서 공산주의 세력이 확대되는 것을 막을 목적으로 미국이 주도한 동남아시아조약기구(SEATO)라는 군사 방위 협력 기구가 존재했다(1954년 마닐라에서 체결되었으며, 1975년 베트남전쟁 종결로 단계적 해체를 결정해 1977년에 해산되었다).

동남아시아의 역사와 군사 환경으로부터 벗어나기 위해 결성된 ASEAN은 지역 경제 협력 체제를 강화하고, 자유무역지역(AFTA)을 설정해 경제 발전을 꾀함과 동시에 전쟁을 회피할 국가 그룹을 형성하고자 했다. 1970년 초반 괌 독트린의 실시와 중·미 화해에 따른 미군의 철수는 국내 공산주의 세력의 저항을 받고 있던 ASEAN 국가들에게 커다란 충격을 주었다. 그 공백을 메우기 위해 각국은 정치 협력을 강화하지 않을 수 없게 되었다. 가맹국 사이의 영유권 항쟁이 발생하는 등 ASEAN 내부에서의 대립이나 충돌도 몇 차례 경험했지만, 외무장관 회의를 착실하게 거듭하면서 신뢰 관계를 구축하기 위한 노력을 계속하여 지역 협력 체제 구상을 진척시키고 있다.

ASEAN은 1976년에 첫 정상회의를 개최하고 동남아시아우호협력조약(TAC)을 체결한 후, 1994년부터 ASEAN지역안보포럼(ARF)을 개최하고, 1995년에는 동남아시아비핵지대조약을 체결했다. 동남아시아비핵지대조약을 체결하기까지 핵전력을 보유한 미국의 방해가 있었지만, 핵무기를 배치한 것으로 추정되는 필리핀의 미군기지가 철수함에 따라 체결 가능성이 순식간에 높아졌다. 핵을 보유한 5개국은 현재까지 이 조약의 의정서에 서명하지 않은 상태이지만, ASEAN 가맹국은 국제연합 등에서 핵무기 폐기를 위해 적극적인 역할을 하고 있다.

2008년 11월에는 그 전해 정상회의 당시 서명된 ASEAN 헌장이 모든 가맹국의 비준을 거쳐 발효되었다. ASEAN은 2015년에 안전보장 공동체, 경제 공동체, 사

회·문화 공동체를 축으로 한 지역공동체를 창설할 목표를 갖고 있으며, 이 헌장의
발효는 통합을 위한 기초가 구축되었음을 의미한다.

| 동아시아 지역 협력 체제 |

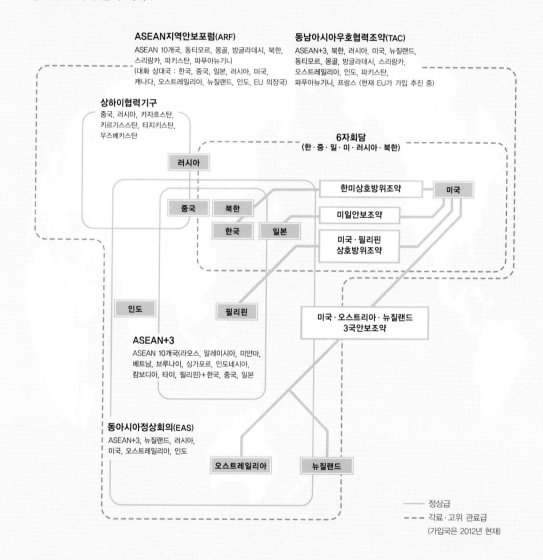

ASEAN지역안보포럼(ARF)
ASEAN 10개국, 동티모르, 몽골, 방글라데시, 북한,
스리랑카, 파키스탄, 파푸아뉴기니
(대화 상대국 : 한국, 중국, 일본, 러시아, 미국,
캐나다, 오스트레일리아, 뉴질랜드, 인도, EU 의장국)

동남아시아우호협력조약(TAC)
ASEAN+3, 북한, 러시아, 미국, 뉴질랜드,
동티모르, 몽골, 방글라데시, 스리랑카,
오스트레일리아, 인도, 파키스탄,
파푸아뉴기니, 프랑스 (현재 EU가 가입 추진 중)

상하이협력기구
중국, 러시아, 카자흐스탄,
키르기스스탄, 타지키스탄,
우즈베키스탄

6자회담
(한·중·일·미·러시아·북한)

러시아

중국   북한

한국   일본

한미상호방위조약   미국

미일안보조약

미국·필리핀
상호방위조약

인도   필리핀

미국·오스트리아·뉴질랜드
3국안보조약

ASEAN+3
ASEAN 10개국(라오스, 말레이시아, 미얀마,
베트남, 브루나이, 싱가포르, 인도네시아,
캄보디아, 타이, 필리핀)+한국, 중국, 일본

동아시아정상회의(EAS)
ASEAN+3, 뉴질랜드, 러시아,
미국, 오스트레일리아, 인도

오스트레일리아   뉴질랜드

───── 정상급
- - - - 각료·고위 관료급
(가입국은 2012년 현재)

한·중·일 3국이 공동의 역사책을 다시 한 번 펴내기로 결정했을 때부터 예상은 했지만, 간행에 이르기까지의 과정은 어려움의 연속이었다. 《미래를 여는 역사》를 간행한 경험이 있어 이 책의 편찬은 쉽게 진행되리라 생각했지만 기대에 불과했다. 이미 4년 동안 공동 작업을 한 경험이 있었음에도 불구하고 이 책을 펴내기 위한 회의를 하면서 우리는 사회적 환경, 역사 연구나 교육의 차이가 있는 3국이 공동으로 역사책을 펴내는 것이 정말로 어렵다는 것을 새삼스레 느꼈다. 이러한 문제점을 해결하기 위해 직접 만나 많은 논의를 했으며 이메일 등으로 끊임없이 의견을 주고받았다.

이 책의 방향을 결정한 이후 우리는 먼저 1권에서 동아시아의 구조적 변동을 어떻게 나누어 서술할 것인가를 논의했다. 이미 공동으로 작업한 경험이 있었으므로, 많은 부분에서 합의를 보았다. 전쟁과 혁명, 국제질서의 급격한 변동은 동아시아 3국의 관계를 구조적으로 살필 수 있는 중요한 역사적 요인이었다. 그러나 일부에서는 여전히 의견 차이가 있었다. 그중 하나가 청일전쟁이 동아시아 근현대사에서 어느 정도의 위상을 차지하는가 하는 문제였다. 의견이 일치한 것은 아니지만, 우리는 여러 차례 토론을 거쳐 의견을 조정하고, 동아시아 근현대사를 8개 장으로 구분하는데 합의했다.

이어 2권에서 다룰 주제를 논의했다. 한·중·일 3국이 각각 주제를 제안하고, 이를 비교하면서 조정하는 방식을 취했다. 이런 과정을 거쳐 민중의 생활이나 문화에 중점을 두면서도, 국가의 이념·정책과 관련되거나 사회상을 알 수 있는 주제 8개를 선정했다. 그리고 3국의 미래에 대한 희망을 담은 9장과 함께 2권은 9개의 장으로 구성했다.

장의 구성을 정하고 난 다음 한 나라가 하나의 장을 맡아서 초고를 집필하고, 이를 기초로 3국에서 원고를 다듬기로 합의했다. 이는 3국 공동 집필이라는 취지를 강화하고, 3국 역사의 병렬적 서술을 극복하기 위해서였다. 이어 장별 집필 책임자를 정하고 본격적인 집필에 들어갔다. 2009년 3월 서울 회의에서 1권의 초고를 검토하기 시작했고, 2권은 같은 해 8월 베이징 회의에서부터 검토해나갔다.

회의 때마다 검토 의견을 개진하고 수정 집필을 거쳐 원고를 다듬어갔다. 심지어 구체적인 편집에 들어간 최종 단계에서도 새로운 의견이 제기되어서 일부 장은 원고를 대폭 수정해야 했다. 내용 구성이나 서술에는 집필자의 구상과 견해가 반영되었다. 그렇지만 그 내용은 각국의 연구 성과를 바탕으로 상호 검토와 수정을 거쳐 완성된 것이다. 그런 의미에서 이 책은 각 장 집필자를 넘어서 간행에 참가한 사람들의 공동 저작이다.

이 책을 펴내는 데는 내용 면에서뿐 아니라 실무적 문제에서도 많은 어려움이 뒤따랐다. 예를 들어 각국 언어가 달라서 원고 분량에 차이가 나는 것도 골치 아픈 문제였다. 원고의 수합과 검토도 번거로운 과정을 거쳐야 했다. 세 나라 사무국은 이러한 작업을 진행하면서, 회의를 개최하고 자료를 준비하는 데 많은 시간과 에너지를 소비했다. 6년 가까이 이 책의 편집에 매달릴 수 있었던 것은 사무국의 헌신적인 노고 덕분이다. 국제회의 때마다 세 나라 말이 어지럽게 뒤섞였다. 또한 원고는 담당에 따라 집필하고, 이를 각자의 언어로 번역해 서로 검토하는 절차를 거쳤다. 번역과 통역을 담당한 분들의 노고 또한 이 책을 펴내는 데 결정적인 도움이 되었다. 다시금 감사의 말을 전한다. 출판을 맡은 3국의 출판사에도 깊은 감사를 전한다. 이들은 단순한 편집 작업을 넘어 일찍부터 모든 과정에 함께하면서 독자의 입장에서 원고를 검토하여 건설적인 의견을 내주었다.

우리는 한·중·일 3국의 독자가 이 책에서 얻은 동아시아 근현대사의 모습을 바탕으로, 각자의 생각을 활발하게 나누기를 바란다. 또한 그 생각을 우리에게도 전해주었으면 한다. 공통의 동아시아 역사 인식을 통해 역사 갈등을 해소하고 평화를 향한 기운을 키워가게 된다면, 그보다 더한 기쁨은 없을 것이다.

2012년 5월 한중일3국공동역사편찬위원회

■ 참고문헌

1장 서양에 의한 충격과 동아시아 전통질서의 동요

· 권혁수, 《근대한중관계사의 재조명》, 혜안, 2007.

· 김용구, 《만국공법》, 소화, 2008.

· 박삼헌 외 4명, 〈근대 전환기 동아시아 지역 질서 연구〉, 《동북아역사논총》 32, 2011.

· 유용태 · 박진우 · 박태균, 《함께 읽는 동아시아 근현대사》 1, 창비, 2011.

· 한명기, 《정묘 · 병자호란과 동아시아》, 푸른역사, 2009.

· 한일관계사연구논집 편찬위원회 편, 《(한일관계사연구논집 6) 통신사 · 왜관과 한일관계》, 경인문화사, 2005.

· 吉澤誠一郎, 《(シリーズ中国近現代史 1) 清朝と近代世界－19世紀》, 岩波新書, 2010.

· 三谷博 · 並木頼寿 · 月脚達彦 編, 《大人のための近現代史－19世紀編》, 東京大学出版会, 2009.

· 川島真 · 服部龍二 編, 《東アジア国際政治史》, 名古屋大学出版会, 2007.

· 和田春樹 · 後藤乾一 · 木畑洋一 · 山室信一 · 趙景達 · 中野聡 · 川島真 編, 《(岩波講座 東アジア近現代通史
  1) 東アジア世界の近代－19世紀》, 岩波書店, 2010.

· 荒野泰典 · 村井章介 · 石井正敏 編, 《(日本の対外関係 6) 近世的世界の成熟》, 吉川弘文館, 2010.

2장 청일전쟁과 동아시아 전통질서의 해체

· 왕현종, 《한국 근대국가의 형성과 갑오개혁》, 역사비평사, 2003.

· 왕현종, 오비나타 스미오 외 3명, 《청일전쟁기 한 · 중 · 일 삼국의 상호 전략》, 동북아역사재단, 2009.

· 岡本隆司, 《世界のなかの日清韓関係史－交隣と属国, 自主と独立》, 講談社, 2008.

· 岡本隆司, 《属国と自主のあいだ－近代清韓関係と東アジアの命運》, 名古屋大学出版会, 2004.

· 岡本隆司 · 川島真 編, 《中国近代外交の胎動》, 東京大学出版会, 2009.

· 茂木敏夫, 《変容する近代東アジアの国際秩序》, 山川出版社, 1997.

· 森山茂徳, 《日韓併合》, 吉川弘文館, 1992.

· 糟谷憲一, 《朝鮮の近代》, 山川出版社, 1996.

· 中塚明, 《日清戦争の研究》, 青木書店, 1968.

· 芝原拓自, 《日本近代化の世界史的位置》, 岩波書店, 1981.

· 和田春樹 · 後藤乾一 · 木畑洋一 · 山室信一 · 趙景達 · 中野聡 · 川島真 編, 《(岩波講座 東アジア近現代通史
  1) 東アジア世界の近代－19世紀》, 岩波書店, 2010.

· 川島真·服部龍二 編,《東アジア国際政治史》, 名古屋大学出版会, 2007.
· 海野福寿,《韓国併合》, 岩波書店, 1995.

3장 열강의 동아시아 패권 쟁탈과 러일전쟁

· 姜万吉, 贺剑城 译,《韩国近代史》, 东方出版社, 1993.
· 马士, 张汇文 等 译,《中华帝国对外关系史》, 上海书店出版社, 2000.
· 马士·宓亨利, 姚曾廙 等 译,《远东国际关系史》, 商务印书馆, 1975.
· 米庆余,《近代日本的东亚战略和政策》, 人民出版社, 2007.
· 王芸生 编著,《六十年来中国与日本》, 三联书店, 2005.
· 丁名楠 等,《帝国主义侵华史》, 人民出版社, 1986.
· 井上清, 宿久高 等 译,《日本帝国主义的形成》, 人民出版社, 1984.
· 朝鲜民主主义人民共和国科学院历史研究所 著,《朝鲜通史》, 吉林人民出版社, 1975.
· 崔丕,《近代东北亚国际关系史》, 东北师范大学出版社, 1992.
· 鲍·亚·罗曼诺夫,《日俄战争外交史纲−1895~1907》, 上海人民出版社, 1976.

4장 제1차 세계대전과 워싱턴 체제

· 구대열,《한국 국제관계사 연구−일제시기 한반도의 국제관계》2, 역사비평사, 1995.
· 서울대학교 동양사학연구실 편,《강좌중국사》, 지식산업사, 2006.
· 신주백,〈일제의 새로운 식민지 지배방식과 재조일본인 및 '자치' 세력의 대응(1919~22)〉,《역사와 현실》39, 2001.
· 신주백,《1920~30년대 중국지역 민족운동사》, 선인, 2005.
· 박준수,〈오사시기(五四時期) 군벌체제(軍閥體制)의 재편(再編)〉,《강원사학》22·23, 2008.
· 배경한,〈근현대 중국의 공화정치와 국민국가의 모색〉,《역사학보》200, 2008.
· 최관장,〈중국의 군벌정치 연구(1916−1928)〉,《중국연구》20, 1997.
· 한국역사연구회·역사문제연구소 편,《3·1민족해방운동연구》, 청년사, 1989.
· 上原一慶·桐山昇·高橋孝助·林哲,《東アジア近現代史》, 有斐閣, 1994.
· 山室信一,《複合戦争》, 人文書院, 2010.
· 小林啓治,《(戦争の日本史 21) 総力戦とデモクラシー−第一次世界大戦·シベリア干渉戦争》, 吉川弘文館, 2008.
· 趙景達·山室信一 外 編,《(岩波講座 東アジア近現代通史 4) 社会主義とナショナリズム−1920年代》, 岩波書店, 2011.
· 川島真·服部龍二 編,《東アジア国際政治史》, 名古屋大学出版会, 2007.

5장 제2차 세계대전과 동아시아

· 염인호,《조선의용군의 독립운동》, 나남, 2001.

· 정혜경,《일본 제국과 조선인 노무자 공출》, 선인, 2011.

·《蔣介石日记》, 美国斯坦福大学胡佛研究 所藏, 原稿影印件.

· 满铁调查局,《满铁剪报》共3500函, 中国社会科学院近代史研究所图书馆 藏.

· 中国国民党中央党史委员会 编印,《中华民国重要史料初编－对日抗战时期》, 1981.

· 国史馆 编印,《蒋中正总统档案－事略稿本》1~47, 2003~2011.

· 中国国民党党史委员会 编印,《革命文献》1~100, 1980年代 影印再版.

· 中国社会科学院近代史研究所,《日本侵华七十年史》, 中国社会科学出版社, 1992.

· 何应钦,《八年抗战之经过》, 中央文物供应社, 1955.

· 王芸生,《六十年来中国与日本》, 三联书店, 2005.

· 刘杰·三谷博 等,《超越国境的历史认识－来自日本学者及海外中国学者的视角》, 社会科学文献出版社, 2006.

· 日本防卫厅防卫研修所战史室 编,《战史丛书》共102册, 朝云新闻社, 1970년대 계속 출판.

6장 전후 세계 냉전 체제의 형성과 동아시아에 미친 영향

· 기광서·김성보·이신철,《사진과 그림으로 보는 북한 현대사》, 웅진지식하우스, 2004.

· 김동춘,《전쟁과 사회－우리에게 전쟁은 무엇이었나?》, 돌베개, 2000.

· 마리우스 B. 젠슨, 김우영 외 옮김,《현대 일본을 찾아서》1·2, 이산, 2006.

· 박명림,《한국전쟁의 발발과 기원》1·2, 나남출판, 1996.

· 박진희,《한일회담－제1공화국의 대일정책과 한일회담 전개과정》, 선인, 2008.

· 브루스 커밍스 외, 편집부 편역,《분단전후의 현대사》, 일월서각, 1983.

· 소토카 히데토시 외 지음, 진창수·김철수 옮김,《미일동맹－안보와 밀약의 역사》, 한울아카데미, 2006.

· 역사학회 편,《전쟁과 동북아의 국제질서》, 일조각, 2006.

· 우에하라 카즈요시 외, 한철호·이규수 옮김,《동아시아 근현대사》, 옛오늘, 2000.

· 조너선 D. 스펜스, 김희교 옮김,《현대중국을 찾아서》1·2, 이산, 1998.

· 한국정치외교사학회 편,《제2차 세계대전 후 열강의 점령정책과 분단국의 독립·통일》, 건국대학교출판부, 1999.

· 笠原十九司,〈中国側から見た日本軍の戦争犯罪〉,《戦争責任研究》55, 2007.

· Maurice J. Meisne,《Mao's China and After－A History of the People's Republic》, Free Press, 1999.

7장 동아시아 냉전 체제의 변용

· ブルース・カミングス 著, 横田安司・小林知子 訳,《現代朝鮮の歴史－世界史のなかの朝鮮》, 明石書店, 2003.

· 金聖甫・奇光舒・李信澈, 李泳采 監訳, 韓興鉄 訳,《写真と絵で見る北朝鮮現代史》, コモンズ, 2010.

· 毛里和子,《現代中国政治》, 名古屋大学出版会, 2004.

· 毛里和子,《日中関係－戦後から新時代へ》, 岩波新書, 2006.

· 文京洙,《韓国現代史》, 岩波新書, 2005.

· 徐仲錫, 文京洙 訳,《韓国現代史60年》, 明石書店, 2008.

· 歴史科学協議会 編,《日本現代史－体制変革のダイナミズム》, 青木書店, 2000.

· 川島真・服部龍二 編,《東アジア国際政治史》, 名古屋大学出版会, 2007.

· 下斗米伸夫・北岡伸一,《(世界の歴史 30) 新世紀の世界と日本》, 中央公論新社, 1999.

· 韓国史事典編纂会・金容権 編著,《朝鮮韓国近現代史事典 — 1860~2001》, 日本評論社, 2002.

8장 냉전 체제 붕괴 후의 동아시아

· 동북아역사재단 편,《동아시아공동체 논의의 현황과 전망》, 동북아역사재단, 2009.

· 동북아역사재단 편,《동아시아 공동체의 설립과 평화 구축》, 동북아역사재단, 2010.

· 高木誠一郎 編,《脱冷戦期の中国外交とアジア・太平洋》, 日本国際問題研究所, 2000.

· 菅英輝・石田正治 編著,《21世紀の安全保障と日米安保体制》, ミネルヴァ書房, 2005.

· 藤本博・島川雅史,《アメリカの戦争と在日米軍－日米安保体制の歴史》, 社会評論社, 2003.

· 北朝鮮研究学会 編, 石坂浩一 訳,《北朝鮮は, いま》, 岩波新書, 2007.

· 松野周治・徐勝・夏剛 編著,《東北アジア共同体への道－現状と課題》, 文眞堂, 2006.

· 宇野重昭・別枝行夫・福原裕二 編,《日本・中国からみた朝鮮半島問題》, 国際書院, 2007.

· 日本国際政治学会 編,〈冷戦後世界とアメリカ外交〉,《国際政治》150, 2007.

· 進藤栄一,《東アジア共同体をどうつくるか》, 筑摩書房, 2007.

· 進藤栄一・平川均 編,《東アジア共同体を設計する》, 日本経済評論社, 2006.

· 和田春樹,《東北アジア共同の家－新地域主義宣言》, 平凡社, 2003.

■ 저자 소개

한중일3국공동역사편찬위원회

2002년 3월 중국 난징에서 열린 제1회 '역사 인식과 동아시아 평화포럼'에 모인 한·중·일 3국 참가자들이 동아시아 공동의 역사 인식을 공유하기 위해 공동 역사 교재를 출간하기로 결정하면서 활동을 시작했다. 한국에서는 아시아평화와역사교육연대 산하 한 중일공동역사교재위원회 소속의 학자와 교사가, 중국에서는 중국사회과학원 근대사연구소를 비롯해 여러 학자가, 일본에서는 학 자 및 시민단체, 교사 들이 위원으로 참가하고 있다. 2002년부터 4년의 작업 끝에 2005년 《미래를 여는 역사》가 세 나라에서 동시 출판되었다. 이 책은 한·중·일 3국이 처음으로 함께 만든 공동 역사 교재로 동아시아에 큰 반향을 일으켰으며, 영어·에스페란토 어로도 번역되었다. 2006년 11월 일본 교토에서 새로운 공동 역사서 발간에 합의하고, 19회의 편찬회의와 수많은 이메일을 통해 논의를 거듭한 결과 2012년 《한중일이 함께 쓴 동아시아 근현대사》(1·2)를 출판했다. 이후로도 한·중·일 3국의 역사 인식의 차이 를 좁히고 확인하는 지속적인 노력과 함께 역사 대화를 통한 교류와 협력을 지속적으로 전개해나갈 것이다.

아시아평화와역사교육연대

한·중·일 교과서의 역사 왜곡을 바로잡고, 20세기 침략과 저항의 역사에 대한 동아시아 공동의 역사 인식을 만들기 위해 2001년 4월 시민·사회 단체, 학자, 교사 등이 모여 결성했다. 한·중·일을 비롯한 동아시아 여러 국가 간 역사 갈등 해결과 평화로운 역사 인식을 공유하기 위해 각종 대중·연구·출판 활동을 진행하고 있다. 국내외 여러 시민·사회·연구 단체와 함께 과거사 청산활동에도 적극 참 여하고 있다. 역사 인식의 문제는 자라나는 세대의 미래에 관한 문제라는 생각에 중·일과 공동 역사책 편찬, '청소년역사체험캠프', '역사 인식과 동아시아 평화포럼' 등 대안을 제시하는 활동을 지속적으로 전개하고 있다. 홈페이지 www.ilovehistory.or.kr

● 한국위원회 (아시아평화와역사교육연대 한중일공동역사교재위원회)

김성보(金聖甫) 연세대학교 사학과 교수, 한국현대사, 1권 6장 본문(공동) 및 칼럼 집필 | 김정인(金正仁) 춘천교육대학교 사회과교육 과 교수, 한국근대사, 1권 4장 본문(공동) 및 칼럼 집필 | 김한종(金漢宗) 한국교원대학교 역사교육과 교수, 역사교육·한국근현대교 육사, 2권 6장 본문 집필 | 박삼헌(朴三憲) 건국대학교 일어교육과 교수, 일본근대사, 1권 1장 본문 및 칼럼 집필 | 박중현(朴中鉉) 양 재고등학교 역사교사, 역사교육, 2권 4장 본문(공동) 집필 | 박진희(朴鎭希) 국사편찬위원회 편사연구관, 한국현대사, 1권 6장 본문 (공동) 집필 | 신주백(辛珠柏) 한국위원장, 연세대학교 국학연구원 HK연구교수, 한국근현대사, 1권 4장 본문(공동) 및 칼럼, 2권 4장 본문(공동)·8장 본문(공동) 집필 | 왕현종(王賢鐘) 연세대학교 역사문화학과 교수, 한국근대사, 1권 1장 칼럼, 2장 칼럼 집필 | 하종문 (河棕文) 한신대학교 일본지역학과 교수, 일본근대사, 1권 4장 칼럼, 2권 4장 본문(공동)·8장(공동) 집필 | 이인석(李寅碩) 전국역사 교사모임 기획위원, 전 고등학교 역사교사 | 최인영(崔仁榮) 아시아평화와역사교육연대 정책기획부장

[번역]

중국어 도희진(都熙縉) 서울외국어대학원대학교 한중통역번역학과 조교수, 통역·전문번역

일본어 강혜정(姜惠楨) 통역·전문번역 | 최인영

-이 책의 출판을 위해 한국에서는 동북아역사재단의 지원과 협력을 받았다.

● 중국위원회

부핑(步平) 중국사회과학원 근대사연구소 수석연구원, 중일관계사·동북아시아 국제관계사, 2권 9장 본문 집필 | 왕차오광(汪朝光) 중국사회과학원 근대사연구소 수석연구원, 중국근현대사·영화사, 2권 7장 본문(공동) 집필 | 롱웨이무(榮維木) 중국사회과학원 근대사연구소《항일전쟁연구》편집인, 항일전쟁사·중국공산당사, 1권 5장 본문(공동) 및 칼럼(공동) 집필 | 왕치성(王奇生) 베이징대학 역사과 교수, 중국근현대사, 2권 3장 본문 집필 | 리시주(李細珠) 중국사회과학원 근대사연구소 수석연구원, 청 말기~민국 초기 중국정치사, 사상문화사, 1권 2장 칼럼, 3장 본문 및 칼럼 집필 | 진이린(金以林) 중국사회과학원 근대사연구소 수석연구원, 중화민국사, 1권 5장 본문(공동) 및 칼럼(공동) 집필 | 마샤오쥐안(馬曉娟) 중국사회과학원 근대사연구소 보조연구원, 중일관계사, 1권 5장 본문(공동) 및 칼럼(공동), 2권 7장 본문(공동) 집필 | 리창리(李長莉) 중국사회과학원 근대사연구소 연구원 | 가오스화(高士華) 중국사회과학원 근대사연구소 선임연구원 | 비위안(畢苑) 중국사회과학원 근대사연구소 선임연구원 | 쉬즈민(徐志民) 중국사회과학원 근대사연구소 보조연구원 | 양췬(楊群) 중국사회과학문헌출판사 편집장 | 쒸쓰옌(徐思彦) 중국사회과학문헌출판사 편집장 | 주한궈(朱漢國) 베이징사범대학 교수

[번역]

한국어 진쥐화(金菊花) 산둥대학 한국어과 전임강사, 산둥대학 문학·신문방송대학 박사후 과정 연구원 | 이평수(李平秀) 중국사회과학원 근대사연구소 박사후 과정 연구원(한국 성균관대학교 파견 연구원) | 김성호(金成鎬) 베이징사범대학 역사과 박사과정

일본어 마징(馬靜) 중국사회과학원 근대사연구소 박사후 과정 연구원 | 위원하오(于文浩) 중국사회과학원 경제연구소 보조연구원 | 가오잉잉(高瑩瑩) 중국사회과학원 근대사연구소 보조연구원 | 랴오민수(廖敏淑) 타이완정치대학 전임강사

● 일본위원회 (일중한3국공동역사편찬위원회)

오비나타 스미오(大日方純夫) 와세다대학 문학학술원 교수, 일본근대사, 1권 1장 칼럼, 2장 본문 및 칼럼, 3장 칼럼, 2권 1장 본문 집필 | 가사하라 도쿠시(笠原十九司) 쓰루문과대학 명예교수, 중국근현대사, 1권 7장·8장 본문 및 칼럼 집필 | 마쓰모토 다케노리(松本武祝) 도쿄대학 대학원 농학생명과학연구과 교수, 한국근대사, 2권 2장 본문 집필 | 하야카와 노리요(早川紀代) 종합여성사연구회 대표, 일본근대여성사, 2권 5장 본문 집필 | 도베 히데아키(戸邊秀明) 도쿄경제대학 경제학부 준교수, 일본현대사, 1권 6장 칼럼 집필 | 이코 도시야(伊香俊哉) 쓰루문과대학 문학부 교수 | 이세 히로시(伊勢弘志) 메이지대학 대학원 박사과정 | 우에야마 유리카(上山由里香) 성균관대학교 대학원 박사과정 | 오가사와라 쓰요시(小笠原强) 센슈대학 대학원 연구생 | 사이토 가즈하루(齊藤一晴) 메이지대학교·쓰루문과대학·간토학원대학·고등학교 사회과 강사 | 송연옥(宋連玉) 아오야마학원대학 경제학부 교수 | 다나카 마사타카(田中正敬) 센슈대학 문학부 교수 | 다나카 유키요시(田行義) 전 고등학교 교사, 역사교육자협의회 상임위원 | 다와라 요시후미(俵義文) 어린이와교과서전국네트21 사무국장, 릿쿄대학 심리학부 강사 | 쓰보카와 히로코(坪川宏子) 전 고등학교 교사, '위안부'문제해결ALL네트워크 사무국장 | 혼조 도키(本庄十喜) 간토학원대학 강사 | 마루하마 에리코(丸浜江里子) 전 중학교 교사, 역사교육자협의회 | 미야카와 히데카즈(宮川英一) 센슈대학 대학원 박사과정, 센슈대학 사회지성개발연구센터 조사요원

[번역]

한국어 마쓰모토 다케노리 | 우에야마 유리카 | 송연옥 | 다나카 마사타카

중국어 오가사와라 쓰요시 | 사이토 가즈하루 | 미야가와 히데카즈

일반

한중일이 함께 쓴 동아시아 근현대사 1

국제 관계의 변동으로 읽는 동아시아의 역사

1판 1쇄 발행일 2012년 5월 29일
1판 9쇄 발행일 2024년 3월 18일

지은이 한중일3국공동역사편찬위원회

발행인 김학원
발행처 (주)휴머니스트출판그룹
출판등록 제313-2007-000007호(2007년 1월 5일)
주소 (03991) 서울시 마포구 동교로23길 76(연남동)
전화 02-335-4422 **팩스** 02-334-3427
저자·독자 서비스 humanist@humanistbooks.com
홈페이지 www.humanistbooks.com
유튜브 youtube.com/user/humanistma **포스트** post.naver.com/hmcv
페이스북 facebook.com/hmcv2001 **인스타그램** @humanist_insta

편집주간 황서현 **편집** 최세정 최인영 엄귀영 **디자인** 민진기디자인
용지 화인페이퍼 **인쇄** 청아디앤피 **제본** 민성사

ⓒ 한중일3국공동역사편찬위원회, 2012

ISBN 978-89-5862-495-0 04910
ISBN 978-89-5862-497-4 (세트)